我们走在大路上

中共执政的前沿思考

姚亚平◎著

人民出版社　江西人民出版社

图书在版编目（CIP）数据

我们走在大路上：中共执政的前沿思考 / 姚亚平著 . — 南昌：江西人民出版社，2017.3（2018.11 重印）

ISBN 978-7-210-09011-3

Ⅰ . ①我… Ⅱ . ①姚… Ⅲ . ①中国共产党—执政—研究 Ⅳ . ① D25

中国版本图书馆 CIP 数据核字（2016）第 278038 号

我们走在大路上：中共执政的前沿思考

姚亚平 著

责任编辑：王一木

出　　版：人民出版社　江西人民出版社

发　　行：各地新华书店

地　　址：江西省南昌市三经路 47 号附 1 号

编辑部电话：0791-88612505

发行部电话：0791-86898815

邮　　编：330006

网　　址：www.jxpph.com

E-mail：942867919@qq.com　web@jxpph.com

2017 年 3 月第 1 版　2018 年 11 月第 3 次印刷

开　　本：787 × 1092 毫米　1/16

印　　张：28

字　　数：480 千字

ISBN 978-7-210-09011-3

赣版权登字—01—2016—737

定　　价：48.00 元

承 印 厂：南昌市红星印刷有限公司

前言

一

当今世界，中国毫无疑问是一个热门话题，诸如中国问题、中国形象、中国故事、中国制度、中国价值、中国模式、中国经验、中国声音、中国方案……无一不为世界关注，特别是中国道路更为全球讨论、议论。

中国道路，当然是从历史深处走来，也悠悠然地按照自己的规律不断向未来发展而去。中国社会的发展本来就有自己的运动轨迹和独特面貌，只不过是在中国没有遇到世界列强之前，没有比较就没有鉴别，中国社会的特点、特色没有被自觉地、明显地认识，甚至中国道路这个问题都没有被清醒地意识到。但近代以来，西方列强的入侵，打断了中国社会的自身进程，暴露出中国社会自身的严重危机。中国道路该怎么走，才骤然成为一个生死攸关的问题摆在中国人的眼前。中国人左冲右突，上下求索，火急火燎地想在漫漫长夜中闯出一条路来。但中国要走一条什么样的发展道路，一直没有答案。只是中国共产党的产生，中国人民的探索与奋斗才面貌一新，中国道路才逐渐展现在世人面前。

当然，中国道路给人印象，还不在于她的曲折与成功，而在于她的中国特色。

中国经历了革命、建设和改革三个时期，中国道路也历经革命、建设和改革三个阶段，但无论哪个阶段，中国道路给人的强烈印象就是：与众不同，具有明显的中国特色。

中国道路为什么“会”这样特别，中国道路为什么“能”这样特别，中国道路为什么“要”这样特别？

这是世人关注的，也是本书力图回答的。

二

中国道路的特色所在与成功原因，最根本的就是中国共产党。

毛泽东在党的七大上作报告讲："我们党尝尽了艰难困苦，轰轰烈烈，英勇奋斗。从古以来，中国没有一个集团，像共产党一样，不惜牺牲一切，牺牲多少人，干这样的大事。"我觉得，中国共产党的最伟大之处，就是率领中国人民走出了一条中国特色的胜利道路。

中国共产党从成立以来，就一直处于中国历史的舞台中央，党史与国史就有相当多的重叠，更有相当深的主导了。所以，要讲清中国现代史、当代史，首先就要读懂中共党史，中国道路最明显的特点，就是中国共产党的领导。

中国道路的最本质特征，就是中国共产党的领导。中国道路，为什么"会"、为什么"能"、为什么"要"这样与众不同，根本的原因就在于中国共产党。

中国道路的最突出优势，就是中国共产党。中国故事的最精彩之处，就在于中国共产党领导中国人民战胜千难万险取得的伟大成就。所以，只有讲好了中国共产党的故事，才能讲好中国故事。

关于中国共产党，毛泽东有过许多精辟的论述，其中有三句话影响最大：

一句是"其作始也简，其将毕也必巨"。这是 1945 年 4 月 21 日，毛泽东在党的七大预备会议上作的报告中说的。

一句是"自从有了中国共产党，中国革命的面目就焕然一新了"。这是 1948 年 11 月毛泽东在《全世界革命力量团结起来，反对帝国主义的侵略》一文中说的。

一句是"中国产生了共产党，这是开天辟地的大事变"。这是 1949 年中国革命已经取得基本胜利、新中国即将成立时，毛泽东在《唯心历史观的破产》一文中说的。

在中国共产党 95 年的光辉历程中，"执政"是一个关键点，党经过 28 年的顽强奋斗，终于夺取了全国政权，建立了新中国，赢得了执政地位。然后，党执掌政权，运用政权，领导中国人民完成了社会主义改造，建立了社会主义制度，进行了日新月异的社会主义建设，开展了改革开放。

中国共产党在中国这样一个东方大国执政，而且是长期执政，这是一件全世界都十分关注、都在认真研究的大事。

这是本书的论述重点。

三

中国共产党率领中国人民围绕夺取政权、掌握政权，走在站起来、富起来、强起来的中国道路上，碰到了一个又一个问题，战胜了一个又一个的挑战，取得了一个又一个的胜利。

共产党执政是历史的必然，是人民的选择，但不是一劳永逸、天经地义、自然而然、永远必然的。那么，中国共产党怎样才能长期执政呢？在什么情况下就不会或不能执政下去呢？有人会说，这怎么可能呢？共产党还会出现执政不下去的情况吗？当然有，比如在腐败的情况下，人民就不答应，共产党就没有办法执政,也没有资格执政了。所以,我们说反腐败是我们党必须决战决胜的一场不能输、也输不起的斗争。

本书的书名叫《我们走在大路上——中共执政的前沿思考》，就是想重点探讨中国共产党在夺取政权、执掌政权时遇到的“执政问题”，而且是执政的前沿问题，因而具有重大、敏感、难说的特点。

哪些是中共执政的前沿问题呢？

目标方向问题。前往何方？即中共执政的理想、愿景是什么？信念、信仰是什么？共产主义的理想、社会主义的目标是否现实，是否可信？是否有价值？

道路问题。比如，中国特色的社会主义符合马克思的设计吗？即通过什么途径，用什么手段、方式来实现中国人的发展目标。走什么路，才能符合中国国情，实现自己的目标？

党史国史问题。暴力革命是否有必要？比如，在世界资本主义的包围中，一国能首先夺取政权,取得社会主义革命的胜利,这已被历史所证明。但一国能建设、建成社会主义吗？

现实问题。比如，互联网的普及给发展中国家的政治稳定带来哪些挑战？意识形态如何管理？如何对待民主选举、新闻自由、新闻管理等问题。

理论问题。马克思主义的国家学说和政权理论。比如，党在成为执政党之后，如何对待阶级分析和阶级斗争的学说？与世界的关系问题。社会主义的本质问题。对待马克思主义的问题。政党问题，比如党的先进性和代表性问题。

价值观念问题。即中共执政的目标、愿景、道路选择、方法手段等，是如何占据人类历史的道德评判与价值追求的制高点的？关于普世价值、西方民主的问题。

与世界的关系问题。民族自信的问题。话语权和传播力的问题。"有理说不出"、"说了传不开"、"传了不服人"的问题，等等。

四

对于中国道路的这种与众不同，我觉得，很重要的一点就是态度，就是以一种什么样的眼光、心态、情感去看待这种中国特色。

中国道路为什么"会"、为什么"能"、为什么"要"与西方不一样，与前苏联也不一样，有人不了解，有人误解，有人曲解，有人攻击，当然，也有人理解，更有人在认真琢磨，在深入研究，打心眼羡慕，而中国人自己则是自豪、自觉、自信。

有一首歌唱得好："走路你要走大路，大路上人多阳光好。雄壮的兵马，闪亮的刀，崭新的山河，翘望着拂晓。"自中国共产党成立以来，中国革命就面貌一新，中国人就有一种新感觉：我们走在大路上，意气风发，斗志昂扬。

现在，中国人越来越有这种自觉、自信：盯着民族复兴的大目标，赶上中国梦的大历史，坚持正确方向，既不走封闭僵化的老路，也不走改旗易帜的邪路，不怕苦，不怕难，艰苦奋斗，努力奋斗，持续奋斗，永远奋斗，坚定不移地走在中国特色社会主义大路上，一路向前，一路向上。

中国道路的这种自觉、自信，来自实践的成功。中国革命、建设、改革的伟大胜利，使中国人坚信要走自己的路。

中国道路的这种自觉、自信，来自人民的支持和认可。中国革命、建设、和改革开放，都是亿万人民参加的社会实践和历史进程，正是中国人自己的选择铸就了中国人自己的信心。

中国道路的这种自觉、自信，来自对真理的追求和对规律的把握。中国人民在不断发展着的马克思主义理论指引下，对共产党执政规律、社会主义建设规律、人类社会发展规律的认识和把握越来越深入。中国道路的自信，就体现了中国人的理论自信、制度自信和文化自信。

本书选用那句全国人民耳熟能详、豪迈奔放的歌词"我们走在大路上"作主书名，就想表达出这种走在中国道路上的底气、正气和与神气，凸显中国道路是一条"大路"，是一条"正道"，揭示其独特，论述其必然，阐述其优越，表现出中国人的精气神，体现出中国人的自信，洋溢出中国人的自在，散发出一种满满的正能量。

五

本书是一部学习笔记。我在读本科、读硕士、读博士和做博士后的过程中，一直在学习马克思主义理论，一直在学习中国共产党的历史、理论和实践。我还多次进省委党校、中央党校学习，还受组织选派，到斯坦福大学、哈佛大学、澳大利亚和新西兰政府学院进修过，在各种学校讨论和思考过中国共产党取得政权、执掌政权的问题。本书反映了我学习的历程和收获。

本书是一部教学笔记。书中的许多内容在各地宣讲过，在高校新闻系、中文系、学生报告会、马克思主义学院的博士生课堂上讲授和讨论过。本书映射出马克思主义进课堂的情景和心得。

本书是一部工作笔记。多年来，我长期在地方党委、省委、省人大、省政协和省政府组成部门、省总工会等各级各类单位工作过，对党的执政理念、执政行为、执政过程、执政效果有切身的体会，对其中的理论和实践问题有过一些思考，本书记录了我工作的实践和思考。

这三方面的“笔记”叠加在一起，就造成了本书的某种论述和叙述风格：

一是“混搭”、“穿越”、“东拉西扯”，就像是对着乒乓球手讲足球，对着踢足球的讲打篮球。阐述理论的时候，十分注重现实问题，这是我工作实践的感觉、体会、体验；而在列举一个现实问题或分析一个史实时，又比较注重对其进行理论分析和阐述。

二是本书在很大程度上既是写出来的，又是讲出来的，许多章节是在课堂、会场、现场讲述的，因此，本书的论述和行文既保持理论阐述的特色，又有现场感、口语化、短句多、讲气韵的特点。

三是本书直面热点问题，突出实践特点，力图就前沿问题、基本问题、热点问题提出自己的观点，做到正确、鲜明、深刻，力求有所创新。

四是本书努力做到视野开阔，从全球看执政问题，还想从历史谈执政问题，加入一些历史特色，史论结合，以史发论。

另外，本书对马克思主义经典作家有关论述的引用，有两点说明：一、一般引用马克思恩格斯列宁毛泽东的话或文，只标明出自“某某《选集》或《全集》”。本书不但标明出自哪一部《选集》或《全集》，还标明出自哪一篇文章或讲话。比如“统治阶级的思想在每一时代都是占统治地位的思想”这一论述，一般只会注明它出自《马克思恩格斯选集》或《全集》或《文集》第几卷第几页，而本书则会注明它出自《马克思恩格斯文集》第1卷第550页，还要注明它出自马克思的《德意志意识形态》一文。这样，把引文和文章的题目同时标出，既可帮助理解引文，又能便于查阅核对。二、如果引用的马克思恩格斯和列宁的论述，既见于《马克思恩格斯选集》(四卷本)、《列宁选集》(四卷本)，也见于《马克思恩格斯文集》(十卷本)、《列宁专题文集》(五卷本)，那么，本书都引用《马克思恩格斯文集》和《列宁专题文集》。因为这两套《文集》是马克思主义理论研究和建设工程的重点项目，提供的译文更准确、资料更翔实、版本更权威，反映了我国研究、翻译和编辑马克思主义经典文献的最新成果。

六

本书是中宣部重大课题“江西省培养青年马克思主义者的重大创新实践研究”的子课题，得到资助，谨致感谢。

中共江西省委宣传部、省社联给予了大力支持，课题开始时组织课题论证会，课题结束时组织专家评审委员会进行课题鉴定，江西省大学生思想政治教育协同创新中心、南昌大学马克思主义学院也给予了支持，在此一并感谢。

还要感谢梅黎明、朱民安、吴永明、许光洪、辛向阳、戴木才、祝彦、祝黄河、刘孚威、胡伯项、陈信凌等专家的评审。

特别要感谢石仲泉、李君如、李忠杰、夏春涛等专家的推荐。

在本书的出版过程中，赵东亮、曾光辉、傅伟中、张秋林、徐建国、游道勤、王一木等同志对本书的选题、编辑、修改、审读付出了辛勤的劳动和给予了有益的指教。我的有关同事和博士生钟小武、黎峰、章军华、李江波、黎滢、刘白杨也审校了书稿，提出很多很好的意见，在此一并致以谢意。

最后，要特别感谢我的妻子曹建南。对于我的研究、思考、工作与讲学，她一直给予全力的支持，不但是资料、生活与精神上的支持，还往往从读者、听众的角度给予评点和鼓励，这是令人感动和十分宝贵的。

姚亚平

2016年10月18日

目录

1 中国道路的目标与方向

2 中国道路的政权保障

3 中国道路的政党引领

7 中国道路上的理论风云

8 中国道路的舆论交锋

9 中国道路的国际表达

1

中国道路的目标与方向

“没有比人更高的山，没有比脚更长的路。”人生最重要的是所处的位置，更是所朝的方向，还有走什么道路从现在的位置到达要去的方向。讨论中国的问题，也是三个关键：位置、方向和道路。

中国共产党领导人民的奋斗历程，经历了革命、建设和改革三个重要历史时期。无论哪个时期，道路问题都是最根本的问题。方向决定道路，道路决定命运。“走什么路”，决定着中华民族伟大复兴能否到达光明的前方。中国共产党在各个时期做的最主要的事情就是寻路，取得的最根本成就是探索开拓并坚持发展了中国特色社会主义这条实现中国梦的必由之路。

中国道路关键是前往何方？这条路是朝着哪个方向？方向就是旗帜。一个人、一个民族、一个党，走在大路上，就要有方向感。走得快固然很好，但前提是要走得对，要走对方向，做对的事情比把事情做对更重要。

马克思创立的社会主义道路为什么具有如此长久的感召力

2012年11月15日，习近平在十八届中央政治局常委与中外记者见面会上，明确宣布："人民对美好生活的向往，就是我们的奋斗目标。"这也是中国道路的前进方向。

人民对美好生活有哪些向往呢？当年闹革命，人民就是向往一个没有剥削、没有压迫的新社会。现在搞建设，"我们的人民热爱生活，期盼有更好的教育、更稳定的工作、更满意的收入、更可靠的社会保障、更高水平的医疗卫生服务、更舒适的居住条件、更优美的环境，期盼孩子们能成长得更好、工作得更好、生活得更好"。

中国共产党的执政责任，就是要让人民过上美好新生活，团结带领全国人民创造新社会，走在实现这个目标的大路上。

这条道路的目标和方向是对人民愿望和利益的表达，那么，这是谁表达出来的呢？最早是由马克思恩格斯提出来的。

马克思指明的方向是人民愿望的反映，唤起了无产阶级和劳苦大众的自觉意识，具有人民性。

1836年，流亡法国的德国工人成立了一个独立的无产阶级政治组织，名叫"正义者同盟"。当时，这个组织思想上比较混乱，并主张用少数人密谋的方式在德国建立财产公有的空想的平均共产主义。它的宣言写道："我们希望世界上的一切人都是自由的，希望无论什么人生活得都一样：不比别人好，也不比别人坏，希望大家共同承受社会的重负、苦难、欢乐、喜悦……为此目的，我们建立了自己的同盟。"后来，1847年6月，这个"正义者同盟"在伦敦召开大会，改名为"共产主义者同盟"。

这个改名意义重大，标志着这个组织在马克思恩格斯的影响下，改造成了世界上第一个无产阶级政党。同盟在发给各地支部关于第一次代表大会的报告书中写道：正义者同盟“这个名称已不合时宜，丝毫不能表达我们的意愿。许多人要正义，即要他们称为正义的东西，但他们并不因此就是共产主义者。而我们的特点不在于我们一般地要正义——每个人都能宣称自己要正义——而在于我们向现存社会制度和私有制进攻，在于我们要财产公有，在于我们是共产主义者。因此，对我们同盟来说，要有一个合适的名称”；共产主义者同盟这个名称“能表明我们实际是什么人”。①

大会决定用“全世界无产者，联合起来”这个具有鲜明阶级性的新的战斗口号取代“四海之内皆兄弟”的旧口号。从此，这个口号成了全世界无产阶级团结战斗的口号。制定共产主义信条是这次大会的主要议题之一，并在会前，同盟中央于 1846 年 11 月和 1847 年 2 月，两次向盟员提出应围绕拟定这个“简明的共产主义信条”讨论“什么是共产主义？共产主义者所向往的是什么？”等问题。1847 年 11 月，恩格斯根据同盟讨论的情况，写了《共产主义原理》。

这次代表大会还庄严宣布：“我们代表着一个伟大壮丽的事业。我们正宣布历史上最伟大的变革，这个变革，无论就其彻底性还是就其成果的丰硕来说，在世界史上都是无与伦比的。”人民群众集合自己的队伍打垮资本家雇佣军的胜利时刻必将到来，“那时将显示出，我们的同盟是什么样的组织，它是怎样工作的！即使我们享受不到这场伟大斗争的所有成果，即使我们有千百人牺牲在资产阶级的霰弹之下，但是我们所有的人，甚至包括牺牲者，终究是经历了一场斗争，而这场斗争和这一胜利是值得为之奋斗终身的”。②

1847 年 11 月 29 日至 12 月 8 日，共产主义同盟在伦敦召开第二次代表大会。这次大会的主要成果就是完全接受马克思恩格斯的科学社会主义学说，并委托他俩为这个政党写了一个“详细的理论和实践的党纲”，这就是 1848 年 2 月发表的《共产党宣言》。那一年，马克思 30 岁，恩格斯 28 岁。

这部《共产党宣言》是世界上第一个无产阶级政党的纲领。对一个政党来讲，党章党纲是至关重要的。马克思在 1875 年 5 月指出：“制定一个原则性纲领，……

① 海德、卡尔·席尔：《共产主义者同盟第一次代表大会致同盟盟员的通告信》（1847 年 6 月），《马克思恩格斯全集》第 42 卷，人民出版社 1979 年版，第 430—431 页。

② 同上，第 436—437 页。

这就是在全世界面前树立起可供人们用来衡量党的运动水平的里程碑。”① 恩格斯1875年3月说：“一个新的纲领毕竟总是一面公开树立起来的旗帜，而外界就根据它来判断这个党。”② 列宁也说过，有一个能使大多数人民相信其正确的纲领，是任何一个代表着未来的政党的“第一个任务”，党的纲领必须“建立在科学的基础上”，应该“以绝对确凿的事实为依据”，要“彻底而完全地代表群众真正的切身利益”。1920年11月，即中国共产党建党前不久，毛泽东写信给罗章龙，说：“吾们诚哉要造成一种有势力的新空气，……我想这种空气，固然要有一班刻苦励志的‘人’，尤其要有一种为大家共同信守的‘主义’，没有主义，是造不成空气的。……主义譬如一面旗帜，旗帜立起了，大家才有所指望，才知所趋赴。”③ 毛泽东讲的这种为大家共同信守的“主义”，其实就是党的政治纲领。

《共产党宣言》系统地阐述了科学社会主义的基本原理，科学地论证了社会主义代替资本主义的历史必然，深刻阐述了无产阶级和劳动群众争取自身解放的道路、步骤和条件等。它是马克思主义的第一次系统表述，标志着马克思主义的公开问世，它是人类思想史上最为壮丽的蓬勃日出，光芒万丈地照亮了人类社会的发展道路。

160余年过去了，《共产党宣言》在全球70多个国家用200多种文字出版了1100多个版本，印数在3000万册以上，发行量仅次于《圣经》，“它无疑是全部社会主义文献中传播最广和最具有国际性的著作，是从西伯利亚到加利福尼亚的千百万工人公认的共同纲领”④，是所有共产党员的必读经典，深刻地影响了人类历史的发展进程。

《共产党宣言》提出了共产党近期目标是组织阶级力量，推翻资产阶级的统治，建立无产阶级政权。长远目标是消灭私有制，建立共产主义社会，达到人的自由全面的发展。这个新社会的本质和模样是：“代替那存在着阶级和阶级对立的资产阶级社会的，将是这样一个联合体，在那里，每个人的自由发展是一切人的自由发展的条件。”⑤ 马克思恩格斯描绘的是社会主义社会和共产主义社会，前往这

---

① 马克思：《给威·白拉克的信》，《马克思恩格斯选集》第3卷，人民出版社1995年版，第296页。

② 恩格斯：《给奥·倍倍尔的信》，《马克思恩格斯选集》第1卷，人民出版社1995年版，第325—326页。

③ 《毛泽东年谱》（一八九三—一九四九）上卷，中央文献出版社2002年版，第71页。

④ 恩格斯：《〈共产党宣言〉1888年英文版序言》，《马克思恩格斯文集》第2卷，人民出版社2009年版，第13页。

⑤ 《共产党宣言》，《马克思恩格斯文集》第2卷，人民出版社2009年版，第53页。

个社会的道路也叫社会主义道路和共产主义道路。

从1516年空想社会主义者莫尔的《乌托邦》到1848年科学社会主义者马克思恩格斯的《共产党宣言》，社会主义历经300多年的探索历程，终于找到了一条通往理想社会的正确道路，这条道路是被理论的旗帜所指引、是被思想的灯塔所照亮的，在《共产党宣言》具有历史穿透力和实践指导力的思想指引下，世界亿万人民开展了波澜壮阔的社会主义运动。

社会主义是对资本主义的一种批判、对抗和超越。社会主义和资本主义有着四大区别：

一是自由。但丁是资产阶级文艺复兴运动的先驱，"是中世纪的最后一位诗人，同时又是新时代的最初一位诗人"。他对旧纪元作了一个界定："一些人统治，另一些人受苦难。"应该说，但丁的这个界定极其简洁明了地揭示了自阶级产生以来的社会特征。1894年1月3日，意大利人卡内帕写信给恩格斯，请他为即将在日内瓦出版的《新纪元》周刊的创刊号题词，尽量用简短的字句来表述未来的社会主义纪元，以区别于但丁对旧纪元的界定。恩格斯回答说：就是《共产党宣言》中关于"自由人的联合体"这段话，此外再找不到合适的语言了。对中国人来说，"自由人的联合体"还比较学术，当时的中国人受到帝国主义、封建主义和官僚资本主义三座大山的压迫，受到皇权、神权、族权、夫权等各种权力的束缚，中国人就盼望翻身求解放，盼望解除自己身上的各种压迫和束缚，获得经济上、政治上和精神上的自由。所以，"解放军"、"解放区"、"翻身农奴把歌唱"等语汇，都反映了一种进入社会主义新社会的感觉和感情。

二是平等。社会主义追求消灭剥削、实现社会平等，社会主义和共产主义社会的本质特征和价值目标是实现人的自由而全面的发展，其实质是建立在个人差别基础上的社会平等，实现无产阶级和全人类的彻底解放。当年江西安源路矿工人运动第一次喊出了"从前是牛马，现在要做人"的口号，就是要追求没有剥削、没有压迫、人人平等的社会，所以起来闹革命。应该讲，资本主义也追求"平等"，甚至是资本主义首先提出"平等"的价值理想，但资本主义的平等是每个人有平等的竞争权力，是能力面前的人人平等，体现了以"能力"为尺度的平等。而社会主义认为每个人都有平等的发展权利，体现了以"人本身"为尺度的平等。从现实看，人们的先天禀赋和后天际遇必有差别，能力表现就有所不同，因此，资本主义客观上是站在强者立场上，坚持通过竞争方式获取发展条件，这只具有历史的暂时性。而社会主义是站在弱者立场上，主张每个人的自由发展，这体现了人类历史进步的必然性。[①]

三是公平。中国人讲究“不要赢，只讲平”，“一碗水，要端平”，有着朴素的公平思想。但资本主义强调个人主义价值观，主张在同一法律基础上实行公平竞争。但这种平等的权力按照原则仍然是资产阶级权利。它认为劳动者具有的不同等的个人天赋和不同等的工作能力，是一种天然的特权，应该讲，资本主义制度能发展社会生产力，但它必然导致两极分化的结果。马克思说，资本主义在 100 多年创造的财富比人类历史所有社会创造的财富都要多。资本主义更讲效率，社会主义更讲公平。资产阶级在发挥革命作用、创造了惊人的生产力的同时，生产力和生产关系的矛盾也日益激化，这种矛盾既表现为频繁的经济危机，还表现为无产阶级斗争的发展。社会主义制度更能维护社会公平，更合理地分配社会财富。更为重要的是，马克思主义不是将公平正义当作标尺去裁剪衡量现实的社会，而是从现实社会出发，揭示资本主义对公平正义实现的历史价值及其内存缺陷，并指明了公平正义在社会主义实现的必然前景。在社会主义制度的条件下，公平正义不再是一个预设的前提，而是一个在社会主义的不断发展中逐步实现的现实。

四是人本。社会主义和资本主义两种道路都体现了“人”的发展目标，但资本主义眼中的“人”是有生产资料、有发展能力的“强者”,而社会主义讲的“人”，则是没有生产资料、缺少发展能力的“弱者”。资本主义是通过激励强者的方式来实现社会的发展，而社会主义则是通过不断提高弱势群体利益的方式来维护社会整体利益。正是关心关怀人，社会主义才堪称五百年来人类社会最大的共同价值。现在，经济全球化，实际上就是资本的全球化，面对资本全面深度渗透，只有共产党通过社会主义的制度、道路和价值理念，才能拥有驾驭资本的力量，抑制资本的恶，张扬资本的善，从而得民心、得天下。[②]中国共产党的正当性也源于她能用社会主义驯服资本，并把中国的政治文明推向现代的新高度。

从奴隶社会到资本主义社会，占人口的大多数人总是处于受剥削、受压迫的地位，总是弱者，所以，社会主义运动始终是最广大人民群众的运动，马克思主义始终是绝大多数人的学说。马克思主义关注的“人”是无产阶级、劳苦大众和

① 余金成、郑安定：《放弃社会主义价值目标是苏联解体的根本原因》，载陈爱茹编：《苏联解体之争》，中国社会科学出版社 2013 年版，第 56 页。

② 鄢一龙等：《大道之行：中国共产党与中国社会主义》，中国人民大学出版社 2015 年版，第 118 页。

被压迫民族，是全人类。马克思主义的核心是科学社会主义，是工人阶级、劳苦大众、被压迫阶级、被压迫民族求解放、求富裕、求富强、求幸福的学说。1959年有一部歌剧《洪湖赤卫队》，就这样唱道：“看天下劳苦大众都解放。”

当然，社会主义这条道路具有更大的难度，资本主义只要照顾到少数强者的利益，而社会主义需要解决两个基本问题：一是及时启动对强者利益的激励机制；二是始终坚持对弱者利益的提升机制。这两者的统一体现在：改革必须在发展和稳定中进行。对普通民众来讲，稳定且不断改善的生活条件是他们认同社会主义政治制度的基础，而不断缩小的利益差距是他们接受社会主义价值观的基础。①

马克思对未来社会模样和道路的美好描绘，引起了人民的热切向往。其实，这种对幸福生活的追求，这种对未来社会的期盼，是人民群众根本利益的反映，是人民群众内心深处本身就存在的。马克思并没有外在地把一个未来社会（哪怕是十分美好的）强加于人民群众，他对未来社会主义共产主义社会的描述，只是点亮了人民群众心中的那盏灯，而那盏灯早就存在于人民心中。当年，中国人民正是因为受压迫、受剥削、受欺压、受欺辱，一直盼天亮盼翻身，而马克思主义的科学社会主义理论使人民看清了自己的社会地位、历史命运和未来前途，于是前仆后继地跟着共产党走。马克思主义对未来社会的描述是革命性的，社会主义道路的方向是具有不可遏止的吸引力和感召力的，永远占据人类道义的价值制高点。

马克思对未来社会的描述是建立在对现实资本主义社会的深刻批判之上的，具有批判性、科学性、创新性。

马克思主义是随着西方资本主义的迅速发展而引起的19世纪理性思维中的一种批判学说和独特的话语体系。马克思主义运用唯物史观考察了资本主义生产方式及其运动过程，分析和批判了资本主义的发展和现状，指出资本主义自身具有生产的社会化与生产资料的私人占有的基本矛盾，这个内在矛盾产生两个方面的结果：一是个别企业中生产的有组织性和整个社会中生产的无政府对立，二是生产的社会化与生产资料私人占有的矛盾在阶级关系上就表现为无产阶级和资产

① 余金成、郑安定：《放弃社会主义价值目标是苏联解体的根本原因》《苏联解体之争》，中国社会科学出版社2013年版，第59页。

阶级的对立，资本主义锻造了否定自身的阶级力量。

资本主义的这种基本矛盾是它自身无法解决的，它随着资本主义生产的发展也不断发展，直接导致频繁发生周期性的经济危机，从而引发其他各种矛盾的尖锐爆发，社会生产关系就成为生产力发展的严重桎梏。“生产资料的集中和劳动的社会化，达到了同它们的资本主义外壳不能相容的地步。这个外壳就要炸毁了。资本主义私有制的丧钟就要敲响了。剥夺者就要被剥夺了。”①

正是基于这样的客观事实和发展规律，马克思恩格斯得出资本主义必然灭亡、社会主义必然胜利的结论。现在，资本主义虽在不断调整，缓和矛盾，还很强大，甚至仍在发展，但马克思恩格斯揭示的“两个必然”仍然是不可动摇的，因为这个结论是对历史规律的科学认识。

恩格斯 1880 年的《社会主义从空想到科学的发展》和 1883 年的《在马克思墓前的讲话》等著作明确指出，马克思一生有两个最重要的发现：一是“人类历史的发展规律”，从而揭示了资本主义社会只是一个历史阶段。二是“剩余价值规律”。1847 年，马克思发表《哲学的贫困》。1849 年，马克思在前两年几次演讲的基础上，发表《雇佣劳动与资本》，孕育了剩余价值的思想。1860 年代前半期，创作《资本论》手稿，1867 年写成《资本论》第 1 卷，在《资本论》这部“工人阶级的圣经”中，马克思提出了剩余价值理论，系统、科学地揭示了剩余价值的来源、本质、生产和分配，论述了生产剩余价值作为资本主义的绝对规律的意义和作用，揭示了以剥削雇佣工人劳动为基础的资本主义生产关系的实质。马克思论述道：资本主义生产方式产生的前提是劳动者和劳动资料相分离、劳动力和货币相交换。在资本主义生产方式中，劳动力成为商品，劳动力的使用价值是劳动，雇佣工人在劳动中创造的价值，除补偿劳动力的价值外，剩余价值被资本家无偿占有了。剩余价值生产的起点是货币转化为资本，资本是能够带来剩余价值的价值，是一种特殊历史阶段上的社会生产关系。剩余价值理论揭露了资本主义剥削的秘密和罪恶。

这“两大发现”构成马克思主义的“两大理论基石”，马克思对未来社会的描述就是建立在这“两大发现”和“两大理论基石”之上的，由此“社会主义变成了科学。”

马克思主义不但科学预测和描绘了未来社会的模样，论证了社会主义取代资

---

① 《资本论》第 1 卷，《马克思恩格斯文集》第 5 卷，人民出版社 2009 年版，第 874 页。

本主义的历史必然，提出了实现这一目标的社会主义道路。这条道路之所以具有科学性、人民性和实践性，有三点理由：

首先，在于现实的批判。空想社会主义只是从主观愿望和道德理想出发引出对新社会的看法，把未来新社会作为一种“应当确定的状况”去构想“尽可能完善的社会体系”，并以这一体系去衡量或裁剪现实；而马克思恩格斯则以唯物历史观与剩余价值理论来剖析资本主义的全部经济关系及其上层建筑，批判资本主义制度的缺陷和弊端，揭示资本主义的社会本质和历史命运。因此，马克思主义确立的共产主义的理想不是空想，不是幻想，而是一种消灭现实社会不合理状态的现实运动，是“通过批判旧世界来发现新世界”。共产主义理想的实现也不是依靠什么神秘的力量或奇迹，而是依靠对社会发展规律的科学认识和把握，依靠广大人民群众的实践斗争。马克思甚至断言：“工人阶级不是要实现什么理想，而只是要解放那些由旧的正在崩溃的资产阶级社会本身孕育着的新社会因素。”①

其次，在于历史的必然。马克思恩格斯从对物质生产实践活动的考察中揭示出社会发展的基本规律，揭示出社会主义取代资本主义是历史必然的结论。

最后，在于科学的预测。其主要内容有：一是社会主义社会将创造出远高于资本主义的劳动生产率，社会生产力将获得极大的发展。二是未来社会主义消灭了剥削制度，生产资料归整个社会所有，这是社会主义最根本的特征，是社会主义社会与资本主义社会的本质区别。三是资本主义社会的无政府生产状态将被克服，社会将按照全体社会成员的需要进行有计划的调节。四是社会主义阶段的基本分配制度是“各尽所能、按劳分配”。五是在消费品分配上实行“等量劳动领取等量产品”的原则，劳动是分配的唯一尺度，消灭不劳而获的剥削制度和剥削现象。六是社会主义取代资本主义需要一个很长的历史时期。

马克思的社会主义学说是建立在科学基础之上的——中国道路具有坚实的科学底座。

科学社会主义是在同工人运动内部各种错误思潮斗争中丰富发展的科学理论。马克思恩格斯为了指导德国工人社会民主工党（爱森纳赫派），同拉萨尔主

---

① 马克思：《法兰西内战》，《马克思恩格斯文集》第3卷，人民出版社2009年版，第159页。

义和杜林主义进行了坚决斗争，对科学社会主义作了许多阐述。马克思写了《哥达纲领批判》。从1876年至1878年，恩格斯用两年时间写了《反杜林论》这部“百科全书”式的马克思主义理论巨著。1880年，恩格斯应马克思女婿保尔·拉法格的请求，把《反杜林论》中阐述科学社会主义产生过程和基本原理的三章抽取出来，改写成《社会主义从空想到科学的发展》这一部独立的通俗性著作，这是继《共产党宣言》后传播最广的社会主义著作，马克思称之为“科学社会主义入门”。

社会主义源于对资本主义发展道路、生产方式及其相关制度的整体反思与批判，但如何理解资本主义的历史、逻辑与命运，如何与之相处并自处，不同派别所主张的社会主义，则有着核心差别：

空想社会主义只是感受到并控诉了资本主义对工人阶级的剥削、压迫，只是感受到资本主义道路的罪恶与不合理，却没有能力解释其成因与现实，因而也无力改变资本主义的生产方式与制度，这只是一种对资本主义的道德批判。它也描述了未来社会，但只是一种主观愿望和道德理想，只能想象有一种乌托邦式的理想社会来取代资本主义。

民主社会主义认为可以在不根本改变资本主义的基本经济制度的情况下，通过有限国有化、国家高福利等渐进改良方式，缓和资本与劳动、与整体社会的矛盾，达到从资本主义制度中生长出社会主义或以社会主义要素融入资本主义的效果。

国家社会主义以国家为超越阶级的存在，通过国家主导社会生产与资源配置大力发展国有资本，实现后发国家对先发国家的赶超。

马克思的社会主义学说与各种空想社会主义的根本不同在于：

一是存在决定意识。关于无产阶级和全人类解放的科学社会主义学说并不以全体人民要求解放的美好愿望为转移，而是以这些愿望赖以实现的客观条件为转移，是建立在对历史规律的科学认识基础之上的。这就把思想置于现实的底座上，实现了社会主义从空想到科学的飞跃。

1843年下半年，马克思《〈黑格尔法哲学批判〉导言》就已提出无产阶级历史使命的观点，这篇文章和《论犹太人问题》、《1844年经济学哲学手稿》等文献，标志着马克思在政治立场上完成了由革命民主主义向共产主义的转变，在哲学世界观方面，则基本完成了由唯心主义向唯物主义立场的转变。1844年9月至1845年3月恩格斯的《英国工人阶级状况》论述了工人阶级的社会地位、斗争历程和历史使命。这些都是科学社会主义最早的著述。

1845年春天，马克思的《关于费尔巴哈的提纲》提出唯物史观，1845年秋至1846年5月，马克思恩格斯共同撰写《德意志意识形态》，首次论述了唯物史观，指出不应从观念出发来解释实践，而要从物质实践出发来解释各种观念形态。论证了科学的历史观的前提是研究现实的人的活动和他们的物质生活条件，阐明了社会存在决定社会意识的原理，论证了物质生产在人类历史发展中的决定作用。他们在《共产党宣言》、《〈政治经济学批判〉序言》、《社会主义从空想到科学的发展》等著作中一再强调，一切政治变革的终极原因，应当从生产方式和交换方式的变革中，从有关时代的经济中去寻找。

《〈政治经济学批判〉序言》对唯物史观作了经典表述，阐明了生产力决定生产关系、经济基础决定上层建筑、社会存在决定社会意识等历史唯物主义基本原理，揭示了人类社会发展的一般规律，论证了旧的社会形态为新的更高的社会形态所取代的历史必然性和必要条件。

二是唯物史观。在鲍威尔、施蒂纳等青年黑格尔派的主将那里，观念、精神主宰着世界，观念、精神之间的关系构成了世界历史，世界历史成了单纯的观念史、思想史和哲学史，成了单纯的先入之见的历史，成了对精神和观念的某种说明或证明。马克思恩格斯指出，鲍威尔、施蒂纳把现成的哲学范畴当作全部历史的基础，挂上各种各样的历史招牌，这些范畴和进一步解释这些范畴的辅助范畴，就构成了一切历史阶段的内容。这是“编造”历史，方法是幼稚的、简单的。这种历史观把观念统治历史变成目前实际存在着的关系，变成思想家对世界的统治。在施蒂纳等人那里，以往的历史“被思辨地颠倒”了，“好像后期历史是前期历史的目的，例如，好像美洲的发现的根本目的就是要促使法国大革命的爆发。于是历史便具有了自己特殊的目的。”① 马克思恩格斯感叹说：施蒂纳在思辨中陷得多么深啊。

与鲍威尔、施蒂纳等人理解社会和历史的方式不同，马克思恩格斯理解社会和历史既不是充满神秘、不可把握的，也不是可以任意虚构、打扮的。“历史不外是各个世代的依次交替。……每一代一方面在完全改变了的环境下继续从事所继承的活动，另一方面又通过完全改变了的活动来改变旧的环境。”② 历史是有前提、有过程、有结局的，是可以为后人所把握、所确证和所理解的。“全部人类历史的第一个前提无疑是有生命的个人的存在。因此，第一个需要确认的事实就

---

① 《德意志意识形态》，《马克思恩格斯文集》第1卷，人民出版社2009年版，第540页。

② 同上。

是这些个人的肉体组织以及由此产生的个人对其他自然的关系。”① 这些历史的构成要素既包括人们自身的生理特性，也包括人们存在所依赖的各种自然条件，诸如地理条件、山川水文条件、气候条件等，因此，任何历史记载都应该从这些自然基础以及它们在历史进程中由于人们的活动而发生的变更出发。所以，马克思研究历史的前提是现实。“这是一些现实的个人，是他们的活动和他们的物质生活条件，包括他们已有的和由他们自己的活动创造出来的物质生活条件。”② 前提确定后，就可以进一步探究推进人的本质和社会变化的动力和机制。“一当人开始**生产**自己的生活资料，……人本身就开始把自己和动物区别开来。人们生产自己的生活资料，同时间接地生产着自己的物质生活本身。人们用以生产自己的生活资料的方式，首先取决于他们已有的和需要再生产的生活资料本身的特性，……更确切地说，它是这些个人的一定的活动方式，是他们表现自己生命的一定方式、他们的一定的**生活方式**。”③

三是社会形态是由低级到高级，资本主义社会只是一个历史阶段。马克思在《德意志意识形态》、《政治经济学批判（1857—1858 年草稿）》、《〈政治经济学批判〉序言》、《给〈祖国纪事〉杂志编辑部的信》、《给维·伊·查苏利奇的复信》和那封信的初稿、二稿、三稿中多次论说过社会形态。马克思认为人类社会形态的具体发展道路和模式是千差万别的，绝不是要认定其中每个形态和更迭顺序都是各个民族“普遍必经”的阶段，但马克思从生产力和交往形式的矛盾运动中揭示了人类社会从低级到高级发展的客观规律，特别是科学地论证了资本主义自身有着难以克服的固有矛盾，必将为新的社会制度所代替，进而为科学社会主义奠定了哲学基础，阐述了共产主义取代资本主义的历史必然性。

问题的关键是什么时候社会主义可以取代资本主义。马克思恩格斯是根据两个事实：一是经济危机和阶级斗争，表明资本主义生产关系已不能适应生产力发展的需要；二是大机器科学技术可以满足各尽所能、按需分配的要求。马克思设想，当人类进入大机器生产后，就可以在无产阶级解放的同时实现全人类的解放。以前我们对资本主义的发展多少存在一些误判，认为资本主义没有办法调整了，所以，它不但必然要灭亡，而且会迅速、正在灭亡了。但是，没料到：大机器生产

① 《德意志意识形态》,《马克思恩格斯文集》第 1 卷，人民出版社 2009 年版，第 519 页。

② 同上。

③ 同上，第 519—520 页。

方式是一个持续发展过程，资本主义所容纳的生产力还有很大发展空间，特别是在今天，资本主义通过科学技术的持续进步加快了财富积累的速度，资本主义也不断调整、完善，有不少地方还发展了。不仅使其得以应对经济危机和缓解阶级斗争，而且通过建立社会保障体系，一定程度上做到了马克思恩格斯原来希望通过社会主义社会实现的事情。这在客观上提升了社会主义的门槛，社会主义对资本主义的取代还需要很长的历史时间。①

当然，资本主义的这些新变化，不能都看成了资本主义的东西，恰恰是人的自由发展程度提高了，正是社会主义因素更多了。现在的资本主义是吸收了社会主义因素的资本主义。

尽管如此，资本主义的基本矛盾仍在深化，当今世界秩序越来越暴露出两大问题：一是人类整体占有资源濒临自然界负荷底线与大多数人口仍处在资源匮乏状态之间的矛盾；二是人类信息交流的日趋平等与财富占有差距的不断扩大之间的矛盾。二者衍生出来的生态问题和非传统安全问题，进一步展现了社会主义替代资本主义的必然性。②

---

① 余金成、郑安定：《放弃社会主义价值目标是苏联解体的根本原因》，载陈爱茹编：《苏联解体之争》，中国社会科学出版社 2013 年版，第 57、58 页。

② 同上，第 58 页。

列宁开辟了落后的东方大国直接搞社会主义的道路

社会主义可能在一国首先取得胜利。

马克思主义不但指明了我们要前往何处，还指导我们不断探索和开辟了前往此处的道路。

马克思恩格斯认为：最发达的资本主义就是社会主义的入口处。而且，资本主义是国际的，反对资本主义的斗争只能是国际的，所以，“共产主义革命将不是仅仅一个国家的革命，而是将在一切文明国家里，至少在英国、美国、法国、德国同时发生的革命。”① 只有英法美等生产力最发达的资本主义国家首先和同时发生无产阶级革命，才能夺取政权，建立社会主义国家，然后经过这个共产主义初级阶段的过渡时期，才能进入到共产主义社会。社会主义革命不可能在一个国家单独取得胜利。

说到这里，人们会问：苏俄、中国这样欠发达的乃至落后的东方国家资本主义发展不充分，是否应该搞社会主义革命，是否应该走社会主义道路呢？

应该讲，马克思恩格斯的论断是有道理的。因为在19世纪中叶自由资本主义还在沿着上升的路线平衡地发展，资本主义发展不平衡的规律还没有充分有力地起作用。但在20世纪初，资本主义进入了帝国主义阶段，资本主义国家内部劳动和资本的矛盾日益加剧，世界也连成了一片，个别国家的经济不再是独立自主的单位，而是共同被组织到世界的经济体系中，成为世界经济整个链条的各个环节。世界上极少数占统治地位的“文明”民族和占大多数的殖民地之间的矛盾日益加剧，帝国主义列强之间为争夺原料产地、争夺别国领土而发生的矛盾，已

① 恩格斯：《共产主义原理》，《马克思恩格斯选集》第1卷，人民出版社1995年版，第241页。

经激化到引起重新瓜分世界的帝国主义战争。

这样一来，马克思恩格斯的预言出了情况了。因为资本主义发展不平衡的规律决定了各国无产阶级革命成熟时期不同，也决定了社会主义革命不能在各主要资本主义国家同时胜利，这个规律还决定了帝国主义链条会出现薄弱环节，社会主义革命将在薄弱环节上取得突破，可能、甚至只能在一国或数国首先取得胜利。

1915 年 8 月 23 日，列宁在《论欧洲联邦口号》中首先提出："经济和政治发展的不平衡是资本主义的绝对规律。由此就应得出结论：社会主义可能首先在少数甚至在单独一个资本主义国家内获得胜利。"[①]1916 年 8 月，列宁在《无产阶级革命的军事纲领》中进一步指出："资本主义的发展在各个国家是极不平衡的。而且在商品生产下也只能是这样。由此得出一个必然的结论：社会主义不能**在所有国家内**同时获得胜利。它将首先在一个或者几个国家内获得胜利，而其余的国家在一段时间内将仍然是资产阶级的或资产阶级以前的国家。"[②]（笔者按：引文中黑体为原文所有。全书同。）

那么，这个取得胜利的一国是什么样的国家呢？是不是马克思讲的诸如英、美、法、德这样的"文明国家"呢？不是。列宁认为：这个首先爆发社会主义革命并取得胜利的国家不会是发达的资本主义国家，而是在帝国主义整个链条的薄弱环节，即工业不够发达、矛盾比较集中的国家。在一次大战期间，沙皇俄国就是这样一个薄弱环节，首先，沙皇俄国实行资本主义压迫、殖民地压迫、军事压迫等各种压迫，最残忍、最野蛮。其次，沙皇俄国是西方帝国主义最大的后备军，它任凭外国资本自由进入俄国，还驱使上百万士兵去充当西方帝国主义的炮灰。俄国是当时帝国主义一切矛盾的集合点，孕育革命的可能性比其他任何国家都大。1917 年，列宁发动了社会主义革命并首先在俄国取得了胜利。毛泽东评价说，"第一次胜利的社会主义十月革命改变了整个世界历史的方向，划分了整个世界历史的时代"[③]。

列宁发动十月革命，有四个认识前提：

一是由于资本主义政治经济发展不平衡规律，帝国主义链条会出现薄弱环节，社会主义革命将在薄弱环节上取得突破，首先在一国或数国取得胜利。

---

① 《列宁专题文集·论社会主义》，人民出版社 2009 年版，第 4 页。

② 《无产阶级革命的军事纲领》，《列宁专题文集·论社会主义》，人民出版社 2009 年版，第 8 页。

③ 《新民主主义论》，《毛泽东选集》第 2 卷，人民出版社 1921 年版，第 667 页。

二是国内条件，要有工农联盟和革命的政党。按照马克思的理论，社会主义革命要在无产阶级具有人数优势时才可能爆发、并取得胜利。俄国不是发达的资本主义国家，阶级分化不完全，无产阶级人数不多，不占多数，力量不强大，在这种情况下，能走社会主义道路吗？1917 年普列汉诺夫反对列宁的社会主义革命主张，依据的就是马克思的话，“无论哪一种社会形态，在它所能容纳的全部生产力发挥出来以前，是绝不会灭亡的”，认为俄国缺乏社会主义的必要的物质条件。但列宁认为：无产阶级没有占人口的多数，没关系，无产阶级只要和农民结成工农联盟，只要有一个具有高度政治主体性和组织纪律性的革命政党来领导、团结、组织人民，就可以夺取国家政权，就可以取得社会主义的胜利。列宁又对了。这也是苏联与中国社会主义革命最重要也是最宝贵的经验。

三是有了革命的政党，还要有成熟的革命形势。什么时候革命形势就成熟了呢？《共产党宣言》认为一旦出现这种情形就可能出现革命形势：“资产阶级不能统治下去了，因为它甚至不能保证自己的奴隶维持奴隶的生活，因为它不得不让自己的奴隶落到不能养活它反而要它来养活的地步。社会再不能在它统治下生活下去了。”即统治阶级遭遇危机、不能照旧统治下去的标志是：被统治阶级的贫困和苦难日益加剧，不能照旧生活下去。列宁根据俄国革命的经验，进一步发展了《共产党宣言》的这一思想：“要举行革命，单是被剥削被压迫群众认识到不能照旧生活下去而要求变革，还是不够的；要举行革命，还必须要剥削者也不能照旧生活和统治下去。只有当‘下层’不愿照旧生活而‘上层’也不能照旧维持下去的时候，革命才能获得胜利。”[①] 群众的斗争性大大提高，已表现革命行为。在这种形势出现的时候，无产阶级政党就要毫不犹豫地率领人民群众勇敢地进行夺取政权的革命斗争，绝不能让革命的火苗在等待中熄灭，而要勇往直前，使星星之火，成燎原之势。

俄国本来就是帝国主义链条的薄弱环节，现在，这个薄弱环节被帝国主义的互相厮杀进一步削弱了，俄国深陷一战而不能自拔。在这种情况下，列宁认为：要利用帝国主义战争来促成本国的革命形势，甚至不惜变帝国主义战争为国内战争，使本国政府在帝国主义战争中失败，为无产阶级革命开辟道路。列宁和他的战友们达成一个基本共识：由于帝国主义的第一次世界大战，历史发展的顺序是可以改变的，在帝国主义中最落后的俄国，无产阶级可以以“和平、土地、面包”

① 《共产主义运动中的“左派”幼稚病》,《列宁选集》第 4 卷，人民出版社 1995 年版，第 193 页。

为号召，先夺取政权，然后利用政权的力量发展生产，为社会主义创造必要的物质前提。这是列宁的创新，不失为解决现实问题的办法。后来的历史发展证明，列宁又是正确的。

四是一国先胜和世界革命的关系。俄国革命只是火种和信号，全世界的社会主义革命必然会很快发生。俄国革命胜利后，应该立即推动世界社会主义，最终形成与先进的国家共同建设社会主义的局面。在这种逻辑的支配之下，新生的社会主义政权需要不断地输出革命。[①] 但是，俄国社会主义革命爆发了，并胜利了，可期待中的先进国家的社会主义革命并没有到来。一花没有引来百花开。

二战之后，两个新的事实挑战了用暴力方式激起世界革命的战略：一是1950年代前后核武器的出现，使战争方式成为最小可能的选择，迫使两种制度转入“冷战”状态；二是1960年代资本主义国家完善了社会福利制度，大大缓解了国内矛盾，社会主义国家已经不能指望里应外合。时代的发展迫切要求对资本主义作出新的说明，对社会主义作出新的定位。然而，斯大林之后的几位继任者都没有走出“世界革命”的逻辑。[②]

同样，也只有社会主义才能救中国。

那么中国呢？中国在革命之前，资本主义虽有所发展，但水平大不如十月革命时期的俄国。从世界体系来看，中国的社会更落后，地位更悲惨，矛盾更尖锐。

一是中国的资本主义发展更不充分，水平更低。我国的封建社会后期已经孕育着资本主义的萌芽，本来，中国也会缓慢地发展为资本主义社会，但由于西方列强的入侵，中国社会的独立发展中断了，中国的国情发生了重大的变化。这样，中国人民的这一任务就格外复杂而艰巨，比西方发达国家、甚至比俄国都不一样，那些国家没有受到外国入侵，革命的任务只需要推翻资本的压迫。但中国人还有一个民族压迫的问题，中国人要打倒帝国主义，又要反对封建主义，正像北伐歌曲所唱“打倒列强、打倒军阀”。列强是西方帝国，军阀是封建主义。

二是社会阶级分化不完全，无产阶级人数更少，力量更弱小。早在中国共产党成立前的1919年，列宁就说过，东方大多数民族的处境比欧洲最落后的国家——

① 余金成、郑安定：《放弃社会主义价值目标是苏联解体的根本原因》，《苏联解体之争》，中国社会科学出版社2013年版，第64页。

② 同上。

俄国还要坏。那时的俄国已经是帝国主义国家，而中国则是被帝国主义侵略的半殖民地半封建国家。俄国在反对封建主义残余和反对资本主义的斗争中已经把农民和工人联合起来了，而东方各族人民是典型的劳动农民，不是受过资本主义工厂锻炼的工人。

三是中国被强迫纳入世界资本主义体系，却处于半殖民地的低端位置。中国的资本主义得到了一定发展，却发展不充分，也不可能充分。近代以来，许多先进的中国人通过挨打认识到对手的强大，但为了救国救民，愿意向西方学习，也想走西方那样的资本主义道路，来发展中国，但中国人逐渐认识到：资本主义这条道路在中国走不通。资本主义的道路不能拯救中国、发展中国。为什么？首先就因为资本主义不允许，帝国主义列强这个“先生”老是侵略和掠夺中国这个“学生”，并不想让也不能让中国变成强大的资本主义国家，只是想让中国成为资本主义体系中的附庸国。这样，中国资本主义道路不但走不通，反而更加积贫积弱。

四是自19世纪中叶以来，帝国主义列强的侵略，促进了中国封建社会的解体，但封建势力并未垮台，还十分强大。

五是帝国主义和封建主义结成联盟，产生了官僚资本主义，官僚资本主义是在蒋介石反革命反人民的内战中形成和发展起来的，在抗日战争期间和日本投降以后达到了最高峰。官僚资本主义是近代中国买办制度与封建制度相结合的混血儿，是大买办大地主在经济上的联结物，它对中国经济的集中掠夺是空前的，掠夺的方法是极其野蛮的，主要是军事的和各种经济外的强制方法，掠夺的范围是极其广泛的，从金融、商业、工业、农业到文化，除了卖给帝国主义的，几乎全部被其垄断。官僚资本主义的出现，中国人民头上又增加了一座大山。

封建主义、帝国主义和官僚资本主义三位一体，成为旧中国在政治、经济和文化上的统治势力，对中国人民实行残酷的剥削和压迫，中华民族遭受空前的灾难，社会生产遭受空前的破坏。

毛泽东说：“什么是中国的国情呢？中国的国情就是半殖民地半封建社会。”“这是经过中外许多社会科学家，研究了几十年所以得出的结论。就是说中国有两种病症：一种是帝国主义的压迫，一种是封建势力的压迫。”① “中国有两大敌人、两座大山压迫我们四万万五千万人民，一座大山就是帝国主义，另一座大

① 《坚持国共长期合作》（1939年7月9日），《党的文献》1995年第4期。转引自《毛泽东著作专题摘编》，转引自张光博：《坚持马克思主义国家观》，吉林人民出版社2007年版，第100页。

山就是封建主义，外国的压迫和中国的压迫，压得我们四万万五千万人民不能抬头，破坏了我们的生产力。中国人民的生产力是应该发展的，中国应该发展成为近代化的国家、丰衣足食的国家、富强的国家。这就要解放生产力，破坏帝国主义和封建主义。”①

毛泽东在《中国革命和中国共产党》中概括了当时中国社会的六大特点。半殖民地半封建的生产关系严重地阻碍了我国生产力的发展，帝国主义侵略者操纵了中国的经济命脉，中国经济成为帝国主义经济的一个附庸，任其掠夺而不能独立自主。残酷的封建剥削使广大农民终年劳动而不得温饱，根本没有力量改革生产技术，提高农业生产效率。1912 年中华民国成立后，中国开始由表面的统一变为公开的分裂。以不同的帝国主义国家为后台的军阀之间不断发生战争，生产遭受严重破坏。

近代以来，历史已向“世界历史”转变，西方列强已把世界瓜分完毕，中国已经沦为一个落后的半封建半殖民地的东方大国，中国不可能发展成为发达的资本主义国家，资本主义道路是走不通的。中国要国家繁荣、人民幸福，只能用社会主义的方式来进行。如果不搞社会主义，而走资本主义道路，中国的混乱状态就不能结束，贫穷落后的状态就不能改变。邓小平说：“人们提出这样一个问题，如果中国不搞社会主义，而走资本主义道路，中国人民是不是也能站起来，中国是不是也能翻身？让我们看看历史吧。国民党搞了二十几年，中国还是半殖民地半封建社会，证明资本主义道路在中国是不能成功的。”②

这个时候，十月革命一声炮响。俄国取得了社会主义革命的胜利。中国人得出结论：走俄国人的道路，用社会主义来救中国。

所以，中国共产党面临着全世界共产党人都没有遇过的任务，那就是：它的任务主要是废除封建土地制度，解决土地问题，打击的目标是帝国主义、封建主义和官僚资本主义，而不是一般地消灭资本主义。斗争任务不是反对资本，而是反对中世纪残余。相反地，它还在为有利于国计民生的资本主义的发展扫清道路。

那么，中国是如何解决工人阶级更弱小的问题的呢？毛泽东分析了在半封建半殖民地的生产关系的基础上形成了中国社会的阶级阵营，得出结论：地主阶级

---

① 《中国革命和中国共产党》,《毛泽东选集》第 2 卷，人民出版社 1991 年版，第 630—631 页。

② 《建设有中国特色社会主义》,《邓小平文选》第 3 卷，人民出版社 1993 年版，第 62 页。

和官僚资产阶级附属于帝国主义，是半殖民地半封建生产关系的代表者，是严重阻碍和破坏我国生产力发展的反动社会势力。

1926年毛泽东发表文章说："农民问题乃是国民革命的中心问题，农民不起来参加并拥护革命，国民革命不会成功。……我总觉得都市的工人、学生、中小商人应该起来猛击买办阶级，并直接对付帝国主义，进步的工人阶级尤其是一切革命阶级的领导，然若无农民从乡村中奋起打倒宗法封建的地主阶级之特权，则军阀与帝国主义势力总不会根本倒塌。"[①] 毛泽东说得十分清楚，在中国这个经济落后的半殖民地，无论是国内的统治阶级还是国外的帝国主义，他们压迫榨取的对象主要是农民，他们唯一坚实的基础就是农村封建地主阶级，所以，地主阶级是革命的对象，而农民则是革命的依靠力量。

工人阶级、农民阶级是社会发展和国民经济的主要力量，中国社会主义革命的主要群众是农民，这种国情就决定了中国同俄国的无产阶级有所不同，不是工农劳动者联合起来对地主资本家等剥削者的专政，而是以工农联盟为基础、联合一切可以团结的力量，包括可以合作的非劳动者，包括民族资产阶级和小资产阶级，对极少数的敌人实行专政。

在民主革命时期，如何对待资产阶级？工农联盟与小资产阶级以及在一定时期、一定程度上和民族资产阶级形成了革命的堡垒。它们和三座大山之间的矛盾构成了旧中国半殖民地半封建社会的基本阶级矛盾，反映了当时社会生产关系与生产力之间的对抗关系，它像一条红线贯穿在整个民主革命过程中。对这一矛盾的解决，是我国人民民主革命的基本任务，决定着我国社会发展的前途。[②] 这个特点就决定了不仅在夺取政权的革命过程中，在新民主主义革命阶段，民族资产阶级和其他一切爱国者能够同我们一道前进。而且在社会主义时期，他们仍然可以遵守宪法，接受社会主义改造，并为社会主义建设贡献力量。

于是，中国人在列宁主义这一发展了的马克思主义理论指导下，成立了中国共产党，这个工人阶级和全国人民的先锋队，领导工人、农民、小资产阶级和民族资产阶级，不但夺取了政权，还长期执政。

---

① 《国民革命与农民运动——〈农民问题丛刊〉序》(1926年9月1日)，《毛泽东文集》第1卷，人民出版社1993年版，第37—39页。

② 张光博：《坚持马克思主义国家观》，吉林人民出版社2007年版，第102页。

一国胜利和一国建成。

社会主义革命能否在一国取得胜利，这样一个时代问题在列宁的“一国胜利理论”和十月革命中已经得到解答。但是，无产阶级在落后国家夺取政权之后，如何取得社会主义建设的成功，能否在一国之内建成社会主义，这是另外一个问题。列宁虽然作了努力探索，却始终未能予以科学解决。

一是在世界范围内与资本主义国家的关系问题。社会主义在一国的胜利，不是无产阶级革命的最后胜利，只是整个帝国主义链条上一个环节的突破。而且，1917 年的俄国和 1949 年的中国，只是取得社会主义的政权，在世界资本主义的包围中，一国能否建设、建成社会主义？仍然是一个严峻的课题。

一国建成社会主义最深刻的困境在于，社会主义国家置身于资本主义世界体系之中，不但面临来自具体资本主义国家在军事、政治、经济等方面的威胁与压力，更由于现代资本主义世界市场及其商品交换原则，其自身的经济活动不可避免地要与世界资本主义经济体系发生关联并深刻地受其影响，客观上也成为资本主义世界体系的一部分。因此，如何在这样一种外部环境和政治格局中，坚持和发展社会主义道路，这才是问题的核心。

二是与农民及其他阶层的关系问题。社会主义在一国首先取得胜利后，怎样建设社会主义，能否建成社会主义，关键就在于能不能处理好工人同农民的矛盾，引导农民走社会主义道路。特别是在其他国家的工人阶级还没有夺取政权，外部还没有支持社会主义的力量时，就只有自力更生，依靠国内的力量，主要是工人阶级领导的工农联盟。工农联盟是无产阶级专政的最高原则，也是一国内建设社会主义的关键。

三是在国内与资本主义因素的关系问题。在社会主义初级阶段，某些资本主义的存在和发展是现实的，也是允许的。我们要清醒地、自觉地驾驭、领导那些不得不存在的资本主义。列宁认为，类似俄国这样的小农经济占优势的国家“开始伟大的无产阶级革命是比较容易的，但是把它继续到获得最后胜利，即完全建成社会主义社会就比较困难了”。既然革命是发生在如此落后的一个国家，资本主义的发展如此落后，那么，就要继续完成由于资本主义落后而没有完成的任务，为资本主义发展不足补课。革命的无产阶级就不得不去做某些本来应该是由资产阶级去做的事情，完成某些应该是由资产阶级去完成的任务，包括消灭小生产，这样就不得不允许某些资本主义因素的存在和发展。

四是，最为重要的，东方落后大国的一国胜利是在物质条件还不充分的条件下实现的，所以，共产党执政后，就要把发展生产力放在第一位。1923 年，列宁在病中翻阅苏汉诺夫的《革命札记》，承认了俄国的发展水平不够，缺乏社会主义的必要物质前提。[1]落后的俄国可以一国取得胜利，但一国不可能建成社会主义。列宁和他的同事们一致认为如果发达的资本主义国家不发生革命，俄国革命注定会失败。在世界革命一再拖延的情况下，列宁针对当时俄国的具体情况，提出了过渡时期的“新经济政策”，允许农民上缴粮食税后从事自由贸易，发展国家资本主义的租让制、租借制，提倡共办合营企业，利用小业主的合作制，促进工农之间的经济流转。“为了使‘我们’能顺利地完成我们直接向社会主义过渡的任务，就必须懂得，需要经过哪些**中间的**途径、方法、手段和辅助办法，才能使**资本主义以前**的各种关系过渡到社会主义去。关键就在这里。”[2]

马克思指出：资本主义的发展、资产阶级革命、资产阶级民主范围内的训练、资本的国际性都是工人阶级获得解放的条件，不经过资本主义的发展，工人阶级就不会获得解放的条件，社会主义就没有成功的保证。1953 年刘少奇明确指出，脱离了生产力的发展，用动摇、削弱、直至否定私有基础的方法去战胜农民的自发因素，这是一种错误的、危险的、空想的农业社会主义思想。

早在 1913 年，列宁就指出：“马克思学说中的主要的一点，就是阐明了无产阶级作为社会主义创造者的世界历史作用。”[3]列宁表达了两层意思：无产阶级是社会主义的创造者，无产阶级具有世界历史的作用。在马克思主义者看来，共产主义事业只有作为世界历史性的存在才有可能实现。未来新社会的创建一方面要以生产力的高度发展为前提，另一方面还要以同生产力发展相联系的世界交往为前提。在新的社会中，人的解放的全面发展将成为现实。

总之，中国人民要站起来，要实现自己的美好梦想，必须走社会主义的道路。

---

① 郑异凡:《苏联剧变:违背历史规律的结局》,《苏联解体之争》,中国社会科学出版社 2013 年版,第 115 页。
② 《论粮食税》,《列宁选集》第 4 卷，人民出版社 1995 年版，第 509 页。
③ 《马克思学说的历史命运》,《列宁专题文集·论马克思主义》，人民出版社 2009 年版，第 61 页。

东方大国走社会主义道路碰到了哪些特殊性

在中国道路的问题上，中国共产党人在理论和实践上有两个很伟大的创新成果：新民主主义理论和社会主义初级阶段理论。

从马克思到列宁的社会主义道路阶段论。

目标在前方，道路在脚下，饭要一口一口地吃，路要一步一步地走，通往目标的道路是分几阶段的。在这种情况下，就有社会主义革命的阶段性和连续性的关系问题。社会主义道路的阶段性，是马克思首创的。

1875年，马克思在《哥达纲领批判》中首次提出“在资本主义社会和共产主义社会之间，有一个从前者变为后者的革命转变时期。”①同这个时期相适应地也有一个政治上的过渡时期，这个时期的国家只能是无产阶级专政。他说：共产主义社会将经历同一生产方式内发展水平和成熟程度不同的两个阶段，马克思称为第一和高级两个发展阶段。后来，列宁将前一阶段称为社会主义社会，后一阶段称为共产主义社会。“社会主义”和“共产主义”这两个名称就一直沿用至今。

列宁根据苏联社会主义革命和建设的实践，发展了马克思关于过渡时期的理论。他在《无产阶级专政时代的经济和政治》一文中指出：“在资本主义和共产主义中间隔着一个过渡时期，这在理论上是毫无疑义的。这个过渡时期不能不兼有这两种社会经济结构的特点或特征。这个过渡时期不能不是衰亡着的资本主义与生长着的共产主义彼此斗争的时期。换句话说，就是已被打败但还未被消灭的资本主义和已经诞生但还非常幼弱的共产主义彼此斗争的时期”。②显然，这个过

① 马克思：《哥达纲领批判》，《马克思恩格斯文集》第3卷，人民出版社2009年版，第445页。

② 《无产阶级专政时代的政治和经济》，《列宁专题文集．论社会主义》，人民出版社2009年版，第154页。

渡时期就是指从资本主义向共产主义转变的社会主义这个特定阶段。也就是说，共产主义社会绝不是无产阶级夺取政权后就可立即实现的，即便在发达资本主义国家的无产阶级革命胜利后，也不可能立即建立起这样的社会。共产主义社会要经过社会主义这个很长的历史时期，在创造出一切必要的条件后，才能成为现实。可以说，共产主义是十分成熟的社会主义，而社会主义是低级阶段的共产主义。

在东方落后大国，社会主义这个“转变时期”遇到了更为复杂的情况，就是为了进入社会主义这个转变时期，民主革命还要分为两个阶段。由于资本主义发展不充分，社会阶级分化为资产阶级和无产阶级两大阶级的过程还不完全，就是封建主义也没有被彻底肃清，所以，东方落后大国要走社会主义道路，就不仅要面对资本主义，还要面对封建主义。列宁在《社会主义民主党在民主革命中的两种策略》中强调，在像俄国这样的国家，与其说是苦于资本主义的发展，不如说是苦于资本主义的不发展。列宁认为，首先必须严格区分资产阶级民主革命和无产阶级社会主义革命。这两种社会革命性质不同，要解决的矛盾不同，革命的任务、对象、动力都不同。俄国是存在着专制制度和农奴制残余的资本主义社会，人民同专制制度和农奴制残余的矛盾、无产阶级同资产阶级的矛盾同时存在，只有解决了前一矛盾，然后才能解决后一矛盾。因此，俄国革命必须分两步走，第一步进行资产阶级民主革命，由无产阶级联合农民，用强力推翻专制制度，消灭农奴制。第二步进行社会主义革命，由无产阶级联合半无产阶级，用强力摧毁资产阶级的反抗，消灭资本主义。如果企图跳越民主革命阶段，或混淆两种不同性质的革命，革命就必然失败。①

列宁把马克思主义的革命发展阶段论和不断革命论有机地结合起来，深刻地阐明和科学地论证了两个革命阶段的辩证关系，认为资产阶级民主革命和社会主义革命是一个过程中的两个环节。一方面，必须区分不同的革命阶段，绝不可以跳过尚未完结的历史阶段。要进入到社会主义社会，就必须进行资产阶级民主革命，彻底铲除封建主义，除此之外，没有别的走向社会主义的道路，而且，“资产阶级革命进行得愈充分、愈坚决、愈彻底，无产阶级的斗争就愈有保证”②。另一方面，又不能将民主革命和社会主义截然分开，要不断革命。民主革命胜利后，农民的要求一得到满足，反动势力一被完全粉碎，民主共和制一争取到手，资产

① 庄福龄主编：《马克思主义史》第2卷，人民出版社1995年版，第187页。

② 《社会民主党在民主革命中的两种策略》，《列宁选集》第1卷，人民出版社1995年版，第556页。

阶级的、甚至小资产阶级的革命性就将全部完结，而无产阶级争取社会主义的真正的斗争就会开始。因此，当民主革命的完全胜利成为事实的时候，就要立即转变为社会主义革命。最大限度地利用民主革命的成果为将来的社会主义革命铺平道路，民主革命是第一步，社会主义革命是第二步，第二步要以第一步为基础。只有民主革命的彻底胜利，才能加速社会主义革命的到来，但第一步结束后就要立即进入第二步，过渡到社会主义革命的阶段。无产阶级积极联合资产阶级进行民主革命，"和专制制度斗争是社会主义者的一个临时和暂时的任务"①，只是为最后推翻资产阶级的社会主义革命做必要准备。

这两个阶段的关系，表现为三点：一是相互衔接与转换。二是在第一阶段资产阶级民主革命中，无产阶级就要掌握领导权，"贬低无产阶级参加民主革命，并在革命中起领导作用的任务，回避无产阶级和农民革命民主专政的口号，那是荒谬的和反动的"。三是"民主革命的彻底胜利只能是实现无产阶级和农民的革命民主专政"。②

1894年，列宁在《什么是"人民之友"以及他们如何攻击社会民主党人？》中提出了这一思想萌芽。1897年，他在《俄国社会民主党人的任务》中提出"社会主义任务与民主主义任务的不可分割的联系"。1905年革命爆发后，列宁在指导革命和批判孟什维克、托洛茨基、社会革命党的错误观点的过程中，形成了民主革命转变为社会主义革命的理论。③1917年2月，在无产阶级的领导下，俄国资产阶级民主革命取得了胜利，这时，列宁就领导俄国无产阶级立即转向为实现社会主义革命的伟大斗争。当时有三种不同的观点，争论得非常激烈：孟什维克和第二国际认为资产阶级革命的结果只能由资产阶级掌握政权，应该是资产阶级长期统治，等到资本主义发展充分之后，无产阶级在全国人口中占大多数时，才能进行社会主义革命。这种观点是只要资本主义的民主革命，而不要社会主义。托洛茨基则是另一个极端，企图跳过资产阶级民主革命阶段，两步并着一步走，直接进行社会主义革命。第三种观点是社会革命党把资产阶级民主革命的内容说成是社会主义，干脆把两件事当成一件事了。这三种观点，在对待资产阶级民主革命和社会主义革命的关系上，要么割裂开来，取一舍一，要么混在一起一锅煮。

① 转引自张光博：《坚持马克思主义国家观》，吉林人民出版社2007年版，第63页。

② 《社会主义和农民》，《列宁全集》第11卷，人民出版社1987年版，第293—294页。

③ 庄福龄主编：《马克思主义史》第2卷，人民出版社1995年版，第186页。

列宁坚决反对这三种主张，主张无产阶级领导农民通过武装起义，配合资产阶级推翻了沙皇的专制统治后，绝不允许建立一个资产阶级政府，要坚决地使政权转归人民，建立由无产阶级和农民两个阶级组成的政府，即工农民主专政，只有这样的政权，才能巩固革命的成果，列宁说："保证革命彻底胜利的口号就只能是无产阶级和农民的革命民主专政。"[①] 工农民主专政正是实现由民主革命向社会主义革命转变的过渡时期的政权，这个政权不是依靠"合法的"、"和平的"方法产生的，而是通过人民的力量用暴力革命建立起来的专政机关。它不同于旧的资产阶级专政，也不同于无产阶级专政，是无产阶级领导的人民民主主义的专政，它的任务是把资产阶级民主革命进行到底，为进入社会主义的社会铺平道路。[②]

中国革命道路的阶段性。

中国共产党人创造性地继承和发展了列宁的这一思想。

一是把民主革命分成旧民主主义和新民主主义两个阶段。1919 年以后的民主革命不同于以往资产阶级领导的民主革命，而是新民主主义革命，其最大特点是由无产阶级通过自己的先锋队——中国共产党领导。

新民主主义革命"一方面是替资本主义扫清道路，但在另一方面又是替社会主义创造前提"[③]，毛泽东说，"有些人不了解共产党人为什么不但不怕资本主义，反而在一定的条件下提倡它的发展。我们的回答是这样简单：拿资本主义的某种发展去代替外国资本主义和本国封建主义的压迫，不但是一个进步，而且是一个不可避免的过程"。[④] 今天看来，这条允许资本主义某种发展的新民主主义道路，是落后国家走向社会主义的必由之路。

二是处理好民主革命和社会主义革命的关系。毛泽东认为中国革命必须分新民主主义革命与社会主义革命两步走，他还告诫全党："每个共产党员须知，中国共产党领导的整个中国革命运动，是包括民主主义革命和社会主义革命两个阶段在内的全部革命运动；这是两个性质不同的革命过程，只有完成了前一个革命过程才有可能去完成后一个革命过程。民主主义革命是社会主义革命的必要准备，

① 《社会民主党在民主革命中的两种策略》,《列宁选集》第 1 卷，人民出版社 1995 年版，第 639 页。
② 张光博：《坚持马克思主义国家观》，吉林人民出版社 2007 年版，第 63 页。
③ 《中国革命和中国共产党》,《毛泽东选集》第 3 卷，人民出版社 1991 年版，第 647 页。
④ 《论联合政府》,《毛泽东选集》第 3 卷，人民出版社 1991 年版，第 1060 页。

社会主义革命是民主主义革命的必然趋势”①，“只有经过民主主义，才能到达社会主义，这是马克思主义的天经地义。而在中国，为民主主义奋斗的时间还是长期的。没有一个新民主主义的联合统一的国家，没有新民主主义的国家经济的发展，没有私人资本主义经济和合作经济的发展，没有民族的科学的大众的文化即新民主主义文化的发展，没有几万万人民的个性的解放和个性的发展，一句话，没有一个由共产党领导的新式的资产阶级性质的彻底的民主革命，要想在殖民地半殖民地半封建的废墟上建立起社会主义社会来，那只是完全的空想”。②

三是社会主义初级阶段。中国共产党人对马克思主义发展道路的阶段性理论，除了把民主主义革命分成旧民主主义革命和新民主主义革命两个阶段外，对马克思讲的共产主义的第一阶段、列宁讲的社会主义社会，又分出一个社会主义初级阶段。中国特色社会主义理论就是建立在对中国目前还处于社会主义初级阶段这一基本认识的基础之上的。我们一方面从客观现实出发，让目前所做的一切都与社会主义初级阶段相符合；另一方面又坚持共产主义的崇高理想，把在社会主义初级阶段所做的一切与实现共产主义的远大目标联系起来。我们既不超越这一“初级阶段”，把将来要干的事放到现在来做，又不永远停留在这一“初级阶段”，而是把现在所做的一切视为进入“高一阶段”的必要准备。③

中国特色社会主义道路的革命、建设和改革三个历史阶段，既相互联系，又有重大区别，本质上都是党领导人民建设社会主义社会的实践探索。

如果说，在中国这样的落后东方大国走社会主义道路，其阶段性表现在民主主义革命有一个民主主义革命转向社会主义革命的问题，那么，在人民掌握政权，完成社会主义改造，初步建立社会主义制度的情况下，道路的阶段性还表现在社会主义初级阶段的问题上。

恩格斯在《社会主义从空想到科学的发展》中，在分析资本主义的发展趋势时，预测了社会主义社会（即未来社会第一阶段）的基本特征：生产力巨大增长和高度发展，单一的生产资料全社会占有，整个社会范围内实行统一的计划调节和消费品按劳分配，阶级消灭和国家消亡。显然，这种预测具有抽象性、纯粹性、典型性等特点，是理论上的社会主义。

① 《中国革命和中国共产党》，《毛泽东选集》第2卷，人民出版社1991年版，第651页。

② 《论联合政府》，《毛泽东选集》第3卷，人民出版社1991年版，第1060页。

③ 陈学明、黄力之、吴新文：《中国为什么还需要马克思主义》，天津人民出版社2013年版，第104—105页。

中国人在建设社会主义的过程中，不断加深了对社会主义的认识。1987年，中共十三大正式提出社会主义初级阶段理论。这就是“一百年不动摇”的真正依据，也是“中国特色社会主义”的理论基石。邓小平说：“到二〇四九年之前，中国都是不够格的社会主义。”这话说得很清楚，中国特色社会主义不是马克思恩格斯说的那种在资本主义充分发展基础上建立起来的社会主义，而是在经济文化落后基础上建立的不发达的社会主义，所以是不够格的社会主义，是处于初级阶段的社会主义。这种不够格不是说中国不是社会主义，而是说我们的生产力水平还比较低，还无法充分发挥社会主义的优越性。

中国正处在社会主义发展过程中的特定阶段，处在实现工业化和经济的社会化、市场化、现代化的特殊阶段，这一阶段是不可逾越的。这是立足中国国情对马克思社会主义发展阶段理论的重大发展，表明我们清醒地认识到在中国这样经济文化落后的国家建设社会主义的长期性和艰巨性。

据龚育之回忆，从社会主义初级阶段的观点来回顾新中国成立后的历史是1987年十三大结束不久在汕头召开的一次党史会议。① 在这个问题上给予最大推动的是1988年3月党的一位老领导在中央顾问委员会第二次全会上的讲话：“建国前，毛泽东和中央其他领导同志，曾经设想革命胜利后，要搞一段比较长时期的新民主主义的社会，在有利于国计民生的前提下，允许民族资本主义有一个比较充分的发展，目的是为了发展我国的社会生产力。正是基于这种设想，在政治协商会议通过的共同纲领中，暂时没有提社会主义。”②

后来，1988年10月20日，薛暮桥在中央党校内部刊物《理论动态》发表《从新民主主义到社会主义初级阶段》，接着，胡绳明确提出要把社会主义初级阶段理论作为研究新中国成立以后党的历史的指导思想。③1988年11月25日，于光远在长沙召开的刘少奇研究学术讨论会上作了题为《“新民主主义社会论”的历史命运》的发言。他说：“新民主主义社会论的基本点，就是说中国要有一个比较长的新民主主义社会的历史时期，这个社会同列宁说的从资本主义社会到社会主义社会的过渡时期是不相同的。新民主主义社会不是那个生长着的社会主义同死亡着的资本主义彼此斗争的历史时期，而是一个为了与中国的社会生产力发展

① 见龚育之：《读林蕴晖〈超出误区〉》，《党史札记末编》，中共党史出版社2008年版，第145页。

② 转引自龚育之：《党史札记末编》，中共党史出版社2008年版，第145页。

③ 同上，第147页。

水平相适应、在一个相当长和时间内中国要建立一个既要使社会主义经济迅速发展，又要允许资本主义经济也有一个相当发展的历史时期。”①

我国社会主义还处在初级阶段，对许多重大问题的认识和处理还处在不断深化的过程之中，要以发展的观点对待马克思主义、社会主义，不断有所发现、有所创造、有所前进，不断丰富中国特色社会主义的实践特色、理论特色、民族特色、时代特色。

有一个博士生在课堂问：我们现在谈得更多的是社会主义初级阶段，而对共产主义谈得比较少，是因为这个问题不好谈，还是这个问题不值得谈？

我说：第一，共产主义理想是我们党的最终目标，一直都在谈，不是没有谈。第二，共产主义不仅是远大理想，在我们的现实生活中，时时刻刻地在涌现共产主义人物。像雷锋、焦裕禄，包括江西的龚全珍，他们身上的精神是共产主义的精神。马克思说得很清楚：共产主义“不是应当确立的**状况**，不是现实应当与之相适应的**理想**”，而“是那种消灭现存状况的**现实的**运动”。②第三，我们处在社会主义初级阶段，思想素质、精神文明、法治建设、民主进程等都还在建设和发展的过程中，培育中国特色社会主义的共同理想，这个任务更为紧迫。因为，在矛盾分歧这么多的情况下，把13亿不同民族、不同阶层、不同利益诉求的中国人团结起来，就要确立一个全国认同的共同理想，确立一条实现这一理想的共同道路。共同理想，不是一个人的理想，而是不同民族、不同宗教、不同阶层、不同地区、不同省份全体中国人的理想。中国这么大，各地情况千差万别。同样发一笔补贴，深圳觉得远不够，青海却做不到，这是无法回避的问题。国家富强、民族复兴、人民幸福的中国梦是全国人民团结奋斗的共同理想，中国特色社会主义是当代中国发展进步的正确道路，要以此来教育人、引导人，凝聚人、团结人，不断巩固全党全国各族人民团结奋斗的共同思想和道德基础。

---

① 于光远：《从“新民主主义社会论”到“社会主义初级阶段论”》，人民出版社1996年版，第153页，转引自龚育之：《党史札记末编》，中共党史出版社2008年版，第149页。

② 《德意志意识形态》，《马克思恩格斯文集》第1卷，人民出版社2009年版，第539页。

中国梦和美国梦、俄罗斯梦有什么不同

我们党从成立那天起，就肩负着实现中华民族伟大复兴的历史使命。党在不同历史时期，总会也能够根据人民意愿和事业发展需要，提出富有感召力的奋斗目标，团结带领人民为之奋斗。

实现中华民族伟大复兴的中国梦，是中华民族近代以来最伟大的梦想，她展现了中华儿女不懈追求的宏伟愿景，揭示了中华民族内心深处的集体意识，得到全体中国人民的拥护。

从鸦片战争以来，中国的历史脉络和基本追求可以概括为九个字："站起来""富起来""强起来",也就是中华民族伟大复兴的"中国梦"。中国是一个大国，大家各自的利益诉求不一样、地域阶层不一样、宗教信仰也不一样，但中国共产党提出中华民族伟大复兴的中国梦，全国人民就集合在一个共同理想的旗帜之下，有了一个为之奋斗的行动目标,党也有了一个团结带领全国各族人民前进的政治宣言。

怎样才算是实现了"中国梦"呢？邓小平提出了一个"小康社会"的概念，历届党代会对这一目标和任务不断充实。党的十八大不但将"建设小康社会"改为"全面建成小康社会"，并提出了新的量化指标。十六大对"小康社会"的量化指标是国内生产总值（GDP）从2000年到2020年实现翻两番。十七大提出了人均GDP翻两番，量化指标由"总量"改为"人均"。但这两次党代会都没有对居民收入增长提出量化目标。十七届五中全会首次提出努力实现居民收入增长和经济发展同步。十八大首次明确提出居民收入倍增计划，到2020年，实现国内生产总值和城乡居民人均收入比2010年翻一番。这是一个重大的突破和亮点。

居民收入的倍增计划反映了这个国家的发展情况。日本在二战战败后经济荒芜，但在1990年代人均收入赶上美国，重要标志就是1990年代初期日本买下纽约洛克菲勒广场大楼。日本能在30年内赶上美国，其最重要的计划就是在1950年代末、1960年代初提出的国民收入倍增计划，依靠消费拉动经济。十八大提出的居民收入倍增是一个伟大的目标，可从四个方面理解其内涵和意义：一是居民收入不仅要倍增，而且要同"GDP翻一番"同步。二是把居民收入作为建成小康社会的目标之一，

体现了以人为本和民富优先。民富和国强是一对互相依存的辩证关系，为了不受欺负，在1950年代我们先强国后富民，这个路子是正确的。没有“两弹一星”，国不强，民也富不起来。但是，民富是国强的真实内涵与根本体现。民不富，就不是真正的国强。三是10年时间实现居民收入倍增是切实可行的，年均增长6%左右即可实现。四是在实现居民收入倍增的过程中，要着力解决好收入分配差距较大的问题。

党对中国梦的发展目标，随着历史的发展和现实的变化，不断丰富其内涵。“富强民主文明和谐”已经写入我国宪法的国家发展目标，十八大又提出建设“美丽中国”、“海洋强国”、“社会主义文化强国”等多个新目标、新要求，既反映了广大人民对于中华民族伟大复兴的新愿望、新期待，更体现了中国共产党作为执政党的胸怀理想和与时俱进。

党的十八大第一次把制度写进报告，第一次提出道路、理论和制度“三位一体”，“中国特色社会主义制度，坚持把根本政治制度、基本政治制度同基本经济制度以及各方面机制体制等具体制度有机结合起来，坚持把国家层面民主制度同基层民主制度有机结合起来，坚持把党的领导、人民当家作主、依法治国有机结合起来，符合我国国情，集中体现了中国特色社会主义的特点和优势，是中国发展进步的根本制度保障”。中国特色社会主义制度是特色鲜明、富有效率的，但还不是尽善尽美、成熟定型的。中国特色社会主义事业需要不断发展，中国特色社会主义制度也需要不断完善。1992年邓小平在南方谈话中指出：“恐怕再有三十年的时间，我们才会在各方面形成一整套更加成熟、更加定型的制度。”党的十八大强调，要把制度建设摆在突出位置，充分发挥我国社会主义政治制度的优越性。我们要坚持以实践基础上的理论创新推动制度创新，坚持和完善现有制度，从实际出发，构建系统完备、科学规范、运行有效的制度体系，使各方面的制度更加成熟、更加定型，为中国特色社会主义提供更加有效的制度保障。

党的十八大提出“八个必须坚持”的基本要求：“必须坚持人民主体地位、必须坚持解放和发展社会生产力、必须坚持推进改革开放、必须坚持维护公平正义、必须坚持走共同富裕道路、必须坚持促进社会和谐、必须坚持和平发展、必须坚持党的领导。”这“八个必须坚持”不是西方国家“自由、平等、博爱”的虚伪口号，美国人、英国人、法国人、德国人不会提，苏联社会主义也提不出来，这是中国特色社会主义。这“八个必须坚持”的基本要求是对党的基本理论、基本路线、基本纲领、基本经验的进一步丰富深化，进一步回答了在新的历史征程上怎样才能夺取中国特色社会主义新胜利的基本问题，深化了我们党对中国特色社会主义本质属性和规律的认识，表明我们党对人类社会的发展规律、社会主义的建设规律、共产党的执政规律的认识达到新水平，充分表现了中国共产党在中国执政的高度清醒和自信。

中国梦与其他许多大国的国家目标不一样。像英国、法国、美国都是后来居上，新兴暴发的国家，它们是发财、发横财的梦。中国梦与俄罗斯梦也不同，俄罗斯从1700年彼得大帝以来，对西方是300年的追赶，是一个赶超之梦。而中国梦是近代以来中国人的民族复兴梦，中国不是小国，不是新兴国家，不是暴发户，也不是后来者、新来的，华夏文明五千年，中国一直就是领跑者、带头人，长期处于世界前列，引领人类历史文明的潮流。只不过近代以后，中国落伍了、落后了。落后就要挨打！中华民族饱受屈辱，屡遭挫折，遭受的苦难之重、付出的牺牲之大，在世界历史上都是罕见的。正因为中国古代极其辉煌，近代极其悲惨，从峰顶跌倒谷底，跌得越重，复兴的愿望就越大，受到的压迫愈深、反抗就愈烈，这种反差就造成中国发展的压力很大，动力也特别强。

我国是从明朝末年开始走下坡路的。如果这个“明末”从1644年清军入北京城、明朝皇帝崇祯上吊那一年算起，我们可以划出四百年的历史维度。从1644年过一百年，是1744年，乾隆九年，正处康乾盛世，但内在活力已经减弱，各种问题已十分严重。就像《红楼梦》所描绘的，外表是“烈火烹油、鲜花着锦之盛”，“如今外面的架子虽未甚倒，内囊却也尽上来了”。

再过不到100年，1840年就爆发了第一次鸦片战争，帝国主义列强开始入侵中国。然后，从1840至1949这一百年，中国内忧外患，国破家亡，一步步沦为半殖民地、半封建社会。从1840年至1905年，清政府被迫签订了700多个不平等条约，被割走174万平方公里领土，相当于3个法国，战争赔款达19.5亿两白银，相当于中国1901年国库收入的16倍。西方列强三次占领北京：第一次是第二次鸦片战争的1860年，英法联军侵入北京，洗劫并焚烧圆明园。第二次是1900年，八国联军攻占北京，烧杀抢掠，无恶不作。第三次是日本在侵华战争中于1937年占领北平。真可谓国家风雨飘摇，民族生死存亡，中华民族到了最危险的时候。

直到1949年，中国人民才站了起来，共产党拿到了天下。可当时是一个什么样的天下呢？满目疮痍，用毛泽东的话来说，叫“大难初平，民生憔悴”。著名清史学家戴逸在《18世纪的中国与世界》中说：“1800年，全世界有9亿人口，中国占3亿。中国的粮食产量也占全世界的1/3，当时居世界首位。同时，中国的工业产值仍占全世界的33.3%（主要是手工业），全欧洲只占28.1%。18世纪全世界超过50万人口的大城市只有10个，其中中国占6个（北京、南京、扬州、苏州、杭州、广州）。”1840年前后，中国与英国的国民生产总值相差无几，中国GDP占世界总GDP超过3成。受西方侵略百年后，中国财富早被洗劫一空，成了世界上最贫穷的国家之一。1945 年二战结束时，中国的 GDP 只占世界 4%。1949 年中国的人均收入只有 66 元，预期寿命 35 岁，全国 4 亿人口，无地和少地的农民竟然有 3 亿多。建国初期，这 3 亿无地、少地的农民分到了 7 亿多亩土地。

1949 年至 2049 年这一百年。中国的历史进程尽管道路曲折，却总体向上、加速向上、健康向上，经济社会大步发展，人民生活质量迅速提高。2010 年，中国的经济总量超过日本，2013 年是日本的两倍，中国是 9 万亿美元，日本只有 4.5 万亿美元。2011 年中国占全球实际 GDP 的 14.3%，与整个欧元区相当。关键原因就是：中国人民有了共产党的领导，有了自己的政权，找到了一条中国特色社会主义的道路。现在，我们比历史上任何时期都更接近实现中华民族伟大复兴的目标，比历史上任何时期都更有信心、更有能力实现这个目标。中国特色社会主义的道路、制度、理论、文化越来越被历史和实践证明是正确的。

所以，在中国，国家发展的目标、民族地位的梦想，从来就不是后来者的紧跟，不是新兴者的突起，而是一种过去辉煌、曾经落伍、重建强国的民族复兴。

中国梦的基本内涵是实现国家富强、民族振兴、人民幸福。中国梦是国家的梦、民族的梦，归根到底是人民的梦，国家好，民族好，大家才会好。要让每个普通人都有条件、也有能力过上有尊严的生活，要让全体人民共同享有人生出彩的机会，共同享有梦想成真的机会，共同享有同祖国和时代一起成长与进步的机会。这是中国梦的本质属性。

中国梦促进了多元化时代中国社会对政治和思想共识的构建，中国梦的实现也需要全国人民的思想共识和坚强自信，中国人的忙碌程度在世界上是最高的，改善人生的愿望也最普遍、最强烈，认为日子有奔头的人群比例很大，这为中国社会保持积极向上的情绪创造了很好条件。我们要在坚定自信、增强自觉、奋力自强中实现伟大梦想。

中国梦的提出，进一步明晰了近代以来中华民族的国家目标的本质内容、核心内涵和基本精神，升华了我们党的执政理念，昭示了党和国家走向未来的宏伟图景，体现了以习近平同志为核心的党中央的历史担当。

中国梦是人民利益、国家主权和民族地位的汇聚和结合。中国梦的提出是民族感情和愿望长期积累的结果，揭示了民族内心深处的集体意识和心灵烙印，凝聚了几代中国人的夙愿，反映了全国各族人民和全球华人的共同利益、共同愿望和共同理想，已成为海内外中华儿女的最大公约数和最大共识，顺应了当今中国的发展大势和人民期盼，最具凝聚力、包容性和感召力，是激励当今中国全体人民团结奋进的精神旗帜和高昂旋律。

2

中国道路的政权保障

政权是人民的命根子。

夺取政权、巩固政权都要靠领导力量、基本力量，然后是集合全部力量，其中，领导力量最重要。

对于中国道路来讲，这个领导力量就是中国共产党。

国家政权是社会主义道路的关键问题

在社会主义道路问题上，政权是一个极其关键的因素，革命能否获得彻底胜利，关键在于政权究竟转移到哪个阶级手上。政权也是中国人民站起来、富起来、强起来，走社会主义道路的基本保证。但是，人们对国家政权提出的问题还真不少，比如，专政和政权是不是一回事？专政与民主的关系如何？怎么理解“马克思主义的精髓就是无产阶级专政的理论”？无产阶级专政和工农政权和我国的人民民主专政是什么关系？等等。

马克思主义认为，一切革命的根本问题都是国家政权问题。“无论从革命这一概念的严格科学意义来讲，或是从实际政治意义来讲，国家政权从一个**阶级**手里转到另一个**阶级**手里，都是革命首要的基本的标志。”① 无产阶级和劳苦大众要想摆脱政治压迫，成为社会的主人，就只有夺取政权。俄国革命就证明了这一点。一战的爆发进一步激发了俄国的社会矛盾，1917 年 3 月 8 日（俄历 2 月 23 日），彼得格勒的女工走上街头示威游行，俄国“二月革命”犹如火山猛烈爆发，仅 8 天后，统治俄国 300 多年罗曼诺夫王朝就被推翻了。但是，人们期待的自由与和平并没有到来，这时出现了两个政权并立的局面，一个是资产阶级的临时政府，掌握了政权机关；一个是由社会革命党人、孟什维克控制的工兵代表苏维埃，只是监督性质。资产阶级临时政府代表的是大地主大资产阶级的利益，仍然执行沙皇政府的内政外交政策，对内镇压民众反抗，对外仍坚持参加世界大战，以巩固资产阶级统治、遏制革命继续发展为主要目标。苏维埃掌握着武装力量，本来可以完全掌握国家政权，可社会革命党人和孟什维克的领导人却采取

① 《论策略书》,《列宁选集》第 3 卷，人民出版社 1995 年版，第 25 页。

妥协政策，甘心依附于临时政府，错误地认为在俄国这个落后国家，民主革命是为资本主义的充分发展扫清道路，革命政党的任务只是对资产阶级政府施加压力，以争取实现工人阶级的利益诉求。

就在俄国革命处于十字路口的关键时刻，列宁结束长期的流放生活，于1917年4月16日回到彼得格勒。第二天，他在党的会议上发表重要讲话（即后来公开发表的著名的《四月提纲》），明确指出推翻沙皇后，革命的第一阶段——资产阶级革命已经结束，必须立即进入第二阶段。列宁提出全部政权归苏维埃的口号，主张以和平的方式，从临时政府的手中接过政权来，交给无产阶级和贫农，向社会主义革命过渡。这在历史发展的关键时刻为俄国革命指明了方向。

1917年7月，俄军在西南前线向德国和奥匈帝国进攻，结果惨败，死伤6万多人。消息传来，17日，彼得格勒再次爆发声势浩大的群众游行示威，遭到临时政府残酷镇压，死伤达700多人。接着，临时政府下令解除首都工人武装，搜捕游行者。布尔什维克和平取得政权的尝试失败了。

1917年列宁写成《国家与革命》，书中指出：无产阶级专政是马克思主义的主要支点，是真假马克思主义的试金石，为革命提供了及时的思想指导。这时，俄国的工人罢工、农民起义、士兵暴动进一步发展，革命形势更加成熟。据此，列宁认为，武装夺取政权的时机成熟，应该迅速进行社会主义革命。

1917年11月7日下午，圣彼得堡的2万士兵和赤卫队员包围了俄国临时政府所在地冬宫。晚9时40分，根据革命军事委员会的命令，停泊在涅瓦河上的“阿夫乐尔号”巡洋舰发出攻打冬宫的炮声，次日凌晨2点，冬宫被占领，与此同时，全俄国苏维埃第二次代表大会在斯莫尔尼宫召开，宣告推翻资产阶级政府，建立苏维埃政府。这一天是俄历10月25日，所以称为“十月革命”。到1918年春，苏维埃政权掌握了全国的局势。

马克思主义学说是关于无产阶级和全体人民解放的学说，它不是一般地论述了要解放、能解放，还论述了如何解放，论述了解放的条件、解放的道路，其中最基本最关键的就是政权，即无产阶级专政。

马克思在《共产党宣言》、《1848年至1850年法兰西阶级斗争》、《路易·波拿巴的雾月十八日》、《法兰西内战》和《哥达纲领批判》等著作中，系统论述了无产阶级专政理论。马克思恩格斯“在《共产党宣言》中对历史作了一般的总结，使人们认识到：国家是阶级统治的机关，还使人们得出这样一个必然的结论：无产阶级如果不先夺取政权，不取得政治统治，不把国家变为‘组织成为统治阶级的无产阶级'，就不能推翻资产阶级。"[①] 恩格斯说："我们要消灭阶级。用什么手段才能达到这个目的呢？这就是无产阶级的政治统治。"[②] 列宁也直截了当地指出："表现于多种多样和内容日益丰富的形式的无产阶级反对资产阶级的斗争，必然要成为以无产阶级夺取政权（'无产阶级专政'）为目标的政治斗争。"[③]

1920 年，毛泽东在致蔡和森的信中也旗帜鲜明地"赞成马克思式的革命"，强调指出："共产党人非取政权，且不能安息于其宇下。"[④]

无产阶级革命必须建立无产阶级专政的国家，这是科学社会主义的一个基本原则。马克思主义的经典作家都反复强调了政权、专政作用。马克思说："在资本主义社会和共产主义社会之间，有一个从前者变为后者的革命转变时期。同这个时期相适应的也有一个政治上的过渡时期，这个时期的国家只能是无产阶级的**革命专政**。"[⑤] 列宁说："一个阶级的专政不仅对一般阶级社会是必要的，不仅对推翻了资产阶级的**无产阶级**是必要的，而且对介于资本主义和'无阶级社会'即共产主义之间的整整一个**历史时期**都是必要的，——只有懂得这一点的人，才算掌握了马克思国家学说的实质。"[⑥] 在这里，马克思讲的"转变时期"和"过渡时期"、列宁讲的"历史时期"都是指社会主义时期。

在社会主义时期，国家政权、阶级专政和政府结构具有十分重要的作用。什么是政治？政治就是一定的阶级或社会集团为实现其根本经济利益，围绕夺取、建立、巩固国家政权所进行的一切活动。[⑦] 列宁说，我们的政治斗争有两个方面：一方面要粉碎资产阶级制度遗留下来的东西，粉碎整个资产阶级一再想消灭苏维埃政权的尝试；另一方面就是建设的任务。正是在这个意义上，"政治同经济相比不能不占首位。不肯定这一点，就是忘记了马克思主义的最起码的常识"[⑧]。

只要我们考察一下社会现实，社会主体的一切重大活动，不管是上层建筑领

① 《国家与革命》，《列宁专题文集·论马克思主义》，人民出版社 2009 年版，第 201 页。

② 恩格斯：《关于工人阶级的政治行动》，《马克思恩格斯文集》第 2 卷，人民出版社 2009 年版，第 224 页。

③ 《卡尔·马克思》，《列宁专题文集·论马克思主义》，人民出版社 2009 年版，第 29 页。

④ 《新民学会资料》，第 148 页。转引自杨德勇：《毛泽东〈沁园春·长沙〉研究新得》，《党的文献》2016 年第 3 期，第 114 页。

⑤ 马克思：《哥达纲领批判》，《马克思恩格斯文集》第 3 卷，人民出版社 2009 年版，第 445 页。

⑥ 《国家与革命》，《列宁专题文集·论马克思主义》，人民出版社 2009 年版，第 207 页。

⑦ 见《中国百科大辞典·政治学》。

⑧ 《再论工会、目前局势及托洛茨基同志和布哈林同志的错误》，《列宁选集》第 4 卷，人民出版社 1995 年版，第 407 页。

域的，还是经济（社会经济基础和社会生产分配）领域的，都关涉到社会根本利益和全局关系，都关涉政权。所以，政权、专政、政府、国家等，对坚持社会主义道路具有关键的作用，夺取政权、巩固政权、执掌政权，是社会主义道路的最关键的因素。

列宁认为，掌握国家政权是完成政治变革的最重大和最高的手段之一，只有建立政权、掌握政权，才能把人民的力量集中起来，从政治上领导人民，才能实行各种政治改造。当时的俄国，广大群众最根本的迫切要求，是和平、土地和面包。而要解决这三大问题，俄国无产阶级和农民只有举行武装起义，以革命暴力消灭反革命暴力，推翻沙皇统治，夺取政权和土地，别无其他出路。列宁指出，只有“把国家政权转到无产阶级手中，才能保证停止战争”①，最终解决土地与面包问题。为了实现社会主义革命，首先就是建立无产阶级专政。

中国的情况也是一样。中国人民的根本利益和愿望，就是外不受西方列强侵略，内不受反动统治压迫，改变积贫积弱、民不聊生的悲惨状况，过上幸福美好的生活。但是，中国是东方落后大国，帝国主义、封建主义和官僚资本主义这三座大山运用各种手段对中国人民实行残酷的压迫和剥削，最基本的手段就是政权，政权是帝国主义、封建主义和官僚资本主义在政治上的集中代表，是保护、巩固半殖民地半封建的条件。当年，政权不掌握在人民手中，人民利益都保护不了，国家主权都不完整，国门洞开，海关署长都由外国人担任，更谈不上工业化、市场化、农业现代化，发展生产力。

所以，革命的根本问题和关键所在就是国家政权。中国人民要通过社会主义道路实现自己的美好愿望，就必须取得政权，要想富起来、强起来，就要先站起来。只有先站起来了，才能富起来、强起来；先有民族独立，才有民族复兴。

回顾历史，中国共产党领导中国人民夺取了新民主主义的伟大胜利，掌握了国家政权，这个政权是无产阶级专政、是人民民主专政，是对外抵御侵略、对内保卫人民，对敌人镇压、对人民民主的国家机器。正是因为人民掌握了政权，我们才能对内消灭阶级压迫，对外取得民族独立。

正是因为人民掌握了政权，我们才能用专政的力量来巩固革命成果，实现对旧社会的改造，才能发展人民民主，无产阶级和广大劳动群众才成为国家和社会的真正主人。

---

① 《无产阶级在我国革命中的任务》，《列宁选集》第3卷，人民出版社1995年版，第47页。

正是因为人民掌握了政权，我们才能建立起社会主义的基本制度，才能取代资本主义生产方式，才能为当代中国的一切发展进步奠定根本政治前提和制度基础。只有人民掌握政权，才能运用无产阶级国家权力消灭阶级和阶级对立存在的条件，使社会成为“每个人的自由是一切人自由发展的条件”的“联合体”。

总之，政权是推动历史进步、改造社会的最有力的杠杆。这个道理十分朴素，却非常重要。

有史以来，一切剥削统治者、特别是资产阶级都把国家、政权和专政等说成是一种神奇的、超自然的东西，是一种上天赋予的力量，代表所有人利益。可问题的性质并不是这样。国家、政府、政权和专政，其实是一回事，都是指一个国家的政权机构、武装力量、警察法院等，尽管这些概念使用的场合不一，比如，在国际场合,往往使用政权而不用专政,而对待国内,则“政权”和“专政”都用。在强调国家的公共管理职能时,多使用“国家”、“政府”、“政权”而不大用“专政”，一用“政权”特别是“专政”时，则突出了“国家”、“政府”的阶级属性和打击、镇压的职能。

全面、科学、深刻地认识和阐述“国家”、“政府”、“专政”、“政权”等统治工具的，是马克思主义。马克思恩格斯第一次把国家政权同阶级分析联系起来，同历史分析联系起来，同职能分析联系起来。1919 年 7 月，列宁在斯维尔德洛夫大学发表《论国家》的演讲，说：“要非常科学地分析这个问题，至少应该对国家的产生和发展作一个概括的历史的考察。在社会科学问题有一种最可靠的方法，……那就是不要忘记基本的历史联系，考察每个问题都要看某种现象在历史上怎样产生，在发展中经过了哪些主要阶段，并根据它的这种发展去考察这一事物现在是怎样的。”[①]

马克思主义首先强调历史地看待问题,从自有阶级、也就是有国家以来,国家、政府、政权、专政是如何演变的。第二是现实地分析问题,从一个社会的阶级组成、相互地位、相互关系，特别是看各阶级对生产资料的占有、各阶级在阶级关系中的政治地位等来看国家、政府、政权、专政的性质与职能。第三是站在无产阶级和劳动人民的立场上来看待一个国家、政府、政权和专政的性质和职能。

这就有了几个基本观点：

一、国家、政府、政权与专政是和阶级、阶级矛盾、阶级关系相关联的。一方面，

① 《论国家》,《列宁选集》第 4 卷，人民出版社 1995 年版，第 26 页。

它是阶级矛盾不可调和的产物和表现，是一个阶级压迫另一个阶级的暴力机器；另一方面，它也有处理阶级关系的职能，特别是掌握国家、政府、政权与专政的统治者、执政者、当政者，既要代表统治阶级的利益来实施专政和统治，又要超越各阶级的立场，协调全社会各阶级的关系，维持全社会的和谐统一。

二、国家、政府、政权和专政存在于一定的历史阶段之中。原始社会没有阶级，也没有国家、政府、政权，将来进入无阶级社会，这些东西也将消亡。现在是有阶级社会，国家、政府、政权和专政的存在是必然的。

三、在奴隶社会、封建社会、资本主义和社会主义等各个阶段，国家政权都是重要的。

四、国家、政府、政权和专政是一种上层建筑，反映了它的经济基础，反映并维护着这个国家、社会的各个人群、特别是各个阶级的生产资料占有情况和社会地位情况。

五、国家、政府、政权与专政都是统治者执掌政权的手段和工具，同时具有强制（专政）与民主的两面属性，它对一切侵犯国家领土，威胁国家主权、颠覆国家政权、破坏社会稳定的人和事，都要使用暴力、强制和专政，对处在政权机构里的一切阶级、人群都发扬民主，履行保护职能。列宁说：社会主义民主是对人民实行民主和对敌人实施专政的统一。“民主是国家形式，是国家形态的一种。因此，它同任何国家一样，也是有组织有系统地对人们使用暴力，这是一方面。但另一方面，民主意味着在形式上承认公民一律平等，承认大家都有决定国家制度和管理国家的平等权利。”[1] 凡属上升为统治阶级的，就是争得了民主。也就是说，统治阶级就是获得民主的阶级；而被统治的阶级就是被专政的阶级。民主的实质不仅意味着平等的形式，也在于对被统治阶级的专政。列宁指出：“只要有不同的阶级存在，就不能说‘纯粹民主’，而只能说阶级的民主。”任何国家都是一定阶级的民主和专政的结合。

① 《国家与革命》，《列宁专题文集·论社会主义》，人民出版社 2009 年版，第 40 页。

毛泽东为什么说枪杆子里面出政权

既然人民夺取政权、执掌政权是社会主义道路的关键，那么，人民怎样才能拿到这个政权呢？

从1871年的巴黎公社，1917年的俄国十月革命，到1949年新中国的建立，社会主义政权的建立，都不是通过议会选举的方式取得，而是通过革命的暴力手段夺来的。1927年，毛泽东在八七会议上直截了当地说："须知政权是由枪杆子中取得的。"① 后来，他总结中国革命的经验时又说："每个共产党员都应懂得这个真理：'枪杆子里面出政权'。"②

现在，还有人对革命表示疑问，说，为什么当年不改良，而要革命呢？革命流那么血，死那么多人，多残忍呀。如果不流血，不残酷，多好。总之，中国为什么要，而且能走枪杆子里面出政权的道路？

是被逼的，是诸路不通的一个变计。

在阶级社会中，国家政权本质上是"一个阶级用以压迫另一个阶级的有组织的暴力"③，列宁指出了一个基本事实："各国人民生活中的大问题，只有用强力才能解决。反动阶级通常都是自己首先使用暴力，发动内战，把刺刀提到议事日程上来。"④ 历史也证明，落后国家搞社会主义，反动派至死也不会自动下台。反动统治总是首先通过政权用暴力残酷迫害和屠杀人民群众，哪里有压迫，哪里就有

① 《在中央紧急会议上的发言》（1927年8月7日），《毛泽东文集》第1卷，人民出版社1993年版，第46页。
② 《战争和战略问题》（1938年11月），《毛泽东选集》第2卷，人民出版社1991年版，第547页。
③ 《共产党宣言》，《马克思恩格斯文集》第2卷，人民出版社2009年版，第53页。
④ 《社会民主党在民主革命中的两种策略》，《列宁选集》第1卷，人民出版社1995年版，第635页。

反抗。因此“一种暴力行动只能用另一种暴力行动来铲除”[①]，在拒绝作任何实质的社会改革的反动势力面前，一切革命措施都遭到了反动国家机器的暴力抵抗，无产阶级就只能“用暴力推翻资产阶级而建立自己的统治”[②]。

历史总在不断地重复。现在有人问我们能不能不用暴力的手段、暴动的办法呀？当年，恩格斯也回答了类似“能不能用和平的办法废除私有制”的问题，说：“但愿如此，共产主义者当然是最不反对这种办法的人。”的确如此，无产阶级政党最不反对用和平的方式来解决社会矛盾和阶级矛盾，也绝不轻易放弃和平手段。

当年，毛泽东在同军阀谭延闿之流的斗争中，也深切地感受到温和改良的办法，“理论上说得通，事实上做不到”。他结合中国实际，梳理比较了“新村主义”、“工读主义”、“无政府主义”各种思想学说，最后选择了马克思主义，认定“改造中国与世界，首先要造主义，要组织共产党”，走无产阶级革命和无产阶级专政的道路。毛泽东说这是“逼上梁山”，他在给留法的蔡和森、萧子升等人的回信中说：“历史上凡是专制主义者，或帝国主义者，或军国主义者，非等到人家来推倒，决没有自己肯收场的。”“俄国式的革命，是无可如何的山穷水尽诸路皆走不通了的一个变计，并不是有更好的方法弃而不采。”中国人民只有用暴力手段，通过阶级革命，才能摧毁反动政权，为中国走向进步、繁荣富强扫清道路。

这种暴力革命不是打架斗殴，不是意气用事，不是简单地复仇，不是密谋式的暗杀，而是阶级斗争、阶级革命。

杨奎松先生讲了一件事，挺恐怖，也挺启发人的。做过人民大学秘书长、中国社会科学院近代史所副所长的李新，1946年，到晋冀鲁豫根据地任永年县委书记，他一去就赶上县里召开批斗汉奸恶霸宋品忍的万人大会。一位农民老太太上台，边哭诉边掏出一把刀，上来就把宋的耳朵切下来了。再一个青年冲上台，也是边哭诉边把宋的一只手剁了下来。另一名妇女抱着孩子拿着刀上台，还没走到宋的跟前，就哭得昏了过去。之后，宋被群众拖下台，身上的肉都千刀万剐地被愤怒的群众割回家去了，最后荒地上只剩下了几根白骨。今天的许多人看到这个

---

① 《对民主主义者莱茵区域委员会的审判》，《马克思恩格斯全集》第6卷，人民出版社1961年版，第287页。

② 《共产党宣言》，《马克思恩格斯文集》第2卷，人民出版社2009年版，第43页。

场面，一定觉得太血腥，太暴力了。但是宋品忍当汉奸时杀了老太太的儿子，强奸了她的女儿、儿媳，竟然还挖掉了她女儿的眼睛，剜掉她儿媳的阴户和乳房，还将她们一并杀害，凶残得令人发指。杀了那个青年的父亲和兄弟，那个抱着孩子上台来还没动手就晕倒过去的女人，想来也有家人被宋杀死了，就不难理解农民对宋显然恨之入骨，才会有如此行动。

在旧中国，阶级压迫和阶级剥削是十分残酷的，阶级矛盾、阶级冲突也发展到了你死我活、不可调和的对立地步。在这种情况下，就不可避免地要出现十分暴力的阶级斗争、阶级革命了，所以毛泽东有一句名言："革命是暴动，是一个阶级推翻一个阶级的暴烈的行动。"当时，中国的农民革命攻击土豪劣绅、不法地主，各种宗法思想和制度、贪官污吏、乡村的恶劣习惯，势如暴风骤雨，对这种革命的暴力，中上层社会和国民党右派都说"糟得很"，连一些很进步的人士也认为虽然这是革命过程中应有的事情，但用暴力总是不文明，很恐怖，还是糟得很。但是毛泽东明确说"好得很"，第一，这"都是土豪劣绅、不法地主自己逼出来的"。第二，这是"推翻几千年根深蒂固的地主权力"的阶级斗争，做到了"孙中山先生致力国民革命凡四十年，所要做而没有做到的事，农民在几个月内做到了。这是四十年乃至几千年未曾成就过的奇勋"，① 所以是好得很。

中国革命为什么会发生呢？艾奇逊认为，首先是中国人口太多了，中国人口在 18、19 两个世纪时增加了一倍，土地不堪负担，人民的吃饭问题是每个中国政府必然碰到的第一个问题。1949 年 9 月，毛泽东驳斥了这个观点："革命的发生是由于人口太多的缘故吗？古今中外有过很多的革命，都是由于人口太多吗？中国几千年以来的很多次的革命，也是由于人口太多吗？美国一百七十四年以前的反英革命，也是由于人口太多吗？艾奇逊的历史知识等于零，他连美国独立宣言也没有读过。华盛顿杰斐逊们之所以举行反英革命，是因为英国人压迫和剥削美国人，而不是什么美国人口过剩。中国人民历次推翻自己的封建朝廷，是因为这些朝廷压迫和剥削人民，而不是什么人口过剩。俄国人所以举行二月革命和十月革命，是因为俄皇和俄国资产阶级的压迫和剥削，而不是什么人口过剩，俄国至今还是土地多过人口很远的。蒙古土地那么广大，人口那么稀少，照艾奇逊的道理是不能设想会发生革命的，但是却早已发生了。"②

---

① 《湖南农民运动考察报告》，《毛泽东选集》第 1 卷，人民出版社 1991 年版，第 15—17 页。

② 《唯心历史观的破产》，《毛泽东选集》第 4 卷，人民出版社 1991 年版，第 1510—1511 页。

毛泽东深刻地分析了中国人所受到的内外压迫，揭示了中国革命道路的必然性、合理性和可能性。

对无产阶级和劳动人民夺取国家政权的革命行动和暴力行动，不能仅凭善良的愿望，或事后的假设，或道德的标准来反对暴力。

人民大众怎样才能夺取政权，从而执掌政权呢？马克思说："共产党人不屑于隐瞒自己的观点和意图。他们公开宣布：他们的目的只有用暴力推翻全部现存的社会制度才能达到。"① 人民的政权不是和平地得到的。

1875 年前后，小资产阶级知识分子杜林（1833—1921）以社会主义改革家的面貌出现，著书立说，露骨地攻击马克思主义，其中暴力论是杜林唯心史观和庸俗政治经济学体系的理论基础。恩格斯撰写了《反杜林论》，全面、系统、彻底地批判了杜林的观点。

杜林自我标榜说，他提出的道德原则是终极真理、普世价值，适用于一切时代、一切世界，适用于人类，也适用于"人以外的一切生物"，并说"真正的真理是根本不变的"。恩格斯指出真理和谬误的对立"只是在非常有限的领域内才有绝对的意义"，超出这个领域，这种对立就是相对的，"对立的两极都向自己的对立面转化，真理变成谬误，谬误变成真理"。夸大了的真理，就会导致谬误。

杜林认为：不平等起源于暴力，是一方对另一方施行暴力的结果。恩格斯指出：暴力不是产生不平等的根源，不平等是社会生产发展到一定阶段的必然产物，只要存在经济上的不平等，就会产生意识上的从属观念，而不一定通过暴力。无产阶级要求的不是少数人的平等，而是要实现人类的真正平等。只有消灭了阶级才会出现人人平等，而到了那时，也就没有平等不平等的问题了。

杜林认为：平等是绝对的好事，不平等是绝对的坏事，所以，"在杜林先生看来，暴力是绝对的坏事"，"暴力的任何使用都会使暴力使用者道德堕落。他说这话竟不顾每一次革命的胜利带来的道德上和精神上的巨大跃进！"②

对此，恩格斯阐述了马克思主义对于暴力的看法，他首先批驳了杜林的暴力是历史上基础性的东西的观点，指出：暴力仅仅是手段，经济利益才是目的。目

① 《共产党宣言》，《马克思恩格斯文集》第 2 卷，人民出版社 2009 年版，第 42 页。
② 恩格斯：《反杜林论》，《马克思恩格斯文集》第 9 卷，人民出版社 2009 年版，第 191、第 192 页。

的比用来达到目的的手段要基础性得多。暴力虽然可以改变财产的占有状况，却不能创造私有财产本身。第二，暴力不是绝对的坏事，它虽然会破坏生产力，“但是，暴力在历史中还起着另一种作用，革命的作用；暴力，用马克思的话说，是每一个孕育着新社会的旧社会的助产婆”①；“它是社会运动借以为自己开辟道路并摧毁僵化的垂死的政治形式的工具”②。

恩格斯引用马克思这一助产婆的论述，非常形象而准确地说明了暴力革命的作用。助产婆能帮助孕妇生产，推动社会的进步，但是助产婆不能代替孕妇生产。如果孕妇的肚子里没有孩子，或胎儿没有足月，光有助产婆也生不出孩子。助产婆自己是不能生产孩子的。暴力本身产生不了社会主义。“革命不能故意地、随心所欲地制造，革命在任何地方和任何时候都是完全不以单个政党和整个阶级的意志和领导为转移的各种情况的必然结果。”③只有经过十月怀胎的婴儿，才能在暴力这个助产婆的帮助，经过革命的阵痛，顺利诞生。如果不靠助产婆的帮助，也能顺利地生下孩子，不用革命的手段，不用暴力的行动，就能完成政权的交接，出现了一个新社会，那是再好不过的事，只可惜，“几乎所有文明国家的无产阶级的发展都受到暴力压制，因而是共产主义者的敌人用尽一切力量引起革命”④。

所以，列宁根据俄国的历史经验总结道：“马克思和恩格斯关于暴力革命不可避免的学说是针对资产阶级国家说的。资产阶级国家由无产阶级国家（无产阶级专政）代替，**不能**通过‘自行消亡’，根据一般规律，只能通过暴力革命。”列宁特意把“不能”两字打上黑体，他还提到了马克思恩格斯在《哲学的贫困》和《共产党宣言》两部著作的结尾部分，曾自豪地公开声明暴力革命不可避免。然后，他断然说道：“无产阶级国家代替资产阶级国家，非通过暴力革命不可。”⑤

毛泽东把列宁关于资本主义经济上政治上发展不平衡规律的理论运用到半殖民地半封建的中国来，提出了中国革命夺取政权的方法和道路，创造性地运用和发展了马列主义，他说：“革命的中心任务和最高形式是武装夺取政权，是战争解决问题。”“中国的特点是：不是一个独立的民主的国家，而是一个半殖民地半

① 参见《资本论》第1卷，《马克思恩格斯文集》第5卷，人民出版社2009年版，第861页。
② 《反杜林论》，《马克思恩格斯文集》第9卷，人民出版社2009年版，第191—192页。
③ 恩格斯：《共产主义原理》，《马克思恩格斯文集》第1卷，人民出版社2009年版，第685页。
④ 同上。
⑤ 《国家与革命》，《列宁专题文集·论马克思主义》，人民出版社2009年版，第194页。

封建的国家，在内部没有民主制度，而受封建制度压迫；在外部没有民族独立，而受帝国主义压迫。因此，无议会可以利用，无组织工人举行罢工的合法权利。在那里，共产党的任务，基本地不是经过长期合法斗争以进入起义的战争，也不是先占城市后取乡村，而是走相反的道路。”① 即联合尽可能多的同盟军，组织武装斗争，反对武装的反革命，为争取民族和社会的解放而斗争。

毛泽东在总结中国革命的基本经验时说，“统一战线，武装斗争，党的建设，是中国共产党在中国革命中战胜敌人的三个法宝”②。在中国，离开了武装斗争，就没有无产阶级和共产党的地位，就不能完成任何的革命任务。毛泽东指出，从马克思主义关于国家学说的观点看来，军队是国家政权的主要成分。谁想夺取国家政权，并想保持它，谁就应有强大的军队。没有一支人民的军队，便没有人民的一切。以武装的革命反对武装的反革命，是中国革命的特点之一，也是中国革命的优点之一。

中国革命不仅要以武装斗争为主要形式，这种武装斗争还是长期的。因为中国革命的敌人异常强大，只有经过长期的、艰苦卓绝的武装斗争，并和其他各种形式的斗争相配合，才能战胜敌人，建立新中国，建设新中国，取得革命的彻底胜利。

① 《战争和战略问题》（1938年11月），《毛泽东选集》第2卷，人民出版社1991年版，第541—542页。

② 《〈共产党人〉发刊词》（1939年10月），《毛泽东选集》第2卷，人民出版社1991年版，第607页。

无产阶级夺取政权后，不能简单地把现成的国家机器拿来就用

对于中国共产党执政，人们会问：为什么我国的国家制度和政权架构与西方国家不同呢？

马克思在《法兰西内战》中指出："工人阶级不能简单地掌握现成的国家机器，并运用它来达到自己的目的。"① 这一点已被"无产阶级第一次掌握政权达两月之久的巴黎公社的实际经验"② 所证明。"无产阶级，现今社会的最下层，如果不炸毁构成官方社会的整个上层，就不能抬起头来，挺起胸来"。③ 那么，为什么无产阶级夺取政权后，就不能继续运用旧的国家机器来进行管理国家呢？

马克思给出了一个理由："奴役他们的政治工具不能当成解放他们的政治工具来使用"。但是，这个话好像还是不太好理解。我们可讲一个井冈山的故事。1927 年 11 月 18 日，红军又一次打下茶陵，成立了一个县人民委员会，委派了一个曾经做过安徽旌德县长的谭梓生担任县长。衙门还是那个衙门，官员还是那个官员，一切按旧政府的样子，升堂审案，收税纳粮。茶陵的群众经过县衙门，探探头，咋咋舌，失望而去。这是一个"换汤不换药"的新政府。随后，工农革命军一营党代表宛希先写信向毛泽东汇报了茶陵的情况，毛泽东看后指示："新的政权不能按国民党那一套搞。要成立工农兵政府，发动群众开展斗争。"于是，宛希先召集茶陵县委、总工会、县农会负责人和军队各连党代表开会，讨论茶陵人民政权的建设问题。11 月 28 日，湘赣边界第一个红色政权——茶陵县工农兵政府成立了。学徒出身的印刷工人、县总工会主席谭震林担任县政府主席，农民

① 马克思：《法兰西内战》，《马克思恩格斯文集》第 3 卷，人民出版社 2009 年版，第 151 页。

② 恩格斯：《共产党宣言·1872 年德文版序言》，《马克思恩格斯文集》第 2 卷，人民出版社 2009 年版，第 6 页。

③ 《共产党宣言》，《马克思恩格斯文集》第 2 卷，人民出版社 2009 年版，第 42 页。

代表李炳荣、士兵代表陈士榘进入政府。[①]这个实践说明，中国人民是要建立一个完全不同的新中国，是人民当家作主的社会主义国家，这个国家的政权是不能把旧政权的制度、架构、制度、机制拿过来使用的。

为什么呢？因为国家制度、政权架构以及运转机制取决于国家的两点性质：一是这个国家是谁拥有对生产资料的所有权，二是这个国家的统治是少数人对多数人的统治，还是相反。正是在这两点上，社会主义国家的人民政权不同于以往的国家政权，所以，它不能把以往的国家机器拿过来就用。

那么，以往的国家政权是什么样的性质和特点呢？

人类历史上的第一种国家政权，是建立在奴隶制基础上的奴隶主阶级的国家。奴隶主占有了土地和其他一切生产资料，更占有了奴隶，所以，奴隶主占有了奴隶的全部剩余劳动，还占有了奴隶的一部分必要劳动，甚至占有了奴隶本身。奴隶不被看作人，只是奴隶主占有的一种可杀、可卖、可奴役的会说话的工具。

奴隶主国家政权的组织形式是等级制，奴隶主分为不同等级，民主的程度随着大小奴隶主的不同而有很大不同。奴隶属于等外的阶级，没有任何民主。所以，奴隶主政权、专政代表最少数的人群，是最野蛮、最专制的政权，奴隶社会的民主制是奴隶主内部的大多数的平等和对奴隶的非人的暴力统治。

人类历史上的第二种国家政权，是封建地主阶级政权。地主占有了土地这种基本的生产资料，所以叫“地主”，是经济上、政治上占统治地位的阶级。无地少地的农民租种地主的土地，是独立经营的小私有经济，同时保存着对土地的依附关系。地主采用经济以外的强制手段，迫使农民缴纳地租和向封建国家赋税。

地主阶级政权的组织形式主要是君主制，其特点：一是实行等级制。奴隶主国家里，奴隶不当人看，不在等级体系中，而地主阶级的政权结构把社会上所有的人都纳入一个尊卑贵贱的等级体系，君君、臣臣、父父、子子。因此，封建社会的等级制度比奴隶社会更完备，封建政权的民主成分和程度要比奴隶主政权高。二是地主阶级政权将血缘、宗族等关系制度化、意识形态化，把君主说成是上天的代表，真龙天子，君权神授，把官吏说成是民之父母，实行王位世袭制度等。在中国，政权、族权、神权和夫权这四种权力从社会到家庭、再到精神世界牢牢地禁锢着劳动者。三是与自给自足的自然经济相适应，大小王侯各霸一方，占地为王，当土皇帝，实行封建割据。

---

① 参见余伯流、陈钢：《井冈山革命根据地全史》，江西人民出版社2007年版，第102—103页。

人类历史上的第三种国家政权，是资产阶级政权，这是最后一种剥削阶级的国家政权。资本家占有资本，所以叫“资本家”。在一定意义上，无产阶级还不如农民的社会地位，农民还有一定的生产资料，是半无产者，工人只是打“工”的人，除了一双手就一无所有，所以叫“无产者”。资产阶级的政权反映着资产阶级和无产阶级对生产资料的占有情况，反映并维护着他们在社会上的政治地位。与奴隶主阶级政权、封建主阶级政权相比，具有几个特点：

一是资本家和工人之间，虽是统治与被统治的关系，但具有“民主”关系。双方一同来到市场上，按照平等的原则，自由地做买卖。资本家用手中的资本货币，平等地自由地购买工人的劳动力，工人则平等地自由地向资本家出卖自己的劳动力，然后在劳动力的使用中为资本家创造剩余价值。工人出卖劳动力换得货币以后，再到资本家那里去购买生活资料，维持生活，实现劳动力的再生产，继续不断地把劳动力出卖给资本家。在这种连续不断的一买一卖中，资本家无偿占有了工人创造的剩余价值，实现了对工人的剥削。这样的经济关系将一切封建制度的地方特权、等级特权以及人身依附关系等束缚都一扫而光，而资产阶级专政机关、政权组织和政府结构反映并保护着这种经济关系，反映并保护了这种经济关系中各阶级的政治地位。

二是资产阶级内部不像大小奴隶主之间、大小地主之间实行等级制，它强调资产阶级成员一律平等地在国家中当家作主人，从国体上使民主制度建设到位。与国体的民主制相适应，资产阶级专政在政体上实行议会民主制。按照立法、行政、司法的分工组织起来的国家机关体系。由资产阶级政党通过以财产标准为资格限制的选举，选出占据议会的议员和分配政府职务的官员。

三是资产阶级还建立了相应的法制和意识形态，如普遍的人权、抽象的人身自由和个性解放、法律面前人人平等，资产阶级通过议会把自己的意志上升为以宪法为核心的法律体系，并把它们推崇为至高无上的客观规则。①

这样，资产阶级的国家政权不但是将这种阶级剥削和压迫关系合法化、固定化的机关，还是将统治阶级的统治方式制度化、固定化的机关。

资产阶级的民主在历史上是一大进步。与不当作人的奴隶比，无产者是雇佣奴隶，有了人的资格；与封建等级中的农民比，无产者是平等的人，有了出卖劳动力的自由，因此，在资产阶级国家里，人剥削人、人压迫人的方法也就更加巧

① 张光博：《坚持马克思主义国家观》，吉林人民出版社 2007 年版，第 24—26 页。

妙了。资本主义消灭了封建等级制度，社会阶级关系简单化为资产阶级和无产阶级两个阶级的直接对立。在这种条件下，在经济上占优势、因而在政治上也占优势的资产阶级，在其阶级内部，实现了全体一律平等，即平等地决定国家制度和管理国家，这就是资产阶级民主。“但是这种民主制度始终受到资本主义剥削制度狭窄框子的限制，因此它实质上始终是少数人的即只是有产阶级的、只是富人的民主制度。”资本主义社会的自由、民主与奴隶主的自由、民主大致相同，“大多数居民在通常的平静的局势下都被排斥在社会政治生活之外”。①

所以，马克思在《法兰西内战》中提出一个问题：“以往国家的特征是什么呢？”然后深刻地指出：那都是一些特殊的机关。“这些机关——为首的是国家政权——为了追求自己的特殊利益，从社会的公仆变成了社会的主人。这样的例子不但在世袭君主国内可以看到，而且在民主共和国内也同样可以看到。正是在美国，同在任何其他国家中相比，‘政治家们’都构成国民中一个更为特殊的更加富有权势的部分。……我们在那里却看到两大帮政治投机家，他们轮流执掌政权，以最肮脏的手段来达到最肮脏的目的，而国民却无力对付这两大政客集团，这些人表面上是替国民服务，实际上却是对国民进行统治和掠夺”。“为了防止国家和国家机关由社会公仆变为社会主人”，就必须“打碎旧的国家政权而以新的真正民主的国家政权来代替”。②

马克思说：“中央集权的国家政权连同其遍布各地的机关，即常备军、警察局、官僚机构、教会和法院——这些机关是按照系统和等级的分工原则建立的，起源于专制君主时代。”③后来，“在以后各个时期的政治体制下，政府都被置于受议会控制，即受有产阶级直接控制的地位。它不但变成了巨额国债和苛捐重税的温床，不但由于拥有令人倾心的官职、金钱和权势而变成了统治阶级中各不相让的党派和冒险家们彼此争夺的对象。……国家政权在性质上也越来越变成了资本借以压迫劳动的全国政权，变成了为进行社会奴役而组织起来的社会力量，变成了阶级专制的机器。”④

正因为奴隶制社会、封建社会和资本主义社会的国家和政权机关都是剥削

---

① 《国家与革命》，《列宁专题文集·论马克思主义》，人民出版社 2009 年版，第 258 页。

② 恩格斯为《法兰西内战》写的 1987 年版导言，《马克思恩格斯文集》第 3 卷，人民出版社 2009 年版，第 110—111 页。

③ 马克思：《法兰西内战》，《马克思恩格斯文集》第 3 卷，人民出版社 2009 年版，第 151 页。

④ 同上，第 152 页。

阶级的，所以，历史上的各统治阶级之间，包括统治阶级内部互相倾轧的各党派之间在每次胜利的时刻，即一个阶级拿到政权时，可以简单地接过旧的国家机器，“从一些人的手里，转到另一些人手里”，并运用这个现成的工具来达到自己的目的。

马克思在《路易·波拿巴的雾月十八日》中总结了1848年革命失败的经验教训，批判地考察了1789年以来法国资产阶级国家演变的历史，阐明了无产阶级对待资产阶级国家的根本态度，第一次作出了打碎资产阶级国家机器的结论。马克思说，过去的“一切变革都是使这个机器更加完备，而不是把它摧毁。那些争夺统治权的相继更替的政党，都把这个庞大国家建筑物的夺得视为自己胜利的主要战利品”。无产阶级革命则完全不同，它“不应该再像以前那样把官僚军事机器从一些人的手里转到另一些人的手里，而应该把它**打碎**”[①]，“工人必须打碎的不是旧社会政府权力的一个不太完备的形式，而是具有最后的、最完备的形式的政府权力本身，就是**帝国**。**公社**是**帝国**的直接对立物。”[②]在总结巴黎公社革命的经验教训时，马克思进一步把这一思想明确地概括为“工人阶级不能简单地掌握现成的国家机器，并运用它来达到自己的目的”，并把它作为对《共产党宣言》的重大的唯一的修改和补充写进了《宣言》1872年德文版序言。

社会主义的国家政权是人类历史上第四种国家政权，完全不同于以往所有政权。它同样是处理阶级关系和矛盾，实行阶级统治的工具，同样具有专政和民主的双重属性。但是无产阶级在夺取政权后，不但通过暴力革命打碎旧的国家机器，还要“以统治阶级的资格用暴力消灭旧的生产关系”[③]。在社会主义社会，无产阶级成为统治阶级，全体劳动者共同占有生产资料，无产阶级和广大劳动者平等地决定国家制度和国家管理，同时又对地主和资本家等极少数剥削者实施暴力统治。“无产阶级民主（苏维埃政权就是它的一种形式）在世界上史无前例地发展和扩大了的，正是对大多数居民即对被剥削劳动者的民主”，“无产阶级民主比任何资产阶级民主要民主**百万倍**；苏维埃政权比最民主的资产阶级共和国要民主百万倍。”[④]。同资产阶级民主相比，社会主义民主不但是扩大了的民主，具有量的优势，而且还具有质的优势，它消灭了剥削，实现了劳动的解放。社会主义民主认为：

① 《马克思致路德维希·库格曼》，《马克思恩格斯文集》第10卷，人民出版社2009年版，第352页。

② 马克思：《法兰西内战》，《马克思恩格斯文集》第3卷，人民出版社2009年版，第221页。

③ 《共产党宣言》，《马克思恩格斯文集》第2卷，人民出版社2009年版，第53页。

④ 《无产阶级革命和叛徒考茨基》，《列宁专题文集．论资本主义》，人民出版社2009年版，第242—243页。

决定每个公民社会地位的，不是财产状况，不是民族出身，不是性别，不是职位，而是个人的能力和个人的劳动。所有公民都有平等的权利，这是人类历史上的重大转折点。

在中国建设成一个社会主义强国一直是中国共产党的奋斗目标。在建设社会主义国家这个基本问题，中国共产党人展开了长期的深入的理论思考和实践探索。

第一，在革命胜利后，中国要建立一个什么样的国家。1945 年 4 月，毛泽东在中共七大的政治报告中说，夺取全国胜利后，要“建立一个以全国绝对大多数人民为基础而在工人阶级领导之下的统一战线的民主联盟的国家制度，我们把这样的国家制度称之为新民主主义的国家制度。”①

1948 年 9 月，毛泽东《在中共中央政治局会议的报告和结论》中明确指出，“我们政权的阶级性是这样：无产阶级领导的，以工农联盟为基础，但不是仅仅工农，还有资产阶级民主分子参加的人民民主专政”。②“我们是人民民主专政，各级政府都要加上‘人民’二字，各种政权机关都要加上‘人民’二字，如法院叫人民法院，军队叫人民解放军，以示和蒋介石政权不同。”③由于社会主义政权构成包括了社会上最多的阶级和阶层，是人类历史上第一次多数人的政权，所以，它体现的民主是最广泛的民主。

第二，就是用什么政权形式、即用什么制度来体现这种国家性质，在实现人民当家作主，来保证绝大多数人的民主。《中华人民共和国宪法》确立了中华人民共和国的国体是工人阶级领导的、以工农联盟为基础的人民民主专政的国家。人民代表大会制度是中国的政体。《宪法》明确规定：“中华人民共和国的一切权力属于人民”。“人民行使权力的机关是全国人民代表大会和地方各级人民代表大会”。“人民民主专政的国家，是以人民代表会议产生的政府来代表它的。”④

经过多年的探索与实践，我们建立了并不断完善了一个中国特色社会主义制度的体系，其内容主要有：一、中国的根本政治制度是人民代表大会制度。二、中国的基本政治制度有：中国共产党领导的多党合作和政治协商制度、民族区域自治制度和基层群众自治制度。三、中国特色社会主义法律体系。四、公有制为主体、多种所有制经济共同发展的基本经济制度。五、按劳分配为主体、多种分

① 毛泽东：《论联合政府》，《毛泽东选集》第 3 卷，人民出版社 1991 年版，第 1056 页。
② 《在中共中央政治局会议上的报告和结论》，《毛泽东文集》第 5 卷，人民出版社 1996 年版。
③ 同上。
④ 同上。

配方式并存的分配制度。六、建立在根本政治制度、基本政治制度、基本经济制度基础上的经济体制、政治体制、文化体制、社会体制等各项具体制度。

为什么说人民代表大会制度是我国的根本政治制度？因为它是我国人民民主专政的政权组织形式，它作为一种政体，与中国工人阶级领导的、以工农联盟为基础的人民民主专政的国体相适应，体现了全国各族人民在国家政治生活中的主人翁地位，提供了人民掌握国家权力的途径和方式，是保证人民当家作主的根本政治制度，体现了国家的性质和中国特色社会主义制度的本质，在制度体系中起决定性作用，反映了制度体制的本质内容和根本特征。

第三，这套制度，这些政权机关应该如何运转。毛泽东说："我们政权的制度是采取议会制呢，还是采取民主集中制？""我们采取民主集中制，而不采用资产阶级的议会制。""新民主主义的政权组织，应该采取民主集中制，由各级人民代表大会决定大政方针，选举政府。""只有这个制度，才既能表现广泛的民主，使各级人民代表大会有高度的权力；又能集中处理国事，使各级政府能集中地处理被各级人民代表大会所委托的一切事务，并保障人民的一切必要的民主活动。"①我国《宪法》明确规定："全国人民代表大会、地方各级人民代表大会和其他国家机关，一律实行民主集中制"。

第四，这个政权制度叫什么名称？过去我们叫"苏维埃代表大会制度"，又叫"苏维埃"，其实，"苏维埃"的意思就是"代表大会"，毛泽东说，这是死搬外国名词。现在我们就用"人民代表会议"这一名词。②

1949 年 9 月，中国人民政治协商会议举行第一届全体会议，通过了《中国人民政治协商会议共同纲领》，确定中华人民共和国的政治制度是民主集中制的人民代表大会制度。但当时在全国进行普选的条件还不成熟，自上而下地建立各级人民代表大会难以实现，所以在新中国成立初期，确定由中国人民政治协商会议第一届全体会议代行全国人民代表大会的职权。1953 年，我国进行了中国历史上第一次大规模的普选，人民通过选举自己的代表行使当家作主的权利，自下而上逐级召开了人民代表大会，从而为全国人民代表大会的成立奠定了法律基础和组织基础。1954 年 9 月，第一届全国人民代表大会通过了《中华人民共和国宪法》，用国家根本大法的形式对国体和政体作出明确规定。人民代表大会制度的建立和

① 《论联合政府》,《毛泽东选集》第 3 卷，人民出版社 1991 年版，第 1057 页。
② 《在中共中央政治局会议上的报告和结论》,《毛泽东文集》第 5 卷，人民出版社。

《中华人民共和国宪法》的颁布实施，使中国人民行使当家作主的权利有了可靠的制度保障和宪法依据。

改革开放以来，我国加强社会主义民主政治建设，不断推动人民代表大会制度建设。把直接选举人大代表的范围扩大到县，实行普遍的差额选举制度；完善全国人民代表大会常务委员会的职权；在县级以上地方各级人民代表大会设立常务委员会，赋予省级人民代表大会及其常务委员会、较大的市的人民代表大会及其常务委员会制定地方性法规的职权，等等。

人民代表大会制度是马克思主义国家学说和我国政治实践相结合的伟大创造，是近代以来中国政治发展的必然结果，是中国人民当家作主的根本途径和最高实现形式，也是党在国家政权中充分发扬民主、贯彻群众路线的最好实现形式。这一根本政治制度和其他基本政治制度、基本经济制度、基本分配制度和其他制度一道组成的中国特色社会主义制度体系，是当代中国发展进步的根本制度保障，是中国共产党人创造性建立起来的新的制度形态，是对马克思主义、对科学社会主义的重大贡献。

习近平讲："在中国这样一个有 5000 多年文明史、几亿人口的国家建立起人民当家作主的新型政治制度，在中国政治发展史乃至世界政治发展史上都是具有划时代意义的。"①

① 习近平：《在庆祝全国人民代表大会成立 60 周年大会上的讲话》，《人民日报》2014 年 9 月 6 日。

中国的政权是无产阶级专政吗

有一个问题:“无产阶级专政”和“人民民主专政”这两个概念有什么一致性，又有什么不同?

在马克思看来，人类社会发展到资本主义阶段，社会阶级日益分化为资产阶级和无产阶级这两大简单的对立的阶级了，随着生产力的发展，资本主义社会矛盾必然越来越尖锐，财富越来越堆积到少数资本家手中，贫困越来越堆积到多数无产者这边，这样，当资本主义生产关系愈来愈容不下生产力时，无产阶级和资产阶级的矛盾也越来越大，产生冲突、斗争，最后爆发革命，资本主义的外壳就要爆炸了，无产阶级就要剥夺剥夺者了，无产阶级专政就来临了。马克思的全部学说就是站在无产阶级的立场上，论述无产阶级和资产阶级的斗争趋势和前景，这两大阶级的斗争结果必然导致无产阶级专政。应该讲，马克思的论述是严谨的、科学的、正确的。

“国家是特殊的强力组织，是镇压某一个阶级的暴力组织。无产阶级要镇压的究竟是哪一个阶级呢？当然只是剥削阶级，即资产阶级。劳动者需要国家只是为了镇压剥削者的反抗，而能够领导和实行这种镇压的只有无产阶级，因为无产阶级是唯一彻底革命的阶级，是唯一能够团结一切被剥削劳动者对资产阶级进行斗争，把资产阶级完全铲除的阶级。”“剥削阶级需要政治统治是为了维持剥削，也就是为了极少数人的私利，去反对绝大多数人。被剥削阶级需要政治统治是为了彻底消灭一切剥削，也就是为了绝大多数人的利益，去反对极少数人的现代奴隶主——地主和资本家。”①

但是，现实的情况比马克思的论述更加复杂，特别是在东方大国，除了工人阶级和资产阶级之外，还有农民。在无产阶级的革命中，如何对待农民，在将来

① 《国家与革命》,《列宁专题文集·论马克思主义》，人民出版社2009年版，第197页。

建立的政权之中，农民有没有和处于什么位置？在实际的革命进程中，这些问题就凸显了出来。

社会主义革命的第一步就是要推翻资产阶级的统治，打碎旧的国家机器，但是，“用什么东西来代替被打碎的国家机器呢？”列宁评论说，“1847年，马克思在《共产党宣言》中对这个问题的回答还十分抽象，确切些说，只是指出了任务，而没有指出解决任务的方法”。至于“无产阶级组织成为统治阶级会采取什么样的具体形式，究竟怎样才能组织得同最完全最彻底地‘争得民主’这点相适应，对于这个问题，马克思并没有陷入空想，而是期待群众运动的**经验**来解答”。①

恩格斯十分重视无产阶级革命中的农民问题。他说：“农民到处是人口、生产和政治力量的非常重要的因素”，“为了夺取政权，这个政党应首先从城市跑到农村，应该成为农村中的一股力量”。② 农民的政治态度，历来是无产阶级革命成败的关键，必须建立巩固的工农联盟。无产阶级革命如果没有巩固的工农联盟，得不到农民的支持，“它在一切农民国度中的独唱是不免要变成孤鸿哀鸣的”③。

这一问题在俄国革命那里更加突出。俄国是东方落后大国，资本主义没有得到充分的发展，小农经济仍然如同汪洋大海，比起西方发达资本主义国家来，工人阶级的人数更少，农民占了人口的大多数。深受农奴制、地主和沙皇专制制度的残酷剥削和压迫，处境困苦。在社会主义革命过程中，要不要、和如何联合农民一道前进，这就成为壮大人民力量、坚持无产阶级领导权的关键问题。列宁根据马克思主义的基本原则，坚决采取联合农民一道前进的政策。列宁提出了建立工农联盟和孤立自由资产阶级的政策，作为实现无产阶级领导权的两个不可分割的条件。“我们应当确切地知道，究竟有哪些实在的社会力量反对‘沙皇制度’，并且能够对它取得‘彻底胜利’。大资产阶级、地主、厂主以及跟着解放派走的‘社会人士’不可能是这样的力量。……只有**人民**，即无产阶级和农民，才是能够取得‘对沙皇制度的彻底胜利’的力量”，在这里，列宁界定“人民”的内涵是无产阶级和农民，他还特意注明“‘革命对沙皇制度的彻底胜利’，就是**无产阶级和农民的革命民主专政**”④。

当时俄国资产阶级革命的根本问题是土地问题，能否彻底解决土地问题，决

---

① 《国家与革命》，《列宁专题文集·论马克思主义》，人民出版社2009年版，第213页。

② 恩格斯：《法德农民问题》，《马克思恩格斯文集》第4卷，人民出版社2009年版，第509—510页。

③ 马克思：《路易·波拿巴的雾月十八日》，《马克思恩格斯文集》第2卷，人民出版社2009年版，第573页。

④ 《社会民主党在民主革命中的两种策略》，《列宁选集》第1卷，人民出版社1995年版，第562页。

定了农民在这个革命中的地位和作用，决定了农民人心的向背和革命事业的成败。列宁提出了最适合俄国具体情况的土地纲领，彻底扫除农奴制的残余，为农业经济开创新的起点，把农民吸引到无产阶级方面来，建立工农联盟，彻底完成资产阶级民主革命，并为过渡到社会主义创造条件。列宁说："无产阶级应当把民主革命进行到底，这就要把农民群众联合到自己方面来，以便用强力粉碎专制制度的反抗。""只有无产阶级才能成为彻底的民主战士。只有农民群众加入无产阶级的革命斗争，无产阶级才能成为战无不胜的战士。"①

如何对待农民？无产阶级在和资产阶级斗争夺取政权的进程中，这是一个重要的问题；在取得政权后建立一个什么样的政权之时，这仍然是一个极端重要的问题。正是因为列宁的布尔什维克党正确处理了农民问题，建立了巩固的工农联盟，俄国才能在 1917 年 2 月资产阶级民主革命胜利后迅速实现向社会主义革命的转变，取得十月革命的胜利，并在十月革命胜利后又迅速巩固了无产阶级专政。

俄国的资本主义发展水平不高，小农经济如同汪洋大海，农民占人口的大多数。面对这种国情，列宁指出，在资产阶级民主革命过程中，俄国无产阶级争取实现无产阶级和农民的革命民主专政是可能的。无产阶级和农民虽然在建立社会主义社会的意志不统一，但在反对专制、农奴制度、争取民主共和国方面却是一致的，这就使它们可以联合在一起，共同战斗。②俄国十月革命中，列宁提出"工农联盟是无产阶级专政的最高原则"。如果说，巴黎公社的无产阶级对资产阶级的专政还比较单一，那么，俄国十月革命的无产阶级专政就已经是工人阶级联合农民对地主和资本家等剥削者的专政。

中国的情况又有不同。

1926 年 9 月，毛泽东为一套关于农民运动的丛刊写了篇序言，明确地阐述了他的立场："农民问题乃国民革命的中心问题；农民不起来参加并拥护国民革命，国民革命不会成功。"他在文章中还阐述了为什么农村革命不同于城市革命："都市工人阶级目前所争，政治上只是求得集会结社之完全自由，尚不欲即时破坏资产阶级之政治地位。乡村的农民，则一起来便碰着那土豪劣绅大地主几千年来持以压榨农民的政权（这个地主政权即军阀政权的真正基础），非推翻这个压榨的

---

① 《社会民主党在民主革命中的两种策略》,《列宁选集》第 1 卷，人民出版社 1995 年版，第 606、566 页。

② 庄福龄主编：《马克思主义史》第 2 卷，人民出版社 1995 年版，第 185 页。

政权，便不能有农民的地位。这是现时中国农民运动的一个最大的特色。”①

中国革命要建立的国家、政权、政府和专政，叫什么名称呢？曾经叫过“工农共和国”、“无产阶级政权”、“工农政权”，但最终叫“人民共和国”、“人民政权”、“人民政府”、“人民民主专政”……这是什么原因呢？“无产阶级”、“工人阶级”是“人民共和国”、“人民政府”、“人民政权”、“人民民主专政”的核心内容和领导阶级，“阶级”是“人民共和国”、“人民政府”、“人民政权”、“人民民主专政”的基本属性，它们是不矛盾的，是相一致的。中国共产党人在使用“无产阶级”这个概念的同时，更多地使用了“人民”这个核心概念。“人民”、“百姓”、“群众”和“大众”、“民众”、“国民”、“公民”等词语的政治内涵是不一样的，“人民”的内涵有阶级的严格限定，但在不同的历史时期也有变化和弹性。“人民”当然包括工人阶级，但中国由于资本主义发展更不充分，阶级的分化也更不充分，工人阶级人数更是不多，且分布不广，所以，中国要依靠人民的力量实现人民的愿望，就要在坚持无产阶级及其先锋队共产党领导的前提下，依靠其他革命阶级。当年，毛泽东在井冈山闹革命，井冈山上哪里有什么产业工人呀，全都是农民、瓦匠、篾匠、木匠等，产业阶级数量少而又少，除萍乡安源有一些路矿工人参加秋收起义上了井冈山，几乎全是农民。但毛泽东敏锐和正确地注意到中国农民的地位和作用，他在《湖南农民运动考察报告》中特别关注和颂扬南方各省建立的农民协会和农民群众在破坏地主阶级政权、建立人民的革命政权中的关键作用和伟大创造力。他在秋收起义中打出的旗号叫“镰刀斧头”，建立的军队叫“工农革命军”，后来建立的政权叫工农兵政府。

中国共产党在革命斗争中一直实行各革命阶级的联合专政，建立了各革命阶级参加的民主政权，但在发展的不同时期，参加政权的阶级和所执行的任务，在基本一致的基础上各有区别，经过了一个从不完备到完备、从小到大的发展过程。

第一次国内革命战争时期的广东政府是革命阶级联合的革命政权，领导了北伐战争。

第二次国内革命战争时期，1931 年 11 月在江西瑞金成立了中华苏维埃共和国，建立了工农民主中央政府，虽然移植了苏联的苏维埃制度，但并不是当时苏联实行的无产阶级专政或工农政权，而是中国新民主主义阶段的人民民主专政，即各革命阶级的联合专政。《中华苏维埃共和国宪法大纲》是中国历史上第一个

---

① 《国民革命与农民运动》，《毛泽东文集》第 1 卷，人民出版社 1993 年版，第 37、40—41 页。

真正的民主宪法，它由1931年11月第一次全国苏维埃代表大会制定、1934年1月第二次全国苏维埃代表大会修订。这个《宪法大纲》确认了中国历史上第一个真正的民主的革命政权。由于这一时期民族资产阶级投降了大资产阶级，转到帝国主义和封建势力的反革命营垒，因此，政权的主人只有三个阶级：无产阶级、农民阶级和小资产阶级，政权完全由无产阶级通过共产党实行领导。

抗日战争时期，中国共产党建立了抗日民主政权。1936年8月，中国共产党以“民主共和国”的口号，代替过去的“工农共和国”的口号，建立的政权不仅是代表工农的，还是代表全民族的。西安事变后，十年内战基本结束，中国共产党号召的全国抗日民族统一战线初步形成。这个统一战线包括了1927年退出革命的上层小资阶级和民族资产阶级，还包括了以蒋介石为首的美英派大资产阶级和一部分地主。“这种政权，是一切赞成抗日又赞成民主的人们的政权，是几个革命阶级联合起来对于汉奸和反动派的民主专政。它是和地主资产阶级的反革命专政区别的，也和土地革命时期的工农民主专政有区别。”①

解放战争时期，蒋介石代表的大资产阶级变成了官僚资本主义，地主阶级虽在抗战中一定程度上参加了抗日，可这时又和蒋介石反动派同流合污一起反对人民了。因此，在解放区的人民政权以及新中国成立后的人民政权中，只剩下工人阶级、农民阶级、小资产阶级和民族资产阶级了。

所以，中国共产党将无产阶级专政的概念发展为人民民主专政的概念，实质一样，但名称变了，包容性更大了。中国的这种国体就表现在中华人民共和国国旗上。五星红旗迎风飘扬，我们的国旗为什么是五星红旗呢？就在于她是五星，那颗大星代表中国共产党，四颗小星分别代表无产阶级、农民、民族资产阶级和小资产阶级，无产阶级是领导阶级，工农联盟是基础，民族资产阶级和小资产阶级不但不是专政的对象，还是“人民”的组成部分，参与执政，四个阶级紧紧团结在无产阶级的先锋队——中国共产党这颗大星周围。

毛泽东在1949年6月30日发表的《论人民民主专政》中说：“人民是什么？在中国，在现阶段，是工人阶级、农民阶级、城市小资产阶级和民族资产阶级。”这些阶级在中国民主革命的发展过程中建立了代表本阶级及其各个阶层利益的政党。这个情况与当年的苏联不一样。新中国建立时，明确宣布我国是人民民主专政的国家，人民民主专政的实质是无产阶级专政，但又与无产阶级专政不完全相

① 《抗日根据地的政权问题》(1940年3月)，《毛泽东选集》第2卷，人民出版社1991年版，第741页。

同。最大的不同是：在无产阶级专政中，资产阶级是专政的对象；但在人民民主专政中，民族资产阶级不是专政的对象，而是人民的一员。

五星红旗标明的人民民主专政的国体是通过什么样的政治制度来实现的呢？中国的政治制度主要有四种政治制度，一个根本政治制度，三个基本政治制度：首先，是人民代表大会制度。其次，是中国共产党领导的多党合作和政治协商制度，这个政党制度既不同于苏联的一党制，更不同于西方的两党制或多党制。西方的两党制或多党制，不执政或不参加执政的，就是在野党或反对党，而中国没有这样的在野党或反对党，中国共产党是执政党，其他党是参政党。执政党与参政党的关系是友党关系，实行的是协商民主。只有党的领导，人民才能在国内大事上凝聚共同认识，采取共同行动，再次，是民族区域自治制度。最后，中国在企业、农村和社区建立了职代会、村委会和居委会等群众自治组织，实行基层民主自治制度。

中国共产党自 1949 年在全国执政以来，经历了从统治到管理再到治理的发展阶段。统治、管理、治理这三个概念不是截然分开、彼此对立的。美国人是治理，但他不是统治吗？专政是什么呢？专政就是政权，就是暴力，就是枪杆子，就是军队、警察、监狱、法院，就是强制执行，但也是管理国家、治理社会的工具。

统治和治理有没有区别呢？当然有区别。政权有两面的作用：对人民保护，对敌人打击；对外要保家卫国，对内要稳定安定。毛泽东 1950 年代写了《关于正确处理人民内部矛盾的问题》，论述了阶级之间有矛盾，人民内部也有矛盾，现在存在阶级矛盾，甚至是阶级斗争，但更多的是人民内部矛盾。不能以阶级斗争为纲，不能把人民内部矛盾变成阶级矛盾，对人民群众不能用阶级专政的办法，所以，统治、管理、治理，有联系，也有区别。总的来讲，共产党长期执政，要运用政权力量，提高执政能力，要坚持用国家政权的力量来保证我们坚持中国特色社会主义道路，促进经济社会更好地发展。

社会主义就是好，好在哪儿

社会主义有没有优越性？有什么优越性？如何认识与阐发社会主义政权、社会主义制度、社会主义道路的优越性？这个问题既是中国共产党人一直强调、反复阐述的问题，因为它是闹革命夺取政权建立新中国的内在根据，就是要建立一个具有优越性的社会主义新中国。它也是夺取政权后搞建设和改革的努力方向，就是把社会主义的优越性发挥出来，让国家发展得更好，人民生活得更幸福。它还是对社会主义充满自觉自豪的现实基础，正是因为社会主义的优越性，我们才有社会主义的道路自信、理论自信、制度自信和文化自信。

因此，社会主义优越性的问题，既是社会主义和资本主义的一个比较和抉择，更是中国共产党执政的基础性、前沿性问题。

早在建国初期，毛泽东就提出了社会主义优越性的问题。1951年10月，他在全国政协一届三次会议上指出："一切事实都表明：我们的人民民主专政的制度，较之资本主义国家的政治制度具有极大的优越性。在这种制度的基础上，我国人民能够发挥其无穷无尽的力量。这种力量，是任何敌人所不能战胜的。"①

"文革"结束后，面对严峻的国内形势和国际竞争压力，邓小平连续地、反复地提出社会主义优越性的问题。1977年12月，在会见澳大利亚共产党（马列）主席希尔和及夫人时尖锐地提出："怎样才能体现列宁讲的社会主义的优越性，什么叫优越性？不劳动、不读书叫优越性吗？人民生活水平不是改善而是后退叫优越性吗？如果这叫社会主义优越性，这样的社会主义我们也可以不要。"②1978年3月2日，在出席第五届全国人大第一次会议时说："社会主义不是比资本主义优越吗？不优越叫什么社会主义。……所以要实现四个现代化，才

① 《在全国政协一届三次会议上的讲话》，《毛泽东文集》第6卷，人民出版社1993年版，第184页。
② 《邓小平年谱》（1975—1997）上，中央文献出版社2004年版，第250页。

能更好地体现社会主义的优越性。”[①]1978 年 3 月 10 日，在国务院第一次全体会议上说：“什么叫社会主义？社会主义总是要表现它的优越性嘛。它比资本主义好在哪里？……干社会主义，要有具体体现，生产要真正发展起来，相应的全国人民的生活水平能够逐步提高，这才能表现社会主义制度的优越性。”[②]1978 年 6 月 23 日在会见罗马尼亚驻华大使时说：“社会主义优越性总是要通过生产的发展和人民生活的提高来体现，这是最起码的标准，空头政治不行。”[③]1978 年 9 月 16 日，他在东北三省视察期间说：“我们是社会主义国家，社会主义制度优越性的根本表现，就是能够允许社会生产力以旧社会所没有的速度迅速发展，使人民不断增长的物质文化生活需要能够逐步得到满足。……如果在一个很长的历史时期内，社会主义国家生产力发展的速度比资本主义国家慢，还谈什么优越性？”[④]1979 年 3 月 30 日，邓小平在党的理论工作务虚会上强调：要彻底驳倒社会主义不如资本主义的言论[⑤]。1980 年 1 月，他又提出“要大力宣传社会主义的优越性”[⑥]。

邓小平这一连串的追问，振聋发聩，令人警醒，发人深思，推动了全党的思想领域的拨乱反正，进一步地思想解放，实现了党的工作重心的转移，引导全党认真思考“什么是社会主义，怎样建设社会主义”这个最重大的理论和实践问题，提出了探索中国特色社会主义发展道路的重大任务。

马克思曾经指出：社会主义是“在保证社会劳动生产力极高度发展的同时，又保证人类最全面发展的一种经济形态”[⑦]。

中国特色社会主义制度符合中国国情，具有五个方面的优越性：

有利于解放和发展社会生产力，推动经济社会全面发展。

看一个社会制度好不好，有什么优越性，最根本的标准就是看它能否推进生产力迅速、持续、健康的发展。十月革命胜利后不久，列宁就指出：“劳动生产

① 《邓小平年谱》（1975—1997）上，中央文献出版社 2004 年版，第 271 页。
② 同上，第 277 页。
③ 同上，第 330 页。
④ 《高举毛泽东思想旗帜，坚持实事求是原则》，《邓小平文选》第 2 卷，人民出版社 1994 年版，第 128 页。
⑤ 《坚持四项基本原则》，《邓小平文选》第 2 卷，人民出版社 1994 年版，第 166 页。
⑥ 《目前的形势和任务》，《邓小平文选》第 2 卷，人民出版社 1994 年版，第 255 页。
⑦ 《马克思恩格斯全集》第 19 卷，人民出版社 1963 年版，第 130 页。

率，归根到底是使新社会制度取得胜利的最重要最主要的东西。”[1]社会主义推动生产力的优越性，是在与资本主义的比较中显现出来的。毛泽东说："社会主义和资本主义比较，有许多优越性，我们国家经济的发展，会比资本主义国家快得多。”[2]1980年邓小平说:“社会主义制度优于资本主义制度,这要表现在许多方面,但首先要表现在经济发展的速度和效率方面。没有这一条，再吹牛也没用。”“发挥社会主义优越性，归根到底是要大幅度发展社会生产力，逐步改善、提高人民的物质生活和精神生活。”[3]

落后国家之所以长时间生产力水平不如发达的资本主义国家，不能消灭贫穷，就是因为旧制度、旧政权束缚了社会生产力发展。看一种社会是否优越，是姓“资”还是姓“社”，就看它“是否有利于发展社会主义社会的生产力，是否有利于增强社会主义国家的综合国力，是否有利于提高人民的生活水平”[4]。1977年5月，邓小平在一次谈话中指出：明治维新是新兴资产阶级干的现代化，我们是无产阶级，应该也能干得比他们好。邓小平说，“任何革命都扫除生产力发展的障碍。社会主义总要比资本主义优越。社会主义国家应该使经济发展得比较快，人民生活逐渐好起来，国家也就相应地更加强盛一些”。“马克思主义历来认为，社会主义要优于资本主义，它的生产发展速度应该高于资本主义”。[5]

正是因为社会主义能促进社会生产力迅速发展，能逐步满足人民日益增长的物质文化需要，中国共产党才领导中国人民建立社会主义政权，实施社会主义制度，走出了一条中国特色社会主义道路。

在经济全球化的时代，社会主义的这种与资本主义比较、较量而显出的优越性，是在国际环境中进行的。从毛泽东到邓小平，中共领导人对此有十分清醒的认识，话也说得很透。毛泽东说：作为世界上幅员辽阔、人口最多的国家，有自豪的文明史，且实行社会主义制度，“结果你搞了五六十年还不能超过美国，你像个什么样子呢！那就要从地球上开除你的球籍！”邓小平也说了同样的话，“我们在国际阶级斗争中要坚持马克思主义、坚持社会主义，就要表现出马克思主义

① 《伟大的创举》,《列宁专题文集·论社会主义义》，人民出版社2009年版，第151页。
② 《在扩大的中央工作会议上的讲话》,《毛泽东文集》，人民出版社1999年版，第302页。
③ 《目前的形势和任务》,《邓小平文选》第2卷，人民出版社1994年版，第251页。
④ 《在武昌、深圳、珠海、上海等地的谈话要点》,《邓小平文选》第3卷,人民出版社1993年版,第372页。
⑤ 《社会主义首先要发展生产力》,《邓小平文选》第2卷，人民出版社1994年版，第312页。

的思想优越于其他思想，社会主义制度优越于资本主义制度。”① 注意，邓小平在这里用了“国际阶级斗争”这个词，表明社会主义的优势性，是在世界范围内与资本主义的比较、竞争和较量中体现出来的。

值得一提是，邓小平阐述社会主义优越性的问题时，一是紧紧扣住解放和发展生产力、不断改善人民生活水平来论述。二是立足要迅速改变贫困落后的现实来论述，他说：“社会主义要表现出它的优越性，哪能像现在这样，搞了二十多年还这么穷，那要社会主义干什么？”他还说，“贫穷不是社会主义，发展太慢也不是社会主义。否则社会主义又有什么优越性呢？”② “贫穷不是社会主义，社会主义要消灭贫穷。不发展生产力，不提高人民的生活水平，不能说是符合社会主义要求的。”③ 三是在总结吸取历史经验教训的角度来论述。1980年1日，邓小平在中共中央召集的干部会议上更是从总结历史教训的角度强调了发挥社会主义优越性加快发展社会生产力的问题，他说：“近三十年来，经过几次波折，始终没有把我们的工作着重点转到社会主义建设方面上来，所以，社会主义优越性发挥得太少，社会主义生产力的发展不快、不稳、不协调，人民的生活没有得到多大的改善。”④ 最后得出结论：“马克思主义的基本原则就是要发展生产力。”生产力是历史发展的最终决定力量，所以，“社会主义的首要任务是发展生产力，逐步提高人民的物质和文化生活水平”。⑤ 社会主义制度的优越性，“归根结底要表现在社会生产力的发展上，人民物质文化生活的改善上。如果在一个很长的历史时期内，社会主义国家生产力发展的速度比资本主义国家慢，还谈什么优越性？”⑥ 社会主义更能解放和发展生产力，能创造出远高于资本主义的劳动生产率，这是社会主义不同于资本主义基本特征的前提和基础。这是社会主义必然取代资本主义的客观依据，是社会主义得以建立和发展的根本观点。“整个社会主义历史阶段的中心任务是发展生产力，这才是真正的马克

---

① 《思想路线政治路线的实现要靠组织路线来保证》，《邓小平文选》第2卷，人民出版社1994年版，第191页。

② 《我们干的事业是全新的事业》，《邓小平文选》第3卷，人民出版社1993年版，第255页。

③ 《政治上发展民主，经济上实行改革》，《邓小平文选》第3卷，人民出版社1993年版，第116页。

④ 《目前的形势和任务》，《邓小平文选》第2卷，人民出版社1994年版，第249页。

⑤ 《政治上发展民主，经济上实行改革》，《邓小平文选》第3卷，人民出版社1993年版，第116页。

⑥ 《高举毛泽东思想旗帜，坚持实事求是原则》，《邓小平文选》第2卷，人民出版社1994年版，第128页。

思主义。就我们国家来讲，首先是摆脱贫穷。要摆脱贫穷，就要找出一条比较快的发展道路”。[①]

所以，无产阶级在夺取政权之后，最根本的是要运用政权、通过执政来发展生产力。无产阶级在实现自己的历史使命过程中，要经过“两个步骤”，第一步就是推翻旧政权，建立新政权，夺取政权这一步只是获得一种必要的手段。第二步就是革命党成为执政党之后，要执掌政权，运用政权去推动经济和社会的发展，去对公共资源等公共利益进行权威性分配和决策，以管理整个国家，协调整个社会。

虽然任何一个阶级反对、推翻另一个阶级的革命都是围绕着夺取政权这个中心的，但是，无产阶级夺取政权的斗争，和当年资产阶级向封建阶级夺取政权的斗争有本质的不同。首先，资产阶级革命的基本任务是夺取政权，但它在夺取政权时，资本主义经济已经发展得比较成熟了，资产阶级夺取政权，只是使之适合于已有的资产阶级的经济；而无产阶级在夺取政权时，社会主义经济因素还十分微弱，无产阶级夺取政权，只是消除阻碍经济和社会发展的阻碍，夺权之后要大力建设新的社会主义经济。对于资产阶级革命来说，夺取了政权通常就完成了革命；而对于无产阶级革命来说，夺取政权却只是革命的开始，只是获得了一个改造旧经济和组织新经济的杠杆，[②]用毛泽东的话来讲，万里长征只是走完了第一步。无产阶级在夺取和建立政权后，主要任务是“变革全部生产方式”，“首先必须对所有权和资产阶级生产关系实行强制性的干涉”，“以统治阶级的资格用暴力消灭旧的生产关系”[③]，建立社会主义的所有制和生产方式，“利用自己的政治统治，一步一步地夺取资产阶级的全部资本，把一切生产工具集中在国家即组织成为统治阶级的无产阶级手里”[④]。无产阶级在社会主义历史时期的主要任务是，利用自己掌握的国家政权，创造各种条件，增加和增强社会主义因素，建立和发展社会主义经济。

生产力是社会发展中最活跃的因素，是社会进步的根本内容，调整生产关系的目的是解放和发展生产力。《共产党宣言》指出，无产阶级夺取政权后的首

① 《我们干的事业是全新的事业》，《邓小平文选》第3卷，人民出版社1993年版，第255页。

② 赵明义主编：《社会主义的历史命运》，人民出版社1997年版，第26页。

③ 《共产党宣言》，《马克思恩格斯文集》第2卷，人民出版社2009年版，第53、52页。

④ 同上，第52页。

要任务就是“尽可能快地增加生产力的总量”。列宁更明确指出，“无产阶级取得国家政权以后，它的最主要最根本的需要就是增加产品数量，大大提高社会生产力”[①]。社会主义制度确立后，“必然要把创造高于资本主义社会的社会经济制度的根本任务提到首要地位；这个根本任务就是提高劳动生产率”。“劳动生产率，归根到底是使新社会制度取得胜利的最重要最主要的东西”。[②]

生产力发展水平是衡量社会进步的根本尺度。社会主义革命消灭资本主义私有制、夺取政权的目的，就是要解放和发展生产力，因此，在夺取政权后，就要依靠政权，通过执政，“由社会全体成员组成的共同联合体来共同地和有计划地利用生产力；把生产发展到能够满足所有人的需要的规模；结束牺牲一些人的利益来满足另一些人的需要的状况”[③]，发挥社会主义的制度优势，大力发展生产力，消灭剥削，消除贫困，消除两极分化，提高人民生活水平，实现全体人民的共同富裕，只有这样，社会主义才能最终战胜资本主义。

在建国前夕，毛泽东说：“中国一切政党的政策及其实践在中国人民中所表现的作用的好坏大小，归根到底，看它对于中国人民的生产力的发展是否有帮助及其帮助之大小，看它是束缚生产力的，还是解放生产力的。”[④]1954 年，周恩来在第一届全国人大上首次宣布了四个现代化的构想。1956 年，党的八大提出要大力发展生产力，解决人民日益增长的物质文化需要。毛泽东在《关于正确处理人民内部矛盾的问题》中明确提出了全党工作重点转移的战略思想，将当时中国共产党的根本任务规定为在新的生产关系下面保护和发展生产力。但是，在复杂的国内外形势下，上述认识没有贯彻下去，“左”的倾向发展为“以阶级关键为纲”。1980 年 9 月 23 日，邓小平指出：“多少年来我们吃了一个大亏，社会主义改造基本完成了，还是以阶级斗争为纲，忽视生产力，‘文化大革命’更走到了极端。”[⑤]在改革开放时期，邓小平反复强调发展生产力的问题，并把它和社会主义优越性联系起来讲，1979 年 6 月 26 日，他在全国人大五届二次会议的讨论会上说：“社

① 《关于工会在新经济条件下的作用和任务的提纲草案（节选）》，《列宁专题文集·论社会主义》，人民出版社 2009 年版，第 301 页。

② 《伟大的创举》，《列宁专题文集·论社会主义》，人民出版社 2009 年版，第 151 页。

③ 恩格斯：《共产主义原理》，《马克思恩格斯选集》第 1 卷，人民出版社 1995 年版，第 689 页。

④ 毛泽东：《论联合政府》，《毛泽东选集》第 3 卷，人民出版社 1991 年版，第 1079 页。

⑤ 《在中国共产党全国代表会议上的讲话》，《邓小平文选》第 3 卷，人民出版社 1993 年版，第 141 页。

会主义同资本主义怎么比较？是比生产力的发展。”①1979 年 11 月 26 日，他在接见外宾时说：“实现现代化确实是一场新的大革命。我们革命的目的就是解放生产力，发展生产力。”②

邓小平 1986 年在回答美国记者迈克·华莱士提问时指出：“共产主义社会是物质极大丰富的社会。因为物质极大丰富，才能实现各尽所能、按需分配的共产主义原则。社会主义是共产主义第一阶段，当然这是一个很长很长的历史阶段。社会主义时期的主要任务是发展生产力，使社会物质财富不断增长，人民生活一天天好起来，为进入共产主义创造物质条件。”

发展是解决我国所有问题的关键，以经济建设为中心任何时候都不能偏离，现在全面推动整个国家的经济、政治、文化、社会和生态建设，更是情况复杂，任务繁重，如果没有政权，要进行这些建设，推进社会发展，并巩固建设和发展的成果，那是不可想象的。

有利于集中力量办大事，有效应对前进道路上的各种风险挑战。

就中国这样一个欠发达的东方落后大国来讲，在当今世界这样的环境中，要想迅速、平衡、健康的发展，唯一的办法就是走社会主义道路。因为，社会主义以公有制为主体，生产资料、国民经济命脉掌握在国家手中，保持一个强大的国有经济部门，国家的自主性就有经济基础，中央政府有独立的财政收入来源和宏观经济调控能力，避免了过度依赖社会中的强势经济集团，能集中人力、物力，能调动各方面的力量办大事，就可以“发挥社会主义制度能够集中力量办大事的优势”③，这也是我国能克服洪灾、“非典”、地震等许多超大灾害和困难的原因。

在社会主义条件下，我们看问题，做规划，无论是国民经济五年规划，还是人事问题，都能统筹兼顾，看长远，打基础，把全体人民的“整体利益”、“长远利益”做实做好。

世界上没有哪个政党能像中国共产党这样不断制定并实施国家发展的路线与

① 《邓小平年谱》（1975—1997）上，中央文献出版社 2004 年版，第 528 页。
② 同上，第 580 页。
③ 《在武昌、深圳、珠海、上海等地的谈话要点》，《邓小平文选》第 3 卷，人民出版社 1993 年版，第 377 页。

规划。我们的党可以提出基本路线一百年不动摇，我们的干部能够一任接着一任干，既有时不我待的勇气与担当，又有功成不必在我的胸襟和肚量。相比之下，资本主义国家实行生产资料私有化，社会分裂成许多私人利益集团，要集中各方面的力量难度很大，它的宏观调控力度要比社会主义制度弱很多。

有利于运用政权、通过执政来管理国家，维持社会的正常秩序。

共产党领导人民夺取政权之后，只有建立起社会主义制度，运用政权，才能对外抵御、抗击强敌，对内镇压反抗和破坏，对人民实行保护和民主。

从社会运行上说，阶级社会中，维护社会稳定是国家的一个职能，这就要运用政权来防止社会分裂。恩格斯对国家的性质有过一段精辟的著名论述："国家是社会在一定发展阶段上的产物；国家是承认：这个社会陷入了不可解决的自我矛盾，分裂为不可调和的对立面而又无力摆脱这些对立面。而为了使这些对立面，这些经济利益互相冲突的阶级，不致在无谓的斗争中把自己和社会消灭，就需要有一种表面上凌驾于社会之上的力量，这种力量应当缓和冲突，把冲突保持在'秩序'的范围以内；这种从社会中产生但又自居于社会之上的并且日益同社会相异化的力量，就是国家。"[①] 列宁评论说："这一段话十分清楚地表达了马克思主义关于国家的历史作用和意义这一问题的基本思想。国家是阶级矛盾**不可调和**的产物和表现。在阶级矛盾客观上**不能**调和的地方、时候和条件下，便产生国家。反过来说，国家的存在证明阶级矛盾不可调和。"资产阶级思想家把国家说成是阶级调和的机关。列宁特别批驳了这种论调。"在马克思看来，国家是阶级**统治**的机关，是一个阶级**压迫**另一个阶级的机关，是建立一种'秩序'来抑制阶级冲突，使这种压迫合法化、固定化。"列宁认为马克思主义在国家问题有两个关键：一是在国家问题上"最卓越最重要的思想即'无产阶级专政'"；一是给国家下的"非常引人注意的定义"："**国家即组成为统治阶级的无产阶级**"。[②] 那么，在无产阶级专政的国家里，作为成为统治阶级的无产阶级，应当怎样来对待阶级关系、处理阶级矛盾呢？

---

① 恩格斯：《家庭、私有制和国家的起源》，《马克思恩格斯文集》第4卷，人民出版社2009年版，第189页。
② 《国家与革命》，《列宁专题文集·论马克思主义》，人民出版社2009年版，第180、196页。

夺取政权之后，当务之急是要用政权来保卫政权、巩固政权。当年，苏俄十月革命胜利后，列宁就分析了革命后的形势。首先是被推翻的地主、资产阶级的反抗。列宁详细阐述了国内被推翻的地主资产阶级在长时间内还比推翻它的无产阶级有力量。“剥削者已被击溃，可是还没有被消灭。”“他们还部分地保留着某些生产资料，还有金钱，还有广泛的社会联系。正是由于他们遭到失败，他们反抗的劲头增长了千百倍。管理国家、军事和经济的‘艺术’，使他们具有很大很大的优势，所以他们的作用比他们在人口中所占的比重要大得多。被推翻了的剥削者反对胜利了的被剥削者的先锋队，即反对无产阶级的阶级斗争，变得无比残酷了。”[①] 这时如何保卫政权？这是巴黎公社面对的任务，也是俄国十月革命后的现实，都具有世界历史意义。显然，这不是短期内能完成的任务。

其次是国际的干涉。被推翻的反动阶级“他们还有国际的基础，即国际资本，他们是国际资本的一个分支”[②]。“我们不仅生活在一个国家里，而且生活在许多国家组成的体系里，苏维埃共和国和帝国主义国家长期并存是不可思议的。其结局不是这个胜利就是那个胜利。在这个结局还没有到来的时候，苏维埃共和国和资产阶级国家间的一系列最可怕的冲突是不可避免的。这就是说，统治阶级即无产阶级只要愿意统治并继续统治下去，就应当也用自己的军事组织来证明这一点。”必须时刻戒备，建立巩固的国防，回击帝国主义一切可能的侵略和颠覆。“记住我们是被那些公开表示极端仇恨我们的人、阶级和政府包围着。必须记住，我们随时都有遭受任何入侵的危险。”[③] 在经济全球化时代，整个态势还是西强我弱，国际强权政治还很嚣张，在处理国与国之间的国际关系中，不同经济和政治制度、不同意识形态、不同文化传统的交锋与斗争，都要靠政权来保卫国家主权和安全。1990 年西方强国对中国实施经济制裁，邓小平说：“当我听到西方七国首脑会议决定要制裁中国，马上就联想到 1900 年八国联军侵略中国的历史。七国中除加拿大外，其他六国再加上沙俄和奥地利就是当年组织联军的八个国家。”其实，新中国刚成立时，美国就纠结一些国家组织联合国军打过三八线，直逼鸭绿江，妄图把新生的人民政权扼杀在摇篮里。但是，正像邓小平所说，中华人民共和国“是

① 《无产阶级专政时代的政治和经济》，《列宁专题文集·论社会主义》，人民出版社 2009 年版，第 161 页。

② 同上。

③ 《列宁全集》，人民出版社第 33 卷第 121 页。转引自张光博：《坚持马克思主义国家观》，吉林人民出版社 2007 年版，第 76 页。

在被封锁、制裁、孤立中成长起来的”，“西方一些国家对中国的制裁是不管用的”，“中国是垮不了的，而且还要更加发展起来”①，一个最重要的原因就是中国人民掌握了自己的政权。

再次，还必须看到，那些“**习惯的力量，小生产**的力量。因为，可惜现在世界上还有很多很多小生产，而小生产是经常地、每日每时地、自发地和大批地**产生着**资本主义和资产阶级的”。“战胜集中的大资产阶级，要比‘战胜’千百万小业主容易千百倍；而这些小业主用他们日常的、琐碎的、看不见摸不着的腐化活动制造着为资产阶级所需要的，使资产阶级得以**复辟**的**那种**恶果”。正因为如此，“无产阶级专政是对旧社会的势力和传统进行的顽强斗争，流血的和不流血的、暴力的和和平的、军事的和经济的、教育的和行政的斗争。”②

最后，共产党面临的形势很严峻。首先是“三个变化”：党所处历史方位和执政条件、党员队伍组成结构都发生了重大变化；其次是“三个前所未有”：我们面对的矛盾风险挑战之多前所未有，改革发展稳定任务之重前所未有，发展的机遇条件之好前所未有；再次是面临执政、改革开放、市场经济和外部环境等“四大考验”；最后是还有精神懈怠、能力不足、脱离群众和消极腐败等“四大危险”。认识到这些是我们党清醒的表现、成熟的表现、自信的表现。所以，任何骄傲自满、悲观失望的观点都不可取，任何捧杀中国、唱衰中国的论调都要注意。我们要做到不动摇、不懈怠、不折腾，沉着应对、坚韧不拔、泰而不骄、光而不耀，坚定不移地往前走。

那怎么样来保卫革命胜利的成果呢？其中十分重要的一条就是坚持人民民主专政。国家政权、政府结构本身也要靠政权的力量来保卫、专政要靠专政的手段来巩固。邓小平讲：“依靠无产阶级专政保卫社会主义制度，这是马克思主义的一个基本观点。马克思说过，阶级斗争学说不是他的发明，真正的发明是关于无产阶级专政的理论。历史经验证明，刚刚掌握政权的新兴阶级，一般来说，总是弱于敌对阶级的力量，因此要用专政的手段来巩固政权。对人民实行民主，对敌人实行专政，这就是人民民主专政。运用人民民主专政的力量，巩固人民的政权，

① 《振兴中华民族》（1990 年 4 月 7 日），《邓小平文选》第 3 卷，人民出版社 1993 年版，第 357 页。

② 《共产主义运动中的“左派”幼稚病》，《列宁选集》第 4 卷，人民出版社 1994 年版，第 135、155、154 页。

是正义的事情，没有什么输理的地方。”[①]无产阶级作为一个新兴阶级夺取政权，建立社会主义，本身的力量在一个相当长的时期内肯定弱于资本主义，在资本主义的进攻面前，不靠政权的力量，是巩固不了政权的。

中国要摆脱贫困，加快发展，实现民族复兴，最关键的问题是保持稳定，邓小平说:“我不仅一次讲过，稳定压倒一切，人民民主专政不能丢。”[②]要运用政权的力量来维护国家和社会安全，打击刑事犯罪，打击恐怖活动，制止危害社会稳定和人民生命财产安全的活动。

有利于维护和促进社会公平正义，实现全体人民共同富裕。

“社会主义的本质，是解放生产力，发展生产力，消灭剥削，消除两极分化，最终达到共同富裕。”[③]社会主义的根本目的就是消灭剥削，消除两极分化，实现共同富裕。要实现这一根本目的，就必须将解放和发展生产力作为社会主义的根本任务，将坚持公有制作为社会主义经济制度的基础，坚持按劳分配的分配制度。总之，邓小平关于社会主义本质的概括把社会主义的任务与社会主义的价值目标有机地有统一起来。

邓小平指出：社会主义原则，第一是发展生产力，第二是共同富裕。不能离开共同富裕谈发展生产力，离开了就会导致两极分化；也不能离开发展生产力谈共同富裕，离开了就会导致共同贫穷。

邓小平说：“社会主义发展生产力，成果是属于人民的。在我们的发展过程中不会产生资产阶级，因为我们的分配原则是按劳分配。当然分配中还会有差别，但我们的目的是共同富裕。”也就是说，在社会主义制度下，一是发展的目的是共同富裕，成果由人民共享，二是分配原则是按劳分配。这样，经过若干年的努力，就会“体现出社会主义的优越性，体现出我们走社会主义道路走得对”。[④]

中国特色社会主义的基本经济制度是公有制为主体、多种所有制经济共同发展。公有制为主体，就意味着生产资料、国民经济命脉掌握在人民和国家手中，

---

① 《在武昌、深圳、珠海、上海等地的谈话要点》,《邓小平文选》第3卷，人民出版社1993年版，第379页。
② 《善于利用时机解决发展问题》,《邓小平文选》第3卷，人民出版社1993年版，第364页。
③ 《在武昌、深圳、珠海、上海等地的谈话要点》,《邓小平文选》第3卷，人民出版社1993年版，第373页。
④ 《我们干的事业是全新的事业》,《邓小平文选》第3卷，人民出版社1993年版，第255页。

生产是为了人民。在资本主义条件下，生产资料私有化，生产资料、国民经济命脉主要掌握在占人口少数的大资产阶级手中，生产是为货币增值利润，这种经济制度就势必带来贫富两极分化，导致劳动人民的绝对贫困化和相对贫困化。相比之下，“社会主义制度和资本主义制度哪个好？当然是社会主义制度好。……社会主义经济公有制为基础，生产是为了最大限度地满足人民的物质、文化需要，而不是为了剥削。……资本主义无论如何不能摆脱百万富翁的超级利润，不能摆脱剥削和掠夺，不能摆脱经济危机”[①]。

社会主义制度条件下，发展的成果体现在共同富裕上，坚决防止两极分化。“共同致富，我们从改革一开始就讲，将来总有一天要成为中心议题。……社会主义最大的优越性就是共同富裕，这是体现社会主义本质的一个东西。”[②] 我国贫困人口已从 2.5 亿逐步减少到 1479 万。而发达资本主义国家不是“走共同富裕的道路”，而是“走少数人愈来愈富的道路”。

当然，共同富裕是社会主义的长远目标。邓小平多次指出：中国底子薄，耕地少，人口多，特别是农民多，现在仍然是很贫穷的国家，这就决定了中国将长期处于社会主义初级阶段。那么，如何在长期的社会主义实践中实现共同富裕呢？邓小平认为，首先，在社会总产品的分配上，不能搞平均主义，不能吃大锅饭。共同富裕不是平均富裕，不是同时富裕，不是同步富裕。不同的人不同的地区碰到的机会与资源禀赋也不一样，中国社会也不可能会同步富裕，要允许和鼓励一部分人、一部分地区先富起来，由他们带动其他人和其他地区走向富裕，最后实现共同富裕。但共同富裕是中国基石性的社会理想。其次，“将来富裕了，解决两极分化，比改革开放更难”。最后，共同富裕是民富国强的共同富裕，是包括文化上和精神上的高度发展。

社会主义道路、理论、制度和文化的优越性不仅表现在推动物质生产的大发展，还表现在有利于推动社会文明进程促进人的全面发展，具有强大的软实力。

资本主义的制度、政权、道路，说到底，就是少数人过好日子，而大多数过穷日子。现在，美国解决世界经济危机的办法就是损人利己，向别国转嫁危机，以别人过坏日子来换取自己的好日子。美国的这种“做法”却搞了种种冠冕堂皇

① 《坚持四项基本原则》，《邓小平文选》第 2 卷，人民出版社 1994 年版，第 167 页。

② 《善于利用时机解决发展问题》，《邓小平文选》第 3 卷，人民出版社 1993 年版，第 364 页。

的“说法”包装，自我标榜出“价值观优势”，实际是一种强权、霸权、傲慢的反映，这是美国和西方发展几百年积累的家底，在反华的过程中，以美国为首的西方国家最得心应手的方式就是价值观进攻。

现在，中国特色社会主义的制度、道路取得令世人瞩目的现实成就，同时，中国特色社会主义在理论、文化和价值理念上也体现了另一种优势，提供了超越资本主义社会经济、政治与意识形态的话语体系，比如，人民翻身得解放、当家作主人的“人民民主”，“全面小康、共同富裕”的共享发展，这些社会主义的价值灯塔，占据了当今世界的道义制高点，必将引领21世纪人类社会的发展的大潮。再比如，按照中国的思路，应对危机的办法不是转嫁危机，斗得你死我活；而是大家结成命运共同体、利益共同体、责任共同体，各国共同努力，共同发展，互惠互利，合作共赢，并基于这一路线提出了惠及世界各国的“一带一路”战略。中国的大国战略，为解决人类未来和平发展提供了一条正确路线。

中国的道路、中国的制度不可复制，但中国特色社会主义的道路、理论、制度和文化对世界、特别是对发展中国家有着深刻的启示和示范意义。比如，中国和印度都是世界文明古国，都是人口大国、疆域大国，两国的建国时间差不多，印度是1947年，中国是1949年。当时的发展水平也差不多，中国甚至是当时世界上最贫穷的一个国家。据联合国“亚洲及太平洋社会委员会”的统计，1949年，中国人均国民收入是27美元，整个亚洲平均水平是44美元，印度是57美元。[①]但前10来年的发展状况是：印度粮食产量只有中国的1/2，外贸规模只有中国的1/4，吸引外资规模只有中国的1/10，经济总量只有中国的1/4，印度与中国GDP的差距在持续扩大，2006年至2009年，分别为2.94倍、2.91倍、3.78倍、4.00倍。文盲率，印度占全国人口的1/3，中国仅为4%。人的预期寿命，印度是64岁，中国则为73岁。从现代文明的角度看，印度最令人触目惊心的是事实上存在的种姓等级制度以及对妇女的歧视，印度目前有超过1.5亿的“贱民”，被称为“不可触摸的人”。除贱民之外，另外四大种姓下面还有1500多个亚种姓。另外，印度存在极其庞大的贫民窟，一是因为土地私有制，在人多地少、土地兼并的情况下，大量农民拥入城市。但第二产业薄弱、第三产业链条极短，拉动力很弱，根

① 转引自陈晋：《大时代的脉络和记忆——从五四运动到改革开放》，广东教育出版社2009年版，第95页。

本无力吸纳拥入城市的巨大人群。[①] 所以，中国特色社会主义的道路、理论、制度、文化越来越被历史和实践证明是正确的。

随着中国特色社会主义实践的不断推进，我国的社会主义制度也在不断完善。邓小平在南方谈话中指出："恐怕再有三十年的时间，我们才会在各方面形成一整套更加成熟、更加定型的制度。在这个制度下的方针、政策，也将更加定型化。"[②] 我们正在按照中央的总体部署，全面深化改革。党的十八届三中全会进一步明确了全面深化改革的总目标："完善和发展中国特色社会主义制度，推进国家治理体系和治理能力现代化"。习近平指出，国家治理体系和治理能力是一个国家的制度和制度执行能力的集中体现，两者相辅相成。我们就是"要靠通过不断改革创新，使中国特色社会主义在解放和发展社会主义生产力、解放和增强社会活力、促进人的全面发展上比资本主义制度更有效率，更能激发全体人民的积极性、主动性、创造性，更能为社会发展提供有利条件，更能在竞争中赢得比较优势，把中国特色社会主义制度的优越性充分体现出来。"[③]

总之，中国共产党要在中国长期执政，既要正确认识社会主义事业的长期性、艰巨性、复杂性，更要正确认识社会主义制度的强大生命力和巨大优越性。

---

① 这段分析参见宋鲁郑：《中国能赢：中国的制度模式何以优于西方》，红旗出版社2012年版，第32—34页。

② 《邓小平文选》第3卷，人民出版社1993年版，第372页。

③ 习近平：《切实把思想统一到党的十八届三中例会精神上来》，《求是》2014年第1期。

3

中国道路的政党引领

办好中国的事情，关键在党。

要把路走好，全靠党领导，党的领导是中国最大的关键和最大的优势。

历史证明：在中国道路的三阶段，不管是革命阶段，还是建设、改革阶段，党的领导都是关键所在，没有中国共产党就没有新中国。中国共产党是领导中华民族伟大复兴的核心力量，坚持党的领导，这是党和国家的根本所在，命脉所在，是中华民族的利益所在，幸福所系，是我们战胜风险挑战，不断夺取胜利的根本保证。这一点我们要特别清醒，特别坚定。

党的领导是中国道路的最根本特征和最基本优势

马克思的政党学说与党建思想。

中国共产党的领导是中国道路最关键的问题。共产党有什么历史作用呢？这还得从马克思谈起。

从《共产党宣言》的名称到它的内容，到它的产生过程，都标识了这部文献是一部论述共产党的著作。作为世界上第一部共产党党章、党纲，它第一次系统论述了无产阶级政党的性质、特点、任务、使命是什么，共产党有什么作用，应该怎么建设这个党。它论述了无产阶级政党建设的指导思想和根本原则，奠定了无产阶级政党学说的基础。

无产阶级政党在社会主义代替资本主义的历史过程中处于领导核心地位，“共产党是无产阶级争取推翻资产阶级压迫的斗争的自觉代表”[①]，这就决定了无产阶级革命政党理论在科学社会主义理论中具有基石性意义。它与无产阶级历史使命的理论、无产阶级专政的理论，一起成为竖立在社会主义必然代替资本主义这一基础性理论之上的三根理论支柱。“代替论”、“阶级论”、“专政论”和“政党论”这四者构成科学社会主义理论的基本支点。[②]

共产党之所以叫共产党，就是要实现共产主义。什么是共产主义呢？习近平总书记讲，人民过上美好生活的愿望，就是我们奋斗的目标。中国人民在一百年的历史中，为什么跟定了中国共产党？就是向往一个新社会，

---

① 《为共产国际第二次代表大会准备的文件》,《列宁选集》第4卷，人民出版社1995年版，第216页。

② 有关论述参见赵明义：《社会主义的历史命运》，人民出版社1997年版，第43页。

这个社会没有剥削、没有压迫、人人平等，没有贫富差别，大家都能过上好的生活。这个社会就叫共产主义社会，是自由人的联合体，每个人都心情舒畅，劳动成为人们的第一需求。不是按资分配，也不是按劳分配，而是按需分配。社会主义是共产主义的初级阶段，社会主义阶段是按劳分配的。这个社会是共产党给人民的承诺，也是人民的愿望，所以叫共产党。

怎样才能进入这个新社会呢？要靠共产党的领导。《共产党宣言》讲：人类社会发展到资本主义社会，是历史的进步。资产阶级很了不起，它在一百多年的历史中创造的财富比人类全部历史创造的都多。但是，资本主义由于内在的根本性矛盾，遇到了巨大的问题，资本主义社会日益分化成资产阶级和无产阶级这两大阶级，财富在资产阶级那边堆积，人口和贫困在无产阶级这边堆积。那边越来越有钱，人数越来越少；这边越来越穷，人越来越多。美国现在就是这样，3%~5%的人占有80%以上的社会财富。这样，资本主义生产关系越来越容纳不了生产力的发展，资产主义这个外壳就要爆炸了，历史就进入社会主义了。

在这个无产阶级反抗资产阶级、迈入社会主义、奔向共产主义的关口，要靠无产阶级、人民群众的力量，但是，无产阶级、人民群众怎样才能有力量呢？马克思恩格斯提出了“两个组织”的思想：“无产阶级在反对资产阶级的斗争中一定要联合为阶级”①，“无产者组织成为阶级，从而组织成为政党……这种组织总是重新产生，并且一次比一次更强大，更坚固，更有力。”②马克思在1864年说：“夺取政权已成为工人阶级的伟大使命。”“工人们所具备的一个成功因素就是人数众多；但是只有当群众组织起来并为知识所指导时，人数众多才能起决定胜负的作用。”③也就是，工人阶级光靠人多还不够，还要作为一个阶级行动，这就必须建立自己的独立的政党，并有理论武装。马克思说：“无产阶级在反对有产阶级联合力量的斗争中，只有把自身组织成为与有产阶级一切旧政党不同的、相对立的政党，才能作为一个阶级来行动。为保证社会革命获得胜利和实现革命的最高目标——消灭阶级，无产阶级这样组织成为政党是必要的。”④恩格斯1871年也说过：“工人的政党不应当成为某一个资产阶级政党的尾巴，而应当成为一个独立的政

---

① 《共产党宣言》，《马克思恩格斯文集》第2卷，人民出版社2009年版，第53页。

② 同上，第40页。

③ 马克思：《国际工人协会成立宣言》，《马克思恩格斯选集》第2卷，人民出版社1995年版，第606页。

④ 马克思：《国际工人协会共同章程》，《马克思恩格斯文集》第2卷，人民出版社2009年版，第228页。

党，它有自己的目的和自己的政治。”[①]

后来，列宁进而论述了群众、阶级、政党、领袖间的相互关系，他说：“谁都知道，群众是划分为阶级的，……至少在现代的文明国家内，阶级通常是由政党来领导的；政党通常是由最有威信、最有影响、最有经验、被选出担任最重要职务而称为领袖的人们所组成的比较稳定的集团来主持的。”[②]共产党是无产阶级的先锋队，工人阶级通过自己的先锋队来领导全体人民，这样，人民才能形成有行动能力的主体，人民的力量才能焕发出来，走上共产主义、社会主义道路，为实现自己的利益而奋斗。这是共产党的作用。

列宁的政党学说和党建实践。

列宁发展了马克思的政党学说和党建理论。19世纪的俄国，资本主义已经有了很大的发展，成了帝国主义阵营的一分子。但社会并没有像马克思预言的那样，日益分化成无产阶级和资产阶级这两大阶级，工人阶级人数还很少，还有大量的农民。那么，落后的东方大国能不能搞社会主义？人民能不能通过这条道路奔向美好的新生活呢？列宁讲可以，但有一个先决条件：必须有一个纪律严格、集中统一、坚强有力的革命政党，他套用阿基米德的名言说：“给我们一个革命家组织，我们就能把俄国翻转过来！”[③]有人讲，马克思的理论更多的是阶级的理论，列宁的理论更多的是政党的理论。这话有一定道理。

列宁指出，党是阶级的“先锋队”，是工人运动和人民革命斗争的领导力量，“不仅能够领导并且一定要领导”。在革命斗争中，“他们处处都走在大家的前面，在一切阶级中间激发政治上的不满，唤醒沉睡者，鼓励落后者，提供各方面的材料来提高无产阶级的政治意识和政治积极性”。他们会成为巨大的鼓风机，“这个鼓风机能够使阶级斗争和人民义愤的每一点星星之火，燃成熊熊大火”。他们能“把各种各样的工作综合起来，因而推动人们沿着所有的许许多多条通向革命的道路（像条条道路通罗马一样）不断前进”。

当时，建立一个什么样的党，怎样建这样的党，俄国工人运动中一直有争论。为了建设一个无产阶级的革命政党，列宁作了长期努力。1892年，他开始筹建马

① 恩格斯：《关于工人阶级的政治行动》，《马克思恩格斯文集》第2卷，人民出版社2009年版，第224页。
② 《共产主义运动中的“左派”幼稚病》，《列宁选集》第4卷，人民出版社1995年版，第197页。
③ 《怎么办？》，《列宁选集》第1卷，人民出版社1995年版，第406页。

克思主义小组。1895年秋，列宁将彼得堡所有的马克思主义小组联合成一个统一的“工人阶级解放斗争协会”，它是俄国马克思主义政党的萌芽。1898年3月初，俄国社会民主工党宣告成立，召开了第一次党代会，但没有制定党纲和党章。列宁等马克思主义革命家或被捕或被流放，党缺乏坚强有力的领导核心，在思想上和组织上很分散。1903年7月，俄国社会民主工党第二次代表大会通过了党纲和党章。在讨论党章时，以列宁为首的布尔什维克和以马尔托夫为首的孟什维克分歧激烈。会后，列宁同孟什维克的组织路线进行了斗争。1904年5月，列宁发表《进一步，退两步》，在这部著作和《怎么办》、《社会主义民主党在民主革命中的两种策略》中，列宁针对俄国革命运动中的迫切问题，系统阐发了马克思主义政党的建党理论，并制定了组织原则，发展了马克思的党建思想：

第一，党是无产阶级在争取无产阶级专政斗争中的领导组织，党必须牢牢掌握革命的领导权。

第二，党必须以马克思主义先进理论为指导。工人阶级的社会主义意识不可能自发产生，只能由无产阶级政党从外面灌输进去。“没有革命的理论，就不会有革命的运动”，而“**只有以先进理论为指南的党，才能实现先进战士的作用**”。①

第三，党是工人阶级的先进部队，是以革命家组织为核心的有机整体。

第四，党是工人阶级有组织的部队，有严格的组织性和纪律性。列宁指出：“无产阶级在争取政权的斗争中，除了组织，没有别的武器。”无产阶级“它所以能够成为而且必然会成为不可战胜的力量，就是因为它根据马克思主义原则形成的思想一致是用组织的物质统一来巩固的，这个组织把千百万劳动者团结成一支工人阶级的大军。在这支大军前面，无论是已经衰败的俄国专制政权或正在衰败的国际资本政权，都是支持不住的”②。1906年5月，列宁在《关于俄国社会民主工党统一代表大会的报告》中明确提出“在党组织中真正实现民主集中制的原则”。③

第五，党是工人阶级先进部队与广大群众联系的体现，绝不能变成狭小的脱离群众的阴谋家小集团，更不能把广大群众排除于整个运动之外。党组织不仅包

① 《怎么办？》，《列宁专题文集·论无产阶级政党》，人民出版社2009年版，第70、71页。

② 《进一步，退两步》，《列宁专题文集·论无产阶级政党》，人民出版社2009年版，第158页。

③ 《列宁全集》第13卷，人民出版社1887年版，第59页。

括职业革命家，还有广大的基层组织，以同广大群众保持密切联系。党是无产阶级一切组织的最高组织形式，是领导工人阶级和其他一切群众组织的，工会、青年团、苏维埃等都应在党的领导下工作。

列宁的党建思想得到了实践的检验。1905 年爆发了俄国革命，这是资产阶级性质的民主革命。无产阶级应如何对待这次民主革命，出现了两条针锋相对、根本对立的路线：以列宁为代表的布尔什维克的路线主张俄国资产阶级民主革命必须由无产阶级领导，党要依靠工农联盟，举行武装起义，把资产阶级民主革命进行到底，并立即转变为社会主义革命，实现工农民主专政。孟什维克的路线则主张俄国革命只是过去西欧资产阶级革命的重演，所以革命必须由自由资产阶级领导，无产阶级应该与自由资产阶级结成联盟；应召集国家杜马，用和平的方式改良沙皇制度；资产阶级民主革命后，不要也不能立即转变为社会主义革命，而应让资产阶级得到充分发展。这是第二国际的路线在俄国的翻版。

实践证明了列宁思想的正确。因为俄国资产阶级民主革命不同于西欧资产阶级民主革命。19 世纪中叶的欧洲，资产阶级还有进步作用，无产阶级在政治上还不够成熟，组织上还没有充分发展起来，资产阶级才充当了革命的领导者。但在 20 世纪初，俄国的资产阶级是一支软弱的、反动的政治力量。相反，俄国无产阶级深受资本主义和专制制度的双重压迫，又高度集中。1905 年的俄国，有 500 人以上的企业中工作的工人占全体工人的 54%，而美国只占 33%。他们是最先进、最革命的阶级，已经成为一支强大的独立的政治力量，另外，俄国无产阶级还有了自己的先锋队即俄国社会民主工党，因此，俄国无产阶级完全有能力成为资产阶级民主革命的领导者。①

在列宁的政党学说和党建思想的指引下，俄国无产阶级政党建设顺利推进。1912 年 1 月 18—30 日，俄国社会民主工党第六次全国代表会议召开，孟什维克被清除出党，布尔什维克成为独立的无产阶级政党，称为俄国社会民主工党（布）（1918 年改称为“俄国共产党（布）”，1925 年改称为“联共（布）”，1952 年改称为“苏联共产党”），会议选举产生了以列宁为首的中央委员会。俄国无产阶级革命有了坚强的领导核心。

① 张光博：《坚持马克思主义国家观》，吉林人民出版社 2007 年版，第 61 页。

中国共产党的历史作用与伟大贡献。

中国人民的革命斗争，一开始就是以推翻反动政权为中心而展开的民主革命。这场民主革命分旧民主主义革命和新民主主义革命两个阶段。什么是新民主主义革命？毛泽东概括为“无产阶级领导的、人民大众的、反对帝国主义、封建主义和官僚资本主义的革命”①。那么，无产阶级怎么领导这场革命呢？通过自己的先锋队——中国共产党来领导。

从鸦片战争到五四运动的前夜，为了打垮封建主义与帝国主义这两大敌人，中国人民进行过多次斗争，最主要的是1851年“太平天国”的农民革命战争，1898年康有为、梁启超为代表的资产阶级维新变法运动，1911年孙中山领导的资产阶级辛亥革命等，但是，所有这些革命和斗争都失败了。为什么？领导力量是农民或资产阶级，人民的力量凝聚不起来。因为中国农民虽然人数众多并有反帝反封建的意愿和决心，但由于落后的生产方式的限制，看不到斗争的前途，找不到正确的道路，不能完成夺取政权的任务。而中国的资产阶级很软弱，既害怕帝国主义和封建主义，又害怕工人和农民，所以，他们不能解决、甚至不敢提出反帝反封建的问题。辛亥革命后，资产阶级一度取得了政权，成立了“中华民国”，但很快就失败了。

在中国社会各阶级中，唯一能够提出正确和完整的斗争纲领，唯一能够团结和领导国内外一切可以团结的力量作斗争的，只有工人阶级“能够领导农民、城市小资产阶级和资产阶级，克服农民和小资产阶级的狭隘性，克服失业者群的破坏性，并且还能克服资产阶级的动摇和不彻底性”②。毛泽东说：“整个革命历史证明，没有工人阶级的领导，革命就要失败，有了工人阶级的领导，革命就胜利了。”③

但中国的工人阶级人数少，力量比当时俄国工人阶级的力量还弱。怎么办？没关系，按照列宁的理论，只要有了共产党，无产阶级有了自己的先锋队，阶级的力量、人民的力量就能得到集结，就会发展壮大。毛泽东多次强调指出：“指导伟大的革命，要有伟大的党。”“中国和俄国的历史经验证明，要取得革命的胜利，就要有一个成熟的党，这是一个很重要的条件。”“我们欲革命成功，必须势力集

① 《在晋绥干部会议上的讲话》，《毛泽东选集》第4卷，人民出版社1991年版，第1316—1617页。
② 《中国革命战争的战略问题》，《毛泽东选集》第1卷，人民出版社1991年版，第184页。
③ 《论人民民主专政》，《毛泽东选集》第4卷，人民出版社1991年版，第1479页。

中行动一致，所以有赖于一个有组织有纪律的党来发号施令。”“既要革命，就要有一个革命党，没有一个按照马克思列宁主义的革命理论和革命风格建立起来的革命党，就不可能领导工人阶级和广大人民群众战胜帝国主义及其走狗。”[①]1921年，中国共产党的诞生，标志着中国工人阶级由自在的阶级成为自为的阶级，工人阶级进行的阶级斗争由自发阶段进入自觉阶段，从而担当起领导人民反抗压迫谋求解放的任务。

中国共产党不但在领导中国人民推翻反动政权的革命斗争中，发挥了主心骨和领路人的作用，在领导中国人民执掌政权的活动中，也同样发挥了主心骨和领路人的作用。中国共产党在全国范围执掌政权已经有 68 年了（1949—2017），在此之前，从 1931 年在江西瑞金建立苏维埃政权开始，到 1949 年夺取全国政权，中国共产党一直在革命根据地进行局部执政实践。从局部执政到全国执政，执政环境的变迁、执政使命的转换和执政经济的丰富，促使中国共产党不断深化对执政规律的认识，不断丰富执政理念，不断提高自身的执政能力和领导水平。中国共产党从党的执政理念、执政基础、执政方略、执政体制、执政方式、执政资源和执政环境等方面努力，全面加强和改进党的思想、组织、作风和制度建设，提高党的执政能力。

2016 年，习近平在七一讲话中指出，在 95 年波澜壮阔的历史进程中，中国共产党紧紧依靠人民，跨过了一道又一道沟坎，取得了一个又一个胜利，为中华民族作出了三大历史贡献。

一是团结带领中国人民进行 28 年浴血奋战，打败日本帝国主义，推翻国民党反动统治，完成新民主主义革命，建立了中华人民共和国。彻底结束了旧中国半殖民地半封建社会的历史，彻底结束了旧中国一盘散沙的局面，彻底废除了列强强加给中国的不平等条约和帝国主义在中国的一切特权，实现了中国从几千年封建专制政治向人民民主的伟大飞跃。

二是团结带领中国人民完成社会主义革命，确立社会主义基本制度，消灭一切剥削制度，推进了社会主义建设，完成了中华民族有史以来最为广泛而深刻的社会变革。1952 年土地改革完成时，全中国 4 亿多人中的 3.5 亿无地或少地的农民，分到了 7 亿亩土地和其他生产资料，免除了过去每年向地主交纳的约 700 亿斤粮

① 《全世界革命力量团结起来，反对帝国主义的侵略》，《毛泽东选集》第 4 卷，人民出版社 1991 年版，第 1357 页。

食的繁重地租，彻底消灭了在我国延续几千年的地主阶级土地所有制。这样一场变革，在全世界哪个国家能完成？资产阶级完成了吗？没有。只有中国共产党为当代中国一切发展进步奠定了根本政治前提和制度基础，为中国发展富强、人民生活富裕奠定了坚实基础，实现了中华民族由不断衰落到根本扭转命运、持续走向繁荣富强的伟大飞跃。

三是团结带领中国人民进行改革开放新的伟大革命，极大激发广大人民群众的创造性，极大解放和发展社会生产力，极大增强社会发展活力，人民生活显著改善，综合国力显著增强，国际地位显著提高，开辟了中国特色社会主义道路，形成了中国特色社会主义理论体系，确立了中国特色社会主义制度，使中国赶上了时代，实现了中国人民从站起来到富起来、强起来的伟大飞跃。

习近平还用“三个深刻改变”来概括中国共产党的伟大历史作用。1921 年，中国产生了共产党，这是开天辟地的大事变，深刻地改变了近代以来中华民族发展的方向和进程，深刻地改变了中国人民和中华民族的前途和命运，深刻地改变了世界发展趋势和格局。

中国共产党的领导，是中国特色，更是中国优势。

回顾历史，是为了总结历史经验，把握历史规律，增强我们的理论水平、政治定力和开拓前进的勇气和力量。历史证明：在中国道路的三阶段，不管是革命阶段，还是建设、改革阶段，党的领导都是关键所在，没有中国共产党就没有新中国。中国共产党是领导中华民族伟大复兴的核心力量，坚持党的领导，这是党和国家的根本所在，命脉所在，是中华民族的利益所在，幸福所系，是我们战胜风险挑战，不断夺取胜利的根本保证。这一点我们要特别清醒，特别坚定。西方攻击中国，不管是讲政治制度、新闻制度、司法制度、经济制度，还是讲国有企业，讲来讲去，最终都会归到讲共产党的领导不行。这说明恰恰是坚持党的领导是当代中国最重大的政治原则，恰恰这一点是我们的最大优势，是我们历史经验的宝贵总结。

苏联共产党中央书记 E. 利加乔夫提过一个问题：“为什么我国的所谓改革，导致了一个世界大国的解体，使千百万人民陷于贫困，处于无权的地位。而中国的经济改革却能把国家引导到建设、进步、改善人民生活的道路上，使中国进入了世界大国的行列呢？”利加乔夫认为，“第一个也是最重要的因素是中国共产党的领导作用”。情况确实如此，苏联解体，经济没搞好、民族矛盾、舆论掌控等确有问题，但最重要、最根本的原因就是苏联共产党变质了，成了一个利益集团，脱离群众、高高在上。而我国成功的最根本原因，就在中国共产党保持了先进性和纯洁性，发挥了领导作用，一直得到人民的信赖和拥护。美国的中国问题专家罗伯特·劳伦斯·库恩也讲："在对中国的所有误解中，有关中国共产党的问题列为首位，许多人不了解中国共产党从一个'革命党'到'执政党'的角色转变过程。现在，世界对中国的兴趣正不断增加。只有理解了中国共产党，才能够真正理解中国。"

谈中国的事情，如果离开了中国共产党，就说不清楚。有三点要强调：首先，中国共产党的领导就是中国最大的特色。近代以来，中国现代史、中国当代史的基本走向，就是中国共产党的奋斗史。党史跟国史在很大情况下是交叠的。1921年以后，如果把共产党的党史拿掉，这国史怎么说得清楚？江西1927年至1934年这一段，如果不说共产党的武装斗争、土地革命和根据地建设，就说国民党的"剿匪"史，哪说得清楚？说不清楚。党史专家龚育之说：中国共产党成立和国共合作进行国民革命以后，中国近代史就逐渐地并越来越显著地以中国共产党的活动、人物、事件为轴心，中国历史的其他方面越来越同中国共产党的历史联系在一起，越来越需要从同中国共产党的联系中来观照。1949年以后，中国现代史更是在中国共产党领导下，经历胜利和成就、挫折和动荡、改革和开放的伟大转变的历史。所以，国民革命以来的中国历史和中国共产党历史、中华人民共和国成立以来的中国历史和中国共产党史，从原则上是不可分的。从党史研究的角度说，需要放宽、再放宽自己的视野；从中国历史的研究来说，需要聚集、再聚集到中国共产党的历史上。①

其次，中国共产党的领导是中国特色社会主义最本质的特征。有人讲，中国特色社会主义是中国特色的资本主义。这扯哪儿去了？哪个资本主义国家有党的领导！？中国的政治制度、经济制度、司法制度、新闻制度、高校制度等，中国的一切制度，离开了共产党，还讲得清楚吗？讲不清楚。如果拿着西方的三权分立、权力制衡、执政党在野党多党轮替那一套来解释，那是解释不了的。西方老有人说，中国的经济肯定崩溃，中国的国企肯定垮掉，中国的社会肯定会乱，中国的领导肯定腐败，这么多的"肯定"，似乎真理全在他们那一边，但西方的预言老不灵，老失败，为什么？没有抓住共产党这个关键环节，西方人

① 龚育之：《党史札记末编》，中共党史出版社2008年版，第177页。

根本不知道中国共产党是什么样的党，他们也没有认真去研究琢磨。所以，中国共产党的领导是中国特色社会主义最本质的特征，这个重要论断揭示了中国共产党的执政规律和中国特色社会主义的发展规律，揭示了党的领导和中国发展之间的本质联系。这是对科学社会主义理论的重要创新，也是对马克思主义政党学说的重大发展。

第三，中国共产党的领导是中国特色社会主义最大的政治优势。党的领导，不但是我们的特点、特色，是我们与众不同之处，也是比西方厉害的优势所在。许多事情，经济发展的宏观调控、重大灾情的抗击与重建、社会矛盾的调解与处理、国家和社会的管理与治理、贫富差距的管控与缩小，等等，中国比西方许多国家做得好，讲来讲去，关键是党的领导。东西南北中，党的领导居中。党纵览统筹，协调四方，正是有了这一点，才能运转自如。坚持党的领导，发挥我们的这一政治优势，一要坚持党中央的集中统一领导，牢固树立政治意识、大局意识、核心意识、看齐意识。二要坚持党总揽全局、协调四方的领导核心地位。三要坚定政治立场和政治原则。四要遵守具体的工作准则和工作要求。

中国共产党是如何做到既有代表性又保持先进性的

政党是近现代政治的产物，是社会各政治集团夺取政权、执掌政权的工具。政党首先是资产阶级创造的，是近代资产阶级带给人类阶级斗争的最锋利工具。正是利用了这个工具，资产阶级才以非常集中的力量打败了封建地主阶级[①]，夺取并执掌了政权。从执政的角度看，各政党都有一个代表性和先进性问题。资产阶级政党具有鲜明的代表性，历史上也有一定的先进性。但是，随着时代的发展，资产阶级政党的代表性越来越窄，先进性越来越丧失。相比之下，无产阶级政党的代表性和先进性则越来越突显出来。

回顾中国共产党95年的光辉历程，它之所以能率领中国人民战胜惊涛骇浪夺取政权、翻身得解放，并长期执政，取得中国社会主义事业的伟大进步，其根本原因就在于中国共产党代表全中国人民最根本的利益，能始终走在时代最前列，顺应历史发展趋势，引领中国这条航船不断前进。中国共产党的代表性和先进性是值得研究的。

中共怎么做到代表性的。

中国共产党是怎样做到不断夯实和扩大党执政的阶级基础和群众基础、增强代表性的呢？

1. 党对自身有清醒而准确的定位定性。中国共产党自成立以来，就对“我是谁”、“为了谁”有十分清醒和准确的认识，就认定自己是无产阶级和全体劳动人民根本利益的忠实代表，中国共产党的代表性，最根本的就是代表了全中国最广

① 赵明义主编：《社会主义的历史命运》，人民出版社1997年版，第43页。

大人民的根本利益，代表了先进生产力的根本要求，代表了先进文化的前进方向，具有广泛和深刻的代表性。

中国共产党不但是中国工人阶级的先锋队，同时也是中国人民、中华民族的先锋队。这一点在1935年瓦窑堡会议得到明确论述，更是在《中国共产党章程》中加以强调。

中国共产党的先进性在于它代表了无产阶级、整体民族和全体人民的根本利益。中国共产党不是代表特定利益集团参与利益交换的“理性”博弈者，而是以整个国家——民族利益为旨归、不带有任何自利动机的革命与执政之先锋队。①

中国共产党明确规定自己的宗旨是为人民服务。无数革命先烈、中共的各位领袖、所有共产党员都认定自己是中国人民的儿子，认定“我是一个兵，来自老百姓”，这种对人民群众的自我认同，就是对中国共产党代表性的表现。中国共产党从指导思想、根本路线、工作作风到具体措施都反复强调不能脱离群众，不能成为特权阶层、权贵集团，坚决反对官僚主义。

2. 党在组织成分上有开放性。党的一大就认定自己是中国无产阶级的先锋队，要实行社会革命，推翻资本家阶级的政权，实现社会主义、共产主义，但中国是东方落后大国，工人阶级人数少，人口的绝大多数是半无产阶级，是农民。如果只在工人中发展党员，那么党的阶级成分虽然纯净了，但群众基础就要大打折扣。共产党要想有广泛的代表性，就要扩大自己的阶级基础和群众基础，把其他阶级的先进分子改造成为无产阶级先锋战士，一句话，不断增强自己的代表性。

1935年12月，瓦窑堡会议通过决议：“中国共产党是中国无产阶级的先锋队。他应该大量吸收先进的工人雇农入党，造成党内的工人骨干。同时中国共产党又是全民族的先锋队，因此一切愿意为着共产党的主张而奋斗的人，不问他们的阶级出身如何，都可以加入共产党。一切在民族革命与土地革命中的英勇战士，都应该吸收入党，担负党在各方面的工作。”也就是说，中国共产党自觉地担负起“两个先锋队”的责任，但只有去动员和组织群众，党才能成为阶级和民族的先锋队。群众组织起来了，才成为人民。

新中国成立后，大规模、急风暴雨般的阶级斗争过后，我们在进行阶级关系和矛盾分析的同时，越来越注重人民内部矛盾的分析了。我们党也越来越多地并行使用“阶级”和“人民”的概念，在代表性上，不但强调党的阶级基础，还强

① 鄢一龙等：《大道之行：中国共产党与中国社会主义》，中国人民大学出版社2015年版，第33页。

调党的群众基础。有人说，中国共产党忠实地保持了列宁主义政党的优秀品质，又实现了对苏俄式列宁主义政党的超越：它既是具有高度组织纪律性和整合能力的无产阶级——工人阶级先锋队，又是对各个社会阶层保持开放、对其优秀分子具有巨大的道义感召力与归属成就感的中华民族先锋队。①

中国共产党执政当然是工人阶级为领导、以工农联盟为基础，但全体社会主义劳动者、社会主义事业的建设者、拥护社会主义的爱国者和拥护祖国统一的爱国者都是党执政的阶级基础和群众基础。在社会主义初级阶段，中国的基本经济制度，公有制为主体、多种所有制经济共同发展。其基础是生产资料的社会主义公有制，即全民所有制和劳动群众集体所有制，非公有制经济包括个体经济、私营经济、外资经济等非公有制经济也是我国社会主义经济的重要组成部分，它们的代表人物也是社会主义的劳动者和建设者。

正是基于这一点，我们党又解决了改革开放中出现的新的社会阶层、特别是在新经济组织、新社会组织中发展优秀的“两新”成员入党的问题。现在，中共自身的成员构成上仍然要保持一定的开放性，党不能成为社会精英的俱乐部，一线工人与农民、尤其是农民工必须在党内保持相当的比例，还要十分注重在知识分子，尤其是青年学生、年轻学者中吸收先进分子加入中共，从而在人员结构上保持党对社会各阶层的代表性和代表面。再如，在村党支部的选举中，村委会成员不但要得到党员的拥护，还要看村民的意见。这种做法也是“两个先锋队”的性质和既要先进性又有代表性的要求在具体问题上的落实和体现。

3. 党对社会新成员有吸纳性。现在，全国职工有 7.5 亿，其中农民工就有 2.5 亿，是中国工人阶级的一部分，是中国社会主义的劳动者和建设者，是我们党的阶级基础和群众基础。所以，我们要特别重视农民工的问题。这些年，农民工在劳动收入、社会保障、进城后享受城市市民同等待遇等方面，有了很大进步，但是，除了劳动收入、社会保障之外，农民工的文化权益、政治地位仍然值得高度重视。除了入党问题之外，农民工的政治地位表现在多方面。农民工的利益诉求，一是希望多挣点钱，二是有社会保障，三是能与城市人一样享受文化权益和政治地位。农民工能不能有一个稳定的职业晋升的渠道？农民工能不能进入中等收入群体？农民工的社会地位怎么提升呢？他们在经济地位、教育地位、职业技术职称、户籍身份地位以及政治参与等方面，有没有和有哪些上升的渠道和发展的空间呢？

① 鄢一龙等：《大道之行：中国共产党与中国社会主义》，中国人民大学出版社 2015 年版，第 31 页。

能否入党、当劳模，进入管理层，当车间主任、厂长经理？这些问题都在而且也应该进一步认真研究和解决。

现在，国家层面已经建立“职业资格证书”制度，但是，农民工能转变为技术工人、高级技术工人吗？至少现在绝大多数的农民工还没有获得证书，即使获得证书的少数农民工，也几乎没有给他们的社会地位上升带来什么影响。因为一个人的专业技术地位只有得到了社会制度的认可，他才可能获得相应的社会地位。

4. 党做到了以关键的少数代表、领导多数。俗话说：“火车跑得快，全靠车头带。”党员与群众的关系就像车头与火车，党员、党员领导干部的作用很关键，但永远是少数。今天的中国共产党，和 1921 年相比，和革命年代相比，甚至和改革开放前比，结构、人员等都大不一样了。中国有 13 亿人民，有 8800 万党员，有 700 万干部，有 200 多名中央委员，有 20 多名中央政治局委员，有 7 名中央政治局常委，在这么一个差序格局中，中央领导集体、中央委员会和全党、党员领导干部和全体党员、党和全体人民之间，怎么保证少数代表多数、少数领导多数呢？这既是中国贤能政治的传统问题，也是中国共产党执政的现实问题。

一是大力发扬党内民主和人民民主，底层和基层的利益诉求有通达性，上层对基层和底层的利益有代表性。中国共产党要长期执政，就要发挥党代会和党代表的作用，让基层和一线党员的意见获得顺畅的表达渠道，防止官僚化带来的代表性危机。鄢一龙等指出，在移动互联网、大数据等新一轮信息革命深刻重塑政治生态的大时代，如果按官僚体制自上而下的方式运行，党的活力就会不断下降，党的社会组织与动员功能就会不断弱化，党的网络结构就会逐步失去活力，成为附着在自上而下科层结构的蝉。因此，党的领导要对互联网时代的潮流作出调整与适应，重新激活其固有的网络治理功能，发挥对社会中碎片化的利益与观念的整合功能。①

二是保持和增强了为民办实事、解难题的能力。前段时期，不少基层党组织失去了“做小事”的能力。党的基层组织需要重新发挥工作队、宣传队、战斗队的功能，各级党委要避免过多干预社会事务，但党的基层组织和党员却要积极介入，成为社会与基层组织的核心力量，只有党的基层组织和普通党员主动为身边群众的实际困难，发挥先锋作用，党才能永远掌握社会组织与动员这一看家本领。

三是不断建立和完善“看得见”“可操作”的授权机制、监督机制和问责机制。

---

① 鄢一龙等：《大道之行：中国共产党与中国社会主义》，中国人民大学出版社 2015 年版，第 10、第 115 页。

对普通公民来说，如果党政干部的选拔过程和履职情况如同黑箱，广大党员与群众不清楚，不了解，就很难产生参与感，很难感觉到官员与自己存在什么代表性。人大和政协的监督也要让普通公民获得这种“代表性”的感觉。

中共是怎么保持先进性的。

多少年来，我们一直讲一句话，中国共产党是一个伟大的党、光荣的党、正确的党。这话是对的，历史和现实的无数事实都证明了这一点，但用“伟大、光荣、正确”来描述共产党的性质和特点，总觉得还不到位、还不透彻，中国共产党为什么伟大、为什么光荣、为什么正确？就在于共产党的先进性和纯洁性。先进性和纯洁性是马克思主义政党的本质属性。中国共产党是怎么保持先进性和纯洁性的呢？

1. 无私性。马克思恩格斯首先论述了共产党在这一点上的先进性。共产党不但代表着整个无产阶级的利益，同时代表绝大多数人民群众的利益，“他们没有任何同整个无产阶级的利益不同的利益”，“共产党人强调和坚持整个无产阶级共同的不分民族的共同利益；另一方面，在无产阶级和资产阶级的斗争所经历的各个发展阶段上，共产党人始终代表整个运动的利益”①。马克思把“没有自己特殊的利益”这一点看成是共产党和以往一切政党的根本不同所在，他说：“过去的一切运动都是少数人的，或者为少数人谋利益的运动。无产阶级的运动是绝大多数人的，为绝大多数人谋利益的独立的运动。”② 马克思主义政党的一切理论、纲领和行动，都致力于实现最广大人民群众的根本利益，最终实现人类解放和每个人的全面自由发展。

中国共产党把自己和人民的关系定义为“服务”，并把自己的根本宗旨简洁地表述为“为人民服务”。1939 年 2 月 20 日，毛泽东在给张闻天的信中正式提出了“为人民服务”的概念。③1944 年 9 月 8 日，毛泽东在追悼张思德同志发表《为人民服务》的讲演，说：“我们的共产党和共产党所领导的八路军、新四军，是革命的队伍。我们这个队伍完全是为着解放人民的，是彻底地为人民的利益工作的。”这个“完全”、“彻底”是中国共产党赤子之心的真诚袒露，也是中国共产

① 《共产党宣言》，《马克思恩格斯文集》第 2 卷，人民出版社 2009 年版，第 44 页。
② 同上，第 42 页。
③ 《关于〈孔子的哲学思想〉一文给张闻天的信》，《毛泽东文集》第 2 卷，人民出版社 1993 年版，第 163 页。

党根本属性的准确揭示。1945 年 4 月 24 日，毛泽东在党的七大上作《论联合政府》报告强调："我们共产党区别于其他任何政党的又一个显著的标志，就是和最广大的人民群众取得最密切的联系。全心全意地为人民服务，一刻也不脱离群众；一切从人民的利益出发，而不是从个人或小集团的利益出发；向人民负责和向党的领导机关负责的一致性；这些就是我们的出发点。"[①] 毛泽东第一次把为人民服务提到党的宗旨的高度。现在，中国共产党要做到先进性，首先仍要保持纯洁性，做到立党为公、执政为民，无私无己。

2. 思想性。当年有人嘲笑毛泽东：山沟里怎么能出马克思主义呢？井冈山不都是农民吗？顶多有几个萍乡挖煤的人是产业工人。这些农民党员出身半无产阶级，怎么有代表性和先进性呢？

民主革命时期，在党员大都出身农民的情况下，如何把党建设成为工人阶级先锋队，这是国际共产主义运动中没有遇到过的问题，也是中国共产党在赢得政权、推进社会主义革命道路上的一大挑战。

毛泽东是怎么把这些来自半无产阶级的农民，建设成了一个无产阶级政党和无产阶级军队呢？中国共产党采取的办法就是不断推进党的自身建设这一伟大工程，始终把思想建设放在党建的首位。毛泽东讲，出身农民不要紧，他们可以用无产阶级思想来改造，做到思想上入党，这样才具有先进性和纯洁性啊。中国共产党强调主要从思想上而不是从成分上建党，成功地解决了这一难题。毛泽东认为中国共产党的阶级属性不能机械地由党员构成的阶级成分决定，吸收党员的主要标准不是阶级成分，一个党员可能不是出身于无产阶级，但可以用马克思主义理论来武装，从而成为一名无产阶级战士。毛泽东在古田会议上创造性地提出着重从思想上建党，以无产阶级思想改造各种非无产阶级思想，使党员不仅在组织上入党，更从思想上入党。毛泽东曾经指出"掌握思想教育，是团结全党进行伟大政治斗争的中心环节。"通过思想政治建设，用马克思主义理论武装全党，不但使党员的个体意识统一到党的路线方针之下，锻造出坚定的集体意识和党性品质，也保证了全党步调一致，走在时代前列。

3. 政治纪律性。中国共产党不是精英俱乐部，而是一个政治组织，不是利益集团，而是政治集团。中国共产党的团结统一是举世闻名的，之所以能做到这一点，一是有政治领导核心。坚强有力的领导核心是党和国家兴旺发达、长治久安

① 《论联合政府》,《毛泽东选集》第 3 卷，人民出版社 1991 年版，第 1094 页。

的根本保证，也是党的先进性的具体体现。全党自觉的拥护和维护自己的领袖，围绕核心，听从指挥。维护党中央权威和集中统一的领导，维护全党的团结和凝聚。二是严格的政治纪律，政治制度和政治原则。民主集中制是又有集中又有民主、又有纪律又有自由、又有统一意志又有个人心情舒畅的生动活泼的制度。三是有严格和规范的党内政治生活。中共一直强调党内政治生活的政治性、时代性、原则性和战斗性，有着长期的政治历练和政治经验。四是有优秀的政治文化和政治生态，一直建设党内政治文化，不断加强思想教育和理论武装，大力倡导和弘扬忠诚老实、光明坦荡、公道正派、实事求是、艰苦奋斗、清正廉洁等价值观，旗帜鲜明地反对关系学、厚黑学、官场术、潜规则、等价交换、人身依附等庸俗腐朽的政治文化，建设风清气正、清清爽爽的政治生态，因而她在重大历史关头，严峻的风口浪尖，能站得稳，看得远，把得住。

4. 创新性。中共具有无可比拟的远见卓识，她先进就先进在比别人看得更远、更深、更透。根本的原因在于中国共产党始终坚持实事求是的思想路线，从中国实际出发，不断地解放思想，学习意识特别浓，学习能力特别强，不断地向其他国家、其他政党和自己的历史汲取经验和教训，不断进行理论创新、实践创新和制度创新，以适应不断变化的环境。正是具备这种永不自满、永不懈怠的政治品格，中国共产党才能不断保持党的生机与活力，才能保持深刻的洞察力，才能在中国革命、建设和改革的历史进程中，在国际斗争的复杂局势中，始终站在思想的最高处，始终冲在时代的最前列，深刻把握历史发展规律，洞见事态的发展走向，不断开辟中国发展进步的道路。

5. 纠错力。中国共产党有自我革命的勇气，有自我净化的能力，有自我完善的机制，有自我提高的行动。中共的自我纠错、自我修复能力是特别强的。敢于直面问题，勇于自我革命，能够自我净化，所以能不断提高排毒杀菌的政治免疫力，这是我们党最鲜明的品格，也是我们党最大的优势。毛泽东就讲过批评和自批评是我们党的一大法宝。正因为党从党的性质和根本宗旨出发，从人民根本利益出发，检视自己，不掩饰缺点，不回避问题，不文过饰非，有缺点克服缺点，有问题解决问题，有错误承认错误，通过开展批评和自我批评，坚持真理，修正错误，党才能革故鼎新、守正出新，实现自我跨越，不断给党和人民事业注入生机和活力。

在长期执政条件下，党本身可能蜕变。党的代表性危机直接来自党的领导干部的贪腐行为、特权现象以及官僚主义，它不但是能不能代表或代表得全不全面、准不准确，它更是直接对党执政的正当性、合法性提出了疑问。从现实来看，我们党内确实存在腐败，确有官僚主义、形式主义、享乐主义、奢靡之风，有时还很严重。只要长期执政，我们党就会存在腐败现象，就会存在背离群众、脱离群众的危险。所以，永远都不能掉以轻心。

中国共产党深恶痛绝地反对腐败，反对特权思想和特权现象，铲除官僚主义，对各种错误思想和腐败行为作坚决斗争，不断增强党的肌体的健康。十八大以来，反腐败斗争和党风廉政建设取得重大进展和明显成效。但这场斗争是长期的、复杂的。我们要不断加强党的建设，就要同一切弱化先进性、损害纯洁性的问题作斗争，祛病疗伤，激浊扬清，确保每个党组织都成为激浊扬清的战斗堡垒，每个党员都是扶正祛邪的战斗员，党始终成为中国特色社会主义事业的坚强领导核心。

牢牢把握党的代表性和先进性的内在统一。

现在，中国共产党的长期执政，面临的挑战就在于它能否保持其代表性和先进性，在于中国共产党如何把握和处理好代表性与先进性的关系，做到代表性和先进性的统一。

中国共产党的代表性和先进性，这两者之间的关系是怎样的呢？它们两者的关系是一致的、统一的、内在的。中共的先进性就在于党对中国工人阶级和中国人民具有代表性，而她的代表性又在于党是中国工人阶级的先锋队，同时是中国人民和中华民族的先锋队。

中国现代政治的核心不但在于中国共产党如何做到“代表性”，如何做到“先进性”，还在于中国共产党如何做到“代表性”与“先进性”的统一。事实上，中共 95 年来率领中国人民艰苦奋斗的过程中也确实做到了这一点，那么，中共是如何在代表性中体现了先进性，在先进性中实现了代表性的呢？

1. 党对自身一直是严管严治。毛泽东讲：“世界上就怕认真二字，而共产党就最讲认真。”中国共产党的管党治党既在全方位用劲，又重点发力，一贯是以全面严格、严肃认真而著称的。比如延安整风，历次整党，到近些年的群众路线教育、“三严三实”、“两学一做”的专题教育活动，都是在思想教育方面进行的活动。现在，我们党面临的执政环境是复杂的，党员队伍构成是复杂的，影响党的先进性、弱化党的纯洁性的因素也是复杂的，必须坚持严字当头，全面从严治党，把严的要求贯彻到管党治党的全过程，落实到党的建设的各方面。

2. 党对国家一直发挥着领导核心作用。党在祖国的团结统一，国家的发展道路上一直发挥引领、指引作用。中国共产党的先进性在于她有理想信念，能提出高远的目标，并把远大理想和共同理想结合起来。中共是一个始终保持自觉地为全社会设置战略性愿景的党，而不是被动地反映既有社会力量静态利益的党。对人民群众来说，党既是我们队伍的一员，来自老百姓，又回到老百姓，又是我们的主心骨、领路人。共产党的干部，既要和群众打成一片，做群众的贴心人，又不能混同为一个普通群众，当群众的尾巴。中共总能立足于阶级、民族和人民的根本利益，提出党和国家的发展目标，再用这一发展目标去整合和引领各方，从而做到代表性和先进性的统一。

3. 党对多元而复杂的社会具有凝聚力。中国共产党是中国人民的主心骨。中国共产党具有博大的胸怀、民主的机制与驾驭的能力，具有强大的整合力。党总是能把全国各阶层各地区各民族的意见集中起来，求同存异，找到最大公约数，取得最大共识度，画出最大同心圆，从而汇聚起推动中国历史前进和社会进步的磅礴力量。如果中共只是强调对社会各群体静态利益的代表，其结果就只会将既有的各种社会矛盾与冲突吸纳到党内，让党内变得像社会上一样分歧丛生。党要解决这些矛盾与冲突，形成政治整合，就需要高瞻远瞩，提出更为远大的战略性愿景，以“未来”驾驭“当下”。在此意义上，“代表性”话语不能脱离“先进性”话语。“先进”，就是要比别人先行一步，看到别人没有看到的东西，能把握这个社会的根本利益和长远利益。

4. 党对广大人民群众有示范性。中国共产党在思想上、道德上、价值上和行动上等各个方面，都能以自己的先锋模范带头作用去感染、感动、感召带动人民群众。有人说，国民党的官常讲的是：小的们，跟我上。共产党的官讲得最多的是：同志们，跟我来。只要看看革命年代和新中国成立以来的战斗模范、劳动模范、道德模范、英雄英模，恐怕最多还是共产党员。共产党员一直强调从我做起，率先垂范。凡要求别人做到的，自己必须首先做到；凡是要求别人不做的，自己首先不做。榜样的力量是无穷的，己立立人，己达达人，正是先锋模范作用，中国共产党才能在中国人民心中具有代表性和先进性。

中国共产党的先进性在于它的优良作风。中国共产党一直保持建党时的奋斗精神，坚韧不拔，艰苦探索，艰苦奋斗，始终牢记“两个务必”。它要求自己的党员干在实处，冲在前头，日常生活看得出来，关键时刻豁得出去，急难险重的任务面前勇于担当，紧急突发事件中能挺身而出，敢于到困难大、矛盾多的地方去解决问题，到群众意见大、怨气多的地方去化解矛盾，到工作推不开、情况复杂的地方去打开局面，吃苦在前，享受在后，展现共产党员的过硬作风和优秀品质，坚持顶起自己该顶起的那一片天。

不忘初心是共产党人“心学”的第一课

习近平强调：党性教育是党员正心修身的必修课，党性修养是共产党人的“心学”。最近，又多次提到不忘初心①。共产党和共产党员要保持先进性和纯洁性，就要修好共产党的心学，而这“心学”的第一课就是不忘初心。

儒家心学和共产党的心学。

“心学”是儒学的一门学派。最早可推溯自孟子，北宋程颢开其端，南宋陆九渊大启门径，与朱熹的理学分庭抗礼。至明朝，王阳明首次提出“心学”两字，至此心学始有清晰而独立的学术脉络。心学关注“人”，强调生命活泼和道德实践。

王阳明是一个了不起的人。人一了不起，就有许多神奇怪异的传说：一是在母亲肚子里待14个月才呱呱坠地；二是直到5岁还不曾开口说话；三是会提问，提奇怪的问题。

王阳明的父亲考上进士，还当上状元，到北京当官。他的父亲很喜欢王阳明，就把他带到北京去，做了京官家属，进了学校。那年，王阳明11岁，他问老师：

“什么是人生第一等事？”

老师答：“读书做大官呀。”这还真是那个时代的标准答案、正确答案。“学而优则仕”嘛。在江西婺源的传统村落里，客厅常见“几百年人家无非积善，第一等好事只是读书”的楹联。其实这楹联只讲对中国文化的一半。“读书”“当官”这两个词是连在一起讲的。读书是做官的“敲门砖”，做官是读书的目的，老师

① 2015年7月1日，习近平在给国测一大队老党员的回信中，勉励全国共产党员“不忘初心，方得始终”，始终在党爱党、在党为党、在党护党、在党忧党，心系人民、情系人民，忠诚一辈子，奉献一辈子；在全国党校工作会议上强调“我们干事业不能忘本忘祖、忘记初心”；2016年2月，在视察江西时说：“行程万里，不忘初心”；2016年七一讲话中号召“全党同志一定要不忘初心，继续前进”。

讲读书做大官（学而优则仕），这才是当时中国文化在这个问题上的全部答案。

可王明阳把头一摇，说：“不对。您说错啦。读书做圣人。”

这个故事每本讲王阳明的书里都会提到。为什么？王阳明的学说在一定程度上就是“圣学”，怎么成为圣人的学问。而“圣学”的发端就在这一问之中。从此，王阳明一辈子都在琢磨、践行如何成一个圣人。

其实，古今中外，人类的进步思想都强调做人。英国文化讲做人要做绅士，gentleman，由 gentle+man 构成，gentle 的意思是温和的、文雅的，那么，绅士是优雅的人，有身份的人，有风度的人，有派头的人。而中国文化有一个很重要、很了不起的观点，就是讲做人要做一个好人、正人，孔子讲要做君子，孟子讲要做大人，陆九渊、王阳明讲要做圣人。

共产党的“心学”也是“人学”，共产党的“心学”也从中国优秀传统文化吸收滋养，但志向更高，不仅要一个好人、好官，还要做一个党性修养、思想境界、道德水平、情怀胸怀和人格魅力都达到相当程度的共产党人，要做一名忠诚、干净、担当的好干部，做一名为人民服务、为社会主义奉献、为共产主义奋斗终身的无产阶级战士。

毛泽东说：“一个人能力有大小，但要做一个高尚的人，一个纯粹的人，一个有道德的人，一个脱离了低级趣味的人，一个有益于人民的人。”我想，能做到这五点的人，那就是“圣人”呀，是“人民的圣人”。做得到吗？毛泽东认为做得到。江西有一个余江县，1958 年，消灭了血吸虫病，毛主席很高兴，写了两首《送瘟神》诗，其中有一句：“春风杨柳万千条，六亿神州尽舜尧。”当时全中国有 6 亿人，每个人都是像舜和尧一样的圣人。这是毛泽东的理想。毛泽东的伟大在于：不但要拿到政权，还要改造中国。首先是改造人。邓小平也讲：要培养有理想、有纪律、有文化、有道德的社会主义“四有”新人。《红灯记》也有句唱词：“听罢奶奶说红灯，言语不多道理深。为什么爹爹表叔不怕担风险？为的是救中国救穷人打败鬼子兵。我想到——做事要做这样的事，做人要做这样的人。”

总之，传统文化、当代文化、革命文化的核心都是“人”，都是要做一个“圣人”，好战士、好党员、好干部。关键有两个：一、做人要做一个什么样的人？二、怎么样才能做一个这样的人？

那么，怎样才能成为一个圣人、贤人呢？中国文化认为有两条途径：

一种是南宋思想家朱熹（1130—1200）的观点。他说：要做人，先读书，格物致知，先博览群书、观察外物，然后启发内心的知识。

要知道，朱熹这个人可了不得，学问非常大，他基本上把四书全部注释了一遍。影响也非常大，大到什么程度？宋以后考科举的标准答案，就是以他说的为准，他讲的就是标准答案，而且他的标准答案是官方认定的，考试的标准答案以他为准。你跟他不一样就错，跟他一样就对，就是这样一个地位。发展到最后他的学说就是整个统治阶级的意识形态了。

中国文化十分看重读书。书中自有黄金屋，书中自有颜如玉。有文化的人叫“读书人”，北大的学生叫“读书的种子”。老百姓说“养儿不读书，不如养头猪。一家不读书，就是一窝猪”，话糙理不糙。宋代苏轼说过：“发奋识遍天下字，立志读尽人间书。”中国人一般是没有宗教信仰的，不信神的。中国人的信仰、中国人的神就在书里面。所以有句话：“中国人的书房，就是西方人的教堂。”

读什么书？读书就要读好书，要读圣贤的书，读经典，读原著，读孔子的书。读名人传记，读成功者的书，读有气象的书。读好书，就像听大师讲课，就是与名人对话，就是跟高手下棋，他就像一杆标尺、一面镜子树在你面前，你虽然做不到，但你的境界在提升。如果读乱七八糟的书，天天去看微信，读倒霉人的书，读唉声叹气的书，读雾霾重重的书，那就如同天天看人家怎么赌博，怎么打架斗殴，哪能有好大的出息，能成圣人吗？

怎么样读书呢？

读书要专心静心，“两耳不闻窗外事，一心只读圣贤书”。不能到闹市去读，不能像小猫钓鱼，一会儿采花朵，一会儿抓蝴蝶，三心二意。

还要“读万卷书，行万里路”（刘彝），“旧书不厌百回读，熟读精思子自知”（苏东坡）。读书有三到：心到，眼到，口到。读书要“循序而渐进，熟读而精思”（朱熹）。

不能读死书，不能死读书。中国文化历来强调：读死书，死读书，是做不了圣人的。

晚清名人王闿运曾经在评论张之洞和曾国藩之时说过读书的问题。王闿运说：“张之洞是看书人，曾国藩是读书人。”

“此话怎么讲？”有人问。

“所谓读书人，能通经以致用；看书人则书是书，人是人，了不相涉。”

另一种是陆九渊的观点。他说：不对，读书哪里读得出圣人来的？要做人，先立志。“先发明人之本心，然后使之博览”，这样才能成人。就像现在考大学，你先要立下一个进北大进清华的志，陆九渊说“人惟患无志，有志无有不成者”。他还认为，不但要立志，而且志要大，要“大其心”“大其志”。他认为，不必多读书往外求，不必在读书穷理方面死读书、读死书，那是瞎耽误功夫。他有诗云：

“昂首攀南斗，翻身依北辰。举头天外望，无我这般人。”看来，这确实是一个不怕天高地厚、志大才高的有志青年。定位决定地位，想法决定做法，人生观决定人生路，就是说理想要远大，信念要坚定。

据《宋史·陆九渊传》：陆九渊4岁时，问父亲：

“天有多高？地有多大？宇宙的边在哪里？”（“天地何所穷际”）

俗话说，三岁看大，七岁看老。陆九渊4岁就能问出这样具有浓郁哲学意味的深奥问题，就冲这，他不成哲学家都不行啦。也不知道他父亲看没看出这一点，看没看出了他眼前的小儿子将是一代伟人，“父笑而不答”，我估计也答不出。

陆九渊自己就为这个问题苦思冥想，以致废寝忘食（“遂深思，至忘寝食”）。直到13岁时，他读古书读到对“宇宙”二字的解释：“四方上下曰宇，往古来今曰宙”，一下子就醍醐灌顶，幡然省悟过来：噢——，四方上下的空间叫“宇”，往来古今的时间叫“宙”。原来这就是“无穷”，人与天地万物都在这无穷的宇宙之中啊。①

就这样，陆九渊就从“宇宙”二字，悟得人生之道（“因宇宙字义，笃志圣学”②），立志做一个儒家的圣人，他说：“宇宙之间，如此广阔，吾身立于其中，须大做一个人。”③从此进入了一种人生新境界。

朱熹伟人一个，亦奇人一个。相传其父朱松曾求人算命。卜者说：“富也只如此，贵也只如此，生个小孩儿，便是孔夫子。”这个故事恐怕是后人附会，但朱熹后来成为大儒则是事实。朱熹也会提问，他4岁的时候，他爸爸指着天对他说：

“这是天。”

朱熹问：“天上有何物？”

其父大惊。

而朱熹一生思考穷究天地之理，格物致知。

你看，朱熹、陆九渊、王阳明都是儿时轻轻的一个发问，决定了一生的人生方向。

陆九渊的心学有两点很重要：一、“心”就是“志”。天地宇宙，如此广阔，

---

① 《宋史·陆九渊传》：“他日读古书；至‘宇宙’二字，解者曰‘四方上下曰宇，往古来今曰宙’，忽大省曰：‘宇宙内事乃己分内事，己分内事乃宇宙内事’。”

② 《陆九渊年谱》。

③ 《陆九渊集》，卷三十五。

吾身立于其中，头顶着天，脚踩着地，须立志堂堂正正做个人；二、“心”就是“事”，就是实践。修心就是做人，立“志”就是做事，就是以天下为己任，“为天地立心，为生民立命，为往圣继绝学，为万世开太平”。中国人很讲究“心事”，鲁迅就有“心事浩淼连广宇”的名句。只不过陆九渊讲的“心”，是宇宙心；讲的“事”，是天下事。人要注重天下的事，要做天下的事，而不是做个人的事。

陆九渊认为，治学做圣人的道理不在别处，而要“发明本心”，做人的道理就在自己心中，认为“心即理”，这是永恒不变的：人同此心，心同此理。往古来今，概莫能外。陆九渊反复讲，宇宙的事就是我分内的事，我分内的事就是宇宙的事。后来，陆九渊又概括为“宇宙便是吾心，吾心即是宇宙”，这样的胸怀大呀，不但豪情万丈，且境界高远，无人所及呀。

结果，陆九渊和朱熹就吵起来了。他俩的辩论有两次大事件。

一次是“鹅湖之会”（淳熙二年，即1175年），在江西铅山县的鹅湖书院他俩举办了一场辩论会，这是中国哲学史上的大事件。朱熹主张先博览而后归之于约，认为陆九渊的教法太简易，而陆九渊主张先发明人的本心而后使之博览，认为朱熹的教法太支离。

后来又有一次是“白鹿洞讲学”（淳熙八年，即1181年），还是在江西。江西庐山脚下有一个白鹿洞书院，白鹿洞书院是天下四大书院之一。当年，朱熹在这里当官，就把陆九渊请去讲了一课。陆九渊讲了什么课呢？就讲“义利之辨”，也就是做人要做什么样的人。讲了孔孟之道，中国儒学里面最基本的东西。要做君子，不要做小人。君子怎么样？君子喻于义，小人喻于利。据说，讲得满堂感动，许多学员泪涕沾襟呀。讲完了以后，朱熹做了一个总结，他讲陆先生的课讲得非常好，切中了当前学者们的毛病所在。我们大家都要共守勿忘，都不要忘记陆先生的教导，一定要坚持下去。（“切中学者隐微深固之疾，当共守勿忘。”）

其实，两人都是讲成为一个圣人贤人好干部的两条途径：一个讲要读书，一个讲要立志，没什么好大的矛盾，但吵得天翻地覆。

后来到了明朝，出了一个王阳明。王阳明是心学的代表人物，他说：朱熹讲得不对，陆九渊讲得对。做人，首先在立志。“志不立，天下无可成之事。”（《教条示龙场诸生》）“夫志，犹木之根也；讲学者，犹栽培灌溉之也。”立成圣之志，就是愚夫愚妇也可以悟道；若不立圣贤之志，则再饱学也无济于事。读死书，死读书，是做不了圣人的。

王阳明对朱熹的“格物致知”有一个很大的改变。王阳明说，理怎么会在事物里面呢？“心即理”，事物之理在我的心里，取决于心正还是心不正。于是，他就重新解读“格物致知”了：“格”，正也。“物”，事也；“致”，不是得到，而是过程；“知”，良知也，不是“知识”。这样，“格物”就变成了“正事”，就变成了过程；“致知”，就成了修炼。“格物”，不是去求一个个事物之理，“致知”，也不是求得一个个知识，而作为一个主体，如何端正自己的心，如何做好自己的事。这样，王阳明的心学就更加突出了实践主体在实践过程中的地位和作用，更加强调了道德实践的主体性。

总之，圣人不是读书读出来的，圣人是做事做出来的，是炼心炼出来的。所以，王阳明直截了当地说：“圣人之学，心学也。”①

王阳明强调心即理，所以要炼人心。要心上炼，还要事上炼。心上炼，就是要擦掉心上的灰尘。要立志堂堂正正做个人，要时常反醒自己，严以律己，严以修身。破山中贼易，破心中贼难。心中不能有杂念，内圣才能外王，内是圣人，外才能当好干部。事上炼，就是要行动，要道德实践。有些事，比如孝，光读书、明白道理是不够的，更要行，知行合一，而且知就是行，行就是知。知必须行，行才能知。

所以，王阳明的心学、圣学，就是站在人生命主体的立场上，通过格物致知，诚意正心，下足修养功夫，如一个密探一样，时时监视自己的内心，时时记住要“为善去恶”，去除私欲，逐渐明了天理（“明明德”），不断提升精神境界，使自己的心灵干净清明，归于廓然大公，达到至善。

共产党的“心学”就是共产党的人学、“圣学”，也是有两个关键问题：做人要做一名好党员，怎样成为一名好党员？也是有两条基本途径：

基本途径一：加强理论学习和理论武装。理想信念不会自发产生。坚定的理想信念，必须建立在对马克思主义的深刻理解之上，建立在对历史规律的深刻把握之上。只有理论上的成熟，才有思想上的清醒；思想上的清醒，才有政治上的坚定；政治上的坚定，才有行动上的自觉和创新。

所以要加强理论学习，要读书、读好书，要读“圣贤书”，这个圣贤书就是马列的书，毛泽东的书，读中国特色社会主义理论体系的书，读习近平系列讲话。

要用科学理论武装头脑，保持对理想目标的清醒认知和执着追求，使理论学习的成果转化为党性修养、思想境界、道德水平的提升。

毛泽东一辈子酷爱读书、善于读书。1912 年，19 岁的毛泽东以第一名的成绩，

---

① 王阳明：《象山先生全集·序》。

考取湖南省立第一中学。读了一年不到，认为中学课程有限，在校学习不如自学，便从省立第一中学退学，寄居在湘乡会馆，自学半年。他制订了一个严格的自修计划，每天到湖南省立图书馆按自修计划自学。他后来回忆说："每天早晨图书馆一开门我就进去。中午我仅仅休息片刻，买两块米糕吃。这就是我每天的午餐。我每天在图书馆里一直阅读到闭馆的时候。"毛泽东认为，这是他的学习史上最有价值的半年，就像牛闯进了菜园，尝到了菜的味道，拼命地吃。

基本途径二：加强党性锻炼。理论学习是党性教育的基石，但是党性锻炼是理论学习的基本内容，不能互相替代。有的人书读得很多，理论一套一套的，党性修养却很差。

党性锻炼，首先是立志，是树立理想信念。

毛泽东说：什么是"立志"？要和追求真理联系起来。他在 1917 年 8 月 23 日致黎锦熙的信中说："欲动天下者，当动天下之心，……动其心者，当具有大本之源。……夫本源者，宇宙之真理。……今吾以大本大源为号召，天下之心其有不动者乎？天下之心皆动，天下之事有不能为者乎？天下之事可为，国家有不富强幸福者乎？"

毛泽东认为：真正的立志，不是盲从之志。离开真理来谈立志，只是对前人中有成就者的简单模仿。……今人动教子弟宜立志，又曰某君有志，愚意此最不通。

今人所谓立志，如有志为军事家，有志为教育家，乃见前辈之行事及近人之施也，羡其成功，盲从以为己志，乃出于一种模仿性。那种"模仿性"的立志，"不过是一种冲动耳，非真正的立志也"。

在毛泽东看来，真正的立志，必须求得宇宙的真理，必须建立在追求真理、掌握规律的基础上。若"十年未得真理，即十年无志；终身未得，即终身无志"。真正的立志，还要按照真理来决定自己人心的方向，奉为自己言语行动的准绳，立为自己前进的目标，再去做合乎这个目标的事，以实现这个目标。

因此，毛泽东的立志救国救民和读书掌握救国救民的真理，是紧密结合在一起的，是统一到为国家的命运、民族的前途、人民群众的幸福的行动中的。

理论学习和党性锻炼要统一。怎样成为一名好党员、好干部？这是一个理论学习的问题，更是党性锻炼的问题。知识上要弄通，行动上更要做到。书要看，但光懂得道理还不够，党性锻炼，关键在炼，要心上炼，事上炼，要不断锤炼自己的党性，在改造主观世界和改造客观世界中检验自己、提升自己。

毛泽东讲，读书是学习，实践也是学习，而且是更重要的学习。"学习"、"学习"常常连在一起说，其实，"学"和"习"是两回事，《论语》开篇第一句就是

“学而时习之，不亦说乎？”学主要是求“知”，接受知识，“習”（习）这个字的上面是“羽”，表示小鸟的翅膀，下面的“白”是“自”字的省写，表示小鸟的鼻子，表示小鸟在飞时的喘气。总之，“习”的原义是小鸟练习飞翔，引申开去，“习”就是练，故曰练习，是“行”，是知识的运用。要不断地“学”，不断地“习”。

什么是中国人的初心，什么是共产党人的初心。

“不忘初心，方得始终。”原出自《华严经》，大意是“只有坚守本心信条，才能修成正果，德行圆满。”

1. 初心就是本心、本质、本色。“生谓之性”，“如其生之自然之质谓之性”①。初心就是本质，“是一个事物之所以成其为这一事物的根据”。不忘初心，就是不改变这个本质。什么是初心？就是本心，就是本来面貌之心，就是本色底色之心，就是本性特质之心。

杨简，慈溪（今浙江宁波）人，是一位青年才子（宋乾道五年进士），又是一个年轻的领导干部，时任富阳主簿。富阳今属杭州的市辖区，与西湖区、萧山区、余杭区接壤。主簿大致相当于现在的常委、秘书长吧。这时，刚好陆九渊路过富阳，杨简把仰慕已久的陆九渊请到自己的住所，怯生生地讨教：

“如何是本心？”

“就是《孟子》讲的‘四端’呀。孟子说：‘恻隐之心，人皆有之；羞恶之心，人皆有之；恭敬之心，人皆有之；是非之心，人皆有之。恻隐之心，仁也；羞恶之心，义也；恭敬之心，礼也；是非之心，智也。仁义礼智，非由外铄我也，我固有之也，弗思耳矣。故曰：求则得之，舍则失之。’”陆九渊答道。

杨简嘴巴一瘪，说道：“这番道理我从孩提时就读过，但我还是不知道什么是本心呀。”

说话间，有一桩关于“扇子”纠纷讼案告到县衙。杨简出去审案，听完双方的理由，片刻便断定了双方的曲直。案毕，杨简继续向陆九渊讨教。

陆九渊说：“刚才我听你断这个卖扇的案子。你说这个人对，是因为你知道他是对的；你说那个人不对，是因为你知道他是不对的。这就是本心呀。”（“适闻断扇讼，是者知其为是，非者知其为非，此即本心。”）

① 董仲舒：《春秋繁露·深察名号》。

杨说："就这么简单呀？"（"止如斯耶？"）

陆九渊厉声反问道："难道还有什么吗？"（"更何有也！"）

杨简退下，通宵达旦地拱坐了一晚，终于悟到本心的要旨。虽然陆九渊只年长杨简两岁，但杨简还是执弟子礼，正式拜陆九渊为师。

陆九渊说的本心是无须思考，就会自然而然地照此行事的良心。这颗本心是每个成熟的人都自然而然地就有的，且和社会的道德准则是一致的。

中国共产党的初心，就是党在成立之初确立的党名、党纲、党章，当时的初衷就是要推翻压迫，改变中国人民和中华民族的命运；就是要消灭剥削，实现共产主义远大理想。

对一个政党来讲，党章党纲是反映本质的，是"本心"。世界上第一个无产阶级政党的纲领是《共产党宣言》。毛泽东说："我第二次（1918 年 8 月、1919 年 12 月）到北京期间，有三本书特别深地铭刻在我的心中，建立起我对马克思主义的信仰。这三本书是：《共产党宣言》，陈望道译，这是用中文出版的第一本马克思主义的书；《阶级斗争》，考茨基著；《社会主义史》，柯卡普著。"邓小平说："我的入门老师是《共产党宣言》和《共产主义 ABC》。"江泽民说："记得我在上海交大读书时，为避开敌人耳目，曾打着手电筒在晚上读《共产党宣言》。"

当年，恩格斯说过他和马克思为共产主义者同盟撰写的纲领为什么叫《共产党宣言》而没有取其他的名称，就是因为"我们自始就认定'工人阶级的解放应当是工人阶级自己的事情'"，所以，选择《共产党宣言》这个名称，"就是毫无疑义的了。而且后来我们也从没有想到要把这个名称抛弃"。①

中国共产党是中国工人阶级和中华民族的先锋队。为人民是根本宗旨，靠人民是根本力量，对人民是赤子之心，这就是中国共产党的根本政治立场，是党的本质所在，"本心"所在。

2. 初心就是发心。初心就是起初的心愿，也就是初衷、起心，就是起步时、出发时的想法、志愿，最初发的心愿，立下的志向，是一个人、一个政党最初对自己的期许和目标：我期待怎样的世界，要做什么样的事，要成为一个什么样的人（政党）？

1835 年秋，马克思通过毕业会考，前往波恩大学学法律。他在《青年在选择

① 恩格斯：《共产党宣言·1888 年英文版序言》，《马克思恩格斯文集》第 2 卷，人民出版社 2009 年版，第 14 页。

职业的考虑》中写下“为人类福利而劳动”的志向。

对一个党员来讲，初心就是入党之时在党旗下立下的誓言。井冈山博物馆陈列着一份入党誓词，这是永新县北田村农民贺页朵 1931 年 1 月 25 日在自家的榨油坊秘密加入中国共产党时的入党宣誓。这份誓词就是他当时所写：“牺牲个人，严守秘密，阶级斗争，努力革命，服从党纪，永不叛党。”原文 24 个字错了 10 个，但这是一名共产党人的铮铮誓言。1934 年红军长征后，贺页朵留下坚持斗争。他把誓词藏在榨油坊的屋檐下，新中国成立后捐赠给文物部门。现在原件在中国革命博物馆。这是井冈山时期保存的唯一党证。

中国共产党一大规定的党的纲领是：革命军队必须与无产阶级一起推翻资本家阶级的政权；承认无产阶级专政，直到阶级斗争结束，即直到消灭社会的阶级区分；消灭资本家私有制，没收机器、土地、厂房和半成品等生产资料，归社会公有；联合共产国际。党的根本政治目的是实行社会革命。这就是说，中国共产党一成立，就发了一个愿，表达了中国共产党的初心、初衷，这就是要改变中国人民和中华民族的命运，就是要推翻压迫，消灭剥削，实现共产主义远大理想，尽管在怎样实现的问题上，没有深刻认识中国国情和中国革命的特殊性，没有把反帝反封建的民族民主革命和消灭一切剥削的社会主义革命区别开来。

共产党的初心、中国共产党的根本政治立场，就是永远把人民的根本利益、人民的幸福生活、人民的美好追求作为自己努力奋斗的理想信念，这是党的本质所在。

3. 初心就是良心。人们立志，都是从正面立志。所以，初心都是向上、向善之心，都是进取之心，奋斗之心，都是好心、孝心、善心、良心。

良心就是一个人内心的是非感，是人们在履行对他人和社会的义务过程中的道德责任感和自我评价的能力。共产党人的良心好心不是简单地发慈悲做好事，而是解放大多数，解放全人类，是要心中有党，心中有民，心中有责，心中有戒，就是要坚守做人做官、修身从政的道德底线和价值追求。

1920 年 8 月，在陈独秀主持下，我们党在上海的早期组织在上海法租界的《新青年》编辑部正式成立，当时就取名为“中国共产党”。

1920 年 3 月，北京大学马克思学说研究会成立。10 月，北京的共产党早期组织在北京大学图书馆李大钊的办公室正式成立，当时取名为“共产党小组”。

1920 年初冬，在毛泽东、何叔衡、蔡和森等人的活动下，长沙的共产党早期组织在新民学会中秘密诞生。其过程也可以看出中国共产党人的初心。1917 年冬，在长沙，长沙学校毕业或肄业的学生围绕一个共同关心的问题讨论了上百次：“个人及全人类的生活向上”和“如何使个人及全人类的生活向上”，讨论得出“集合同志，创造新环境，为共同的活动”的结论，于是就有了组织学会的提议，并立即得到大家的赞同。当时，新民学会的成立原因很简单：一、只是觉得自己品性要改造，学问要进步，因此求友互助之心就很热切。二、这时已经发生了新文化运动，旧思想旧伦理和旧文学一扫而空，都认为静的、孤独的生活不对，转而追求动的、团体的生活。三、这些学生大都是杨怀中的学生，杨怀中上课时讲的奋斗、向上的人生观，他们深受影响。新民学会就从此产生了。

但不久，新民学会宗旨发生根本变化，1920 年 7 月，在法国蒙达尼的新民学会会员蔡和森、向警予、陈绍休、肖子暲、张昆弟、罗学瓒、蔡畅、李维汉、熊光楚、熊季光、熊叔彬、欧阳泽以及肖子升（当时在华侨协社任职）等 13 人，还有一些外省的工学励进会会员，共 20 余人，从 6 日至 10 日开了 5 天会，确定新民学会的方针为“改造中国与世界”，并对改造中国与世界的方法展开热烈的讨论，出现了分歧。一种意见是蔡和森，主张激烈的革命，组织共产党，实行无产阶级专政，即仿效俄国十月革命的方法；另一种意见是肖子升，主张温和的革命，即无政府主义的蒲鲁东的方法，实质上是资产阶级改良主义。

会议乃决定将两种意见写信告诉毛泽东，希望听取国内会员的意见。蔡和森在给毛泽东的信中，详述了他对马克思主义的认识和组织共产党的主张。毛泽东后来回忆：“到了 1920 年夏天，我已经在理论上和某种程度的行动上，成为一个马克思主义者，而且从此我也自认为是一个马克思主义者了。”他对蔡和森关于“正式成立一个中国共产党”的主张，回信表示完全赞成：“这一封信见地极当，我没有一个字不赞成”，并强调“唯物史观是吾党哲学的根据”。

新民学会在长沙的会员从 1921 年 1 月 1 号起接连开了 3 天的会，讨论 3 个问题：一是新民学会应以什么作共同目的？二是达到目的须用什么方法？三是方法：现在如何着手？

毛泽东首先介绍巴黎会友的讨论结果：对问题一，主张以“改造中国与世界”为共同目的；对问题二，一部分会友主张用急进方法，一部分则主用缓进方法；对问题三，一部分会友主张组织共产党，一部分会友主张实行工学主义及教育改造。

最后，毛泽东表达了他对这三个问题的观点，他说：用“改造东亚”，不如用“改造中国与世界”，提出“世界”，表明我们的主张是国际的；提出“中国”，表明我们的下手处；中国问题本来是世界的问题；从事中国改造则必须着眼于世界改造。

他说，现在国内对社会问题的解决，有两派主张：陈独秀诸人主张改造，梁启超、张东荪诸人则主张改良。改良是补缀办法，应主张大规模改造。

他说，至于方法，启民主用俄式，我极赞成。因俄式系诸路皆走不通了新发明的一条路，只此法较之别的改造方法所含可能的性质为多。

1921 年 7 月 23 至 31 日，中共一大在上海后转移到浙江南湖召开。一大通过的党纲，确定党的名称为“中国共产党”。习近平在 2016 年七一讲话中说：“中国共产党之所以叫共产党，就是因为从成立之日起我们党就把共产主义确立为远大理想。”毛泽东也讲过：“我们的党的名称和我们的马克思主义的宇宙观，明确地指明了这个将来的、无限光明的、无限美妙的最高理想。每个共产党员入党的时候，心目中就悬着为现在的新民主主义革命而奋斗和为将来的社会主义和共产主义而奋斗这样两个明确的目标。”① 的确，对一个党来讲，这个党成立之初的命名、纲领、志愿，就反映了这个政党的初心。党在成立之初就旗帜鲜明地把实现社会主义、共产主义作为自己的奋斗目标。

乔布斯说：“佛教中有一句话：初学者的心态。拥有初学者的心态是件了不起的事情。”初心就是一颗种子，就是那个最初在你内心最深处所相信的东西，会发芽，会成长。人活着就是一个信念，你内心深处相信什么，你的生活必将成为什么。伟大的思想不会随时间的流逝而褪色，信念的种子会在生命的土壤里不断长大。

不忘共产党人的初心，永葆共产党的先进性和纯洁性。

无论一个人，还是一个党，初心都是很重要的。初心就是本来，就是根本，是本源，是出发点，从本来到现在，就是来路，就是历史。改革开放以来，我们党带领全国各族人民开创和发展中国特色社会主义道路、理论、制度、文化，都源于这个理想信念和价值追求，中国特色社会主义是党的最高纲领和基本纲领的统一。这是中国特色社会主义的本源和逻辑起点，没有这些，中国特色社会主义就成了无源之水、无木之本。本心来自本源，初心发自起点，我们要回到本源上去认识中国特色社会主义。我们的本源、初心是要实现共产主义，而共产主义和中国特色社会主义，是一个前后的关系、统一的关系，中国特色社会主义是我们

① 《论联合政府》，《毛泽东选集》第 3 卷，人民出版社 1991 年版，第 1059 页。

的共同理想，共产主义是我们的远大理想，但它时刻发生在我们身边：雷锋精神是不是共产主义精神？孔繁森精神是不是共产主义精神？龚全珍精神是不是共产主义精神？在中国特色社会主义的进程中，每天都生长出很多具有共产主义精神的人和事，把这些共产主义精神汇聚起来，社会主义精神才是光彩夺目的。所以，我们党推进中国特色社会主义的共同理想和实现共产主义远大理想是一致的，就像《共产党宣言》所说："共产党人为工人阶级的最近的目的和利益而斗争，但是他们在当前的运动中同时代表运动的未来。"①

初心不能忘，目标不能丢，本色不能变。《华严经》的"不忘初心，方得始终"和《诗经》的"靡不有初，鲜克有终"都是告诫人们不要忘记初心。

为什么这么说？人生道路不短，历史进程更长，征途漫漫，初心常被遗忘。正如诗人纪伯伦的《先知》所说："我们已经走得很远，以至于忘记了为什么出发。"

一是歧路太多，找不到正确方向。出发的时候，我们是奔着幸福而去，但走着走着，到处都是岔路，总在选择，结果选来选去迷失了自己，找不到方向。忘记了本来，就找不到未来。忘记了来路，就找不到出路。我们常说那些忘本者"早知今日，何必当初"，就是不满对方的出尔反尔。

二是困难太多，忘却了自我。年少的意气风发，最初的感动和梦想，在时间的侵蚀下渐渐磨灭。许多人年轻时心怀理想，信心满满，但面对现实的艰难险阻，理想被渐渐遗忘，远大的抱负逐渐被世俗的功名利禄所取代，被琐事所消磨，只剩下岁月蹉跎，得过且过，最终一事无成，白了少年头，空悲切。

三是诱惑太多，迷失了自我，背弃了誓言。纳兰性德《木兰辞拟古决绝词柬友》："人生若只如初见，何事秋风悲画扇。"意思是说人生应该始终保持像初次相识时的那种感情。当年，班婕妤为汉成帝妃，后被赵飞燕谗害，退居冷宫，就像到了秋天，画扇被弃一样。"人生若只如初见"，短短七个字，道尽多少悲凉。情人初恋，人生初见，总认定两情相悦总是美好，会幸福地生活在一起，从此，梁鸿娶孟光，举案齐眉，相敬如宾地幸福美满、地老天荒。可结婚之后，许多支离破碎的章节，柴米油盐的琐事，造就了纷争烦扰，最终忘记了初见时刻的初心誓言。

四是手段太杂，选择太多，舍本逐末。本来是要前往 A 地，可以坐飞机去，也可以坐火车去，还可以坐汽车去，结果纠结于哪种方式的价钱、舒适，要去哪个地方的目标倒忘得一干二净。

① 《共产党宣言》，《马克思恩格斯文集》第 2 卷，人民出版社 2009 年版，第 65 页。

所以，一个人，能否有成就，就看能不能坚守当初的志向。保持初心，就是要经常反省自己。不忘初心，对一个有灵魂的人来说，其实是一次生命的拷问。在经过风雨的洗练、岁月的磨炼后，是否能够“我心依旧”？

不忘初心，就要发明本心。何谓“发明”？就是使之重新明亮，重新点亮人们心中的那盏灯。何谓“发明本心”？就是重新擦拭内心的明镜，就是静下心来，摸着良心想一想自己的初心。

“初见惊艳，再见依然”，就像当年读到《共产党宣言》一样，眼前一亮，豁然开朗，“一见钟情”，就认定了革命的道路。多少年后，再读《共产党宣言》，回想当年，重温入党誓词，还是那样一股劲，那样一种情，“我心依旧”。如同蓦然回首，偶然重见，初见时的美好、惊艳一下子出现在眼前，找回了自己当初如同小鹿碰撞的砰砰乱跳的心。所以，人生一世，失望与失落都是常事，挫折与失败都有可能，但仍然不忘初心，永远保持为理想、为人民的情怀。

只有坚守自己的信念，才能战胜各种逆境，最终取得事业的成功。如果忘记初心，就会见异思迁，半途而废，一事无成。不忘初心，就是说不要忘记我们最初、当初的那个志愿。

俗话说：世界再大，也大不过一颗初始的心；走得再远，也走不过一个美好的梦。人的志向比世界大，人的梦想比历史远，关键是不能丢掉理想与梦想。保持初心，这是世界上最难也最要紧的一件事。

习近平总书记讲的“初心”是建立在共产党的党性基础之上的。

先进性和纯洁性是马克思主义政党的本质属性。我们党在刚诞生的时候，像初生的婴儿一样，很弱小，但志向高远、心地高洁。正是因为这种先进性和纯洁性，中国共产党才伟大、才光荣、才正确，才能始终代表中国最广大人民的根本利益，始终代表中国先进生产力的发展要求，始终代表中国先进文化的前进方向。所以，我们共产党人更要不忘初心，永葆党的先进性、纯洁性。

第一，不忘初心，就是要永远保持对理想信念的执着之心。方志敏《可爱的中国》中说：“不错，目前的中国，固然是江山破碎，国弊民穷，但谁能断言，中国没有一个光明的前途呢？不，决不会的，我们相信，中国一定有个可赞美的光明前途。……中国在战斗之中一旦斩去了帝国主义的锁链，肃清自己阵线内的汉奸卖国贼，得到了自由与解放，这种创造力，将会无限地发挥出来。”

方志敏把中国共产党人的理想、情怀表达得酣畅淋漓：要让中国这块大地“到处都是活跃跃的创造，到处都是日新月异的进步，欢歌将代替了悲叹，欢笑将代替了哭脸，富裕将代替了贫穷，康健将代替了疾病，智慧将代替了愚昧，友爱将代替了仇杀，生之快乐将代替了死之悲哀，明媚的花园将代替凄凉的荒地！这时，我们的民族就可以无愧地立在人类的面前，而生育我们的母亲，也最美丽的装饰起来，与世界上各个母亲平等地携手了”。方志敏牺牲时年仅 36 岁，但可以告慰革命先烈的是，短短几十年过去，中国共产党人的初心、理想就已经正在并还要在中国大地上逐步实现，就像鲜花开遍大地。

我们党之所以能够在井冈山斗争、中央苏区反“围剿”、长征、抗日、解放战争、抗美援朝、“文革”、改革开放、世界金融危机、伟大复兴……经受一次又一次的困难和挫折，又一次一次的奋起，归根到底就是我们党有远大理想和价值追求，才有很强的政治定力。共产主义远大理想和中国特色社会主义共同理想，是中国共产党的精神支柱和政治灵魂，也是保持党的团结统一的思想基础。我们不但要自己坚定理想，还要以实际行动让党员和群众感受到理想信念的强大力量。现在我们要继续前进，不能偏离对这个理想信念的执着之心。

你若不想做，会找到一个借口；你若想做，会找到一个方法。没有抛弃人的梦想，只有抛弃梦想的人。我们要坚定共产党人的理想信念，牢牢占据推动人类社会进步、实现人类美好理想的道义制高点。

第二，不忘初心，就是要永远保持对理论的信仰之心。指导思想是一个政党的精神旗帜。正是因为我们党成立之初就以马克思主义为立党之本，坚持以马克思主义为指导思想，在理论上把握社会发展规律，才能最坚决地不断开辟中国特色社会主义道路，才能保持思想上先进，充满朝气，走在前列。

马克思指出，“在实践方面，共产党是各国工人政党中最坚决的、始终起推动作用的部分；在理论方面，他们胜过其余无产阶级群众的地方在于他们了解无产阶级运动的条件、进程和一般结果”。①

现在我们要继续前进，就要以更加宽阔的眼界审视马克思主义在当代发展的现实基础和实践需要，坚持问题导向，坚持以我们正在做的事情为中心，聆听时代声音，更加深入地推动马克思主义同当代中国发展的具体实际相结合，不断开辟 21 世纪马克思主义发展的新境界。

我们要始终把思想建设摆在第一位，不断用马克思主义中国化的最新成果、用习近平总书记重要讲话来武装全党，我们要把对马克思主义的信念、对社会主义和共产主义的信念作为毕生追求，不断提高思想觉悟、理论水平和党性修养。

---

① 《共产党宣言》，《马克思恩格斯文集》第 2 卷，人民出版社 2009 年版，第 44 页。

第三，不忘初心，就是要永远保持对人民的赤子之心。党的目的在人民，党的根基在人民，党的力量在人民，一切为了人民，一切依靠人民，始终代表人民的根本利益，这是共产党人的初心、本质。人民的立场是中国共产党的根本政治立场，是马克思主义政党区别于其他政党的显著标志。决不允许在群众面前自以为是、盛气凌人，决不允许当官做老爷、漠视群众疾苦，更不允许欺压群众、损害和侵占群众利益。我们所有党员和领导干部都要始终为人民群众谋利益，永远不能脱离群众，不能忘记对人民的赤子之心。

第四，不忘初心，就是要永远保持压倒一切困难的奋斗之心。95 年前，中国人民对争取民族独立和人民解放、实现国家富强和人民幸福的渴望是多么强烈，但前途又是多么渺茫。但中国共产党率领中国人民不怕流血、不怕牺牲，顽强奋斗、艰苦奋斗、不懈奋斗、接续奋斗，战胜了一个又一个难以想象的困难和挑战，使中华民族迎来了实现伟大复兴的光明前景。

毛泽东强调：人是要有那么一点精神的。邓小平说："没有一点闯的精神，没有一点'冒'的精神，没有一股子气呀、劲呀，就走不出一条好路，走不出一条新路，就干不出新的事业"。习近平在七一讲话中指出："我们要永远保持建党时中国共产党人的奋斗精神。"

坚持和发展中国特色社会主义是一项长期而艰巨的历史任务，必须准备进行具有许多新的历史特点的伟大斗争，我们要时刻准备应对重大挑战、抵御重大风险、克服重大阻力、解决重大矛盾。

第五，不忘初心，就是要永远保持艰苦奋斗清正廉洁的纯洁之心。现在，我们着力解决党自身存在的突出问题，不断增强党自我净化、自我完善、自我革新、自我提高的能力，经受"四大考验"、克服"四种危险"。作为世界大国的长期执政党，我们党面临的最大挑战就是腐败。腐败问题对党的执政基础破坏力最大，杀伤力最大。列宁曾发出忠告："共产党员成了官僚主义者。如果说有什么东西把我们毁掉的话，那就是这个。"邓小平在南方谈话中讲："中国要出问题，还是出在共产党内部。对这个问题要清醒。"

毛泽东 1956 年 11 月 15 日说过："我是历来主张军队要艰苦奋斗，要成为模范的。1949 年在这个地方开会的时候，我们有一位将军主张军队要增加薪水，有许多同志赞成，我就反对。他举的例子是资本家吃饭五个碗，解放军吃饭是盐水加一点酸菜，他说这不行。我说这恰恰是好事。你是五个碗，我们吃酸菜。这个酸菜里面就出政治，就出模范。解放军得人心就是这个酸菜，当然还有别的。现在部队的伙食改善了，已经比专吃酸菜有所不同了。但根本的是我们要提倡艰苦奋斗，艰苦奋斗是我们的政治本色。锦州那个地方出苹果，辽西战役的时候，正是秋天，老百姓家里很多苹果，我们战士一个都不去拿。我看了那个消息很感动。在这个问题上，战士们自觉地认为：不吃是很高尚的，而吃了是很卑鄙的，因为这是人民的苹果。我们的纪律就建筑在这个自觉性上边。这是我们党的领导和教育的结果。人是要有一点精神的，无产阶级的革命精神就是由这里头出来的。一个苹果不吃，饿死人没有呢？没有饿死，还有小米加酸菜。”①

所以，深入开展党风廉政建设、反腐败斗争是全面加强和巩固党的执政基础的重要工作，是党心、民心所向，是一场输不起的斗争，必须决战决胜，否则就失去党心、民心，我们党就没有资格也没有办法在中国执政。每一名党员领导干部都要牢固树立正确的权力观，做到公正用权、依法用权、为民用权，永葆共产党人拒腐蚀、永不沾的政治本色。

党的十八大以来，我们党坚持“老虎、苍蝇”一起打，反腐败斗争的压倒性态势正在形成，但必须坚持零容忍、无禁区、全覆盖，坚决遏制腐败现象蔓延势头，筑牢反腐倡廉，拒腐防变的思想防线和制度防线，着力在全党构建不敢腐、不能腐、不想腐的体制机制。

第六，不忘初心，就是要永远保持对党章、党纪、党规的敬畏之心。我们面对党旗入党宣誓时，就强调要执行党的决议，遵守党的纪律。马克思主义政党对组织纪律的要求比任何一个其他政党都高。1859年5月18日，马克思指出：“我们现在必须绝对保持党的纪律，否则将一事无成。”②1920年4月5日，列宁在俄共党代会上进一步强调纪律的极端重要性：党作为工人阶级先锋队，没有铁的纪律是不行的。③毛泽东也强调：“加强纪律性，革命无不胜。”这些重要论述深刻阐明了组织纪律对于马克思主义政党的极端重要性。

我们党是按照马克思主义建党原则建立起来的政党，组织严密、纪律严明是党的光荣传统和独特优势。加强组织纪律是我们党的优良传统和强大政治优势。新民主主义革命时期，严明的组织纪律是我们党在恶劣环境中能够生存下来、不断发展壮大、夺取全国革命胜利的重要保证。党的一大通过的《中国共产党第一个纲领》就规定了党的有关纪律。党的二大党章确立了民主集中制的基本要求。

---

① 《艰苦奋斗是我们的本色》，《毛泽东文集》第7卷，人民出版社1999年版，第162页。

② 《致恩格斯》，《马克思恩格斯全集》第29卷，人民出版社1972年版，第413页。

③ 《俄共（布）第九次代表大会闭幕词》，《列宁专题文集·论无产阶级政党》，人民出版社2009年版，第238页。

党的六届六中全会首次正式提出“四个服从”这一重要组织纪律。针对党内存在的“左”倾思想以及主观主义、宗派主义、党八股现象，从1942年开始，我们党开展了持续数年的全党整风运动，全党组织纪律进一步完善和发展，达到了空前团结和统一。1948年9月，党的政治局扩大会议决定建立请示报告制度，有力推进了党的作风和纪律建设，保证了政令军令畅通，取得解放战争的伟大胜利。

社会主义建设时期，严明的组织纪律确保我们党带领全国各族人民卓有成效地开展社会主义建设的伟大实践。党的八大通过的《党章》规定：“党是以一切党员都要遵守的纪律联结起来的统一的战斗组织；没有纪律，党决不能领导国家和人民战胜强大的敌人而实现社会主义和共产主义。”

组织纪律是各级党组织和全体党员在组织原则、组织关系、组织观念、组织行为方面必须遵守的规矩，是维护党的团结统一的重要保证。个别人员组织观念薄弱、纪律松弛的问题比较突出。习近平强调：“我们这么大的党、这么多党组织和党员，如果都各行其是、自作主张，想干什么就干什么，想不干什么就不干什么，那是要散掉的。”

首先，要严肃党内的政治生活，这是全面从严治党的基础，“严”不是一个口号，要落实到各个环节和细节。比如按时交党费，参加支部活动等。其次，要严肃政治纪律和政治规矩，切实做到对党忠诚、为党分忧、为党担责、为党尽责。再次，还要全面净化党内的政治生态。政治生态是什么？打个比方，如果一条河，有一条鱼死了，可能是这条鱼有问题；但如果有一群鱼死了，可能就是河水有问题。如果一个地方或一个单位总是勾心斗角、尔虞我诈、互相吹捧、互相包庇，那这里的政治生态就不行。毛泽东讲团结紧张严肃活泼。马克思讲自由人的联合体，每个人思想解放，积极性、主动性、创造性充分发挥，但又是一个为了共同的目标有纪律约束的联合体。这才是好的政治生态。最后，特别要严肃政治纪律和政治规矩。纪律严明是全党统一意志、统一行动、步调一致前进的重要保障，是党内政治生活的重要内容。必须严明党的纪律，遵守纪律没有特权，执行纪律没有例外，党内决不允许存在不受纪律约束的特殊组织和特殊党员。我们党正是始终把制度建设作为根本保障，明确了统一的纪律要求，形成了严密完整的组织体系，才保持了强大的战斗力和凝聚力。

第七，不忘初心，就是要永远保持学习创新的活泼之心。我们党从成立之初，就是一个学习型政党，我们党能从弱到小、从小到大，就是因为我们党善于学习、不断学习。

跟世界上任何政党、特别是跟执政党比，我们党的学习热情是极为高涨的，学习能力是超强的。始终做到了把思想建设和理论学习摆在党建的优先地位，始终保持了强烈的、敏锐的问题意识，不断发现问题、分析问题、解决问题，在学习中学会怎么看待经济形势、政治形势、文化形势。我们要始终解放思想、实事求是，保持清醒头脑，永远成为学习型政党、学习型党员。

第八，不忘初心，就是要永远保持对中国特色社会主义道路、理论、制度、文化的自信之心。中国特色社会主义道路、理论、制度、文化不但有特色，而且有优势，要坚持道路自信、理论自信、制度自信和文化自信。

习近平总书记有句话很提神、很长气，也符合事实，他说："当今世界，要说哪个政党、哪个国家、哪个民族能够自信的话，那中国共产党、中华人民共和国、中华民族是最有理由自信的。"

我们的干部要理直气壮，不要低人一等，矮人一头。习近平讲：中国特色社会主义是不是好？要看事实，要看中国人民的判断，而不是看那些戴着有色眼镜人的主观臆断。

自信，集中体现在两点：一是中国独特的问题。中国道路、理论、制度和文化的独特性、必然性和优越性。二是世界共同的问题。"中国共产党人和中国人民完全有信心为人类对更好的社会制度的探索提供中国方案"，"中国将积极参与全球治理体系建设，努力为完善全球治理贡献中国智慧"，这话底气十足，铿锵有力。

我们就要保持这样一种自信，满怀信心地为党和人民的事业做出自己的贡献。

人民代表大会制度要坚持什么样的政治方向

坚持中国特色社会主义政治发展道路的关键，就在于坚持和完善人民代表大会制度；而坚持和完善人民代表大会制度的核心，就在于毫不动摇地坚持党的领导。

党的领导是中国国情的历史选择，是人民代表大会制度产生和发展的前提。

人民代表大会制度是我国民主政治建设最大的制度平台。从名义上说，中国人大似乎相当于西方议会，但实质上根本不一样。

中国的民主政治、包括中国人大最根本的特征和最明显的优势，就是中国共产党的领导。中国共产党在全国保持一个中心、又能吸纳各种意见的组织基础。邓小平深刻指出："在中国这样一个大国，要把几亿人口的思想和力量统一起来建设社会主义，没有一个由具有高度觉悟性、纪律性和自我牺牲精神的党员组成的能够真正代表和团结人民群众的党，没有这样一个党的统一领导，是不可能设想的，那只会四分五裂，一事无成。"① 正是党的领导，中国的民主才有序且充满活力，体现了民主的真正本质。

中国人大和西方议会的起源和动因都不同。西方一般是先有议会，后有政党。多个政党以议会为舞台通过竞选取得执政的地位和权力。但在中国，是先有中国共产党，然后才有人民代表大会制度。人大制度及人大的组织是中国共产党在建设和执掌政权的长期过程中逐步创建并发展起来的。在新民主主义革命时期，中共创造性地提出了"工农民主"、"人民民主"等一系列民主理念，建立了农民协会、工农兵代表苏维埃、参议会、各界人民代表会议等一系列民主形式。在延安局部执政时

① 《党和国家领导制度的改革》，《邓小平文选》第2卷，人民出版社1994年版，第341页。

期，中国共产党以“三三制”原则组织民主政权，“‘三三制’有两个特点：一个就是共产党不一定要在数量上占多数，而争取其他民主人士与我们合作。……第二个特点就是要各方协商，一致协议，取得共同纲领，以作为施政的方针。这两特点是毛泽东同志‘三三制’的思想。”[①]

制度产生于问题。任何一个国家的政治制度都是为了解决所面临的基本政治问题而设计和产生的。这是理解一个国家民主政治制度的关键。近现代西方民主制度是产生于经济上自主而强大的资产阶级在政治上要求限制政府权力的斗争。而近现代中国民主政治制度产生于反对帝国主义侵略、救亡图存的伟大斗争中。

1840 年的鸦片战争是近代中国灾难的开始。英国仅以 28 艘战舰、2 万多兵力，就把幅员辽阔、拥兵 80 多万的天朝大国打得一败涂地。自那以后，面对民族危机，从鸦片战争到中华民国建立的大约 70 年，1851 年至 1864 年的太平天国运动、1894 年的甲午战争、1898 年的戊戌变法和 1900 年的八国联军侵华战争和义和团运动，中国的各个阶级、各种政治力量纷纷走上历史舞台，前赴后继，救亡图存。中国政府也屡屡宣战，1841 年 1 月 27 日，道光皇帝向英国宣战。1860 年 9 月 12 日，咸丰皇帝向英法宣战。1894 年 8 月 1 日，光绪皇帝向日本宣战。1900 年 6 月 21 日，慈禧太后向十三国列强宣战[②]，但统统失败，宣告了沿袭千年的封建专制制度以及传统的中国社会的腐朽，也宣告了政治精英、知识精英以及农民阶层这三种传统社会的基本力量进行救亡图存的努力终归失败，以至于鲁迅曾经说过：“中国是世界上国耻纪念最多的国家”。但是，中国人民抗击外来侵略、救亡图存、争取民族独立和社会解放的艰难探索和伟大斗争，也是中国走向新生的开端，开启了中国近代以来制度变迁和建设的大门。这是理解现代中国民主政治的关键，中国现代的政治制度就是因解决近现代中国面临的基本政治问题，完成中华民族生存发展需要而出现的。

为什么呢？因为，当时的中国有个最大的问题：一盘散沙。鸦片战争以来中国的屡战屡败，中国社会逐步滑入半封建半殖民地社会深渊，以致濒临亡国灭种的绝境，原因就是孙中山所说：“四万万中国人，一盘散沙而已。”惨痛的事实终于使中国人民认识到一个深刻的道理：团结人民，凝聚力量，调动人民的积极性、主动

① 《一年来的谈判及前途》，《周恩来选集》上卷，人民出版社 1984 年版，第 253 页。
② 朵渔编：《史间道·前言》，天津人民出版社 2009 年版。

性、创造性，建设新的民族国家，成为近代以来中国民主政治建设的主题。凡是能够与这一历史任务和历史主题合拍的理论、实践与制度就有生命力，反之只会昙花一现。中国梦是中国近现代的历史主题，这一历史主题规定了中国的民主政治的核心内容：团结中国人民，调动人民群众的积极性、主动性、创造性，实现国家独立与民族解放，实现中华民族的伟大复兴。

所以，中国要解决的基本的政治问题就是：由哪个阶级，用什么办法，把人民组织起来、凝聚起来，调动人民的积极性、主动性、创造性，使人民能够成为一个有行动能力的历史主体，去完成救亡图存的任务。在这种情况下，各个阶级、各种政治力量纷纷登台，但他们的努力统统失败。因为这些政治力量既不先进，也不民主，不能代表人民，更不能团结人民。

是中国共产党回答了这一基本问题，党领导人民夺取政权，实现了国家的独立、民族的解放，中国人民站了起来；然后，党又领导人民，巩固政权，实现国家的富强、民族的复兴，中国人民富了起来。中国共产党是怎样做到这一点的呢？因为她具有始终代表中国最广大人民的根本利益，始终不渝地发展人民民主，领导人民经过长期奋斗和实践探索，建立和发展了人民代表大会制度，保障人民掌握和行使国家权力，能够团结人民，凝聚力量。所以，人民代表大会制度是党对国家和社会实施领导的重要制度载体，坚持党的领导是历史的选择，是历史的必然，是实行人民代表大会这一国家根本政治制度的内在要求和题中之义。

只有党的领导，人民代表大会制度才能体现人民民主的本质，才能发挥自身的优势。

中国人大与西方议会的性质与特点不同。西方议会是多党制的基础，多个政党以议会为舞台展开政治斗争和竞选，相互之间以夺取政权为根本目标和基本价值，在竞选中不择手段、相互攻讦、争权夺利，结果没有缩小和弥合分歧，反而扩大了矛盾，不利于整合社会利益和实现社会和谐。特别是那些处于现代化进程中社会矛盾多发期的发展中国家，西方议会制度和政党制度的这种缺陷表现得尤为突出。这也正是当今世界许多发展中国家长期动荡不宁的重要原因之一。

中国人大是中国共产党对国家和社会事务实施领导的国家权力机关。人大是代表全国各选区人民利益的，是代表全国最广大人民利益的，而不是代表党派利益的。人大代表（包括常委会组成人员、专门委员会组成人员）也不同于西方议员，无论是共产党员，还是民主党派成员或无党派人士，肩负的都是人民的重托，都在中国共产党的领导下依法履行职责，合作共事，为人民服务，根本利益是一致的，没有西方议会中各党派的明争暗斗。邓小平多次讲过：民主就是要调动广大人民群众和基层的积极性。1987年他在会见外宾时讲道："调动积极性是最大的民主。至于各种民主形式怎么搞法，要看实际情况。"中国人大就是党在国家政权中充分发扬民主、调动人民积极性的最好实现形式。

总之，没有党的领导，人民代表大会制度就不会存在；没有党的领导，人民代表大会制度的优势就无从谈起。党领导人民建立和完善了人民代表大会制度，同时也必须在党的领导下不断坚持和完善人民大会制度，做好人大工作。

只有党的领导，人民当家作主和依法治国才有根本保证。

做好人大工作的根本，是坚持正确政治方向，这个政治方向，最根本的就是坚持党的领导、人民当家作主、依法治国的有机统一。而党的领导是关键，是人民当家作主和依法治国的根本保证。

中国是社会主义国家，人民是国家的主人。人民当家作主是社会主义民主政治的本质和核心。然而，人民要真正当家作主，不能是分散的个人的组合，必须具有自觉的意识和自觉的行动。而人民的自觉意识和行动不会自发产生，需要阶级与民族的先锋队来概括和表达。特别是在中国这样一个人口众多、经济文化比较落后且发展不平衡的大国，人民利益的广泛性、多样性，实现人民利益的复杂性、艰巨性，要求一个政党将人民团结起来，组织起来，凝聚起来，形成自觉的意识，进行有效的行动，把革命和建设事业不断推向前进。在中国，能担当这一任务的只有中国共产党。离开了党的领导，人民当家作主就会落空，中国甚至会回到一盘散沙、四分五裂的境地。

在社会主义建设时期，共产党作为执政党，从领导人民夺取政权到领导人民掌握政权，这是党的领导地位的重要特征。坚持和实行依法治国，这是党执政治国的基本方略，是党的领导方式和执政方式的一个重大转变。而人民代表大会制度就是党科学执政、民主执政、依法执政的一个重要体现。广大人民群众在党的领导下，依照宪法和法律的规定，通过各种途径和形式管理国家事务，管理经济文化事业，管理社会事务，保证国家各项工作都依法进行，逐步实现社会主义民主的制度化、法律化，使得这种制度和法律不因领导人的改变而改变，不因领导人看法和注意力的改变而改变。我们要把坚持党的领导、发扬人民民主和严格依法办事统一了起来，从制度上和法律上保证党的基本路线和基本方针的贯彻实施，保证党始终发挥总揽全局、协调各方的领导核心作用。

所以，人民代表大会制度是中国人民当家作主的重要途径和最高实现形式，而党的领导是人民当家作主和依法治国的根本保证，也是坚持和完善人民代表大会制度、做好人大工作必须遵循的原则。只有坚持党的领导，人民代表大会才会进一步调动广大人民的积极性，才会进一步激发社会主义的发展活力，从而发挥出最大的制度效应。我们必须自觉坚持党的领导，把党的领导贯穿于人大依法履职的整个过程、落实到人大工作的各个方面。

人大和“一府两院”的关系及与“三权分立”有什么不同

西方国家普遍采用“三权分立”制度。“三权分立”是资本主义民主制度的重要组成部分，是实行资产阶级专政、维持资本统治的有力工具，是西方资本主义国家政治制度的标配、标志、标签、标牌。虽然从形式上看，我国的人民代表大会制度和西方的“三权分立”制度都体现了行政职能、立法职能、司法职能的三分开，但作为国家政体，两种制度有根本区别。

首先，两种制度产生的历史背景和理论基础根本不同。“三权分立”是资产阶级革命的产物，其理论基础是洛克和孟德斯鸠等倡导的分权学说。在封建社会末期，社会基本矛盾日益突出。新生资产阶级作为生产力和新的生产关系的代表，为打破封建束缚，拿起中世纪启蒙思想家的民主理论的武器，提出了各种政治要求，主张设立议会以限制王权，设立法院以维护自由（自由买卖）、公平（等价交换）、人权（财产权）。资产阶级竭力争取代议制、选举权等民主形式，制定了一系列有利于资本扩张的法律。所以，最初的“三权分立”实质上是阶级分权，是社会变革的过渡状态，有削弱王权、反对封建的积极意义。可是，资产阶级用革命的手段夺取整个政权之后，早先那种阶级分权的暂时现象便不再存在了。资产阶级专政是资产阶级独占、不与他人分享的政权制度。资产阶级握有全部国家机器，但仍然需要用“三权分立”来包装，以便进一步巩固自己的统治，具有虚伪性和欺骗性。

人民代表大会制度则是在中国革命的烽火中，由中国共产党领导人民创立和发展起来的。它的理论基础是马克思主义国家学说，基本原则是民主集中制。早在苏区时期，中国共产党就遵循马克思关于打碎旧国家机器的原理，运用巴黎公社及苏维埃的经验，在红色革命根据地创立了工农兵代表大会制度。抗日战争时期，又在陕甘宁边区创建了参议会；解放战争时期，又发展成为各级人民代表会议。新中国成立后，人民代表大会制度被确定为我国的根本政治制度，为当代中国的发展进步提供了根本的制度保障。

其次，人民代表大会制度是我国确保人民当家作主的根本政治制度，在本质上根本不同于一切资本主义的代议制，在形式上，与西方国家实行的总统制、议会制也有明显区别，这种区别主要体现在人大的地位和权力上。

本来，统治权力在任何国家都是统一而不可分割的。而西方国家把分工谎称为分权，设置了由资产阶级统一控制的三个机关来扮演互相制衡的不同角色。西方国家的议会都不具有高于其他机关的法律地位。比如美国的国会与总统和联邦最高法院的法律地位是平行的。

而我国，《宪法》规定，“中华人民共和国的一切权力属于人民”；“人民行使国家权力的机关是全国人民代表大会和地方各级人民代表大会”。国家行政机关、审判机关、检察机关、军事机关及其他国家机关都由人民代表大会产生，对它负责，受它监督。全国人大是国家最高权力机关，“一府两院”都由人大产生、对人大负责、受人大监督。人民代表大会统一行使国家权力，宪法和有关组织法规定的人大职权主要有立法权、决定权、任免权和监督权等四大类。这体现了中华人民共和国一切权力属于人民这一根本原则。人大、政府、法院和检察院这四个国家机关的地位并不是平列的。就是说，“一府两院”由人大产生，并向人大负责，每年要向人民代表大会报告工作，接受人大监督，人大可以否决它的决议和决定。但人大不向“一府两院”负责，也不受其监督和否决。人大和“一府两院”不是互相监督。

有人会问了：那人大向谁负责？向谁汇报工作？受谁监督呢？答曰：人大向人民负责，向人民代表报告工作，受人民代表监督。所以政府和法检两院每年要向人民代表大会报告工作，接受人民代表的审议和表决。

那么，人民代表向谁负责？受谁监督？答曰：人民代表由人民选举产生，向人民负责，受人民监督。中国有近 290 万各级人大代表，他们不以人大代表身份领取工资和活动经费，没有专门的办事机构和办公地点，这种兼职性质不仅节省了巨额财政开支，更重要的是，他们工作和生活在人民群众中间，最能全面反映人民群众的愿望和意见。

与一些国家的议员不能被选民罢免不同，中国的人大代表要受到选区选民的监督甚至罢免。列宁曾指出：“任何由选举产生的机关或代表会议，只有承认和实行选举人对代表的罢免权，才能被认为是真正民主的和确实代表人民意志的机关。”他将这种罢免权称为适用于一切代表会议的真正民主制的“基本原则”。他说，实行选举人对代表的罢免权，是为了“使人民的代表真正服从人民”，“任何以此为理由而拒绝实行罢免权、阻挠行使罢免权以及限制罢免权的行为都是违反民主制的，是完全背离俄国已经开始的社会主义革命的基本原则和任务的”。对人民代表的罢免权，是中国代表制和一些国家议员制的重要区别。

再次，人民代表大会制度的治国理政的效率优于“三权分立”制度。西方国家囿于“三权分立”的原则、程序和各种具体制度，其政权的运行不可避免地会遇到一些麻烦。“三权分立，互相制衡”，比如美国，行政机关（白宫）、参议院、众议院可以相互否决，政府、国会、法院三者互相掣肘。再如，有些国家政党轮替频繁，有些国家议会常常迫使内阁倒台或者弹劾总统，有些国家的行政首脑动辄对议会通过的法案行使否决权甚至解散议会等等。人民代表大会制度在效率上则远比“三权分立”优越。邓小平曾说过：“我们的制度是人民代表大会制度，共产党领导下的人民民主制度，不能搞西方那一套。社会主义国家有个最大的优越性，就是干一件事情，一下决心，一做出决议，就立即执行，不受牵扯。我们说搞经济体制改革全国就能立即执行，我们决定建立经济特区就可以立即执行，没有那么多互相牵扯，议而不决，决而不行。就这个范围来说，我们的效率是高的。”[①]我们应清醒地认识到，澄清关于“三权分立”的各种错误观点和模糊认识，引导人们自觉地抵制资产阶级意识形态的渗透，对切实增强坚持和完善人民代表大会制度的自觉性和坚定性具有特别重要的意义。

人大和党委的关系。

人大与“一府两院”一样，都是中国共产党领导下的国家机关，分别是党领导下的立法机关、行政机关、审判机关和检察机关，这四种国家机关分别履行不同的权力，职责分工虽不同，但工作的出发点和目标是一致的，都在党的领导下，在各自职责范围内贯彻落实党的路线方针政策和宪法法律，为了维护国家和人民的根本利益，协调一致地开展工作。这与西方国家的议会、政府、法院的“三权分立”有着本质的区别。

我国政治制度的核心是中国共产党的领导。人民代表大会制度是党领导的人民民主制度，党通过这一制度实现对国家事务的领导。党的领导有两个关键：一是大政方针的制定与决定；二是党管干部。中国共产党的领导，就是支持和保证

① 《改革的步子要加快》，《邓小平文选》第3卷，人民出版社1993年版，第240页。

人民实现当家作主。我们要通过人民代表大会制度，保证党的路线方针政策和决策部署在国家工作中得到全面贯彻和有效执行。要支持和保证国家政权机关依照宪法法律积极主动、独立负责、协调一致地开展工作。要不断加强和改善党的领导，善于使党的主张通过法定程序成为国家意志，善于使党组织推荐的人选通过法定程序成为国家政权机关的领导人员。党委和人大不是代替的关系，党委不能取代人大，比如国家机关领导干部的任免，先由党组织推荐，再按法定程序经人大表决通过，如果人大没有通过，这个人事安排就不能到位。

人大对党委不存在监督的关系，如果对党委有意见，人大党组作为下级组织、人大同志作为党员干部可以在党内监督。

人大和“一府两院”的关系。

做好人大工作的关键之一，是要把握和处理好与其他国家机关的关系。

一是产生与被产生的关系。依照宪法规定，国家机关实行民主集中制的原则。我国的国家权力由人民代表大会统一行使。人大是国家的最高权力机关，国家行政机关、审判机关、检察机关都由人民代表大会产生，对它负责，受它监督。人大产生政府，政府是国家权力机关的执行机关，是国家的行政机关。

二是决定与执行的关系。各级人大及其常委会的职责是审议、决定国家或者本地方全局的、长远的、重大的问题。它决定了，自己并不执行，而由政府执行。政府是同级人大的执行机关。人大制定的法律、做出的决定政府要认真执行。但对“一府两院”，人大是集体行使职权，不是个人发表指示，而是代表大会及其常委会通过形成决议来行使人大权力。

三是监督与被监督的关系。人大要监督政府。人大对政府的监督制约是单向的，而不是相互的。上级人大和下级人大之间没有领导与被领导的关系。而上级政府和下级政府之间有领导与被领导的关系，政府要对同级人大负责，同时，还要对上级政府负责。

人大集体行使职权、按照少数服从多数的原则决定事项；而政府实行首长负责制，除了主要领导抓全面外，各分管领导都有自己的分管工作。人大及其常委会主要是通过会议的形式，按照民主集中制原则，依照法定程序，集体行使职权，集体决定问题。人大无论是行使立法权、监督权、重大事项决定权，还是行使人事任免权，都必须充分发扬民主，严格依法按程序办事。

因此，我国的政治制度具有明显的特点和优势。

人大对“一府两院”监督的定位。

一、人大监督的目的。人大常委会对“一府两院”进行监督，目的是确保宪法和法律得到正确实施，确保行政权、审判权、检察权得到正确行使，确保公民、法人和其他组织的合法权益者得到充分尊重和切实维护。人大对“一府两院”既有监督又有支持，不是相互掣肘，不是唱对台戏。既要依法监督，又不代行行政权、审判权、检察权。国家机构的这种合理分工，充分体现了民主与效率的统一，既有利于充分发扬民主、避免权力过分集中，又有利于集中力量办大事，提高工作效率，使国家的各项工作协调有效地进行。

二、人大的监督是依法监督。把握人大工作的准确定位，不能失职，也不能越权。有法，就必须监督；无法，就不能监督。如果某个问题确要监督，又没有这方面的法律，那就要先立法，然后再依这个法监督这个法律的贯彻执行落实情况。

三、人大的监督是监督法律的执行情况。人大的监督是监督“一府两院”在工作中对有关法律的执行情况，有没有违法的情况，至于有没有违纪的情况则由纪律检查部门负责；再就是通过工作检查看看法律需不需要修改和完善。依据宪法的有关规定，各级人大常委会的监督是两种：一是工作监督，指通过听取和审议“一府两院”的专项工作报告和组织执法检查，进行监督；二是法律监督，指通过对规范性文件的备案审查，维护社会主义法制的统一。

四、人大监督只是监督工作，而不是监督人。只说工业工作、农业工作、城建工作做得怎么样，不说管工业的、管农业的、管城建的领导这个人怎么样。干部的教育、管理、监督、选拔、任用等，是党委及党委部门的事。有人说，通过检查工作、评价工作总会和人联系起来，但那只是工作和人联系在一起，至于这个局长是不是待遇超了标，那不是人大管的。只监督工作，不评议个人。如何处理好人大监督和党管干部的关系，这是地方人大常委会监督中的一个问题。对人大常委会监督而言，监督“一府两院”时，只作“工作评议”，一般不进行“述职评议”，更能体现特点，发挥优势。因为：一是人大常委会对“一府两院”经常性地开展工作评议，就可以紧紧围绕关系改革发展稳定大局和人民群众切身利益、社会普遍关注的问题，常委会组成人员都熟悉这些问题，能提出中肯的意见和建议，评议有深度，监督有很强的针对性和实效性。二是对有关部门主管领导的工作评议，实际上也蕴含了对其履职情况的监督。人大常委会通过与党委组织部门沟通专项工作评议情况，可作为组织部门评价、使用干部的依据，这就把对工作的监督和对个人的监督很好地结合起来了。

五、人大对“两院”的监督应体现在“类案”，而不是“个案”，这有利于处理加强人大监督与保障“两院”依法行使审判权、检察权的关系。人大常委会通过听取和审议“两院”专项工作报告和组织执法检查等形式，督促司法机关完善内部监督制度，重点解决审判工作和检察工作中人民群众反映强烈、带有共性的问题，比如告状难、执行难、赔偿难、刑讯逼供、超期羁押、错案不纠、司法不公等，促进司法公正。

六、只以事后监督为主，不“事先介入”。《监督法》把人大常委会开展监督的形式规范为：一是听取和审议“一府两院”的工作报告；二是审查和批准决算；三是听取和审议国民经济和社会发展计划与计划执行情况、预算的执行情况报告；四是听取和审议审计工作报告；五是执法检查；六是规范性文件的备案审查以及质询、特定问题调查等，都是主要针对“一府两院”已经开展的工作和工作中存在的问题进行。这反映了这些年来我国人大常委会行使监督权的实践的成功经验。人大的监督只是监督同级“一府两院”，而不是监督下级或下几级“一府两院”。上下级党委是领导与被领导的关系，上下级政府也是如此，但上下级人大是指导和被指导关系，首先是个法律关系，下位法不能违反上位法。

七、人大的监督只是我国监督体系中多种监督中的一种。党和国家的监督体系还包括党内监督、行政监督、司法监督、民主监督、群众监督、舆论监督等，人大监督只是其中的一种，尽管人大监督是国家最高层次的监督，但不能涵盖和代替其他监督。我们要在党的统一领导下，充分发挥党和国家监督体系的整体功能，形成监督合力。

人大监督工作的关键是要增强实效。增强人大监督工作实效，很重要的一条，是抓住关键问题，突出重点环节，严格执法，一抓到底。无论是听取审议专项工作报告还是开展执法检查，都要站在党和国家工作大局的高度，更多地考虑事关改革发展稳定全局的重大问题，在充分调查研究的基础上，立足长远、着眼当前，切实抓住那些带有普遍性和倾向性、经过努力可以解决的突出问题，将其作为监督工作的突破口，从而增强人大监督工作的针对性。在抓住关键问题的基础上，要把听取审议专项工作报告和执法检查结合起来，把推动改进工作和修改完善法律结合起来，围绕一个主题，综合加以运用，不断进行跟踪监督。事实证明，监督工作针对性越强、越集中，监督工作效果就越明显、越好。

人民政协是一个什么机关

在中国，人大和政协经常并提，但政协是一个什么机关呢？它是政权机关吗？不是。是群团组织吗？不是。有人说，人大政协就好比外国的“参众两院”，人大好比众议院，政协好比“参议院”、“上院”，那更是相差十万八千里，风牛马不相及了。

人民政协作为中国的一项基本政治制度安排，具有中国特色，具体讲来有五点值得一说：

人民政协是多党合作的重要平台。

在中国，没有西方政治学所讲的“反对党”和“在野党”。中国的政党制度既不同于西方国家的两党或多党竞争制，也有别于一些国家的一党制。

中国共产党领导的多党合作和政治协商制度，是我国的一项基本政治制度，体现了中国特色社会主义的新型政党制度，是马克思主义政党理论、社会主义民主政治理论和统一战线理论与我国具体实际相结合的产物，是中国社会主义民主政治的重要组成部分。

中国人大，无论是代表大会，还是常委会或专门委员会，都不是按照党派分配席位的，人民代表大会中没有议会党团，也不以界别开展活动。各党派的意见主要在人民政协和政治协商制度中表达、讨论和协商。

在延安时期，我党就对民主政治进行过重要探索。中共在局部执政时期建立的“三三制”政权，就包括了中国新型政党制度的雏形。抗日战争胜利后，在建一个什么的国家、怎样建设这个国家的根本问题上，中共提出民主建国的各项主张，得到各民主党派的坚决拥护，与蒋介石国民党极力推行的独裁统治进行了坚决斗争，为推翻国民党反动统治、建立新中国作出了重大贡献。新中国建立前夕，中国共产党主动邀请各民主党派代表共商国是。1949年9月，中国人民政治协商会议第一届全体会议召开，标志着中国共产党领导的多党合作和政治协商制度在政治上、组织上正式形成。

1954年第一届全国人大召开。参与新中国成立的559名全国政协委员中，只有140人被选为全国人大代表。中国共产党认为，人大代表尽管广泛，但不能包括所有方面，于是决定继续保留和发挥人民政协的作用。社会主义改造基本完成后，各民主党派赖以存在的阶级基础发生了根本变化。怎样对待民主党派的问题被再次提出。毛泽东强调："究竟是一个党好，还是几个党好？现在看来，恐怕是几个党好。不但过去如此，而且将来也可以如此，就是长期共存，互相监督。"①党的八大正式将"长期共存，互相监督"确立为中国共产党与民主党派相互关系的基本方针。1954年的《中华人民共和国宪法》对政党问题作出明确规定，用根本大法的形式确立了中国共产党领导的多党合作和政治协商制度。1982年，党的十二大将"长期共存，互相监督"扩展为"长期共存，互相监督，肝胆相照，荣辱与共"。1993年，八届全国人大一次会议通过的《中华人民共和国宪法修正案》再次明确指出："中国共产党领导的多党合作和政治协商制度将长期存在和发展。"1993年全国政协八届一次会议通过了《政协全国委员会关于政治协商、民主监督、参政议政的规定》，明确规定了人民政协履行职能的内容、形式、方法和步骤。党的十八大提出了"健全社会主义协商民主制度"的要求。

人民政协是统一战线的重要组织。

在中国，人民政协是中国民主制度的产物，是中国的一项重要的民主制度。中国的民主是人民民主，具有更加广泛的代表性和巨大的包容性。列宁的苏维埃制度，只剥夺了资产阶级等剥削阶级的政治权利，而承认占人口极大多数的工农阶级享有政治权利。中国共产党人在早期的局部执政中也实行过苏维埃制度，即承认工人和农民两个阶级的政治权利，随着对本国国情的深入了解，中国共产党人认识到，我国资产阶级中的一部分（即民族资产阶级）和城市小资产阶级都是"人民"的一部分而享有政治权利，这样，人民代表大会、人民政协中的"人民"，在新中国初期，指工人、农民、小资产阶级和民族资产阶级等四个阶级（即五星红旗上的四颗小星），较之仅含工农两个阶级的苏维埃制度来讲，显然具有更

① 《论十大关系》，《毛泽东文集》第7卷，人民出版社1999年版，第34页。

加广泛的民主性了。邓小平在1979年就说："在我国新的历史时期，我们的革命的爱国的统一战线也进入了一个新的历史发展阶段。……它已经发展成为一个全体社会主义劳动者、拥护社会主义爱国者和拥护祖国统一的爱国者的最广泛的联盟。"[①]"新时期统一战线，可以称为社会主义劳动者和爱国者的联盟"。[②]现阶段，人民代表大会、人民政协的"人民"除了指四大阶级之外，还是社会主义的劳动者、社会主义的建设者、拥护社会主义的爱国者、拥护祖国统一的爱国者。这四大阶级、四个"者"的广泛性和包容性是十分明显的。

为什么说人民政协是最广泛的统一战线组织呢？参加政协的各单位，除了各党派外，还有党派不能涵盖的社会各界别，比如各民族、各宗教、各阶层等等；还有各团体，比如工会、共青团、青联、妇联、侨联、台联，重要群团组织是政协的参加单位和重要界别。这样，参加人民政协的各政党、各界别、各群团具有联系广泛、渠道通畅、智力密集等优势。

人民政协的性质集中在政协工作的两大主题上，这就是团结和民主。团结是方向，是目的，要始终着眼团结，增进团结，扩大团结。民主既是目的，也是手段，要切实尊重和保障党外人士民主权利，充分发扬民主，努力实现团结目标下的民主和民主基础上的团结。

人民政协是协商民主的专门机关。

中国特色社会主义的民主有两种重要形式：选举民主和协商民主。选举民主，也叫竞争性民主，就是人民通过选举、投票行使权利。协商民主就是人民内部各方面在重大决策前和执行中进行充分协商，尽可能就共同性问题取得一致意见。

协商民主不涉及少数与多数的问题，而是坚持求同存异，以最大限度包容和吸纳各种利益诉求，这是对间接民主和代议民主的补充和完善。

协商民主的实质是承认利益多样，在平等、宽松的氛围中，对经济社会发展中的重要问题和人民群众关心的热点难点问题进行协商讨论，在协商中深化认识、消除误解、增进理解、形成共识。通过协商，把社会各方面分散的意见、愿望和要求进行系统、综合的反映，实现共同利益的最大化，形成思想认识的最大公约数，

① 《各民主党派和工商联是为社会主义服务的政治力量》，《邓小平文选》第2卷，1983年版，第203页。
② 《邓小平年谱》（1975—1997）上，中央文献出版社2004年版，第549页。

画出团结凝聚的最大同心圆，使党和政府的决策更加符合实际、顺应民意。

协商是指各参与主体通过平等真诚的讨论和对话，共同参与公共决策与国家治理，以求同存异、维护整体利益为原则，既尊重多数也照顾少数，既关注结果也重视过程，在相互理解和充分沟通的基础上达成最大共识。

在中国，协商不是一个新概念。社会主义协商民主在中国的产生和发展，不是历史的偶然。它植根于几千年一脉相承的中华民族文化传统，发端并初步形成于新民主主义革命的历史实践，并在当代社会主义先进文化的培育和引领下，发展成为形式更加完备、方法更加多样、制度更加健全的民主政治模式。

在当代中国，“社会主义协商民主是我国人民民主的重要形式，是我国社会主义民主政治的特有制度，是社会主义民主政治实践的一种独特方式，是我国国家治理体系中的重要方面”①。协商民主和选举民主不是相互替代、相互否定的，而是相互补充、相得益彰的，这两种民主形式共同构成了中国特色社会主义民主政治的制度特点和优势。

中国的协商民主主要政治协商、立法协商、行政协商、民主协商、社会协商、基层协商等多种协商。

政治协商是对国家和地方的大政方针以及政治、经济、文化、社会和生态文明建设中的重要问题在决策之前进行协商和就决策执行过程中的重要问题进行协商。这种政治协商是多党合作和政治协商制度的内在要求，是我国社会主义民主的具体体现，也是我们党的优良传统和一贯做法。

多种多样的协商民主实践不断丰富和发展，广泛渗透到国家政治社会生活中，呈现广泛、多层、制度化特点，在全社会形成了深厚的民主氛围，有效地保障了人民群众的民主权利。

中国的协商民主既坚持社会主义制度，又继承和发扬中国优秀政治文化传统；既坚持民主集中制的组织原则和领导制度，又肯定广大人民群众的主体地位；既坚持中国共产党的领导，又发挥各党派、各民族、各群团、各界别人士的积极作用；既坚持了人民民主的原则，又体现了团结和谐的要求，是我国社会主义民主政治的鲜明特点和独特优势②：第一，协商民主充分体现了社会主义民主的真实性、

① 夏澍耘：《社会主义协商民主的文化生成》，《红旗文稿》2016年第6期。

② 贾庆林：《健全社会主义协商民主制度，为全面建成小康社会广泛凝聚智慧和力量》，《求是》2013年第23期。

广泛性、包容性。协商民主的主体涵盖社会各界各方面人士，既反映多数人的普遍愿望，又吸纳少数人的合理主张，有助于拓宽有序政治参与渠道。第二，协商民主是党和政府科学决策民主决策的重要途径。坚持协商于决策之前和决策执行过程中，是中国共产党治国理政的重要经验，也是重大决策必须坚持的重要原则。第三，协商民主是党的领导的重要形式。协商的过程既是广泛听取各种不同声音、充分吸收有益意见建议的过程，同时也是让社会各方面了解和接受党的政治主张和路线方针政策的过程。大力发展社会主义协商民主，体现了执政党对人民意愿和人民权利的尊重，有利于密切党与人民群众的联系，推动改进党的领导方式和执政方式，保证党领导人民有效治理国家。①

中国共产党领导的多党合作和政治协商制度是党派之间实行协商民主的一种制度安排。人民政协则是协商民主的专门机构和重要渠道，是国家治理体系的重要组成部分。政协委员要在履行职责的过程中充分体现协商民主，使之成为发扬民主、集思广益、推进科学决策的过程，成为统一思想、扩大共识、凝心聚力的过程。

人民政协是民主监督的制度安排。

人民政协的民主监督是中国共产党发展人民民主的重要体现，是我国社会主义监督体系的重要组成部分。中共十八届六中全会通过的《中国共产党党内监督条例》强调："党内监督和外部监督相结合"，"人民政协依章程进行民主监督"，第一次把人民政协的民主监督写进党内法规，成为中共加强外部监督的一种有效形式和制度安排。

人民政协的民主监督是通过提出意见、批评、建议的方式进行的政治监督，主要是对国家宪法和法律法规的实施、重大方针政策的贯彻执行、国家机关及其工作人员的工作、参加政协的单位和个人遵守政协章程和执行政协决议的情况进行监督。

民主监督的主要形式有：政协全体会议、常委会议、主席会议向党委政府提出建议案；各专门委员会提出建议或有关报告；委员视察、委员提案、委员举报、大会发言、反映社情民意或以其他形式提出批评和建议；参加党委和政府及有关

---

① 《依靠谁 为了谁：中国共产党的执政理念》，党建读物出版社 2014 年版，第 188—190 页。

部门组织的调查和检查活动等。

我们要准确把握人民政协民主监督的基本原则，创新人民政协监督的形式和方法，完善人民政协民主监督的工作机制。

人民政协是参政议政的重要渠道。

有的同志从党委、政府转岗到政协来工作，对如何履行政协职能总是摸不着头脑，找不到北，总是习惯性地拿着在党委、政府工作时的那种派头，下指示，作决策，抓推进。这其实是对人民政协的性质、职能、对人民政协是干什么的理解不深入、不到位。政协不是一个做事的地方，不是决策的机构，而党委政府才是拿主意、作规划、拍板做决策，用干部，建队伍，抓贯彻，抓落实的地方。那么，政协是干什么的呢？政协就是一个说话的地方。

政协不同于党委，不同于政府，也不同于人大，政协参政不行政，议政不施政，建言不拍板，献策不决策，立论不立法，这是政协履行职能开展活动的主要特征。

人民政协有三项主要职能，除了政治协商和民主监督，还有一项是参政议政。参政议政是组织参加政协的各党派、各团体和各族各界人士以多种形式参与国家政治生活，是政治协商、民主监督的拓展和延伸。而政协履行各项职能的活动形式最终都是通过说话来实现的。大会发言是说话，建议案、提案是说话，视察、调研报告也是说话。

人民政协有一项独特的议程安排。在中国的几套民主程序中，只有政协有大会发言制度，人大会则没有。政协每次大会发言时，都有党政领导同志出席，并对委员发言给予积极回应。政协大会发言既是展示党派，也是展示政协委员为民履职情怀和才干的重要平台，所以，政协委员要积极参加会议，参加调研，参加活动，积极发言，认真发言，反映社情民意。

“政协就是一个说话的地方”，这样说，不是说政协的作用就不大了。恰恰相反，是对政协履职和作用的形象表述。有事商量办，有话好好说。人民政协是我们国家发扬民主的重要渠道。没有民主，政协也就失去了存在的理由和依据。而让人说话是民主的体现。民主的重要表现形式就是允许说话，允许说不同的话。习近平说，对中国共产党而言，要容得下尖锐批评，做到有则改之、无则加勉；对党外人士而言，要敢于讲真话，敢于讲逆耳之言。不敢讲真话，难做真朋友；不能听批评，也不是真正的共产党人。所以，政协说话都应得到尊重和包容，既不能强加于人，也不要求取得完全一致，甚至要包容反对意见。分歧是在辩论中趋同，矛盾是在对话中化解，共识是在讨论中形成，到了最后，取得最大的公约数，形成最大的同心圆。

政协是一个联系各界群众、团结各界人士最广泛的重要平台，它不是表演作秀的舞台。政协委员主要由社会名流和代表人士组成，政协委员不仅是一份荣誉，更是一份责任。政协是人民的政协，政协委员了解民间疾苦、民生百态，政协委员提交的提案大都是老百姓最关心的就业、教育、医疗、养老、住房等日常生活内容，涉及群众的切身利益，能在履行参政议政的职责时，更好地代表人民发出呼声。所以，政协委员说话不要远离老百姓，不管是提案，还是发言，说话都要对中心围绕更紧密一点，对地气接得更近一点，对民心贴得更近一点。

政协就是一个说话的地方，但话要好好说，尖锐而不对立，理性而不极端，犀利而不偏激，努力营造良好的协商环境，让政协成为道实情、说真话、建净言的地方。政协是一个说话的地方，但不是发牢骚的地方，政协委员说话不能夹杂私人感情，不能只反映个人、单个企业问题，为他所代表的利益群体争政策、争资金、争项目，不说闲话，不说怪话，不说极端的话，不说无关痛痒的话，不说不着边际、无可无不可的话。政协委员要密切与人民群众的联系，充分反映社情民意，更好地体现人民群众的意愿，这样才能做到为人民说真话，为发展献良策。

政协就是一个说话的地方，尽管说了不一定算，但尽量要说有用的话（不是管用的话）、说真实的话，说负责任的话。人民政协履行职能是一种非权力性的政治活动，靠的是平等协商的民主科学精神，靠的是直面问题的真知灼见，靠的是以理服人。所以，政协说话不求说了算，只求说得对，说得好，说得准，说得有用。说要说到点子上，议要议到关键处。

我国反腐肃贪的成功实践体现了什么样的制度优势[①]

最近中国反腐力度空前，一批重大腐败案件得到严肃查处，一批官员纷纷落马：副国级好几个，省部级几十个，地、市、县各级干部更是一大批。对此，我们应该怎么认识怎么看、怎么行动怎么干？现在有些议论，集中在力度是大还是小呀？数量是多还是少呀？处理是重还是轻呀？往下是继续还是收手呀？

围绕这些问题，有三个观点。

当前反腐肃贪的形势：大大地赢得了民心、增强了信心。

当前的反腐形势，至少说明了三点：一、说明反腐败斗争形势依然严峻复杂。两军对垒，腐败与反腐败成胶着状态，从严治党、依法治国的任务紧迫，不可有丝毫懈怠；贪腐是世界性问题，中国也面临这个严峻问题。中国的腐败现象有阶段性的特点：中国正处于发展黄金期、矛盾凸现期和经济增长换档期，在这个“三期叠加”的特别阶段，腐败的高发频发在一定程度上难以避免。加上中国共产党是长期执政的党，“四大风险”、“四大考验”使得我们党面对的这个问题更具有严峻性。

现在发生腐败的领域主要有四：一是土地、矿产出让；二是房地产开发、工程项目、政府采购；三是财政资源和其他公共资源的分配；四是选人用人。所以对现阶段的形势有清醒与充分的认识，才是科学的态度。我们党我们国家对此是十分清醒和冷静的。

① 本文是2014年8月24日在第五届中国公共管理论坛上作的主旨演讲。

二、说明中央下了决心，动了真格。腐败是社会毒瘤，反腐败斗争关系到中国梦的目标实现，关系到党和国家生死存亡；关系到社会风气的健康。中国是负责任的社会主义大国，中国共产党是有担当的大党。我国我党对反腐肃贪从来都是责任严肃、态度坚决。我们这一轮反腐行动又一次旗帜鲜明地亮明了中国共产党有腐必反、有贪必肃的坚定立场，亮明了对腐败零容忍的坚决态度，亮明了中国建设廉洁政治，实现干部清正、政府清廉、政治清明的目标。这是一个负责任、有担当、有正义的现代大国、现代政党的现代形象。

三、更重要的是，说明了这一轮反腐斗争措施得力、效果明显。这一次我们取得了很大的成绩，而且不管是“苍蝇”也好、“老虎”也好，有腐必反，有贪必肃，除恶务尽，露头就打，有多少反多少，零容忍，打了一个阶段性的漂亮战役，赢得了民心，赢得了全党和全国人民热烈拥护和赞誉。老百姓对我们党的评价、对党中央的拥护、对当前形势的评价，空前的高。而且，这一轮反腐斗争的效果，更重要的是，提振了信心，全社会对反腐的信心指数大大提升。原来有人总认为腐败和贪官被抓到是少数，就是贪官也总有侥幸心理。现在不同了，震慑力出来了，不想腐、不能腐可能还没做到，不敢腐的氛围是出来了。大家都认为官不好当了，哪怕到外面吃个饭，搞不好也会被抓住、被检举，逃脱的可能性大大降低了。

总之，对当前中国反腐肃贪的形势要坚持辩证法、两点论，全面看，要看主流、看本质、看民心、看党风、看趋势、看前景。我们对当前形势点赞，为我们党喝彩，为我们国家加油。

中国的反腐肃贪有自己的独特创新。

没有监督的权力必然导致腐败，反腐倡廉的核心是制约和监督权力，制约和监督权力的关键是靠制度，这是通则。中国十分注重用法治思维和法治方式反对腐败、制约权力。十八大后，更是“把制度建设摆在突出位置”，发挥制度的法治化、程序化、常态化的功能，更加科学有效地防治腐败，使官员不敢腐、不能腐、不想腐。

就是在反腐肃贪的制度建设上，中国既讲现代规则，学习国际经验，但更有自己的做法，有自己的创造，对世界反腐做出了自己的贡献，今后在制度反腐上还有很大的创新空间。初步梳理，中国反腐有八个独特的制度安排。

1. 最大的制度安排、制度特点与制度优势，就是抓住了党这个关键。我们一贯强调，关键在党，党要管党，从严治党。习近平总书记这段时间讲了很多，在制度创新方面也出台了许多举措。

比如，落实党风廉政的责任制度，落实各级党委主体责任，落实各级纪委监督责任。试问，全世界的执政党，包括资产阶级执政党、苏联共产党，在抓党风建设自我监督方面，有哪一个有我们党这么严肃、这么认真？这是中国共产党的一个十分重要的特点和优势。

再如，创新党的纪律检查体制，完善反腐体制机制。党纪检工作双重领导体制具体化、程序化、制度化，强化上级纪委对下级纪委的领导；明确规定查办腐败案件以上级纪委领导为主，各级纪委书记、副书记的提名和考察以上级纪委会同组织部门为主。

又如，巡视制度。十八大以来，巡视制度做得非常好。有人说，中国的反腐是靠人治、是靠偶然事件来带动。这是不了解情况的皮相之论。现在的腐败与贪官有些是从网上被发现，但越来越多的是被巡视、被各种监督发现出来的。现在我们开展常规巡视、专项巡视，做到巡视工作无例外、无禁区、全覆盖。中国古代就有八府巡按的做法，但现在的巡视是党章赋予的重要职责，是党内监督的战略性的制度安排，是党要管党、从严治党的重要手段，是发现问题、形成震慑的一支尖兵，是反腐肃贪的一把利剑，直接对腐败蔓延势头起到了遏制作用，受到群众的欢迎。

2. 依法确权、科学配权、阳光示权。建立政府及部门的权力清单制度，最大限度消除和防范权力设租寻租的空间，依法公开权力运行流程，确保决策权、执行权和监督权既相互制约又相互协调，保证权力按法定权限和程序正确运行。

3. 公开公示和监督制度。习近平总书记的两句话要放在一起来理解，一句是“把权力关进制度的笼子里”，一句是“让权力在阳光下运行”，就是说，制度的约束和权力的公开这两件事要一起做。对政府部门来讲，政务公开是必须遵守的法律规定，信息发布是必须履行的重要职责，这不仅关系到政府部门的形象与效率，还关系到国家治理能力现代化的水平。这些年，我们大力推行党务公开、政务公开、司法公开和办事公开；决策公开、管理公开、服务公开和结果公开。以公开为常态，以不公开为例外。公开，越讲越多，越讲越规范。这方面制度建设的空间还很大。

另外，中国的监督体系非常全面完整：民主监督、法律监督、舆论监督、社会监督；党内监督、行政监督、审计监督、巡视监督；建立健全了许多制约和监督权力运行体系的制度机制：行政投诉、信访举报、专项检查、案件查处，等等。只要把这个公开与监督继续做下去，中国的法治建设就会前进一大步。

4. 盯着重点人群。包括领导干部任职回避制度，官员财产公示制度等。有人说，中国官员什么时候进行财产申报呀？其实，领导干部每年都要向组织申报财产和个人有关事项，而且越来越严格规范。其他还有健全不动产统一登记制度；领导干部亲属经商、担任公职和社会组织职务、出国定居制度。加强对领导干部特别是主要领导干部的监督。这些方面都管得很严、很制度化。像国外的总统、部长等高官退休后可以兼职、演讲，一场演讲就多少钱，这在中国是不可能的。我们对官员的权力行为有着非常严格的制度限制。

5. 制度反腐与案件查处相结合。在制度建设时，把查办惩处案件，惩治腐败放在突出位置，既打"苍蝇"，又打"老虎"，形成震慑，坚决遏制腐败蔓延势头；同时，在查办案件时又加强制度建设，不断通过制度来预防、查处和惩治腐败。

6. 把反腐的制度建设和思想教育相结合。这是中国的独特做法。我们把德治与法治连在一起，他律和自律连在一起。法是他律，德是自律。中国的领导干部要经常性接受廉洁从政教育，这是一个学习制度。领导干部要定期被选派到中央党校、省委和各级党校学习，学习最重要的内容就是理想信念、廉洁从政、为民服务等，思想上的教育和制度上的安排是连在一起的。

7. 建立健全干部作风建设的常态化机制，把制度建设和改进作风相结合。"八项规定"、反对"四风"，以钉钉子的精神抓好作风建设。作风问题虽然不一定是腐败，但它是产生腐败的温床。所以，我们要努力铲除滋生腐败的温床。

8. 建立健全正确的干部选拔任用机制。我们选拔任用一名官员，从提名到考察、从考核到决定，民主程序、监督程序、推荐程序、考察程序、决定程序都非常严格，光就推荐这个环节，有时要经全委会几十、上百人推荐，不合格的人很难混过去。根本不是国外某些人讲的那样"中国选人是人治，书记想提谁就提谁"。现在，更是强调好干部的标准，树立选好干部的导向，完善选好干部的程序，惩治跑官要官的歪风，把反腐的制度建设和匡正用人风气、刷新吏治结合起来。

总之，在中国，腐败案件的揭发、贪官污吏的落马，越来越不是因偶然事件的触发，越来越靠制度机制，今后将更会如此。

坚持和依靠党的领导，是中国反腐肃贪的独特优势，我们有坚强的自信。

依靠中国共产党来反腐，这是中国的独特做法和成功经验，也是一个巨大优势。

反腐肃贪是要依靠制度，依靠法治，但是，不能片面地狭义地理解为像国外那样光靠法院，甚至几个法官，法庭辩论，你一言、我一语，庭上辩论，庭下调查，这种办法肯定解决不了中国的反腐问题。我们一直强调关键在党，党要管党，从严治党。我认为，“党要管党”还有一层意思，就是党要党管。国外有些人讲，自己怎么能管住自己呀。其实，在中国，像反腐肃贪这种事，还真不是靠几个“愤青”、靠几个帖子、靠几个爆料、靠群众运动能解决问题，甚至像西方那样搞“三权分立”搞几个在野党反对党，靠几个法官，靠媒体的“第四权力”，那更不能解决问题。

只有党的领导，才能端正党风、遏制腐败。原因有三：一是党有威信有权威，能发挥示范带头作用。正人先正己，打铁还须自身硬。做到党纪和国法相统一，用党风带动政风、民风。二是党能发挥统筹统揽作用，既确立目标，又坚定信心；既谋篇布局，又统筹各方；打好组合拳，坚持持久战。三是党坚持群众路线，发扬人民民主。顺应人民的期待，接受群众的监督、支持和评价；保障人民群众的知情权、参与权、监督权；注重群众反映强烈的突出问题，注重群众的来信来访、检举揭发。

中国反腐肃贪的思路、理念、路径、做法、成绩，如何惩治腐败、如何管住官员、如何治理风气，等等，都有自己鲜明特色和显著优势。所以，我们对自己，应该有自信；对世界，值得去交流。看西方发达资本主义国家，它们建国后多少年，工业化、市场化、法制化多少年，廉洁程度才达到现在这种程度。我相信，中国到建国 100 年、150 年的时候，她的法治程度、廉洁指数、公正进步将会更加赢得人心，更加得到好评。所以，美国、欧洲、日本有他们的经验和做法，我们也有我们的经验和做法，不输理、不气短，我们可以与他们交流，可以在世界文明交流过程中互相借鉴。

中国的反腐肃贪有着成功的实践经验。中国这么大，中国共产党有近百年的建党史、治党史，有近 70 年的全国执政经验，我们自信的底气就来自中国反腐的成功实践，来自人民群众的积极评价，来自中国党和国家的性质规定，而不是外国的某种理论、标准与具体做法。中国共产党是一个在世界大国长期执政的现代政党，她的反腐肃贪在举措上是严肃的、法治的、现代的、先进的，行动上是敢担当、负责任的，理念上是有价值观的，对世界也是有重大贡献和启示意义的。

4

中国道路的主体力量

一切为了人民，一切依靠人民。

要像念阿弥陀佛那样，时刻叨念着群众。

群众路线充分体现了中国共产党人的政治立场、价值追求和思想作风，贯穿着马克思主义的世界观和方法论，是我们党的生命线和根本工作路线。

中国共产党执政，最关键的一个基本问题就是如何对待群众。

要像念阿弥陀佛那样，时刻叨念着群众

群众路线充分体现了中国共产党人的政治立场、价值追求和思想作风，贯穿着马克思主义的世界观和方法论，是我们党的生命线和根本工作路线。中国共产党执政，最关键、最基本的问题就是如何对待群众。毛泽东 1930 年的调查研究深化了我们党关于中国革命道路的正确认识。回顾这段历史，我们可以感悟到：我们党在革命、建设和改革中，之所以能够不断走向胜利，之所以能够坚持和发展中国特色社会主义，一个重要的法宝就是始终坚持和贯彻群众路线。

为民谋利是党的宗旨所在，人民群众是我们党的力量之源、胜利之本，要把人民的利益时刻牵挂在心上。

1930 年，在中国现代史和中共党史上值得一说。这一年，发生了“中原大战”，红军九打吉安，一打赣州，打下长沙，第一次“反围剿”。在党内发生了李立三上台又下台、富田事变等一系列大事。在这个大背景下，毛泽东除了打仗，还在做什么呢？在调查研究，寻乌调查、兴国调查……一个接一个，忙得不亦乐乎。

1930 年 1 月初，重新回到红四军领导岗位的毛泽东在《星星之火，可以燎原》一文中，提出了农村包围城市、武装夺取政权的思想，用非凡的远见和历史的逻辑论证了“星星之火，可以燎原”。接着，毛泽东率第二纵队挺进江西，与朱德率领的第一、三、四纵队在宁都东韶会合后，召开中共红四军前委会议，讨论红四军的行动方案，并帮助宁都县委召开苏维埃代表大会，推动宁都分田分地。

2 月 6 日至 9 日，毛泽东在吉安的渼陂村主持召开“二七”会议，作了三点决定：一是将红四军前委的任务扩大，成为领导红四、五、六军和赣西南、闽西、粤东江革命根据地的中共共同前敌委员会，毛泽东任书记。二是将赣西特委（在这之前湘赣边特委已并入赣西特委）、赣南特委合并为赣西南特委，刘士奇任书记。三是集中红军第四、五、六军，夺取江西全省政权，第一步先打吉安。会议还重点部署了分田分地工作。

3月11日至14日，毛泽东在兴国指导召开兴国县第一次工农兵代表大会，成立兴国苏维埃政府，颁布了《兴国苏维埃政府土地法》。

3月16日，红军从东、南、西三面进攻赣州，未能攻克，只得撤围。18日，毛泽东在赣州城郊召开红军干部和地方干部会议，讨论当前形势和今后的行动计划。同日，共同前委发布分兵争取群众及工作路线的通告。

5月2日，红四军攻克寻乌。毛泽东在县委书记古柏的协助下，调研十多天，后来整理成5章39节共8万多字的《寻乌调查》。同月，写下《调查工作》（即《反对本本主义》）一文，初步形成了毛泽东思想活的灵魂的三个基本点：实事求是、群众路线、独立自主的思想。

6月中下旬，毛泽东主持召开汀州会议，决定将红四、红六、红十二军整编为红军第一路军（不久改称为红军第一军团），朱德任总指挥，毛泽东任政治委员；同时成立中共红军第一路军总前委，毛泽东任书记。

6月22日，毛泽东、朱德签发关于红一路军由闽西出发向江西集中的命令，指出“本路军有配合江西工农群众夺取九江、南昌以建设江西政权之任务。拟于七月十五日以前全路军开赴广昌集中”。月底，毛、朱随红一军团总部及直属队离开长汀。

7月，毛泽东同朱德率领红一军团总部及直属队经广昌、瑞金绕道到达兴国，然后率大部队出征，缓缓向南昌推进，途中攻占樟树镇。

9月24日至28日，周恩来、瞿秋白在上海主持召开中共六届三中全会，毛泽东被补选为中央政治局候补委员。

9月28日，毛泽东在袁州主持召开中共红一方面军总前委会议，讨论红一方面军的军事行动问题。

10月4日，在赣西南十余万群众与地方武装的配合下，毛泽东同朱德指挥红一军团攻下吉安城。

10月17日和25日，毛泽东接连在峡江和新余罗坊主持召开中共红一方面军总前委和江西省行委联席会议，讨论红一方面军打不打南昌和如何粉碎敌人“围剿”的问题，最后得出结论：当前的任务不是进攻大城市，而是积极防御。在罗坊会议期间，毛泽东找来8个兴国籍的红军战士，开了一个星期的调查会，得出了中农、贫农、雇农都是土地革命的受益者的结论。后来他在1931年把这一调查分析整理写成《兴国调查》。

10月底，国民党10万军队向苏区集结，开始第一次“围剿”。而毛泽东在11月部署第一次反围剿的间隙中，还整理出《东塘等处调查》，他说：“在这次调查中，使我发现以村为单位分配土地的严重性。……以村为单位，这种利于富农不利于贫农的分配法，是应该改变的。”11月21日，毛泽东同古柏在木口村调查，又随即整理出《木口村调查》，指出“在这个调查中证明，中农在平分土地中不但无所失而且有所得”。

12月29日，张辉瓒率第18师1.4万人向龙冈进犯，有5000人与主力隔离。4万红军立即包围其师部和所属9000人，并利用大雾发起攻击。12月30日，“齐声唤，前头捉了张辉瓒”，第一次反“围剿”首战告捷。

分析毛泽东这一年的工作，人们不禁要问：军事斗争这么紧急，毛泽东怎么还锲而不舍地搞调查研究、抓分田分地呢？其中缘由，毛泽东在延安对斯诺说得很明白，“1930年2月7日，在江西南部召开了一个重要的地方党会议，讨论今后苏维埃的纲领”，“会议决定分配土地，加速建立苏维埃”，“对于这个新的纲领，农民报以热烈的拥护，这有助于在后来的几个月中打败国民党军队的‘围剿’”。

第一次反“围剿”，敌人10万，我们4万，为什么我们打赢了？就是分了田给群众。毛泽东对斯诺讲的这个渼陂会议就是重点布置了分土地。在这次会议上，毛泽东坚持要快分、平分。要按人口分，不能按劳力分，为什么呢？按人口分就是贫苦大众得到的地多；而按劳力分，似乎能提高生产率，但有牛的人家分到的田就多，没牛的人家分到的田就少，势必富农、中农分得多，贫农、穷人分得少。所以，毛泽东坚持按人口分，平分、快分。毛泽东还不惜采取组织手段把李文林调开，不换思想就换人。从2月的渼陂会议到12月的第一次反“围剿”，10个月里吉安周边的8个县全部分田到位，其他的县，有的分了，有的没分。但第一次反“围剿”的战场就在这八个县的土地上打响，所以第一次反“围剿”才打赢。

群众利益是群众最关心的，维护群众利益是我们党和红军得到群众拥护、支持并得以打胜仗的根本原因。毛泽东说：“我们当人民的代表，必须代表得好。”代表人民什么呢？毛泽东认为“我们是代表他们的利益的”。群众利益很重要。我们党在土地革命战争时期，连续实施了《井冈山土地法》、《兴国土地法》、《土地问题决议案》等一批土地法，“分田分地真忙”。正是党把实现好、维护好、发展好最广大人民的根本利益当作自己工作的出发点和落脚点，才得到了人民群众的真心拥护。实行土地革命，使广大贫苦农民得到了实际利益，因而极大地激发了贫苦农民的革命热情。毛泽东指出："要得到群众的拥护吗？要群众拿出他们的全力放到战线上去吗？那末，就得和群众在一起，就得去发动群众的积极性，就得关心群众的痛痒，就得真心实意地为群众谋利益，解决群众的生产和生活的问题，盐的问题，米的问题，房子的问题，衣的问题，生小孩子的问题，解决群众的一切问题。我们是这样做了么，广大群众就必定拥护我们，把革命当作他们的生命，把革命当作他们无上光荣的旗帜。"

历史是认识和把握中国发展规律最好的教科书，学习党史国史是坚持和发展中国特色社会主义的必修课。学习这段党史，有助于我们在对历史的深入思考中做好现实工作、更好地走向未来，把党的群众路线落实到维护群众利益上来。

贯彻群众路线就要有问题意识和问题导向，找准实现群众利益存在哪些实际问题。

马克思说，问题是时代的声音，是时代的口号，是时代表现自己精神状态的最实际的呼声。一个先进的政党，总是善于在众声喧哗中听清时代的声音，解决时代提出的问题。我们做群众工作，就要以解决实际问题为基础，把群众利益时刻记在脑中、放在心上、抓在手中。

《寻乌调查》和《反对本本主义》两篇著作对党的思想路线和方法论讲得十分透彻。毛泽东说，党在土地革命战争时期的工作目标是"依靠贫农、雇农，联合中农，限制富农，保护中小工商业者，消灭地主阶级，变封建半封建的土地所有制为农民的土地所有制"。如何实现这一目标呢？怎样才能得群众的支持和拥护呢？这就要为群众谋利益。当时群众最根本的利益是什么呢？是土地。如何让农民得到土地，如何分配土地呢？"调查研究是解决问题的"，毛泽东 1930 年的系列调查正是带着这些关键问题，开展调查研究，制订了党领导土地革命的重大政策，深入进行土地革命。

在新的历史时期，习近平非常重视调查研究中的问题意识，要求我们敢于和善于分析回答现实生活中和群众思想上迫切需要解决的问题，强调调查研究是对客观实际情况的调查了解和分析研究，目的是把事情的真相和全貌调查清楚，把问题的本质和规律把握准确，把解决问题的思路和对策研究透彻。这就必须深入实际、深入基层、深入群众，多层次、多方位、多渠道地调查了解情况。

当前，如何把群众的利益表达准确、代表到位呢？

一要主动代表、维护和实现群众权益，真正把维护群众权益的旗帜抓在手中，把维护群众权益的责任落实到人，打好维护群众权益的主动仗，正如毛泽东强调“共产党员要像和尚念阿弥陀佛那样，时刻叨念争取群众”。

二要解决那些关系重大、群众反映强烈的突出问题，尤其是群众最关心、最直接、最现实的利益问题，如在教育、就业、社会保障、医疗卫生、住房等方面的问题。要研究如何保障群众合法权益，纠正损害群众利益的行为，办好顺民意、解民忧、惠民生的实事。

三要做好“小事”。现在，一些群众的意见和不满并不是针对党和政府，而是针对工作中的一些具体做法和事情。

四要保住民生底线。坚持抬高底部、缩小差距，资源财力配置体现保底扶弱。只要我们帮助群众解决生产生活中的实际困难，群众就会发自内心地拥护党和政府。

五要重视长效机制和长远价值取向。促进社会公平，制度规定要向群众公开，通过公开，让群众感受公平、公正，政策环境对民办、公办要一视同仁，处理公共事务要主动接受监督。

六要善于综合运用法律、政策、经济、行政等多种手段，用沟通、协商、教育、疏导等群众喜闻乐见的方法和新媒体等现代手段，让群众理解、拥护党的政策，提高群众工作的针对性和有效性。

七要加强和创新社会管理，扩大群众工作的覆盖面，畅通群众表达渠道，建立健全利益分配协调机制、利益诉求表达机制、矛盾调处机制、权益保障机制。深入开展矛盾纠纷化解工作，让群众话有地方说、事有地方办、困难有人帮、问题有人管。

抓住了实际问题，就要制定正确的政策来解决问题，这是做好群众工作、取得群众支持的关键所在。

毛泽东说：“政策和策略是党的生命。”党对群众利益的代表和维护，往往体现在各项具体政策上。毛泽东多次就政策的重要性和如何制定政策，发表重要指示。1959年，他说：“一定要每日每时关心群众利益，时刻想到自己的政策措施一定要适应当前群众的觉悟水平和当前群众的迫切要求。凡是违背这两条的，一定行不通，一定要失败。”[①]所以，贯彻群众路线，做好群众工作，要抓住制定和执行政策这个关键。

其一，抓住问题，就要抓住实际问题、关键问题、群众反映强烈的突出问题。

贯彻群众路线，实现群众利益，要抓住难题。难题、难题，难就难在对利益群体的分析。现在，社会矛盾碰头叠加，利益主体多元多样，利益诉求复杂交错，群众对利益的敏感度不断上升，统筹协调群众工作的难度不断加大。大家常问：群众究竟在想什么？什么是群众的利益？这就要求我们的决策要把握各方面的利益关切，提高综合、表达和统筹各个群体利益的能力，抓准重点，兼顾全面。既要体现群众的现实利益，又要代表群众的长远利益；既要反映大多数群众的普遍愿望，又要照顾部分群众的特殊要求。毛泽东调查研究的方法为我们解决这方面问题树立了典范。

当时，在分土地时，就碰到了贫农、中农、富农和地主如何分地的问题，实际上就是如何最广泛地动员群众参加革命的问题。毛泽东后来回忆：“在当时我对于农村阶级的结合，仍不是十分了解的。到井冈山之后，我作了寻乌调查，才弄清了富农与地主的问题，提出解决富农问题的办法，不仅要抽多补少，而且要抽肥补瘦，这样才能使富农、中农、贫农、雇农都过活下去。假若对地主一点土地也不分，叫他们去喝西北风，对富农也只给一些坏田，使他们半饥半饱，逼得富农造反，贫农、雇农一定陷于孤立。当时有人骂我是富农路线，我看在当时只有我这办法是正确的。”[②]

毛泽东在《寻乌调查》中又说：“对于商业的内幕始终是门外汉的人，要决定对待商业资产阶级和争取城市贫民群众的策略，是非错不可的。非常明显，争取贫民一件事，一般同志不感觉它的重要，高级指导机关感觉它的重要了，却始终不能给同志们以行动上的具体策略，尤其是不能把具体工作方法指示出来。这不是由于不了解城市是什么东西才弄成这种现象吗？”正是抓住了这些关键问题，毛泽东的系列调查才有的放矢地展开。

其二，破解难题，关键是拿出具体办法，制定有针对性的正确的政策来。

抓住了关键问题，还要有的放矢地制定具体的政策，破解难题，这样才能把最广大人民的根本利益实现好、维护好和发展好。毛泽东正是通过寻乌调查、兴

---

① 《党内通信》（1959 年 3 月 17 日），《毛泽东文集》第 8 卷，人民出版社 1999 年版，第 33 页。

② 《关于农村调查》（1941 年 9 月 23 日），《毛泽东文集》第 2 卷，人民出版社 1993 年版，第 378 页。

国调查等，掌握了城市商业、分配土地等情况，为制定正确对待城市贫民和商业资产阶级的政策，为确立土地分配中限制富农的“抽肥补瘦”的原则，提供了客观依据。

毛泽东在《反对本本主义》一文中说:“调查就像‘十月怀胎’,解决问题就像‘一朝分娩’。”他同时指出，“社会经济调查，是为了得到正确的阶级估量，接着定出正确的斗争策略”，“我们的主要目的，是要明了社会各阶级的政治经济情况。我们调查所要得到的结论，是各阶级现在的以及历史的盛衰荣辱的情况”，“我们不仅要调查各业的情况，尤其要调查各业内部的阶级情况。我们不仅要调查各业之间的相互关系，尤其要调查各阶级之间的相互关系”。

毛泽东的调查研究为制定我们党在土地革命战争时期的政策奠定了扎实的基础，找到了解决农村土地问题行之有效的方案。更为重要的是，毛泽东在《反对本本主义》一文中，明确提出了党的“思想路线”的概念，提出“马克思主义的‘本本’”必须“同我国的实际情况相结合”,这成为党的实事求是思想路线的源头，也树立了践行群众路线的光辉典范。

其三，政策在执行过程中，还要根据实践效果不断调整、完善。

党的六大通过《土地问题决议案》，规定要立即没收豪绅地主阶级的土地财产，没收的土地归农民代表会议（苏维埃）处理，分配给无地及少地的农民使用。1928年12月,《井冈山土地法》主张没收一切土地归苏维埃政府所有。1929年4月,《兴国土地法》把“没收一切土地”改为“没收一切公共土地及地主阶级的土地”。1930年，“二七”会议通过的《土地法》规定，“分田以抽多补少为原则”“男女老幼平均分配”。1930年6月，毛泽东主持召开了中共红四军前委和闽西特委联席会议，通过了《富农问题》和《流氓问题》两个决议。毛泽东结合在寻乌调查中了解到的情况，对土地分配问题除了重申原来的“抽多补少”规定外，又增加了“抽肥补瘦”这一重要原则。

现在，我们贯彻群众路线，也要通过正确政策的制定和实施，来把握各方面的利益关切，统筹各个群体利益，把党的正确主张变为群众的自觉行动。在制定、贯彻、执行政策过程中，关键是避免主观与客观相脱离，这就要靠调查研究取得发言权。

其一，要服务群众、依靠群众，就要深入群众，了解情况。毛泽东将调查研究视为思想路线问题，提出“没有调查，没有发言权”的科学论断。他说，“要了解情况，唯一的方法就是向社会作调查，调查社会各阶级的生动情况”，“你对于那个问题不能解决么？那末，你就去调查那个问题的现状和它的历史吧！你完完全全调查明白了，你对那个问题就有解决的办法了。一切结论产生于调查情况的末尾，而不是在它的先头”。

毛泽东强调："共产党的正确而不动摇的斗争策略，决不是少数人坐在房子里能够产生的，它是要在群众的斗争过程中才能产生的，这就是说要在实际经验中才能产生。因此，我们需要时时了解社会情况，时时进行实际调查。”正因为毛泽东在思想理论上将深入群众调查研究视为革命领导者制定政策、破解难题的根本途径，才不断深化对中国革命道路的正确认识，撰写了《寻乌调查》、《反对本本主义》等著作，为我们党制定科学的土地革命路线提供了直接的思想依据，成为党的实事求是思想路线的源泉，也树立了践行群众路线的光辉典范。

党的十八大后，中央政治局出台了改进工作作风、密切联系群众的八项规定，第一条就明确提出，“中央政治局全体同志要改进调查研究，到基层调研要深入了解真实情况，总结经验、研究问题、解决困难、指导工作，向群众学习、向实践学习，多同群众座谈，多同干部谈心，多商量讨论，多解剖典型，多到困难和矛盾集中、群众意见多的地方去，切忌走过场、搞形式主义”。

习近平强调，调查研究一定要从客观实际出发，不能带着事先定的调子下去，而要坚持结论产生在调查研究之后，建立在科学论证的基础上。面对突出问题、关键问题，只有深入实际、深入基层、深入群众，才能从根本上保证党的路线方针政策的正确制定与贯彻执行，保证我们在工作中尽可能防止和减少失误，即使发生了失误也能迅速得到纠正而又继续胜利前进。

其二，要密切党员干部与群众的血肉联系，保持主观与客观相统一。结合党的奋斗历程，在新的历史时期继承和发扬党的优良传统，根本是密切党群关系，关键是坚持群众路线。

我们党在长期的革命、建设和改革实践中，始终坚持和发扬党的优良传统。1956年，邓小平在党的八大上作《关于修改党的章程的报告》时指出："由于我们党现在已经是在全国执政的党，脱离群众的危险，比以前大大地增加了，而脱离群众对于人民可能产生的危害，也比以前大大地增加了。因此，目前在全党认真地宣传和贯彻执行群众路线，也就有特别重大的意义。”

正因为调查研究、群众路线的极端重要性，《寻乌调查》一直就很受重视。习近平同志在《谈谈调查研究》一文中也提到寻乌调查，说“毛泽东1930年在寻乌县调查时，直接与各界群众开调查会，掌握了大量第一手材料，诸如该县各类物产的产量、价格，县城各业人员数量、比例，各商铺经营品种、收入，各地农民分了多少土地、收入怎样，各类人群的政治态度，等等，都弄得一清二楚。

这种深入、唯实的作风值得我们学习”。

1930年毛泽东在寻乌开展的调查研究，是中国共产党人把马克思主义理论与中国具体实际相结合的光辉典范。群众路线是实现党的思想路线、政治路线、组织路线的根本工作路线，群众观点是党的基本政治观点，群众工作是全局性、基础性、经常性和根本性的工作。当前，世情、国情、党情发生深刻变化，“四大考验”、“四大危险”更加尖锐地摆在全党面前。重温党的奋斗历程，我们要把党的群众路线内化于心、外化于行，抓住密切党群关系这个核心问题，坚持全心全意为人民服务这个根本宗旨，防范脱离群众这个最大风险。党只有始终与人民心心相印、与人民同甘共苦、与人民团结奋斗，才能做到坚如磐石。

中国工人运动有哪些基本经验

1922 年爆发的安源路矿工人运动，是中国共产党早期领导工人运动的成功范例，从安源路矿工人运动整个过程来看中国工人运动，有几条基本经验：

坚持工人阶级整体利益和人民利益至上，始终站在时代前进的方向。

党领导的工人运动的历史，实际上就是以解放生产力为目的，用先进文化教育、武装工人，为维护广大人民群众的根本利益而艰苦奋斗、英勇探索的历史。

党在开展安源工人运动的各项工作中，始终自觉代表广大工人群众的根本利益，努力解决工人的具体困难，为安源工人争取实实在在的经济利益、政治利益和文化利益，从而得到广大工人群众的坚决拥护和积极参与。比如，在经济利益上，一是大罢工胜利后迫使路矿当局签订了 13 条协议，其中有 9 条涉及工人增加工资，改善待遇的内容；二是创办了工人消费合作社，成立了中国第一个工人自己的经济组织，“减轻工友生活负担”，工人能买到便宜的生活必需品；三是成立劳动介绍所，“预防工人失业”，尽可能为失业工人寻找新的就业机会；四是设立故工抚恤会，“专为抚恤身故工友及其家属而设”。工人获得这些经济利益，认识到党带领大家为之奋斗的道路，是唯一的一条光明之路，从而衷心拥护党，跟党走。

安源路矿工人运动是广大矿工在党的领导下为了自己的利益，为了工人阶级的利益，为了中国人民的利益而奋起斗争的成功案例。工人罢工是争生存权、劳动权、工资权，争最起码的尊严和人格，他们开展的工人运动始终坚持工人阶级整体利益和人民利益至上，这场工人运动也成为中国历史进程中的一个重要组成部分。从近代史看，中国的工人运动不仅代表了先进生产力，也代表了先进的思想、先进的文化，它始终引领着时代的潮流。

坚持组织起来用先进的思想文化武装工人，始终成为革命和建设的先锋力量。

安源路矿工人运动是党用先进文化教育人、启迪人、培养人的成功范例。党在创办平民小学的基础上，1922年1月又创办了第一所工人夜校，1922年5月，又成立安源路矿工人俱乐部，建立了工人阶级自己的团体，工人的思想文化素质大大提高，工人的政治利益显著改善，特别是罢工的胜利，使从前牛马不如的工人看到了团结的力量，后来在秋收起义中他们才会义无反顾地跟党走。

安源路矿工人运动的成功，首先是因为党通过工人俱乐部用先进思想文化宣传教育和武装工人。俱乐部进行中华民族优秀传统文化的教育和基本的自然科学教育，用马列主义这一人类社会先进思想文化的理论武装工人。俱乐部内设立了教育股、游艺股、讲演股、青年部、出版委员会等教育管理部门，规模涵盖当时各种文化教育。工人的文体活动具有广泛的参与性和影响力，有时集会人数达一万多人，不仅有安源工人，还有农民、市民参加，工人学校由罢工前的1所发展到7所。在工人文化教育活动中，十分注重将学文化、学知识同开展革命宣传活动紧密地结合起来，其文化体育活动形式几乎包括了当时所有的形式，如：凡是重要纪念日都要举行集会、游行、演讲和其他活动形式的纪念活动，组织教唱《国际歌》、《安源路矿工人俱乐部之歌》等革命歌曲，并在各种集会和游行中进行音乐伴奏合唱或独唱；经常组织演出文明戏、曲艺、放电影和开展各种体育武术等群众喜闻乐见的活动；组织工人学习写作和创作诗歌、小说、剧本、言论等，发表在《安源旬刊》等报刊上。通过各种活动和载体宣传革命理论，路矿工人在较短时间内提高了思想觉悟和文化水平，勇敢地组织团结起来维护自己的利益，一批工人优秀分子迅速成长，成为一代“义无反顾”的新型安源工人。

工人运动把农民加进去，这也是安源的一个经验。当时在这里挖煤的工人，很多就是那个时候的“农民工”，他们从单纯的农民变成农民工后，掌握了先进技术和生产流程，有了严密的组织和纪律，思想也发生了变化，知道要团结，组织起来才有力量，才能更好地维护自己的利益。后来，安源路矿工人们成立工人运动俱乐部，最终通过集体的力量成功从剥削阶级手中争取到了自己的利益。改革开放以来，我们对工人阶级的认识有两个重大发展：一是明确知识分子是工人阶级，一是明确农民工是工人阶级。我国现在有2.5亿农民工，他们是当代工人阶级的重要组成部分，同样是社会主义现代化建设的主力军，同样是推动我国先进生产力发展和社会全面进步的根本力量，同样是实现和发展最广大人民根本利益的坚定力量，同样是维护社会安定团结的中坚力量。

坚持工人运动自觉接受共产党的领导，始终坚定永远跟党走的信念。

党在早期领导工人革命斗争中，为了壮大和发展党的阶级基础和社会基础，就自觉而清醒地选择代表当时中国先进生产力的优秀工人阶级的聚集地，在工人阶级中建立党的组织和工人组织，领导和组织工人革命运动。

1921 年 7 月中国共产党成立，把工人运动作为一项重要任务。我们国家是先有共产党后有工会，不是先有工会后有共产党。中共一大刚结束，1921 年 9 月毛泽东就来到安源，后来他 10 年间 8 次到安源，刘少奇、李立三等来这里组织工人运动。以毛泽东为代表的共产党人在安源发动工人革命运动，做了大量艰苦卓绝、成效斐然的工作。1922 年 5 月安源路矿成立工人运动俱乐部，随后，全国各地兴起工会组织，安源成为中国工人运动的摇篮。

中国的工会不是自发组织，不是受资本家或境外势力控制的组织，一开始就是受党领导的组织。安源的工人运动、中国的工人运动始终是在党的领导下进行的。一大批优秀的共产党人，来到安源，把工人群众利益与中国的前途命运紧紧联系在一起，全心全意依靠工人阶级，知难而进，敢为人先，开展艰苦卓绝的革命活动，开创了中国历史上的许多第一，如：全国第一个产业工人党支部，第一所中共地方党校，第一个工人消费合作社等。无数优秀共产党员在安源工运实践中用生命和热血，矗立起了一座为民谋利、不怕牺牲的丰碑。以 5 天罢工为例，以仅十余名党员的一个党支部，就领导万人大罢工，取得“未伤一人、未败一事”的完全胜利。俱乐部成员由成立 4 个月的 700 余人，到大罢工后猛增至 12000 余人。正因为党的坚强领导，安源工人较为系统地接受了马克思主义教育，政治热情才大大提高，主动自觉地投身和参与斗争实践，在罢工斗争中得到严酷的考验，表现了无产阶级特有的革命的坚定性和彻底性。

现在也是这样，坚持党的领导，是中国工会与西方工会最大的不同，也是中国工会最大的优势。我们可以从安源工人运动中得出结论：始终在党的领导下，把职工团结在党的周围，使自己的利益得到最好的实现和最大的维护，这是中国工人运动的一个最基本经验。

坚持中国工会的组织性质，做好党的群众工作

工会要在为职工服务中做好党的群众工作。

中国工会的组织性质是党领导的群众组织，是党联系群众的桥梁和纽带，这是中国工会跟西方工会在组织性质上的不同。坚持中国工会的组织性质，执行党的群众路线，扎实做好群众工作，这是摆在各级工会组织和工会干部面前的重大政治任务和实践课题。

工会的职责与风险在哪里呢？当前中国工会要防范两大风险：

一是边缘化。工会工作如果跟党和政府的中心工作不搭界，如果跟推进科学发展、构建和谐社会的工作大局没关联，一有什么事件，书记首先不找工会，甚至根本就不找工会，那么，工会就游离于党的工作大局之外，也就边缘化了。

二是行政化。边缘化是远离中心工作，脱离党的领导，行政化、机关化则是脱离群众。工会组织如果变成了行政机关，职工有困难不找工会，有诉求不向工会表达，有牢骚不到工会发，有意见不向工会提，那工会就脱离了职工群众这一根基和血脉，工会就失去了存在的价值，工会的生命就会枯竭。

工会要主动和始终站在协调劳动关系的第一线，在劳资纠纷中、在三方机制中、在源头参与中反映职工诉求，代表职工说话，帮助职工维权。所有的工会干部都要自觉站在职工群众的立场上，思想上尊重群众、感情上贴近群众、工作上依靠群众，始终与人民群众同呼吸、共命运、心连心，党组织不能脱离群众，党的群众组织更不能脱离群众。工会工作不能游离于群众之外，不能高踞群众之上，更不能站在群众的对立面。要坚决反对和纠正对群众疾苦漠不关心、对群众呼声置若罔闻、对群众利益麻木不仁的现象。

工会干部眼里要盯着职工群众、心中要装着职工、脑子里要想着职工，成为职工之友，工会组织要成为职工之家。工会工作要立足基层、扎根企业、联系职工、改进作风，更加注重基层、更加注重非公企业、更加注重一线职工。当前，工会

特别要在处理三大关系时坚持群众观点，站稳群众立场。

首先，在处理企业和职工的关系的时候，工会站在职工立场上说话，维护职工权益，这样，最终也会促进企业的发展，构建企业与职工利益共同体。

其次，在处理维权和维稳的关系时，工会主要是通过维护职工的权益来达到维护社会稳定的目的，不能把维权与维稳割裂开来，更不能对立起来。

再次，在处理工会机关和企业基层的关系时，工会更要想到职工群众。工会工作要防止“只注重工会机关、不面向广大职工”的错误倾向。

工会要在履行基本职能中做好党的群众工作。

党的群众路线是一切为了人民，就是为人民的利益，就是要实现好、维护好、发展好最广大人民群众的根本利益。1956 年，邓小平在八大修改党的章程的报告中说，共产党之所以成为先进部队、之所以能够领导人民群众，正因为，而且仅仅因为，它是人民群众的全心全意的服务者，它反映人民群众的利益和意志，并且努力帮助人民群众起来为自己的利益和意志而斗争。

同样，工会之所以是中国职工自己的组织，就是因为、也仅仅因为它是广大职工利益的代表者和维护者。所以，为广大职工服务，首先是为职工的利益服务；为职工说话，首先是为广大职工的利益说话。

职工群众的利益是广泛的，包括经济权益、政治权益、文化权益和社会权益。经济利益主要有就业、工资、社保和劳动场所的安全与卫生。政治权益主要是落实职工群众的四权，即知情权、参与权、监督权和表达权。文化权益主要指体面劳动、尊严工作，荣誉地位、价值引领等。当前，最要关注几个最主要、最关键的职工利益：就业、工资、社保和劳动场所卫生与安全。要在这几个方面关注职工利益，就要关心职工疾苦，关注困难职工，做好困难帮扶工作，让广大职工有体面的劳动、有尊严的工作。

第一，就业问题是职工劳动经济权益的根本。职工最担心和可能受到的影响还是就业和工资。一要提高劳动合同的签订率和履约率，防止职工失去岗位。影响职工就业和工资的一个关键就是合同。要以建筑业、出租车、商贸服务业和劳动密集型企业、中小企业为重点，开展劳动合同制度专项行动，督促企业规范用工，特别是与职工签订劳动合同，提高履约质量。二要开展上岗培训、转岗培训和创业培训等多种形式的职工培训，使广大一线职工通过提高技能实现技术等级的晋升，从而提高自己的就业能力和劳动报酬。要积极探索实践职工技术技能与劳动竞赛、技术职称、岗位补贴、荣誉称号、物质奖励相结合的激励机制，营造职工群众岗位成才的良好氛围。三要工会系统的各帮扶中心要加强职业介绍工作，并与政府部门的就业网联网。四是加强再就业基地建设，表扬和补贴使用了下岗职工的企业。五是本着利益共同体、事业共同体、命运共同体的精神，帮助企业发展，促进企业和谐，教育职工爱厂如家，爱岗敬业。

第二，工资收入是职工劳动经济权益的核心。要通过在党委会、政府联席会通报、职代会和厂务公开、工资集体协商等多种方式来保障职工收入。一是协助政府有关部门适时调整和提高最低工资标准。二是建立健全工资支付保障制度，继续与人保、住建等部门合作，开展工资拖欠集中清理活动。三是完善企业工资收入分配制度，注重工资差别甚至分配不公引发职工群众的心理失衡。要特别关注低收入职工、劳动派遣工、农民工的工资收入情况，努力实现企业职工平均工资增长幅度不低于企业经营者平均工资增长幅度、一线职工工资增长幅度不低于企业职工平均工资增长幅度，缩小工资差别。

第三，社保问题。要在企业强制征收“五险”，重点是工业园区、非公企业、中小企业，突出抓好劳务派遣工、农民工参保的落实。

第四，劳动保护问题。一是抓住“安全生产”和“职业病”这两个重点，加强采矿、交通、建筑、化工等行业和从事有毒有害工种的劳动保护，严防安全生产事故和血铅、矽肺等职业病事件的发生。二是健全工会参与职业病防治模式，加强群众性职业病防治工作，促进企业职业卫生防护工作。三是以高危行业和劳动密集型企业为主要对象，深入开展劳动竞赛、安全生产“示范岗”活动。四是建立劳动保护监督员队伍，做到每个班组、每个劳动现场都有劳动保护监督员。五是参与安全生产事故调查处理。六是坚持“凡伤必探”制度，对工伤职工探望慰问送温暖，并在探伤中了解保险合同签订与赔付的情况，在探伤中提供法律援助和维权服务。七是强化工会的就业、工资、劳动保护岗的建设，使这些方面的工作，有事就有岗，有岗就有人，有人就有责。

要协调好不同职工群众的利益关系。我们要代表群众利益，但现在的问题是群众分层了，利益群体多元了，利益格局复杂了，利益诉求多样了，那么，工会组织代表哪部分职工群众的利益呢？怎么样代表职工的利益呢？怎么协调这样不同利益群体的利益诉求呢？

首先要代表最广大人民的利益，“人民整体利益总是由各方面的具体利益构成的。我们所有的政策措施和工作，都应该正确反映并有利于妥善处理各种利益关系，都应认真考虑和兼顾不同阶层、不同方面群众的利益。但是，最重要的是必须首先考虑并满足最大多数人的利益要求”①。

另一方面，也要处理好大多数人的意志和少数人的权利的关系。比如，国企改革中改制方案和安置方案，大多数人同意，职代会通过了，但就是5%不同意，怎么办？应该服从大多数，却要尊重少数人，还要处理好各种利益相关者的利益。“要适应我国利益格局变化和利益主体多元化的客观要求，在经济发展的基础上，更加注重社会公平正义，正确反映和兼顾不同方面群众的利益，抓紧完善利益协调机制……努力让全体人民共享改革发展的成果。”②

中国工会的维权理念和方式——中国工会的优势。

群众组织是做群众工作的，而群众工作要有工作本领。要解决部分工会干部不愿做、不敢做、不会做群众工作的问题，工会干部要成为组织群众、宣传群众、动员群众、服务群众的行家能手。中国工会做群众工作有着优良传统、成功经验和有效方法，工会要发扬这些传统，总结这些经验，运用这些方法，同时，深入研究和把握新形势下群众工作的新特点新要求，不断加强和改进群众工作。

工会是党和群众的桥梁和纽带，一头连着党，一头连着群众，工会要处理好“党群”关系，带领群众跟党走，努力提高三大能力。一是在企业和职工之间的协商、协调能力。二是在构建和谐的劳动关系和构建和谐的社会关系之间处理好维权和维稳的两难关系。三是特别要提高在党和群众之间的联系能力，把广大职工紧紧团结在党的周围。

维护职工权益是工会的基本职责。工会工作要防止一种情况：一个职工群体性事件出来后，工会不出来，要么出来就不会说话、表态和行动，失语和失态，工会的职能作用发挥不够或不当，从而影响职工合法权益和社会稳定，工会的声誉也受到影响。

在涉及职工合法权益维护的事情上，要有工会的身影，要有工会的行动，要有工会的声音。而且，声音要更响亮，立场要更坚定，措施要更有力。工会存在的意义就在于要发挥工会的代表者维护者、桥梁纽带和维护稳定等职能作用。

中国工会维护权益的目标与理念是：构建和谐劳动关系，实现“劳资互利”。

① 江泽民：《在庆祝中国共产党成立八十周年大会上的讲话》，2001年7月1日。

② 胡锦涛：《在庆祝中国共产党成立八十五周年暨总结保持共产党员先进性教育活动大会上的讲话》，2006年6月30日。

企业和职工是矛盾统一体、命运共同体、利益共同体，要建立和完善三方机制，建立健全劳动争议调处机制、劳动矛盾化解机制，实现和谐的劳动关系、和谐的社会关系这“两和”的目标。

要在中国发展的利益格局中处理好职工利益的维护问题。和谐是社会主义本质特点。我们要在构建社会主义和谐社会中来维护职工权益，坚持社会主义的维权观，把维护权益与促进和谐统一起来。一方面，要看到维权的重要性。工会工作的重点是构建和谐的劳动关系，难点是维护稳定，但无论是和谐劳动关系的关键，还是维护稳定的关键都在于维护好、实现好、发展好广大职工群众的利益。另一方面，又要注重维权的手段和方式。不能把罢工作为工会维权的最后手段，那会把工会的维权工作做成一个对抗性的工作。而且罢工也能不解决问题。西方工会的办法是在劳动矛盾冲突出来之后就把职工带上街头，看看希腊、法国、意大利，好像他们做得也不灵。要构建和谐的劳动关系，工会组织要发挥主动维权、源头参与、宏观维护等机制优势，把工作做在前面，而不是在事后解决。

有人讲中国工会太软了，应该更强硬一点。其实，现在工会的问题不是软和硬的问题，而是主动不主动、热情不热情、快捷不快捷的问题。中国工会的组织性质就是党的群众组织，作为桥梁与纽带，迅速向党委和政府反映、传递职工的利益诉求，就是题中之义。所以，工会维护职工权益要更主动，向党政反映诉求要更热情、报送信息要更快捷，工会虽然不能做第一解决人，但要做“第一知情人、第一报告人、第一维护人、第一责任人”。

工会如何做好维权维稳的工作呢？这要认识到中国工会维权机制的优势：

1. 工会组织要发挥党的领导的优势。群众路线是党的根本工作路线，群众工作是党的全局工作，工会要做好群众工作，就是要坚持党的领导，这是工会工作最重要的关键和根本，也是中国工会最大的优势和底气。

一是要坚持“党政主导、工会主动”的工作理念和机制。工会是在党的领导下做群众工作的，是在党委重视、政府支持、工会主动参与、合力推进的工作格局中开展工作的。这是中国工会的一个特点和优势。

二是要做好工会干部的配备工作。各级工会主席由同级副职担任，这大大加强了工会工作。不仅提高了工会工作在党政工作格局中的地位与分量，而且由于工会主席大都担任过地方主要领导，有经验有能力，这是一个很大的优势。

三是要坚持和完善有关会议机制。省委、市委和县委会议集体研究工会工作的会议机制（不仅是定期向党委汇报），工会议题上会研究讨论，一年至少要有一次，这一点很重要。因为：一是党委常委们坐在一起来听，大家就会知道工会干了些什么。二是工会的议题值不值得上会，这对工会也是一个考验。三是和政府召开联席会，是工会的一个基本工作手段，是源头参与的一个重要点。每年与政府（行政）召开联席会，在政策文件、行政决策的源头就代表职工说话，维护职工合法权益。这是中国工会有别于西方工会的最大政治优势。如果等到劳动矛盾纠纷、劳动冲突发生了，再去调解、援助和处理，那是被动的维权、事后的维权，劳动者的合法权益可能已经受到了侵害。工会要未雨绸缪，主动向前做好源头防范工作。要加强工会劳动法律监督，对用人单位贯彻实施劳动法律法规的情况，进行经常性监督，发现问题，及时督促用人单位纠正，变事后维权为事先提醒，从源头上减少矛盾纠纷，防止小事酿大，个案演变成群众性事件。

2. 工会组织要发挥自己的组织优势。和党政领导部门、政治执法部门、财政税务经济部门相比，工会做群众工作有什么不同呢？作为群众组织，工会的运作模式跟党政机关的运转模式是不一样的。跟党政领导干部和领导部门相比，工会做群众工作有什么不同呢？他有权，我没权。那么，是不是工会没有权就不能做群众工作，或者做不好群众工作呢？不是，而且是互相不可替代。

党政领导机关是防止决策不当而伤害群众利益，公检法这些执法机关是防止执法用权不当而伤害群众利益，他们是强调执政为民，“利为民所谋，权为民所用，情为民所系”。而工会没有、也不可能有审批权，工会工作是典型的群众工作，其第一个特点就是非权力性、非行政。第二个特点是群众性、底层性、草根性、基层性，工会工作不是决策用人用物用钱，不是权力运行，所以要避免那种居高临下、简单粗暴、行政命令、运用权力的工作方式。

3. 工会组织要创新工作方法。

（1）依法维权。这与在计划体制下做工会工作有很大不同。法律是维护职工合法权益的最好武器。要把劳动关系的建立、运行、监督、调处等各个环节都纳入法治轨道，发挥法律对规范劳动关系的基础性作用。要通过法律和制度来调整劳动关系，要在法律制度的框架里解决劳动矛盾和劳动冲突。工会组织参与人大的劳动法律的立法和执法检查，参与政府在劳动、安全生产等方面的行政检查。这是工会发挥作用、维护权益的重要途径。还要开展以工会为主体的法律援助等维权服务，建立健全维权联动机制，将劳动争议、劳动矛盾的调解化解赋予法律的手段。

（2）科学维权。为了维护职工权益和化解劳动关系矛盾，应建立健全“党政主导、工会主动”四大工作机制：一是职工利益诉求表达机制。劳动矛盾和劳动冲突“四预”（预防、预警、预测、预告）机制。二是群众利益协调机制，如劳动关系三方机制。三是劳动矛盾和冲突调处机制和法律援助机制。建立健全工会、法院等劳动争议仲裁机制。四是职工权益的保障机制，如工资支付的保障机制、工资拖欠的解决机制、工资正常增长的机制、工资集体协商机制等。

（3）民主的办法。沟通、协调协商、调解调处、引导疏导等都是人民民主和基层民主的办法。一是协商。工资集体协商就是一个非权力的办法。二是厂务公开。凡涉及职工利益的事项，如分配方案、改制方案、安置方案和补偿标准等都通过各种形式向职工群众公开，公开就带来群众的知情权、参与权、监督权、表达权等“四权”的落实。三是民主管理的制度，要坚持和加强职代会制度。

（4）思想政治工作。这是工会的优良传统。工会组织是“职工之家”，工会干部是“职工之友”。党政干部是“来自老百姓”，而工会干部本身就是老百姓，成天就在群众之中。工会干部跟职工群众谈心，跟市委书记跟老百姓谈心是不一样的。工会干部和群众的身份更加平等，感情更加沟通，和职工群众距离更近，更容易谈得来，连说话的口气、情绪都一样。工会做工作是平等的、协商的、沟通的，有优势，更容易面对面、心连心。

（5）开展群众活动。这是工会的强项。组织职工群众搞活动，如劳动竞赛活动、岗位练兵活动、困难帮扶活动、文体比赛活动，能够进一步融洽关系。

今天的精神文明建设应该怎样搞

精神文明创建要坚持群众观点。

群众观点是马克思主义的根本观点，是开展精神文明创建活动必须始终坚持和遵循的基本观点，真正体现“群众性”的根本要求。

1. 要更加注重发挥群众的主体作用，激发群众热情，让群众唱主角。群众路线和群众观点是两句话：一切为了群众，一切依靠群众，这两句话是一个整体，不能割裂开来理解。精神文明创建工作不仅要讲“为了群众”，还要“依靠群众”，尊重人民群众的主体地位。有的地方在开展创建活动时，没有发动群众，没让群众唱主角，而是把群众当“配角”，做看客。有的地方热衷表面文章，请群众来“凑数”，走过场，表面看热热闹闹，实际没有影响和效果。这样的活动都不是让群众真正参与，就很难让群众从中受到教育，得到提高。只有依靠群众、发动群众、组织群众，围绕群众需求来做工作，才能使精神文明创建成为广大市民群众的内在要求和自觉行动，才会取得实实在在的效果。只有多数人都文明起来，诚信起来，向上向善，整个社会的风气才会好转，社会的文明程度才会大大提高。

2. 要更加注重实现群众利益，改善大众民生，让群众得实惠。利民惠民是群众性精神文明创建工作的重要原则。要了解和把握好当前广大人民群众对精神文明建设提出的新要求，密切关注民生的新问题，每年办几件受广大群众欢迎的事情，让群众看到文明创建带来的变化。比如，过去在窗口行业要求“来有迎声、去有送声”、“微笑服务”等等，现在群众的“眼界”也越来越高，更多要求高效服务、诚信服务。又比如，过去的城乡环境建设强调净化、硬化，现在人们更需要的是治污、绿化，过去搞清洁工程，现在搞清静工程等等。由此可见，精神文明创建要赢得人民群众的继续参与，就必须紧抓人民群众与时俱进的、现实的需要，不断“升级换代”。另一方面，要考虑到各地经济社会发展的不平衡性，进一步扩大文明城市、文明村镇、文明单位等创建活动的覆盖面，按照不同区域、不同经济条件进行分类指导，使更多城市、村镇、单位的群众都参与进来，缩小城乡文明创建发展的差距，文明之风要吹遍中华大地，创建成果要惠及更多群众，以创促建、建以惠民。

3. 要更加注重特殊群体，共建文明家园，共享创建成果。精神文明创建既要扶贫济困，又要凝聚人心。要特别关心弱势群体，以开展“扶贫助残”、“手拉手”、“送温暖”等活动为载体，广泛开展志愿服务等社会公益活动，尽可能地帮助困难群众解决生产生活中的实际困难，让他们感受到党和政府的温暖，感受到精神文明建设带来的关爱。比如，我国现有2.5亿农民工，他们亦工亦农，是我国现阶段最大的劳动大军，是社会财富的主要创造者。不仅如此，农民工的背后还有上千万的空巢老人和留守儿童，以及特困优抚对象、城乡低保户、残疾家庭、孤残儿童、困难职工。我们在工作中要多想想这些特殊群体的需要，多设计一些给他们送温暖、让他们得实惠、受帮扶的载体。要进一步加大帮扶力度和覆盖面。只有把人民群众中这一最大、最需要帮助的群体纳入进来，使得他们受益于创建，进而积极地参与创建，精神文明建设才能获得前所未有的活力，呈现出更加生机勃勃的局面。

4. 要更加注重“接地气”，坚持面向基层，直接服务百姓。文明创建要扎根基层，内容通俗易懂，形式喜闻乐见，在接地气中传承道德力量，在树新风中激发正能量。特别是针对农村基层，要多想办法，出新思路、新点子。在村镇创建活动中，要更注重历史文化传承。不能简单地拆旧盖新，尽量保护好古建筑，保护好文化底蕴，不挖山，不填塘，要看得见山，望得见水，留得住乡愁。国家和省级历史文化名村要搞好村史馆建设。一个好的村史馆，既可以展示农村发展变迁的历史轨迹，又能促进文化与旅游的进一步融合，提升文化旅游业的质量和水平，还可以打造一个农村群众思想教育的大课堂，一举三得。要按照城乡统筹创建的思路，大力实施城乡公共文化服务体系建设，实现城乡文化信息资源共享，形成特色，打造品牌，丰富载体，并充分利用各种宣传形式。要重点抓好“讲文明树新风”公益广告宣传，多出优秀作品和精品，争取在全国有影响。要通过这个活动引导群众用自己的眼睛感受文明、用自己的语言评述文明、用自己的行动践行文明。

总之，文明创建要始终坚持群众观点，向群众问计，向群众请教，听群众意见，靠群众参与，由群众评判。要把改善民生作为切入点和着力点，在为群众办好事、办实事上下功夫，真心服务群众，让群众乐于接受，全面提高创建工作的针对性和有效性。

精神文明创建要坚持核心价值观。

社会主义核心价值体系是兴国之魂，决定着中国特色社会主义发展方向。建设社会主义文化强国，必须把社会主义核心价值体系建设作为首要任务，融入国民教育、精神文明建设和党的建设全过程，贯穿改革开放和社会主义现代化建设各领域。具体来说：

1. 必须以核心价值观统领创建。党的十八大提出的“富强、民主、文明、和谐、自由、平等、公正、法治、爱国、敬业、诚信、友善”24个字，从国家、社会、公民三个层面对社会主义核心价值观作了最新概括，是新时期精神文明创建的方向和旗帜。在社会意识形态多变、人们的思想观念和价值取向日益多样的形势下，必须坚持以核心价值观统领精神文明创建工作。核心价值观的培育和践行，既是一个理论课题，更是一个实践课题，要积极探索、善于培育、自觉践行。要通过宣传教育、示范引导、实践养成与制度建设相衔接，把“三个倡导”的内涵和实质内化为精神文明创建各项工作的题中之义，推动创建活动进机关单位、进学校社区并向全社会覆盖，使社会主义核心价值观成为全体人民的共同价值追求，让广大群众都成为践行社会主义核心价值观的主体。

2. 必须用核心价值观凝心聚力。精神文明创建的一大任务就是用核心价值观来凝心聚力。价值观是导向，是力量。要依靠文化的力量，实现精神文明建设和文化建设同步发展、物质文明与精神文明同步提升，增强文化的凝聚力、感染力和对人的提升力，为经济社会发展提供坚实的道德支撑和精神动力。要深入研究当前社会存在的价值共识和主要分歧，认真地分析和回应不同群体、不同阶层人们的期盼，整合多样化的思想意识，吸引更多的群众广泛参与，在更加广泛的社会成员中推动形成思想共识。要开展好道德实践活动，引导广大群众崇尚传统美德、弘扬社会新风，夯实经济社会发展的道德根基，使社会主义核心价值观成为凝魂聚力、共谋发展的共同思想基础和精神纽带。

3. 必须用核心价值观引领风尚。多年来，我们大力加强社会主义核心价值体系建设，道德领域取得了显著成效，涌现出一大批具有时代特色的先进典型。今后我们要更加注重精神文明创建的育人、化人作用，深入开展学雷锋志愿服务活动，扎实推进关爱他人、关爱社会、关爱自然的“三关爱”活动，增强人们的社会责任感，培育奉献精神，并继续做好“我推荐、我评议身边好人”等评选活动，肯定凡人善举，引导广大干部群众学有榜样、见贤思齐，充分发挥道德模范的示范带动作用。要把道德教育同人民群众的日常工作、生活结合起来，把行善助人行为融入日常工作、生活之中，引导群众不因善小而不为，在奉献社会、帮助他人的点点滴滴中实现着自己的人生价值。

精神文明创建要坚持转变作风。

搞精神文明创建，首先自己要文明，自身要风清气正。从我做起、从现在做起、从点滴做起，认真开展好教育实践活动。

1. 要坚持抓工作带作风。精神文明创建工作实际上就是群众工作。要从人民群众反映强烈的问题入手，多听群众的意见呼声，时刻关心群众疾苦冷暖，急民所急，思民所困，解民所忧，群众期盼什么就下大决心，花大力气做好什么，主动融入基层，融入群众。而不能拍脑袋、一阵风，搞“花架子”。要认认真真去抓，扎扎实实去做，让人民群众看到实实在在的变化。有的地方创建工作往往停留在发号召、造声势上，雷声大雨点小，动员不动手，临时搞突击。要切实改进工作作风，认认真真转作风，踏踏实实抓创建，从基础做起，从小事做起，有的基层村镇的文化设备和活动场所，并没有充分发挥应有的作用，有的被挪作他用，有的干脆闲置。这有客观原因，但也存在资源分散，疏于管理的问题。要提前规划、精心筹划、合理布局、整合资源，不但要建好场所，更要用好、管好。农村精神文明活动场所要提倡一室多用，打造综合性的、实用的农村精神文明活动场所，只有这样的创建才是群众需要、群众支持、群众受益的文明创建。

2. 要坚持抓教育树新风。做好精神文明创建工作，干部队伍是关键。作为精神文明创建工作的具体组织者、推动者和落实者，各级文明办必须切实加强自身建设，深入实际，贴近群众，淡泊名利，埋头苦干；要高标准，严要求，作风严细深实，工作精益求精。坚决克服形式主义，力戒表面文章。不断增强宗旨意识、公仆意识，做到率先垂范，增加正能量，使基层和群众真切感受到转变机关作风、提高服务水平的新变化、新进步。

3. 要坚持抓重点促行风。针对道德领域的突出问题深入开展专项教育和治理活动，抓住与群众生活关联度高、社会关心关注的食品药品安全、社会服务、公共秩序这三个重点，并从重点行业向各行各业拓展，以点带面，重点解决诚信缺失、公德失范问题，通过各种宣传教育活动和道德实践活动，努力提高人们诚实守信、讲求信用的觉悟，在全社会形成以诚信为基础的良好公民道德风尚，把诚信转化为个人内在的道德意识和行为。要继续抓好公共服务行业和窗口单位的主题实践活动，不断总结推广典型经验，完善服务规范机制，把诚信建设与群众日常生活、同各行业、各单位的业务工作结合起来，精心设计活动载体，抓规范、抓管理、抓监督，树立起各行各业诚信服务的良好形象。

如何创造出更多的优秀作品，点亮人民心中的那盏灯

鲁迅说，要改造国人的精神世界，首推文艺。文艺既是国民精神迸发出来的火，也是引导国民精神进一步提升的灯。《义勇军进行曲》是抗战时期的一首歌曲，几十年过去了，我们依然唱着这首歌。当时有人认为现在我们当家作主了，已经没有炮火了，建议把“冒着敌人的炮火”、“中华民族到了最危险的时候”的歌词改一下，但最后，这首歌一个字都没改，因为它体现的是一种宝贵的民族精神。

要把多出作品、出好作品作为文艺工作的中心任务。

习近平指出：文艺工作者应该牢记，创作是自己的中心任务，作品是自己的立身之本。文艺工作要抓住创作和作品这两个关键因素，把出过多少作品，作为衡量文艺工作基本的、起码的标准。如果一个文艺工作者几年都不出作品，一个文艺单位长期不组织文艺活动，一个文艺领导不部署文艺工作，那就是不合格、不称职。

抓创作，不但要多出作品，还要出好作品，提高文学作品的思想性、艺术性、感染力。毛泽东说：“缺乏艺术性的作品，无论政治上怎样进步，都是没有力量的。”当今时代，文艺工作者不能满足于“过得去”，还要“过得硬”，紧紧扭住创作优秀作品这个中心任务，增强原创，提高质量，多出精品力作，弘扬中国精神、传播中国价值、凝聚中国力量，用优秀文艺作品点亮人民心中那盏灯，鼓舞人民朝气蓬勃地迈向未来。

要出好作品，就要聚焦中国梦这个时代主题。

艺术作品要有主题，艺术形式要表达思想，有思想，才能更好地领悟、驾驭、

发挥艺术语言。我们不提倡为艺术而艺术，脱离主题谈艺术。回避主题，远离时代是一种不良趋向。有人认为，创作是个人的事情，我有冲动、有感觉，我就写。有些文学培训班就讲怎么遣词造句，新闻培训班讲采访技巧，美术培训班讲绘画语言、线条质感，大学美术系讲美术课，有的专门讲形式语言，这个要讲，但要聚焦主题。一个文艺作品，总要问是什么主题？当然，也可以写无题作品，也有很好的无题作品，但我们更多的是提倡有主题。艺术创作总得有个思想的表达、情感的寄托，总不能像禅宗所说：言语道断，也不能老是那一句“只可意会不可言说”的托辞。画作品、办展览的目的是什么？就是增加文化的传播力、影响力和感染力。观众看得云里雾里，那作品、那展览就失去意义了。

不同时期的文艺有不同的特点。古今中外的文艺精品能传世，非常重要的原因就是深深烙着那个时代的印记，时代精神鲜明，生活气息浓郁。我们提倡作品要有主题，主题还应该是时代主题。当代中国的最大时代主题就是实现中华民族伟大复兴，文艺创作和作品要聚焦到这个时代主题上来，表现中国人站起来、富起来、强起来的伟大历程，反映中国人的愿望、追求、苦难、忧乐、成就、辉煌、自信、价值，与人民同行，为时代放歌。

文艺是时代的号角，所以，文艺工作者对时代主题的把握，就要把握时代的脉搏，听到时代的潮音，跟上时代的脚步，要有这种意识和自觉。作曲、写诗、写小说、写剧本，都要考虑主题是不是现实的、重大的。哪怕是大时代中的小人物，大背景下的小故事，宏大叙事中的小切入点，都可能表现一个大主题，有高度，有厚度，有温度。

怎么站得高、看得远、把得准，从而反映时代主题呢？文艺工作者要掌握理论武器。这个理论武器就是当代中国马克思主义，要学习习近平系列重要讲话精神，借助望远镜、放大镜和显微镜，来看历史，看当代，看未来，把握时代主题。现在，我们正站在新的历史起点上进行具有许多新的历史特点的伟大斗争。不管是写小说、写诗歌、写散文、写报告文学、写影视、写舞台剧，表达时代主题，都要考虑是不是表现了新的起点和新的特点。表现井冈山的歌曲，江西有《十送红军》、《井冈茶》、《映山红》等，前几年有《红军阿哥你慢慢走》，很有影响，但就这么几首还不够，应该随着时代的前进，创作出更多的井冈山歌曲。

强调时代主题，就更要强调现实主题。文艺家首先是活在当下，要表现当代中国、当今世界、现实生活，传播当代马克思主义，要有这个当代性、现实性。即使是写科幻，写历史，仍然是立足现代，站在当下，不可能揪着自己的头发跳起来，写一个跟现实无关的，完全超脱时间、空间的普世的东西。

表现主题就要抓好题材。主题跟题材是不矛盾的。有的历史题材也可以表现时代的主题，具有很强的现实性。有的现实题材却跟时代主题一点关系都没有，无病呻吟，或是个人的牢骚怪话、情绪感受，也可能是为艺术而艺术。

抓好题材的多样化。一是现实题材的创作，文艺要跟着人民一起走，直接反映这个时代的进程，反映当代中国人的喜怒哀乐、苦难辉煌。特别要抓好重点题材、重大题材。抓住重大时间节点，这也是我们的重要经验。踩着时间节点走，聚焦中国梦的时代主题，2017 年是建军 90 周年、秋收起义、三湾改编、井冈山根据地创建 90 周年，抓好建军大业、一带一路、中西交往等的创作。作家画家可围绕一个主题进行采风创作，不断地写，不断地画，如八一建军、井冈山斗争等题材写得很多，但题材像一座宝库、一口井，是永远挖掘不完的。同样一个题材，总能画出新意、开辟新境界。什么是井冈山精神？1927 年的回答、1937 年的回答和 2017 年的回答，基本内涵不会变，但时代不一样，观察的角度、回答的侧重也就有不一样，会有不同的时代内容，要表现这种时代性。二是要抓好爱国主义题材的创作。三是抓好地方题材，反映民族文化的独特美。

历史上的优秀文学作品，无不具有强烈的文学理想和时代精神，无不熔铸着对社会问题、人生问题的深入思考，无不反映了那个时代和人民的诉求。大凡伟大的作家、艺术家，都以关注现实生活、记录时代变迁、反映历史规律、表现人民诉求为己任。马克思称赞巴尔扎克的《人间喜剧》是“用诗情画意的镜子反映了整个时代”。列夫·托尔斯泰被列宁誉为“俄国革命的一面镜子”。为人民立言，为时代放歌，是每一位作家的光荣使命。广大作家要贴近生活、贴近群众、贴近实际，去反映这片土地上的火热生活，去描绘人民对伟大梦想的不懈追求。

要坚持以人民为中心的创作导向。

文艺作品总是要见人、见物、见精神的。文艺作品要以“为人民抒写，为人民抒情，为人民抒怀”的高度自觉，始终把镜头、笔触、麦克风对准人民，反映人民，切实把人民群众作为创作表现的主体。

古今中外，一切进步文艺，都源于人民、为了人民、属于人民。优秀的文艺家，其作品一定与人民、与时代同呼吸，共命运。要把人民作为服务对象和表现主体，把人民满意作为评价文学作品的最高标准。文艺家的这种社会责任感和历史使命感在今天最重要的表现，就是要以优秀的作品鼓舞人、激励人、感染人。

人民的立场也是多出作品、出好作品的最大动力，只有贴近人民，文艺才有源头活水。文艺工作要紧扣多出作品的中心任务，文艺作品要确立人民为中心的创作导向，坚决反对两个“上”：一是金钱至上，做市场的奴隶；一是高高在上，总想找点大腕、大牌明星的感觉。艺术来自生活，艺术家要去感受时代、感受生活、表现人民。巴塞罗那这个城市有众多的世界遗产，看毕加索、高迪的色彩堆积和艺术突破，就表现和感受了那个时代，到现在都还显得那么时尚，但本质上它还是反映了资产阶级上升发展时期生产力的解放和人性的奔放，也反映了草原文化、伊斯兰文化和欧洲文化激烈碰撞时的那种打翻了调色板的感觉。

文艺作品是文艺家的个性创作，但要接地气，通人心，感染群众。只有文艺家有了生活的鲜活，心中的感受，才会有艺术上的突破，而这种心里的感受，和人民的感受、时代的风气、传统的文化是合拍的。要反映人民的生活，表现人民的利益、情怀，表现人民的苦难、辉煌，反映人民的感受、愿望，总之，坚持人民立场，这才是以人民为中心。

文艺要关注人的命运，讲好人的故事，要歌颂人民，礼敬英雄。康德说：“有两种东西，我对它们的思考越是深沉和持久，它们在我心灵中唤起的赞叹和敬畏就越是历久弥新，一是头上灿烂的星空，一是心中崇高的道德法则。”如果对自然规律和道德准则没有敬畏之心，如果对英雄没有崇敬之意，那还会一路向上、一心向善吗？不会的。有人竟然说：雷锋算什么？不就是天天扫一下地吗？你扫扫看。龚全珍，在新中国成立初期就是将军夫人，那个时候将军夫人有几个？可人家什么都不要，随甘祖昌将军回到莲花县，现在莲花也是蛮穷的，何况那个年代。可她回到公社去当老师，一当就是那么多年，你搞一下看看。所以要见贤思齐，礼敬英雄，这是我们的民族传统。文艺要写好中国梦进程中的伟大人物、平凡英雄，表达我们的礼敬，写出自己的感动，把自己的感动变成大家的感动，不断地感动自己，不断地感动中国、感动世界，这是文艺工作的责任，也是文艺作品的力量。

要承担传递中国精神的社会使命。

文艺是奋进的。文艺是时代的号角、人民的心声、历史的脚步、现实的鼓点，所以，文艺要举精神旗帜，立精神支柱，建精神家园，激发全社会奋力前行，为民族塑魂、筑魂。

首先，文艺要激人向上。一个民族、一个国家、一个省、一个人，在历史的过程中，要一路向上、奋发向上、持续向上。哪怕再艰难，文艺也要给人以希望，那首井冈山歌曲女生独唱《映山红》，唱得多好！漫漫长夜，黑暗如漆，但还有一点星星之火，还有一个希望。历史也是这样，每当中华民族最困难的时候，优秀的文艺作品都写出了中华民族最坚定、最坚韧、最坚守的向上的东西。抗日战争那么艰难，大片国土在沉沦，在塌陷，但冼星海的歌曲、聂耳的《义勇军进行曲》等许多优秀作品，就表现了中华民族的不屈精神，给人向上的力量。人的血肉之躯，何其脆弱，但中国人保家卫国，不当亡国奴，用自己血肉筑成新的不倒的长城。现在，我们离实现民族复兴的伟大目标从来没有这么近，从来没有这样自信，文艺就要点亮人民心中的那盏灯，在世界观、人生观、价值观上注入一路向上的力量。

其次，文艺要劝人向善。中华民族是优秀、善良的民族。中华民族的优秀传统价值观、当代价值观、核心价值观，这三个价值观要融通。人和人要互相关怀，帮助、关心，社会要和谐，民族要团结。劝人向上，一心向善这个价值就是美，中国人讲究“尽善尽美”，共产党一心解放劳苦大众，没有自己的任何私利，而共产党的世界观、人生观、价值观是最大的善。

再次，文艺要使人自信。善的东西、向上的东西为什么有力量，因为它能给人自信。我们的歌曲、音乐、绘画、小说、诗歌、电影就要给人以自信。

文艺创作要有开放和创新的基本品质。

艺术，特别是本土题材的艺术，要强调民族特色、民族传统，但要有一个开放的视野，既要着力本土特色，又要与世界对话。

首先，要有跟世界文明对话、交流的意识。当今中国和世界的关系已经发生了历史性的变化。我们离世界舞台的中心，离实现两个一百年奋斗目标，从来没有这么近，信心从来没有这么强。中国的故事要对着世界说，地方的文艺要在全国比，世界的舞台上要吹起中国风。

开放的视野，实际上是文化自觉、文化自信。自信和自觉，会带来主动性，会带来主导权，会带来对故事主题、题材意义新的观照，会带来创作中的创新、创造，才会运笔自如。我们的理论家、文艺家要能对着世界讲述井冈山的故事，要能写出井冈山精神的世界意义、现代启示。我们要有这种自信。

开放的视野还是对民族特点和个性的体认。只有认识了自己的特点，看待世界、走向世界才会有底气，挖掘与表现本土文化才能与世界对话。画家用线条笔墨来表现山水、表现历史、表现文化，不懂民族文化、不懂中国历史、文化、价值、传统不行。文艺家、美术家、艺术家应该是复合型的，人生经历要有深厚的积累，知识经验要有广博的集成，这样，创作出来的作品，才有现代感、世界性，既高大上，又有浓浓的中国味，因而魅力隽永而独特。

文化包括文学、文艺，有三个十分重要的特征。一是传承。没有传承，文化就是无源之水，无本之木。我们要继承中国以及人类的优秀文化传统。二是交流。作家要有世界视野和胸怀，与全国的作家、各国的作家广泛交流，文化是在流动中产生、在交流中发展的，不能关起门来搞创作。三是创新。创新是民族进步的灵魂，是国家兴旺发达的不竭动力，也是文学的本质特性，更是文学魅力之所在。作家是最具创新热情、创新活力、创新潜质的群体，要在提高文艺的独创性和原创力、彰显中国风格上下功夫，大力推进内容、题材和主题的创新，接受八面来风，吸纳时代气息。大力推进体裁、技术、手段、风格、流派等方面的创新，跟上全国乃至世界艺术前进的方向和发展的潮流，积极运用声、光、电等高科技手段，实现表现手法的多样性，提高艺术的表现力，努力推出思想精深、艺术精湛、制作精良的优秀作品。

其次，要高度关注媒介和媒介的传播作用。“终端为王”，一切文学创作、文艺生产，最终都要与受众见面。小说、诗歌、散文等文学作品，最终都是以影响群众、感染群众、服务群众为目的。回顾文学史可以看到，很早的时候，口耳相传，形成口头文学；后来有了纸和笔，就可以纸上传播；有了现代印刷技术，就可以通过期刊、报纸的文艺副刊、书籍等形式广泛传播。现在，这些媒介依然发挥着作用，但现代数字技术的应用，给文学理念、创作过程、传播方式等都带来了许多新变化。作家要考虑自己的作品如何传递给读者，提高作品的影响力、感染力、传播力。当前，要着重关注三类媒体。

一是网络。在车站、公交车和旅途中，很多人低头通过手机、ipad 等阅读，网络特别是移动网络改变了文学的创作观念、创作方式、传播方式和传播范围，改变了人们的思维习惯和阅读习惯。文艺家要考虑文学消费产生的新变化，深刻认识“终端为王”就是“读者为王”，主动适应时代的变迁，高度重视媒介在文学传播中的重要作用，尽快把文艺作品投送到网络上去，特别是投送到手机上去，做到上线、在线和连线，实现互动，形成平台集成。据工信部统计，2016 年 1 月，我国移动互联网用户总数达 9.8 亿户，越来越多的人是从手机上获取信息，阅读和视听文化产品。群众在哪里，文艺作品就要投放到那里。要采取专门措施来发展健康的网络文艺，这是文艺工作的发展重点。

二是电视。电视在当下依然是强有力的传播媒介。中国最广大的民众依然是农民。农民也会看小说、看报纸、上网，但是最有影响力的媒介还是电视。农民通过电视中的《新闻联播》、《科技苑》、《今日说法》等节目获得新闻、科技、法律等方面的知识，通过电视剧欣赏文学作品。如果我们的作家不善于把长篇小说二度开发，改编成电影、电视剧，我们就会失去许多读者。现在，中国电视剧产量已跃居世界第一，但仅有数量不行，问题是如何创作出更优秀的作品。纪录片《舌尖上的中国》、电视剧《媳妇的美好时代》获得国人的赞许、世界友人的好评，说明中国软实力在全球的上升。

三是旅游。“白天逛景点，晚上看表演”，全球皆如此，中国也是这样。《印象刘三姐》、《宋城千古行》、《大漠敦煌》等，都是因旅游而创作。作家要多关注旅游市场和旅游人口，以新的构思、新的语言、新的手法创作出新作品，进一步增强文学性和艺术性。

5

中国道路的历史进程

为什么党史、国史是我们的必修课?

行程万里,不忘初心。不忘本来,方有未来。

忘记历史就意味着背叛。一个没有历史记忆的民族是没有前途的。历史是客观存在的,历史是最好的教科书，党史国史是中国特色社会主义的必修课。

鲁迅说:“惟有民族魂是值得宝贵的，惟有他发扬起来，中国才有真进步。”我们进行历史教育，是要从历史中塑造民族精神、民族魂，认识和把握中国社会发展规律，激励人民继续前进的信心和勇气。

为什么五四运动成了中国新民主主义道路的新起点

五四运动过去 90 多年了，历史的事件和人物的身影已渐渐远去，但历史的回声和启示不断重现。人们一直在问：五四是什么？回答也是多种多样：五四是一场运动，是一种精神，是一种文化，是一种传统，也是一群人，所以，后世也叫五四运动、五四精神、五四文化、五四传统、五四青年。

那么，五四运动是一场什么运动？五四传统是一种什么传统？五四精神是一种什么精神？一切都会指向——爱国。

五四运动的重要历史地位和深远影响，在于她掀起了反帝救国的爱国运动，开启了社会主义的中国道路，彰显了人民民主的中国力量。

1919 年 5 月 4 日下午火烧赵家楼的那把火，以及引发的全国大规模的群众性斗争，其直接目标和现实胜利是拒签《巴黎和约》。5 月 4 日的当天，罗家伦就起草了著名的《五四运动宣言》，这是当时学生唯一的印刷品。这个《宣言》第一个提出“五四运动”的概念，还喊出一句振聋发聩的话：“外争主权，内惩国贼！”矛头直指帝国主义、直指卖国的北洋政府，这宣示了“五四”是一场爱国主义运动。

中国人的爱国精神为什么直到五四才爆发那么猛烈？

五四的爱国和以前有什么不同呢？人们会说：中国人什么时候不爱国呀？古代如屈原、杜甫、岳飞、文天祥，近代如义和团等。这不错，爱国主义是中华民族自古以来的基本精神。但五四的爱国出现了人民民主的新气象、新内容、新活力。“五四”突然出现了哪些新气象、新内容、新活力呢？

首先，五四的爱国不是爱一君之国，而是人民之国、民族之国。五四的爱国运动不是中国历史上爱国传统的简单重复，它比历史上任何一次国难当头的爱国热潮更广泛、更深刻，它不是以政治统治权力为依托，不为个人功名所束缚，它出现了人民群众自觉参与的民主。历史上中国人的爱国行为常有一个传统：皇家等于国家。以前爱国是爱君王的天下，朕的国家，爱国即忠君，忠君就是报国，像屈原、岳飞、史可法、文天祥这样的爱国志士的爱国行为，首先都是为了李他们所在的那个王朝，都只是维持皇权、修补现有的社会秩序，他们很难超越这一历史局限。五四青年的爱国意识是一种忧国忧民忧天下的情怀，洋溢着国家的主权意识和民族复兴意识。

1914 年，在当时思想界进行的改良与革命、民主共和与君主立宪、激进与缓进的争论中，陈独秀在《甲寅》第一次用笔名“独秀”发表政论文章《爱国心与自觉心》，提出“国人无爱国心者，其国恒亡”，以“近代国家观”批判中国传统的封建主义国家观，“中国语言，亦有所谓忠君爱国之说。惟中国人之视国家也，与社稷齐观，斯其释爱国也，与忠君同义”；“近世欧美人之视国家也，为国人共谋安宁幸福之团体”，他指出，中国受数千年封建传统影响，没有建设近代国家的“自觉心”，把忠君视为爱国，而且“吾国闭关日久，人民又不预政事，内外情势，遂非所知”，[①] 中国几千年封建社会的最高道德是“忠君”，所谓“忠为八德之首”，忠君就是爱国，“朕即国家、国家即朕”，所以，不忠君，不仅要杀头，而且最不道德。几千年来，图书、戏剧、故事等都反复宣传这个道理，于是老百姓就养成一种习惯，把一切国家大事、身家性命，都托付给明君及清官。[②]

其次，五四时期的个人行动与国家的目标紧密结合在一起了。1895 年的甲午战败给中国人巨大撞击。梁启超在《戊戌政变记》中说：“唤起吾国四千年之大梦，实则甲午一役始也。”在维新思想的启蒙下，现代民族国家的观念在中国日渐浓厚。1904 年，陈独秀回忆：“以前，在家里读书的时候，天天只知道吃饭睡觉。就是奋发有为，也不过是念念文章，想骗几层功名，光耀门楣罢了。哪知道国家是什么东西，和我有什么关系呢？到了甲午年，才听见人说有个什么日本国，把我们中国打败了。到了庚子年，又有……八国的联合军把中国打败了，此时我才晓得，

① 陈独秀：《爱国心与自觉心》，《甲寅》第 1 卷第 4 号，1914 年。
② 唐宝林：《陈独秀传》，社会科学文献出版社 2013 年版，第 128 页。

世界上的人，原来是分做一国一国的，此疆彼界，各不相下。我们中国，也是世界万国中之一国，我也是中国之一人。一国的盛衰荣辱，全国的人都是一样消受，我一个人如何能逃脱得出呢。”“我从前只知道，一身快活，一家荣耀，焉能一卵独完。自古道国亡家破，四字相连。若是大家坏了，我一身也就不能快乐了，一家也就不能荣耀了。”① 以前的中国文人都是“两耳不闻窗外事,一心只读圣贤书”，而五四青年个个“位卑未敢忘忧国”，以天下为己任，把国家兴亡放在心中，把民族命运担在肩上。郭沫若说：“我为心爱的人儿，燃到这般模样。”（《炉中煤》）郁达夫说:“祖国呀祖国，我的死是你害我的！你快富起来、强起来吧。”（《沉沦》）鲁迅诅咒当时的社会是一幢“没有窗子的黑屋子”，发誓要掀掉这“吃人的筵席”，爱之愈深,痛之愈切。这种拯救国家、复兴民族、振兴中华的目标追求和行动指向，正是五四运动的基本性质。

当时的革命者，如章太炎、邹容、陈天华等，都认为中国的衰亡、外敌的入侵都是满族统治的结果，甚至认为清人入关、推翻汉族的明王朝就是“亡国”了。以孙中山为代表的革命派把革命视为“排满”的种族斗争,1905 年成立的同盟会，其“誓约书”就有“驱除鞑虏”这种种族革命的口号,同盟会宗旨的第一条是“驱除鞑虏、恢复中华、创立民国、平均地权”。陈独秀同情而不拥护同盟会这种以“反满”种族革命为中心的纲领。他承认清朝皇帝是中国的皇帝，清政府是中国的政府。陈独秀认为国家是全国人民的国家，政府是代表全国国民的政府，君主与国民是平等的。他在 1904 年说：“这国原来是一国人公有的国，并不是皇帝一人所私有的国，皇帝也是这国里的一个人。这国里无论是哪个做皇帝，只要是本国的人,于国并无损坏。我们中国人,不懂得国家与朝廷的分别,历代换了一姓做皇帝，就称为亡国，殊不知一国里，换一姓做皇帝，这国还是国，并未亡了，这只可称做‘换朝’，不可称做‘亡国’。必定这国让外国人做了皇帝，或土地主权，被外国占去，这才算是‘亡国’。”②

1924 年 7 月，陈独秀在总结 27 年来国民运动的教训时，明确批评了辛亥革命的错误，“专做军事行动而忽略了民众的政治宣传；专排满清而放松了帝国主义的侵略，不但放松了，而且满口尊重外人的条约权利，力避排外的恶名”，点

① 陈独秀：《说国家》,《安徽俗话报》第 5 期，1904 年 6 月 14 日。
② 陈独秀：《亡国篇》,《安徽俗话报》第 8 期，1904 年 7 月 27 日。

中了1924年与共产党合作前的同盟会、国民党领导革命活动错误的要害。①

再次，五四的爱国精神，已经远远溢出引爆这场运动的事件本身，它与中国以往历史上任何一次爱国运动都不同。有什么不同？主要是因为和五四爱国运动相生相伴的还有一个运动——五四新文化运动。它不仅是指5月4日开始的游行、罢课、罢工、罢市这些具体的社会运动，同时还指在此前后知识界推动的那段影响现代中国发展方向的以民主和科学为灵魂的思想文化运动。

五四的爱国主义精神和以前有什么不同？

但是，人们还是会问：国家主权意识、民族复兴意识为什么在五四爆发得那么猛烈呢？为什么这个时候才爱国？其实，民族复兴、振兴中华近代就被提了出来。先行者孙中山面临的是解除皇权，解救民族危亡，接着是扫除军阀这样一些历史任务，这是中国走向现代化最基本的政治前提。他领导的革命使中国脱掉了几千年来束缚生产力发展的皇权枷锁，正是这个枷锁使中国在近代以来的世界现代化潮流面前大大落后了。1894年11月，孙中山在发起成立兴中会的章程中就明确提出“振兴中华”的口号。但是，怎么当时就没有爆发出一场运动呢？怎么到了1919年这场救国爱国的热潮才那么异常强烈地爆发出来，而且那么声势浩大、那么影响久远呢？巴黎和会也没有发生新的国土丧失，为什么中国人那么愤怒呢？现在也有些外国人总不理解中国人搞建设怎么就那么聚精会神，谋发展怎么就那么一心一意？谈复兴怎么就那么劲头十足、万众一心呢？这正是中国的爱国主义精神的特点，原因有三：

一是因为压迫愈深、反抗愈大，是民族感情和人民愿望长期积累的结果。近代以来，中国不断落后，西方列强又步步紧逼，清政府、北洋政府步步退让，虽屡败屡战，却还是屡战屡败，屡受挫折，饱受屈辱，从1840年鸦片战争、1895年甲午战争、1900年八国联军侵华，到1919年五四运动前的近80年，中国从老大帝国一步一步地沦为半殖民地半封建社会，李鸿章说中国面临的是“三千年未有之变局，三千年未有之强敌”，马克思说中国唱了一曲“奇异的悲歌”，他评价当时的中国：“一个人口几乎占人类三分之一的大帝国，不顾时势，安于现状，人为地隔绝于世，并因此竭力以天朝尽善尽美的幻想自欺。这样一个帝国注定

---

① 唐宝林：《陈独秀传》，社会科学文献出版社2013年版，第81页。

最后要在一场殊死的决斗中被打垮。”那个时候，国家风雨飘摇，民族生死存亡，国家命运越来越紧迫，中华民族到了最危险的时候。五四时期，那些人的感觉就是国亡无日，着急上火，同仇敌忾，满腔悲愤，以死报国，共赴国难。而中国就有这个传统，碰到生死大困难，面临内外大压力，就会迸发出大能量。

二是1900年八国联军侵占北京，义和团打死了德国驻华公使克林德。清政府为了表示谢罪，在东单北大街上立了一块碑，上面刻有光绪皇帝写的谢罪文辞。这是一个多大的耻辱。1918年11月第一次世界大战结束时，中国自近代以来第一次跻身为战胜国的阵营，狂喜的中国人第一个行动，就是上街拆掉“克林德碑”，移到中央公园，在上面重刻了“公理战胜”四个大字。这又反映了中国人的天真。这四个字是美国总统威尔逊提出来的，他当时正主导处理第一次世界大战后的巴黎和会。中国人当时寄希望于威尔逊能主持公道，能把青岛还给中国。但是，世界上真的有“公理”吗？公理真的能战胜强权吗？谁知，1918年11月的巴黎和会让中国更加耻辱：会议的绝大多数议题都由美国、英国和法国等少数几个国家闭门商定，中国代表除了能带回一些被德国抢去的古天文仪器外，连参加讨论的资格都没有。中国剩下唯一的期望，那就是收回德国从前占据山东的各项特权。但这也很快化为泡影。日本代表以在战争期间日本与中国北洋政府早有协议为由，拒绝交还它已经占有的青岛和胶济铁路。其实，先进知识分子早已感受到这种时代气息。1915年，李大钊在日本求学期间，得知袁世凯秘密接受了“二十一条”，就写下《警告全国父老书》，说：“空山已无歌哭之地，天涯不容漂泊之人。”就这样，中国又一次被西方列强玩弄，民众又一次对北洋政府失望，民族感情又一次受到伤害，于是，近代以来普遍积累的民族激愤，潜行郁结的民族意志，就这样一下子超乎想象地爆发了出来。在爆发中，人们普遍地把国家的命运同个人的生命及其价值融为一体。

三是中国近代极其悲惨，古代又极其辉煌，强烈的反差和巨大的失落，使得五四的爱国热潮极其猛烈。中国的发展与崛起，这不是后来者的一种紧跟、一种赶超，而是一种曾经辉煌、现在落伍的民族复兴。中国历史几千年，一直处于世界前列，引领历史文明的潮流，根本不是新兴经济体。直到1840年鸦片战争前不久的康乾盛世，中国的经济总量还占全世界的1/3。只是近代以来，中国沉沦了、落伍了、落后了，落后就要挨打！所以，在中国，国家发展的目标、民族地位的梦想，从来就不是简单的追赶，而是伟大复兴的问题。

五四的爱国主义精神有什么现实意义？

五四的爱国运动点燃了中国梦想、激发了中国精神。民族复兴、振兴中华，这个理想和梦想，自近代以来不断郁结汇聚，在五四运动中鲜明提出、猛烈爆发，可以说，五四运动点燃了中国梦。90多年来，五四的这一爱国主义精神和传统不断继承和发扬光大，中国梦的内涵不断丰富，形成以爱国主义为核心的民族精神和以改革创新为特征的时代精神。1949年前，是不做亡国奴，要做中国人。民族要独立，国家要统一，人民要解放；1949年后是国家要富强、民族要复兴、人民要幸福。一代又一代的中国共产党人，如毛泽东、邓小平直到现在习近平不断提出、概括、提炼，中国人民要站起来、富起来、强起来。

爱国在当前仍然是一个基本问题。中华民族伟大复兴的“中国梦”，是近代以来中华民族的一个历史主题，也是当代中国面临的一个基本问题，是中国人民的共同愿望、共同认识、共同利益和共同理想。这是认识中国一切问题都不能脱离的一个基点，这也是理解中国一切问题都必须把握的一个关键。只有理解了这一点，我们才会明白：无论是革命时期的救中国，还是建设、改革时期的发展中国，中国人民都是加满了油，憋足了劲，一点就着，一呼百应。近100年来，我们这个苦难的民族、伟大的民族，在中国共产党的带领下，浩浩荡荡，像长江黄河，千回百折，从胜利走向胜利，从苦难走向辉煌，真像史诗那样威武雄壮。只有把握了这一点，我们才能理解习近平提出的中国梦，为什么一下子能得到全国人民、全球华人那么热烈的拥护。因此，我们纪念五四运动，就要思考什么是五四传统和精神的实质与内涵，如何继承与发扬，这对团结广大青年坚持和发展中国特色社会主义、实现中华民族伟大复兴的中国梦，具有现实意义。

五四的科学精神是什么样的科学精神？

1918年9月27日，梁漱溟的父亲梁济写下《敬告世人书》，11月8日，60岁生日前夕投积水潭（北京净业湖）自尽，留有遗书万余言，强调“弟今日本无死之必要也。然国家改组，是极大之事，士君子不能视为无责”，“国性不存，国将不国。必自我一人殉之，而后让国人共知国性乃立国之必要”，“我之死，非仅眷恋旧也，并将唤起新也”。他在遗书里写道：“梁济之死，系殉清朝而死……殉清……非以清朝为本位，而以幼年所学为本位。吾国数千年，先圣之诗礼纲常，吾家先祖先父先母之遗传与教训，幼年所闻，以对于世道有责任为主义。此主义深印于吾脑中，即以此主义为本位，故不容不殉。”据说，他临行前，问儿子梁漱溟：“这世界还会好吗？”梁漱溟答：“我相信世界一天天往好里去的。”梁济说：“能好就好啊。”说罢，带着巨大的幻灭感，他从容赴死。总之，五四前夕，大家都感到国家遇到了大麻烦。

怎样才能救中国呢？这就是五四精神的另一内涵：“科学”。

陈晋说：“只有民主与科学的联姻，才会结出永不凋谢的精神花朵；只有民主和科学两颗太阳的相互辉映，才能发出永不消减的光芒。”什么是科学？一般是指“分科的学问”，即反映自然、社会、思维等客观规律的分科分目的知识体系。现在我们一讲起科学，往往是从文学、艺术的区别上来讲科学，比如“社会科学”、“人文科学”，甚至专指“自然科学”。科学精神就是指由科学性质所决定并贯穿于科学活动之中的基本的精神状态和思维方式，是体现在科学知识中的思想或理念。但是，五四时候的科学主要是救中国、发展中国的道路探索和选择的问题。五四运动的性质和目标是救国爱国、振兴中华。五四的口号是德先生和赛先生，也就是民主与科学，即要靠人民民主来聚集救国强国、振兴中华的中国力量，除此之外，还要靠科学找到一条救国强国、振兴中华的中国道路。所以，五四精神的科学不只是、甚至主要不是自然科学，而是振兴中华、民族复兴的真理探寻和道路探索。五四的科学精神最根本的内涵是：什么样的救国方案、救国道路才最科学，要通过思想解放寻找一条正确的可行的救国方案、救国道路。

当时的讨论，也多半是救国方案和道路。1905年，严复和孙中山两人在伦敦谈起中国的当务之急。严复认为中国的问题是民智未开，认为要逐步改良，说：“当今这计，唯急从教育上着手，庶几逐渐更新乎！”孙中山则认为要用革命的手段：“俟河之清，人寿几何？君为思想家，鄙人乃执行家也。”[①] 近代以来，中国人一直在提出、在探索救亡图存、振兴中华的中国道路，有为振兴中华而“呐喊”，有为找不到出路而“彷徨”，更有苦苦摸索、探索的上下求索。辛亥革命前后，有以康梁为代表的君主立宪派，有以孙中山为代表的共和派。而科学精神在封建王朝被推倒仅几年后，便成为知识界的普遍共识，这要归功于陈独秀、李大钊、胡适、

① 盛巽昌等编：《道可道——晚近中国学人珍闻录》，江西人民出版社2008年版，第61页。

鲁迅等先进知识分子发动的新文化运动，倡导和传播各种新思想、新思潮。那时候，动不动说什么主义，成了知识界的一种时髦。于是，各种思想、主义、思潮和方案相继提出，相互碰撞，论争不止，从本质上说，他们都是就怎样才能拯救中国、改造中国、振兴中华的根本问题，从不同角度寻求和提出方案。

实业救国、工业报国、教育救国、军事强国，等等，更多是社会变革的道路方案，如宋教仁迷信西方议会政治道路，但在袁世凯及北洋政府的枪炮面前碰得头破血流，自己也遭暗杀，许多人早已感到它软弱无力。

严复搬来“进化论”，喊出“物竞天择”，惊世骇俗，但这一建立在生物进化图式上的思想，其醒世意义远大于实际需要。

胡适倡导改良性质的实用主义，猛烈抨击了封建主义的意识形态，触及改造社会的许多具体问题，认为要从小事做起，要放开小脚，从解决问题开始，实际上倡导改良性质的实用主义，但它在中国面临亡国保种之际，无法把握社会进步的根本动力、趋势和前景，小打小闹、修修补补是解决不了问题的。

梁漱溟提出依靠传统文化改造中国。他对东方文化的尊重，体现了民族的自信和自尊，对东西方文化的分析也有独到之处，却忽略了西方近代思潮对中国传统社会的必然冲击。但靠传统文化来改造中国很难深入。

总之，大家为了救国强国，提出了各种各样的救国学说和主义，各种各样的强国思路和道路：资本主义、改良主义、自由主义、社会达尔文主义、无政府主义、实用主义、工团主义，等等，反复比较，艰难尝试，结果都不行，都不灵。

五四运动高潮之后，越来越多的人信奉马克思主义，认定社会主义是拯救、改造和发展中国的最有效途径，得出结论：只有社会主义才能救中国。那些后来成为著名共产党人的青年人，都是在对各种各样的强国思路和手段的比较选择中确立起自己的信念的。人们经过苦苦思索，对各种救国学说和主义反复比较和缜密思考，终于选择了马克思主义。1920 年底毛泽东说他选择马克思主义，“是无可奈何的山穷水尽诸路皆走不通了的一个变计，并不是有更好的方法弃而不采”。1921 年，在新民学会讨论改造中国方案的会议上，毛泽东提出：在各种方案中，社会政策，不成为办法；社会民主主义，保护有产阶级；无政府主义，不论权力；罗素主张极端的自由，放任资本家。这些都是“永世做不到”的救国方案。只有“激烈方法的共产主义，即所谓劳农主义，用阶级专政的方法，是可以预计效果的。故最宜采用”。

后来，毛泽东在《唯心历史观的破产》中指出，从鸦片战争到五四运动之间的中西文化对抗中，“中国人没有什么思想武器可以抗御帝国主义。旧的顽固的封建主义的思想武器打了败仗了，抵不住，宣告破产了”。中国人被迫从西方资产阶级革命时代的武器库中借取的思想武器和政治方案，“也和封建主义的思想武器一样，软弱得很，又是抵不住，败下阵来，宣告破产了”。“一九一七的俄国革命唤醒了中国人，中国人学得了一样新的东西，这就是马克思列宁主义。”[①]毛泽东还在1949年《论人民民主专政》中说：“十月革命一声炮响，给我们送来了马克思列宁主义。十月革命帮助了全世界的，也帮助了中国的先进分子，用无产阶级的宇宙观作为观察国家命运的工具，重新考虑自己的问题。”[②]这里面隐含着一个带有普遍性的重要前提：无论选择和引进什么思想、主义，都是为了探索“国家的命运”，解决“自己的问题”。

走俄国人的道路就是我们的选择。1919年7月21日发表的《湘江评论》临时增刊第1号上，毛泽东的《健行学会之成立及进行》写道：“近数年来，中国的大势斗转。……更加以欧洲的大战，激起了俄国的革命，潮流侵卷，自西向东，国立北京大学的学者首欢迎之，全国各埠各学校的青年大响应之，怒涛澎湃。”1936年，毛泽东在延安对斯诺回忆道：“我第二次到北京期间，读了许多关于俄国所以发生的事情的文章。我热切地搜寻当时所能找到的极少数共产主义文献的中文本。有三本书特别深刻地铭刻在我的心中，使我树立了对马克思主义的信仰。我接受马克思主义，认为它是对历史的正确解释，以后，就一直没有动摇过。这三本书是：陈望道译的《共产党宣言》，这是用中文出版的第一本马克思主义的书；考茨基著的《阶级斗争》，以及柯卡普著的《社会主义史》。”

所以，“五四”之后，只有社会主义才能救中国，这逐步成为中国人民的共同认识、历史选择和现实胜利。中国的历史进程也进入了一个新阶段，这个阶段就叫作：新民主主义。

总之，五四运动是中国历史的一个大进步，当时的先进分子以及后来随之成立的中国共产党在自觉地、艰苦地用科学的态度去探索一条科学的正确的救国救民、复兴民族、振兴中华的道路。90多年来，五四运动的科学精神也成为我国的一个优良传统。中国共产党领导中国人民，为了实现民族复兴的中国梦，以科学

① 《毛泽东选集》第4卷，人民出版社1991年版，第1514页。
② 同上，第1471页。

的理论为指导，本着科学的态度，不断进行道路思索、探索，先是找到了一条新民主主义的正确道路，然后又走出了一条中国特色社会主义的道路，终于走出了一条实现中国梦的科学道路、正确道路、宽阔道路。

五四的民主精神是什么样的民主精神？

近代以来，中国的首要和紧迫问题是救国，但靠什么人、靠什么力量来救国图存、振兴中华？五四展现了前所未有的力量。

这个力量来自哪里呢？靠中国人民的民主力量。

从 1840 年开始，中国屡屡挨打，每战必败，失败不要紧，屡败也不要紧，悲剧在于国家要亡了，还找不到依靠的力量：靠墙墙倒，靠水水流，靠谁谁都不行。近代以来的现实一次又一次让人民失望，人民群众靠谁？

靠地主阶级的上层？曾国藩、李鸿章，中兴之臣，结果，甲午一战，北洋水师全军覆没，灰飞烟灭，洋务运动失败了，不行。

靠地主阶级的下层？康有为、梁启超，公车上书，“百日维新”，轰轰烈烈，光绪皇帝 100 多天就发布了 200 多条改革诏令。结果，菜市口六君子一死，戊戌变法失败了，连皇帝本人都被囚禁了，也不行。靠谁呢？

于是，靠孙中山，到体制外了，靠资产阶级了，孙中山一开始搞暗杀、搞暴动，黄花岗七十二烈士，几百人，就是这点力量。后来，发生了辛亥革命，推翻了清朝政府，皇帝倒了。辛亥革命使长期统治中国的皇权政治轴心彻底崩塌。了不起，但也就只是搬掉了皇帝的那把龙椅，剪掉了国民的那根辫子，中国的政治局面没变，社会面貌也没变，农村还都破产了。鲁迅在《故乡》中描写“天气又阴晦了，冷风吹进船舱中，呜呜的响，从缝隙向外一望，苍黄的天底下，远近横着几个萧索的荒村，没有一些活气。我的心禁不住悲凉起来了”。当时的中国社会就是这种情形。

那么，靠北洋政府？北洋政府上演了一场又一场的闹剧、活报剧，袁世凯死了，段祺瑞、徐世昌“内阁”政权，整天谋私利，走马灯似的，一拨一拨地来，一个一个地走，都不行。

靠美国的公理？也不行。近代以来的现实一次又一次让人民失望，失望之后不再存有任何幻想，人民群众靠谁？人民最后终于明白，不能靠皇帝，不能靠政府，不能靠公理，世上没有神仙皇帝，只有靠自己。于是，五四运动的爱国主义从根本上超越了历史局限，既不是借古人之魂去扶起已经倾倒了的政治轴心，也不是借爱国之名去维护已经崩塌了的旧道德价值体系，而是把爱国主义精神同反帝反封建这一时代精神结合起来了，把矛头对准当时的政府。于是，“五四运动所反对的是卖国政府，是勾结帝国主义出卖民族利益的政府，是压迫人民的政府”。

北大学生罗家伦在五四高潮中写了一篇《五四运动的精神》，特别声明：我们运动的价值并不仅仅在于“外争国权，内惩国贼”（这两句话就是五四那天他本人写的宣言中提出来的），而在于三种精神：一是学生牺牲的精神，一是社会制裁的精神（即社会舆论对政府的压力），一是民众自决的精神。这三种精神是中华民族存亡的关键。这三种精神所彰显的不靠他人靠自己的爱国主义体现了从我做起的民主诉求。

一位北大学生后来回忆说：5 月 2 日晚上，我们很少睡觉。我和一群朋友谈了整整一夜。我们知道得很清楚，我们跟政府毫无关系，也不存在任何希望。而且也不能依赖所谓的伟大领袖威尔逊这种人。在武汉呼应的恽代英当时就写信给胡适说:“国不可以不救。他人不去救,则唯靠我自己。他人不能救,则唯靠我自己。他人不真心救，则唯靠我自己。自己要是不真心救，就是亡国奴的本性了。”在湖南的毛泽东更是喊出了：“我们醒觉了。天下者，我们的天下。国家者，我们的国家。社会者,我们的社会。我们不说,谁说？！我们不干,谁干？！”这个“我”、“自己”是民众。要唤起民众,要与民众相结合。这都表明,不再寄希望于当政者,转而唤起民众以寻求救亡爱国的新途径，是五四参加者普遍的自觉意识。一种具有民主精神的新的爱国主义观念诞生了。这种民主精神既全新于以往的中国历史,也不同于西方的民主精神。

怎么爱国？——五四精神的时代特征：民众自救。

“五四”的民主精神就是唤起民众、团结民众、依靠民众，凝聚起民族复兴的中国力量。1920 年 4 月 21 日，被毛泽东称为“思想界的明星”、“五四运动的总司令”的陈独秀，发表《五四运动的精神是什么》的演讲，说：“如果有人问‘五四’运动的精神是什么？大家必然回答是爱国救国。‘五四’运动是受了日本和本国政府的两种压迫而成的，这就自然是爱国运动了。但中国一直有爱国运动呀，近代清末以来的爱国运动也不少呀，为什么大家都觉得五四的爱国运动和以前不同呢？因为五四运动特有的精神是人民对于社会国家的黑暗直接行动，不利用特殊势力，不依赖代表。因为人们一次次失望，清末革命后，人人都以为从此可以安宁了，不料袁世凯当政，反而不好。袁世凯死了，人人又以为从此可以安宁了，不料现在的段祺瑞、徐世昌执政，国事更加不好。自从德国大败、俄国革命以后，中国人也就有了两个教训：一是无论南北，凡军阀都不应当存在；一是人民有直接行动的希望。”

1959年，老同盟会会员吴玉章谈到五四，说：“以往搞革命的人，眼睛总是看着上层的军官、政客、议员，以为这些人掌握着权力，千方百计运动这些人来赞助革命。如今在五四群众运动对比下，上层的社会力量显得何等的微不足道。”“通过十月革命和五四运动的教育，必须依靠下层人民，必须走俄国人的道路，这种思想在我的头脑中日益强烈、日益明确了。”① 五四运动成为中国历史上第一次现代意义的民主实践。这种依靠人民的力量的民主精神，是五四爱国行动不但在性质而且在力量上都不同于以往的鲜明的时代特点。

五四运动前，1918年11月15日，李大钊发表了《庶民的胜利》的著名演说，他提醒人们正视劳工主义走向胜利的“世界的新潮流”，欢呼“这个新纪元是世界革命的新纪元，是人类觉醒的新纪元”，肯定欧洲的劳工革命“是这新纪元的曙光”。据说，毛泽东在现场听了李大钊的演讲，始知第一次世界大战不是协约国对德国的胜利，而是民主主义的胜利，是庶民的胜利，“是资本主义失败，劳工主义战胜”。“这回战争的真因，乃在资本主义的发展。国家的界限以内，不能涵容他的生产力，所以资本家的政府想靠着大战，把国家界限打破，拿自己的国家做中心，建一世界的大帝国，成一个经济组织，为自己国内资本家一阶级谋利益。”但是，“世间资本家占最少数，从事劳工的人占最多数”，劳工们联合起来，就能终止和“防遏这资本家政府的战争”。李大钊宣告：“这亘古未有的大战，就是这样告终。这新纪元的世界改造，就是这样开始。资本主义就是这样失败，劳工主义就是这样战胜。”他说：“多少历史上遗留的偶像，如那皇帝、军阀、贵族、资本主义、军国主义，也都像枯叶经了秋风一样，飞落在地。”这种靠庶民、靠人民、靠群众的民主精神是普遍的、自觉的。

1919年6月11日，陈独秀因散发《北京市民宣言》传单被捕。毛泽东在7月14日出版的《湘江评论》创刊号上发表《陈独秀之被捕及营救》，说：“现在的中国，可谓危险极了。不是兵力不强、财用不足的危险，也不是内乱相寻四分

① 《吴玉章回忆录》，中国青年出版社1978年版，第112页。

五裂的危险。危险在全国人民思想空虚腐败到十二分。中国的四万万人，差不多有三万万九千万是迷信家。迷信神鬼，迷信物像，迷信运命，迷信强权。全然不认有个人,不认有自己,不认有真理。这是科学思想不发达的结果。中国名为共和，实为专制，愈弄愈糟，甲仆乙代，这是群众心里没有民主的影子。不晓得民主究竟是什么的结果。陈君平日所以标揭的，就是这两样。他曾说，我们所以得罪于社会，无非是为着‘赛因斯’（科学）和‘克莫克拉西’（民主）。陈君为这两件东西得罪了社会，社会居然就把逮捕和禁锢报给他。”

毛泽东在长沙创办《湘江评论》时才 26 岁，撰写创刊宣言："世界什么问题最大？吃饭问题最大。什么力量最强？民众联合的力量最强。什么不要怕？天不要怕，死人不要怕，官僚不要怕，军阀不要怕，资本家不要怕。"毛泽东主张:"不受一切传说和迷信的束缚，要寻着什么是真理。"

1919 年 7 月 28 日，毛泽东在《民众的大联合》这篇文章中还说："思想的解放、政治的解放、经济的解放、男女的解放、教育的解放都要从九重冤狱求见青天。我们中华民族原有伟大的能力，压迫愈深，反动越大，蓄之既久，其发必速。我敢说一怪话，我们中华民族的改革将比任何一个民族都将彻底，中华民族的社会将比任何一个民族都更光明，中华民族的大联合将比任何一个地域、任何一个民族都要先告成功。诸君，诸君，我们总要努力，总要拼命向前，我们的黄金世界，光辉灿烂的世界就在前面。"这篇文章在语气上豪迈激越，气势如虹，彰显了人民民主的中国力量。

这篇文章一发表，就得到五四名人胡适的高度称赞。他 9 个月前还冷落毛泽东，这时他赞扬作者"极其深远的眼光与有力的、恰当的论辩"，说此文是"五四"时期"最重要的文章之一"。李大钊则在自己主编的《每周评论》上全文转载。北大学生领袖罗家伦曾蔑视过助理图书馆员毛泽东，这时也称赞这篇文章"表达了学生运动最本质的目的"。

五四是中国历史上第一次现代意义的民主实践、民主运动。它汇聚了青年人、读书人和后来的工人、商人及各阶层的人，是全国各阶层民众利益和愿望的总汇聚和大爆发。不信神，不信教，不信皇帝，不信孔丘，不信军阀、不信列强，人民要靠自己的力量来掌握自己的命运，这样的民主意识和民主精神是前所未有的。这种不靠君主靠民主、不靠他人靠民众的爱国主义新精神，就和唤起民众、从我做起的民主启蒙运动结合在一起了。

所以，"五四"还是一场新文化运动。中国几千年出现过两次新文化运动：

一次是春秋时期的“百家争鸣”，再一次是“五四”。五四的新文化主要是一种人民自身主体意识、主动精神的唤醒，是中国力量的一种汇集。

人民民主是中国力量的基本精神。

五四民主与西方民主不一样，起点不一样，路径不一样，实质也不一样。西方民主首先是对抗封建主义的资本的力量，封建主义在资本的力量、市场的力量面前土崩瓦解，所以，贵族将部分权力让渡给第三阶级。资产阶级讲的民主、自由，是你贵族保证我发财的自由，我资产阶级就让出一部分权利给你。资本主义的民主，实际上是“钱”作主，而中国的民主是什么？是真正的“民”作主，是人民民主。人民要当家作主，就要启蒙，要扫除迷信，让人民成为行动主体，相信自己、依靠自己，要解决自近代以来存在的一盘散沙的问题，要靠自己的力量改变自己的命运，用中国的力量改变中国的命运。

在中国人的民主概念里，民主主要不是或根本不是个人自由的问题，而是人民的地位和人民的力量。90多年来，五四运动的民主精神不断发扬光大。五四运动的这种救国爱国靠民众、振兴中华靠大家的人民民主思想和精神，成为五四以来的光荣传统。国家，不再是皇帝的家天下，也不是列强的殖民地和附属国，而是人民的国家。救国爱国，不能靠皇帝，不能靠列强，不能靠圣人，不能靠公理，不能靠上帝，只能靠自己，只能靠人民。

现在，我们要实现国家富强、人民幸福、民族复兴，同样要依靠人民民主，要唤起民众，团结民众，调动亿万人民的积极性和创造力，凝心聚力、万众一心，激发和形成强大的中国力量，这才是中国民主的基本精神。

1927年中国共产党人的危机应对与道路选择

在讨论中国道路的时候，井冈山道路是极其重要的一段。那么，怎么出来了一个井冈山？毫无疑问，井冈山斗争的历史背景，直接与1927年“四一二”反革命政变所导致的大革命失败有关。而要看清这种相关性，则要分别从几条线来看国民党、共产国际和共产党是如何应对“四一二”的？看它们各自是怎样应对这一严重危机、处理这一突发事件、驾驭这一复杂局面的？一是国民党的内部有两条线，蒋介石一条线，汪精卫一条线。二是共产国际这条线。三是中国共产党内部两条线：一是陈独秀的一条线，再就是其他一条线。看看这几条线索是怎么错综交互、相互影响、共同作用，而我们党是怎么在艰难探索中，把马列主义跟中国实际相结合，开辟了这条农村包围城市、武装夺取政权的井冈山新路的。

“四一二”之后国民党内部的各派争斗。

4月12日，蒋介石发动反革命政变，国民党内部出现了所谓左派和右派的争斗。4月17日，国民党中央（即汪精卫的武汉政权）下令开除蒋介石党籍，并撤销其各种职务，汪精卫取得了国民党中央和国民政府的领导地位。但蒋介石不服，第二天就在南京成立另一个政权。这样，武汉政府、南京政府、加上北京的北洋军阀，三足鼎立。北伐还没有完成，汪精卫和蒋介石就开始斗了，汪派唐生智的第二军和蒋介石的第一军打起来了。第二军里就有后来南昌起义的叶挺和贺龙的部队。

不到一个月，5月13日，驻宜昌的武汉政府所辖的国民革命军第14独立师师长夏斗寅叛变。

5月21日，湖南的国民革命军第35军33团团长许克祥在长沙发动反革命政变，史称“马日事变”。

5月31日，冯玉祥从西北过来，占领郑州。北伐军也就不北伐了，开始回撤。当时，共产国际提出“西北学说”，说冯玉祥是我们的人。谁知冯玉祥并不再站在共产党一边，在国民党里也吃两边水，踏两条船，既和汪精卫谈，又跟蒋介石和，互相利用，结成反共联盟。

这是直到5月底中共五大召开时，国民党方面的大体脉络。

“四一二”之后共产国际的反应。

当时中共是共产国际的一个支部，所以，我们先看共产国际、斯大林的反应。当时的共产国际和中共中央把希望寄托在武汉政府汪精卫身上，这是一个严重的错误。

4月14日，也就是4月12日政变的后两天，共产国际发表了《关于蒋介石发动反革命政变告全世界无产者、农民及一切被压迫民族书》，指出蒋介石已被帝国主义所收买，成了帝国主义强盗的同伙、工人运动的敌人、人民的公敌。这个结论是正确的。但过了七天，4月19日至20日，斯大林发表《中国革命问题》提纲，说：“蒋介石的政变表明中国革命已经进入了第二个阶段，已经从全民族联合的战线的革命，转变为千百万工农群众的革命，转变为土地革命。”这个观点仍是对的，但下面就有问题了：“这就是说，武汉的革命的国民党……事实上将逐渐变成无产阶级和农民的革命民族专政机关。”他把汪精卫当成革命的救星。实践证明：斯大林的这个重大判断是错误的。但是，这个指示对中共中央、对陈独秀产生了很大影响。

1927年5月18日，就是4月12日反革命政变的一个月后，共产国际执委会在莫斯科召开第八次全会，通过了《关于中国问题的决议》。会议期间，共产国际给中共中央发了一个“五月指示”，其中要点有，要武装五万工农并挑选二万共产党组建红军，同时没收地主土地，开展土地革命。这是对的，是挽救革命的关键举措。但同时又要求：要依靠武汉的汪精卫政权来实行，因为它是革命的政权。这个指示仍想依靠汪精卫来挽救革命。

6月5日，武汉的汪精卫解除了苏联顾问鲍罗廷和加伦等140余人的职务。第二天，6月6日，江西省政府主席、国民革命军第五方面军总指挥朱培德礼送共产党出境。本来，这个时候，汪精卫的意图已经很明显了，可就在6月5日，共产国际代表罗易竟然向汪精卫出示共产国际的这个“五月指示”，第二天还给他一个副本。汪精卫一看到这个指示，就马上决定要分共。当然，“五月指示”只是汪精卫的一个借口。有没有这个指示，汪精卫都要分共，只是早晚的问题。原因有三：一是武汉本身的困境，二是冯玉祥倒向了蒋介石，三是汪精卫的本性。

6月10日到6月12日，汪精卫在获知共产国际“五月指示”后，赶到郑州，与冯玉祥开会，争取冯玉祥倒向武汉一方，共同反蒋，又反共。但冯玉祥很狡猾，6月20日至21日跟蒋介石在徐州举行会议，决定公开倒向蒋介石，反共、反苏。这样一来，反革命的力量联合了起来，实现了宁汉合流，武汉和南京合作。6月17日，汪精卫武汉政府正式通知鲍罗廷，解除他的顾问合同。再过一个月，1927年7月15日，汪精卫召开国民党中央常务委员会扩大会议，实行“分共”，正式同共产党决裂，公开叛变革命。这样，持续三年多的大革命失败了。

“四一二”之后中国共产党的反应。

面对四一二反革命政变的突发事件、革命遭受惨重失败的严重危机，幼年的中国共产党是怎么应对的呢？一开始是懵的，弄不清楚状况。在这之前，毛泽东在武汉写了一首《菩萨蛮·黄鹤楼》：

茫茫九派流中国，沉沉一线穿南北。
烟雨莽苍苍，龟蛇锁大江。

黄鹤知何去？剩有游人处。
把酒酹滔滔，心潮逐浪高！

这首词的空间线索是从大写到小：“茫茫九派流中国”，长江从西向东，茫茫九派地横着过来。“沉沉一线”，就是当时北京到武汉的京汉铁路，从北到南贯下来。长江和京汉铁路，一纵一横，构成一个坐标，就是全中国。“茫茫”、“沉沉”既是写景色，也是写形势。然后写到武汉，“烟雨莽苍苍，龟蛇锁大江”，因为是5月份，武汉是雨季，烟雨茫茫。现在的武汉大桥是新中国成立后苏联援建的，一头架在龟山上，一头架在蛇山上。但那时没有桥，只有龟山和蛇山这两座山夹江而峙，所以说“龟蛇锁大江”。笔触从武汉再往小处写，写到黄鹤楼，“黄鹤知何去？剩有游人处”。黄鹤楼里没有黄鹤了，就剩一个空楼了，最后，从黄鹤楼写到诗人自己的内心了，毛泽东的心情郁闷，“把酒酹滔滔，心潮逐浪高”。他意识到革命的形势非常严峻，是我们党最早看清形势的人之一。

4 月 12 日这个时候的中共中央总书记是陈独秀。他的革命性是有的，是大思想家、大文人，可政治上差太多，看不清形势。于是惊慌失措，即使不是惊慌失措，也是束手无策。

当时的争论在于：是深入革命，立刻在湖北、湖南、江西等省实行土地革命，还是向外发展。向外发展是向东征讨蒋介石呢，还是进兵河南，讨伐奉军。鲍罗廷和陈独秀想讨伐蒋介石，但会和帝国主义势力直接发生冲突，如果深入土地革命，就会惹恼了武汉的国民党上层，促使已经严重动摇的汪精卫政府和共产党决裂，如果不靠汪精卫我们怎么办？由此，农民运动与土地革命不要搞那么大、那么猛，最后，就接受了所谓的“西北学说”，即北上同冯玉祥会师联合。这种心态实质“是不敢采取深入开展土地革命、广泛武装工农的果断措施来挽救革命，而是企图把革命限制在汪精卫等允许的范围内，以此来稳定武汉国民党”①。

理论上不成熟导致态度上的彷徨犹豫，态度的彷徨犹豫，又导致拿不出办法，手中无策，行动就迟缓不力，不坚决。这就是中国共产党当时的状态。可见，每当历史的紧要关头，对形势的分析与判断是十分重要的。在“四一二”反革命政变的半个月后，我党在武汉召开了第五次党代会。但在突然变化和异常紧急的形势面前，这个会议 1927 年 4 月 27 日召开，5 月 9 日结束，竟然开了 13 天，会上每个人讲话一讲就几个小时，大都是一些空谈。结果会议对中国革命没有任何指导，没有担当起挽救革命的任务。

5 月 13 日夏斗寅叛变后，在中共中央政治局的会议上，共产国际代表罗易还起草了一个宣言，说农民运动过火了，说这是农民自己做出来的，中共不负此过火的责任。

5 月 21 日马日事变后，中共中央还是束手无策，当然不会向国民党投降，但也不主张和国民党分手、翻脸，而要寻找第三条道路。5 月 25 日，中共中央政治局通过《对于湖南工农运动的态度》决议，认为马日事变是工农运动引起的“纠纷”。提出解决目前严重问题的态度：在乡村农运中，应切实矫正农民

① 《中国共产党的九十年》，上册，中共党史出版社、党建读物出版社 2016 年版，第 91 页。

之幼稚行动，已没收之军人产业一概发还；土地问题必须在能使革命军官中立，能与左派群众及领袖共同行动的条件下才能解决。总之，《决议》认为农民运动“糟得很”。而毛泽东前些时候的《湖南农民运动考察报告》讲：农民运动好得很。正是瞿秋白把这报告翻译成俄文在苏联发表，毛泽东的名字才第一次被共产国际知道。

中共的领导机构也在发生大动荡。从5月9日中共“五大”闭幕到8月9日，短短三个月，政治局常委的名单发生四次变化①，足见其动荡的激烈程度，形势非常紧急。

到了7月12日，就在7月15日汪精卫公开叛变的前三天，中共清醒了，反应过来了。原来扑朔迷离的政治形势一下子看明白了，看明朗了。面对新形势，中国共产党、中国革命、中国道路在酝酿重大的战略转变，中国共产党采取行动了。12日，受共产国际指示，中共中央停止了陈独秀的总书记职务，成立了张国焘、周恩来、李立三、李维汉、张太雷五人组成的临时中央常委会，代行中央政治局职权。

第二天，中共中央发表《中国共产党中央委员会对政局宣言》，提出要武装反抗。那一段时期，中共中央政治局临时常委会还作出了三项重要决定：第一，党掌握的军队，主要是叶挺、贺龙的部队，向浔阳（即江西九江）一带集中，伺机去广东，到汕头拿到苏联的武器，再举行北伐。这一条导致了后来的南昌起义。第二，秋收季节在几省同时举行暴动。这一条导致了后来的秋收起义。第三，召开中央紧急工作会议。这就是后来的八七会议，讨论新时期的新政策。现在看来，这三个决定都是正确的、关键的，正是这三大决定导致了井冈山的出现，对中国革命、中国共产党、中国道路都产生了转折性的重大影响。

1927年8月7日，中国共产党在武汉召开“八七会议”。这时，八一起义已经爆发，周恩来、李立三、张国焘三位常委因参加南昌起义不在武汉。在武汉的中共中央政治局常委只有李维汉一人，他和宣传部长瞿秋白两人负责召开了八七会议。八七会议做了两个重大的决定：一是土地革命；二是秋收起义。八七会议上，瞿秋白、李维汉、苏兆征当选为中共中央政治局常委，毛泽东当选为中共中央政

---

① 5月9日：陈独秀、蔡和森、瞿秋白、张国焘。5月25日：陈独秀、张国焘、蔡和森、谭平山、邓中夏。7月12日：张国焘、周恩来、李立三、李维汉、张太雷。8月9日：瞿秋白、李维汉、苏兆征。

治局候补委员。会后，瞿秋白要求毛泽东留在中央工作，毛泽东婉拒后，以中央特派员的身份回到湖南，组织秋收起义。所以说，井冈山是从中央临时常务委员会和八七会议的决定而来的。

从4月12日到7月12日再到8月7日，中国共产党在大革命失败的重大历史关头，经历了一段十分艰难的历程。当时，共产党人被国民党一巴掌打到血泊里，这一巴掌很重、很狠，共产党人被打蒙了，不知道怎么回事，起初采取的应对措施显得幼稚。但短短的四个月，党在应对危机的过程中，很快就反应过来了，独立掌握武装，将武装斗争与工农运动结合起来，把工农运动变成工农革命。党开始建立根据地，最后走上了农村包围城市、武装夺取政权的中国革命的正确道路。应该讲，我们党处于幼年，虽然各方面不成熟，比较幼稚，但党中央在这么短的时间就反应了过来，并把危机转变为转机、把挫折变成转折、从失败走向胜利的新起点，这是很机警、很幸运的，更是很伟大的。

跟着领袖毛委员，怎样走上了井冈山

人们上井冈山，总会提许多问题，比如：当年为什么要上井冈山？当时是怎么上的井冈山？井冈山道路是怎样走出来的呢？弄清这个问题很有必要。要讲清中国革命的道路，就要讲清楚井冈山道路，要讲清井冈山道路，就要讲清楚当年是怎么上的井冈山。

有人会说，这还不知道呀。大型音乐舞蹈史诗《东方红》那首歌就唱得十分明白了："跟着领袖毛委员，走上雄伟的井冈山"。不错，这首歌唱出了历史的真实，确实是毛泽东把大家带上了井冈山，是毛泽东开辟了井冈山道路。那人们又要问：毛泽东怎么就知道有个井冈山，怎么就开辟了这条道路呢？

许多人说，是毛泽东有福。1927 年 9 月 9 日，毛泽东在江西铜鼓发动秋收起义时被敌人抓住，后来脱险。现在许多人说铜鼓是毛泽东的福地。毛泽东当然有福，但这个"福"，是理论的指导，是群众的支持，也是自己的探索。并没有仙人指路，毛泽东的头脑里事先没有，没有先见之明，没有预谋，甚至根本不知道井冈山这个地方。也没有领导的指示，马列的书上没有，共产国际和党中央也都没有。如果说有，那倒是八七会议决定发动秋收起义，攻击的方向是打长沙，毛泽东领到的任务是攻打城市，是去大城市，而不是上井冈山。但是，毛泽东在实施起义的过程中，坚持从实际出发，最终把队伍带上了井冈山。所以，井冈山道路是探索出来的，是斗争出来的。

我认为，中共党史有 20 天特别要关注，就是从 1927 年 9 月 9 日秋收起义打响到 9 月 29 日三湾改编结束。中国革命在这 20 天里发生了方向性的重大历史转折。

9 月 9 日，秋收起义打响，起义部队正式组建成工农革命军第一军第一师，下辖 4 个团，具体部署是：师部、1 团、4 团从修水，2 团从萍乡，3 团从铜鼓，向湖南浏阳、长沙方向进攻。但刚一开打，修水的 4 团就反水。不久，其他三个团的团长有两个不知去向，只剩下第 3 团团长苏先骏，还有总指挥卢德铭和师长余洒度。9月12日，3团攻克浏阳东门市，9月12日，2团攻克醴陵，成立了中国革命委员会醴陵分会。这是秋收起义第一个也是唯一的一个县级临时革命政权。随后，各团都相继失利。10天以后，9月19日，到达文家市。部队打得七零八落，由起义时的5000多人减员至1500余人。毛泽东说不能再打了，这样拿鸡蛋碰石头不行。于是，在里仁学堂召开前委扩大会。会上，经过争论，会议否决了余洒度关于"取浏阳直攻长沙"的提议，作出了起义部队先"向萍乡退却"的正确决定。这是从进攻大城市转到向农村进军的转折点，史书称为"文家市转兵"。"转兵"是什么概念？就是不打长沙，向萍乡方向撤退。第二天，在里仁学堂的操场上，总指挥卢德铭召集部队，毛泽东发表讲话，很有鼓动力：中国革命没有枪杆子不行。我们的武装斗争刚刚开始，万事开头难，干革命就不要怕困难。别看我们这支队伍小，是一块小石头，但只要团结一致，我们这块小石头总有一天打破蒋介石那口大水缸。现在大城市不是我们要去的地方，我们要到敌人统治比较薄弱的农村去，发动农民群众，实行土地革命。① 我想，面对面前的文化程度不高的人，毛泽东引用司马光砸缸的故事，大家一听就明白、就信服了。当时在场听讲的部队中站了一个人，后来成了共和国的开国元帅，这就是罗荣桓。学校操场的围墙上还趴着一群小孩，后来，这群小孩中至少有两人参加了红军，当了红小鬼。再后来，一个成了中共中央总书记，叫胡耀邦，还有一个1955年成了开国上将，名字叫杨勇。你看，毛泽东的一场报告影响人的一辈子，思想的力量、真理的力量有多大。

里仁会议只是决定停止打大城市。但不去大城市去哪里？文家市转兵，转到哪里去？当时并没有着落，根本还没有出现井冈山这个地名，先退到萍乡再说，这条革命的道路还在摸索中。后来从萍乡去莲花的路上，卢德铭又牺牲了，毛泽东损失了一员大将。直到26日打下莲花县城，这是秋收起义部队自文家市会师后打的第一个胜仗，夺下的第一个县城。随后，毛泽东在莲花宾兴馆召开前委会议。这时，毛泽东已从宋任穷送来的江西省委书记汪泽楷密信中得知，前面有座井冈山，山里有我们党的武装。这样，毛泽东在会上阐明一直以来坚持的"上山"的斗争思路，根据这些天的起义战斗和调研思考的情况，说服了前敌委员们，决定引兵井冈。现在，党史教科书把文家市转兵说得很清楚。文家市的里仁中学（即当年的里仁学堂）是国家级文物保护单位，而江西莲花县的会议旧址是引兵井冈

---

① 《毛泽东年谱（1893—1949）》上卷，中央文献出版社2002年版，第220页。

的决策地，却还没有列入国保单位。关键是没有把莲花会议决定引兵井冈的重要性讲清楚。

1927 年 9 月 29 日，起义到达永新三湾。进行了著名的三湾改编。内容是什么呢？主要是三件事：

第一是人事调整。由于部队严重减员，枪多人少，官多兵少，甚至有官无兵。于是将原来的一个师缩编为一个团，定名为工农革命军第 1 军第 1 师第 1 团。几个庙并成一个庙，这里最难的，是干部调整。调整到了谁呢？调整到了师长余洒度、团长苏先骏，他俩跟毛泽东的正确路线严重对立。三湾改编后，团长是陈浩，实际上取消了余洒度、苏先骏对军队的指挥权。团下辖第 1 和第 3 两个营。原第 1 团编为第 1 营，营长黄子吉，党代表宛希先；原第 3 团编为第 3 营，营长张子清，党代表何挺颖，副营长伍中豪。原第 2 团由于兵员锐减，编为特务连，连长曾士峨，党代表罗荣桓。整编后多余的军官，编为一个军官队。余洒度、苏先骏那些人成了非领导职务，没实职，没实权，挂起来了。1 个辎重队，队长范树德；伤病人员和医务人员编为一个卫生队，队长姓王，党代表何长工。卫生队里还有黄永胜、宋任穷等，后来都成了党的高级领导干部。毛泽东宣布愿留则留，愿走的就开具证明，发给路费，将来愿意回来还欢迎。

第二是"支部建在连上"。党的领导是我军自创建之初就确立的不变的军魂。三湾改编把党的领导通过"支部建在连上"这一举措落实到最关键的基层单位，而且，还层层建，全面落实党的领导，班、排设党小组，连以上设党代表，营、团建立党委，第一次为工农革命军建立了集体领导制度。

第三是"士兵委员会"。就是在红军中建立各级士兵委员会，其主要任务是：参与军队管理，维持红军纪律，监督军队的经济，做士兵政治教育。1965 年毛泽东重上井冈山，一路讲井冈山传统不能丢。6 月 25 日下午，毛泽东问汪东兴等人："什么是井冈山传统？""井冈山的好制度、好作风是什么？"几个异口同声地说："艰苦奋斗。"毛泽东笑了，说艰苦奋斗只是一个方面，叫大家再从制度方面想想。汪东兴一拍前额，说："支部建在连上。"毛主席点点头说：在井冈山时，我们摸索了一套好制度、好作风，现在比较提倡的是艰苦奋斗，得到重视的是支部建在连上，忽视的是士兵委员会。支部建在连上，随着我们掌握政权，现在全国各行各业都建有党的组织，成为领导机构。党的力量加强了，但自觉接受群众监督，实行政治民主，保证我们党不脱离群众，比井冈山时士兵委员会就要差多了。全国性的政治民主更没有形成为一种制度，一种有效的方式。井冈山时期士兵委员会是有很大作用的。

毛泽东就是这样看井冈山传统、井冈山精神的：一是艰苦奋斗；二是支部建在连上，也就是党的建设和党的领导；三是士兵委员会，也就是民主作风和民主管理，官兵一致，群众路线。前些时，有一部《人间正道是沧桑》的电视连续剧，里面上海的一个国民党军官得到报告说苏区来了一名共产党的大官，是士兵委员会主任。他搞不清楚这是一个什么职务，国民党没有这种官职。陈毅就当过士兵委员会主任。

综上所述，从秋收起义的攻打城市，到文家市转兵，再到莲花引兵井冈山，最后在三湾改编结束，这 20 天，意义极其重大。这是中国共产党人坚持实事求是思想路线的典范，是中国共产党人把战略退却与战略进攻相结合的创举，是中国共产党工作重心由城市转向农村的关键，是马克思主义的精髓在中国革命中的具体体现，是毛泽东思想的起步。

井冈山斗争的时间起点在何时？许多人认为是毛泽东率红军到达井冈山山上茨坪的 1927 年 10 月 24 日，而我认为应该是 1927 年 9 月 29 日三湾改编。三湾从地理位置讲，已是井冈山的核心地区，三湾改编是井冈山斗争最重大最关键的历史事件。到达三湾就是到达了井冈山，完成三湾改编，就标志着井冈山道路的开始。“跟着领袖毛委员，走上雄伟的井冈山”，到三湾改编，中国革命走上正确道路，踏上了新征程。

秋收起义和八一起义的不同之处。

有人会说，毛泽东事先连井冈山这个地方都不知道，起义 20 天后来到达了井冈山。这里是有毛泽东的实事求是，从实际出发，机智灵活的一面，但也有边打边走，见机行事的偶然因素。这个问题要这样看，井冈山道路的开辟是摸索、探索的奋斗结果，这里有偶然，偶然里面有必然，毛泽东的远见卓识、开拓精神、创新意识不仅体现在秋收起义战斗中见机行事，实事求是，从实际出发，还表现为他的对中国革命的深刻思考，表现为他一直以来的上山下湖的思想。就拿秋收起义和一个 1 多月前的八一起义比较吧，从它们两者的不同之处，就可以看出在秋收起义发动之初，毛泽东敢闯新路的创新意识就十分明显。毛泽东有一首词《西江月·秋收起义》，把秋收起义的内涵说得很透。词开首就讲：

军叫工农革命，旗号镰刀斧头。

这点出了秋收起义和八一起义的第一个不同。什么不同呢？这两次起义都是党独立领导的武装斗争，但八一起义在名义上还是国民党的左派反对国民党的右派，是国民革命军，不是工农革命军，更不是后来的工农红军。八一起义打的旗号还是国民革命的旗帜，所以南昌起义部队的军装、帽徽也没变，只是系了个红飘带。秋收起义就不一样了，它不叫国民革命，而是工农革命了。秋收起义部队不叫“国民革命军”，而叫“工农革命军”，公开打出了共产党的旗帜。现在去井冈山博物馆，可以看到毛泽东叫何长工专门做的那面军旗，何长工曾留学法国而路过苏联，看过苏联的军旗，所以他把我们的军旗设计成镰刀斧头，“斧头”代表工人，“镰刀”代表农民，“镰刀斧头”是中国共产党的党徽，“旗号镰刀斧头”是指共产党的旗帜，表明这支军队是中国共产党领导的军队。

后来毛泽东为什么受处分呢？因为违抗了中央决定，一是没有攻打长沙，反而背道而驰，跑到农村上了井冈山。二是旗号问题。秋收起义之前，毛泽东几次给中央写信，说国民党的旗帜真的不能再打了，已经丢掉人心了。我们要高高地亮起共产党的旗帜。但是，当时共产国际有指令，要中共退出国民政府，但不要退出国民党，还要用国民党左派的旗帜。所以，中央没有批准毛泽东的建议。实践证明，毛泽东在这两点上都是正确的，具有极大的创新意识和勇气。

接下来，第二句，毛泽东写道，“军叫工农革命”，不叫国民革命。这就点透了共产党活动的阶级性和力量所在，孙中山有一次对胡汉民等人讲：国民党的力大，共产党的势大。我们国民党搞武装斗争厉害，但共产党搞工农运动厉害。我们搞黄花岗起义 72 人，镇南关起义就是这么几十上百人，但共产党搞起工农运动来，动辄十几万人、几十万人。这是怎么回事呀？孙中山看到了这种现象，但弄不清其原因。其实，共产党的全部根基就是工农大众，共产党的根本宗旨就是工农利益，共产党的看家本领就是群众工作，共产党的命脉就在群众路线，共产党的最大能力就在把群众组织起来的动员能力，共产党的最大优势就是跟群众心连心。当年毛泽东在井冈山、在江西，为什么江西人跟着共产党跑，就是因为共产党搞的是工农革命，工农革命的主要内容就是土地问题，这是工农大众最关心的。这也是秋收起义和南昌起义的另一个重大区别。后来，周恩来反思南昌起义失败的原因，其中之一就是没有就地转入农村，发动农民，开展土地革命，所以没有充分争取到群众。当然，那时，党的八七会议还没有召开，而开展土地革命是在八七会议上做出的决定。

词的第三句原来是“修铜一带不停留”，“修铜”指的是秋收起义部队的出发地——江西的修水县、铜鼓县等地，后来发表时，改成“匡庐”。第四句“要向潇湘直进”，这说明当年秋收起义的攻击目标不是向井冈山前进，当时中央的决定就是打浏阳、取长沙。

下半阙第一句："地主重重压迫，农民个个同仇。"当时农村的阶级矛盾非常尖锐，所以“农民个个同仇”，秋收起义就是要反封建，土地革命。

词的末句："秋收时节暮云愁，霹雳一声暴动。"为什么要在秋收时节搞起义呢？因为秋收是农民收谷子的时节，也是地主收租子的时候，稻谷刚打下就被地主全拿走，所以，秋收时节的阶级矛盾最尖锐，阶级冲突一触即发。擦根火柴，熊熊烈火就会点燃。

从毛泽东的词来看也好，从实践的发展看也好，毛泽东在开辟井冈山道路时表现出伟大的马克思主义革命家的政治气魄和创新勇气，这就是——

敢闯新路，敢于担当。

井冈山道路的开辟，很好地回答了党成立之初一直面临的两个重大课题：一是行动上，从何处入手开展革命。二是思想上，以何种态度来对待马克思主义。实践和理论的这两个问题甚至贯穿了中共的全部历史。作为幼年时期的党，面对危机、勇于担当，特别是毛泽东敢闯敢试，闯出了一条新路。这是很伟大的。党后来在各个时期，不断地遇到危机，面对挑战，在危机与挑战面前，能不能勇于担当，敢于胜利，这始终是我们要面对和解决的问题。

党的一大刚结束，毛泽东就来到江西萍乡，发动安源路矿工人运动。除了这段经历之外，后来毛泽东进入江西是 1927 年 9 月 9 日为发动秋收起义，离开江西是 1934 年 10 月，在江西待了 7 年。在江西这 7 年中，毛泽东多次蒙受冤屈，“主要是三次‘左’倾路线时期，给我的各种处分、打击，包括开除党籍、开除政治局候补委员，赶出红军等，有多少次呢？记起来有二十次”。主要有三落三起，第一落是被撤销中央政治局候补委员，后被中央特派员错传为开除党籍。毛泽东 1965 年重上井冈山，还一直说井冈山人民对我太好了，我已经不是党员了，还让我当师长，还让我列席党委会，井冈山人民真好。在福建红四军七大上被选掉前委书记是二落，在宁都被撤销红军总政委职务是三落。

但毛泽东从不怨天尤人，从不心灰意冷，从不发一句牢骚。他总是相忍为党，以坚定革命信念，精研马列，总结经验，坚持真理，不屈不挠，开拓创新，毛泽东的党性原则、道德操守和人格魅力是令人景仰、崇敬的。

井冈山道路的内涵与意义。

1928 年 11 月 25 日，毛主席在井冈山八角楼代表井冈山前委向中央写了一份报告，这就是《井冈山的斗争》，开宗明义地提出了工农武装割据的思想：中国共产党领导下的武装斗争、土地革命、根据地建设三位一体的农村包围城市、武装夺取政权的中国革命道路，其中武装斗争是中国革命的主要斗争形式，土地革命是中国革命的中心任务，根据地建设是革命和革命战争胜利发展的立足点和出发点，这三点就是井冈山斗争的主要经验和内涵。井冈山道路和苏联的道路不一样，是中国革命的独特道路，这是在马克思主义的普遍真理指引下从中国实践中闯出来的。现在我们坚持中国特色社会主义道路，就要从中吸取有益的营养。

第一，在武装斗争方面，井冈山道路第一个把武装斗争的重心转向农村，从而开辟中国革命的新局面。

第二，在土地革命方面，八七会议是一个转折，中共不再对汪精卫抱有什么幻想了，不再跟国民党的上层搞了，而是直接发动土地革命，直接围着群众利益转了。而毛泽东在井冈山斗争中把这一人民利益落到了根本上。1928 年 12 月底，毛泽东为书记的湘赣边界特委颁布了我们党的第一部土地法——《井冈山土地法》，在历史上第一次用法律的形式规定了农民“耕者有其田”的神圣权利，对革命根据地的创建和发展起了重大作用。《井冈山土地法》规定将没收的土地以乡为单位，按人口为标准，男女老幼平均分配。这是对的，但存在一些问题：一是“没收一切土地”，而不是只没收地主的土地，容易侵犯中农的利益。二是规定土地“归苏维埃政府所有”；三是禁止买卖土地。这是我们党的第一部《土地法》，当然有很多不完善的地方，怎么分土地，有一个探索过程。快分与慢分，按人口还是按劳动能力分，怎样对待地主、富农、中农和贫农，地主分不分，中农分不分，富农分不分，肥田跟瘦田怎么分，多和少怎么分，怎样才能调动积极性，怎样才能团结最基本的力量，等等，这些后来在《兴国土地法》中得到不断的完善。关于井冈山斗争经验和精神，几代领导人都谈到：依靠群众。井冈山时期对群众利益是非常关注的，农民最大的利益就是土地，而我们党领导人民“打土豪、分田地”，实现和维护群众的根本利益，才得了群众的拥护，赢得了革命的成功。

第三，在政权建设方面，革命成功一定要有根据地。在中共六大上，共产国际主席布哈林对如何保存中国红军，提了一个“母鸡理论”，说：你们不要老待在一个地方不动，那样会把那里的老母鸡吃光的。我建议你们化整为零，不断地游动。今天到这个地方住一些时候，杀一杀土豪劣绅，吃一吃饭，明天到另一个地方杀一杀土豪劣绅，喝一喝鸡汤。等到有一天民众都起来了，放一个号炮，就可以杀出来夺取中心城市的总暴动。毛泽东不这样认为，他在军事上坚持两点：

一是不能分兵。他认为南昌起义失败的原因之一就是三河坝分兵。毛泽东有个理论，分兵以发动群众，集中以消灭敌人，基本思想就是不断地运动，握紧拳头，集中优势兵力打歼灭战，歼灭敌人。后来第五次反"围剿"，博古李德分兵把守，北边在广昌，南边在会昌，拒敌于国门之外，结果手忙脚乱，遭受大败。像布哈林讲的化整为零，虽然不是死守硬拼，但分兵流动，仍然是失败之举。

二是要有根据地。毛泽东讲过一个"屁股理论"："人不能老走着，也不能老站着，也要有坐着的时候。坐着就要靠屁股。根据地就是人民的屁股。"这就是井冈山的意义。没有根据地，就是流寇主义，就会成为李自成。毛泽东创建井冈山根据地一开始，就与流寇思想作斗争，他在《关于纠正党内的错误思想》中说："应该认识，历史上黄巢、李闯式的流寇主义，已为今日的环境所不许可。"谭震林回忆，1927 年大革命失败后，毛泽东总结历史上农民起义失败的教训，说："李自成为什么失败了？很重要的一个原因，就是没有巩固的根据地。"① 毛泽东在抗日战争中写的《抗日游击战争的战略问题》中写道："历史上存在过许多流寇主义的农民战争，都没有成功。"八七会议上，我们党提出了两大任务：一个是武装斗争，一个是土地革命。原来我们没抓到武装，国民党办军校，我们只办农校、办农民运动讲习所。后来八七会议重视军事和武装斗争了，应该讲这是两大突破。但八七会议没提根据地建设。根据地的思想与实践是井冈山时期提出并开始的，是毛泽东的伟大创新。后来，红军在大转移的时候，中央不断地指令，一会要在这儿建根据地，一会要在那儿建根据地，总要找个根据地，一到陕北，也是要找到立足点。根据地的建设思想马克思没有谈到，列宁也没有谈到，这是马克思主义理论在中国的新发展。

1964 年 10 月，毛泽东等中央领导在人民大会堂观看周恩来总理亲自担任总导演的大型音乐史诗《东方红》，其中有一首《秋收起义歌》，歌中唱道：

拿起武器闹革命，工友农友真英雄，秋收起义成了功，一杆红旗满地红。工友农友团结一条心，咳，红色政权扎下万年根，革命永远向前进！

---

① 张贻玖：《毛泽东读史》，当代中国出版社 2010 年版，第 131 页。

跟着领袖毛委员，走向雄伟的井冈山，革命要有立脚点，地是根来枪是胆。工友农友团结一条心，咳，红色政权扎下万年根，革命永远向前进！

工友农友一条心，当年是工农革命，现在是工农联盟。“革命要有立脚点”，讲的就是根据地，“地是根来枪是胆”，“地”是土地革命，“枪”是武装斗争。这首歌把井冈山道路的三个最核心的要素通俗而形象地唱出来了：武装斗争、土地革命和根据地建设。

井冈山道路在中国道路的意义、井冈山斗争在中共党史上的地位有三：

一、井冈山斗争是中国共产党工作重心实现由城市向农村转移的成功典范。大革命失败以后，中国革命所以能够坚持下来并走向复兴，关键在于找到了一条正确的革命道路。这条道路，就是把立足点由城市转入农村，发动和依靠农民群众，在农村建立根据地，开展土地革命和各项建设事业，开展以农民为主体的长期革命战争，发展和壮大革命力量，最后占领城市，夺取全国胜利的道路。这条前人没有走过的独创的道路，毛泽东不仅在实践中创造出丰硕成果和系统经验，而且在《井冈山的斗争》《中国的红色政权为什么能存在？》《星星之火，可以燎原》等著作中从理论上初步对中国革命的道路问题作了阐明。

二、井冈山斗争是毛泽东思想形成的坚实奠基。毛泽东1927年9月领导秋收起义，进江西，职务是中共中央政治局候补委员；1934年10月红军长征从瑞金出发，毛泽东离开江西，职务是中共中央政治局正式委员；遵义会议被选为中央常委，进入三人小组，实际是党的领袖。毛泽东在江西是7年，这7年正是我们党从幼稚走向成熟的关键时期，是我们党在政治、军事、土地革命、群众工作上全面发展的时期，是我们党的力量不断壮大的时期，也是毛泽东思想逐步形成、成熟的关键时期。

三、井冈山斗争是马列主义与中国革命实际相结合的伟大开篇。井冈山道路的实践探索及其理论的初步阐明，是同当时党内盛行的把马克思主义教条化、把共产国际决议神圣化的错误倾向作斗争的结果，正是因为坚持了实事求是的思想路线，理论与实际相结合，我们党才能在中国革命的转折关头，走出一条中国革命的正确道路。尽管后来的发展中，革命还会遇到困难和挫折，但党领导人民沿着这条正确的道路最终走向了胜利。

井冈山的艰苦岁月不能忘

毛泽东说他一辈子有三个地方忘不了：一个是井冈山，一个是延安，一个是东固。实际上东固跟井冈山很有关系，它就在井冈山下，毛泽东说它是第二个井冈山，陈毅称之为“东井冈”，老百姓说“上有井冈山，下有东固山”。那为什么毛泽东忘不了井冈山呢？井冈山斗争时期，是从1927年9月29日三湾改编到1930年2月袁文才、王佐被错杀，一共是2年4个月，其中毛泽东从1927年9月底至1929年初，在井冈山待了1年4个月。似乎时间并不长，井冈山的那段岁月刻骨铭心，让人忘不了的。那是一段艰苦的岁月，一段艰难的岁月，一段奋斗的岁月，一段光辉的岁月。

首先，井冈山的奋斗，是一个“难”字，革命先辈们不怕难，艰难奋斗。俗话说，万事开头难，陈毅也有诗“创业艰难百战多”。井冈山斗争的难，且不说道路怎么走，敌人的“会剿”怎么破，就单说部队怎么给养，也是够难的了。毛泽东率领的秋收起义部队在三湾改编后是700多人，袁文才、王佐的31团约300人。1928年4月，朱毛在宁冈会师时，朱德、陈毅带来的率南昌起义部队和湘南农民起义军约1万余人。1928年12月，彭德怀、滕代远率平江起义部队上山，约700人。这样，井冈山就有红四军、红五军。

人马多了，但难事也来了，给养就成了问题。开门七件事：柴米油盐酱醋茶，一两万人，首先要吃饱肚子，养活部队。1965年，毛泽东重上井冈山，在山上茨坪看到井冈山博物馆，很热闹。下山后，他还一直唠叨：当时革命的中心不在山上，而在山下，在茅坪、八角楼、永新一带。为什么？原来，井冈山的山下则有宁冈、永新一大片，能筹到粮。而山上就茨坪、大井、小井这几块地方，人口不过两千，产粮不过万担，养不活那么多人。有人会说：打土豪呀。但井冈山是山区，能有几个土豪呀？大井那幢房子就是井冈山地区最大的啦。有人又会说啦：那就像梁山好汉一样，一彪人马冲下山，抢一票上来。这也不行。不要说共产党的军队不能抢，就是能抢，抢哪儿啊？这里两省交界，穷乡僻壤，又不是交通要道，来往商人也不多呀。那能否收税呢？但两千人能收多少呢？所以说，井冈山斗争是很难的，连吃上饭都成了最大的问题。挑粮小道解决的是财政问题，它不仅是官兵一致的表现，还有一个艰苦奋斗、生死拼斗的生存问题。

1929 年 1 月，毛泽东、朱德率红四军下山，彭德怀率红五军留在井冈山。有人会问：为什么是红四军下山，而红五军留守呢？一个原因是冬天来了，而 1928 年井冈山的那个冬天又特别冷，下雪下了 40 多天。而八一起义、秋收起义是在 1927 年 8 月、9 月打响的，起义部队都是夏天上的山，官兵们穿的都是单衣，且一年多了，都破了。电影《井冈山》中反映黄洋界保卫战那一段，有个细节有误，战士们个个都有军装。其实，红军第一次穿军装是 1929 年打下长汀，在一个被服厂缴获了一批布，才一人发了一套军装，还发了两块光洋，上街理了一个发，洗了一个澡。井冈山时期，部队穿的不是统一的军服，八一起义是正规部队，有军装，秋收起义部队则是各式各样，袁文才王佐部队是农民军，穿的更是当地农民的服装。彭德怀率领的平江起义部队原来是国民党的正规部队，是 1928 年 12 月上的山，军装比较好，能抗寒。所以，就他们留守。

第二，井冈山的奋斗，都让人想起一个“苦”字，但革命先辈们不怕苦，能吃苦，艰苦奋斗。艰难探索的后面，是艰苦卓绝。说起井冈山斗争，那真叫一个苦。毛泽东当年跟中央写报告，说:“湖南省委要我们注意士兵的物质生活，至少要比普通工农的生活好些。现在则相反，除粮食外，每天每人只有五分大洋的油盐柴菜钱，还是难乎为继。……现在全军五千人的冬衣，有了棉花，还缺少布。这样冷了，许多士兵还是穿两层单衣。好在苦惯了。”毛泽东的“好在苦惯了”这句话，说得似乎不经意、很平淡，我们听来却心头不由得一颤。其实，“苦惯了”还不是主要原因，因为毛泽东还讲到从白军投诚过来的士兵也能做到，主要的原因就在于民主作风，官兵一致，“什么人都是一样苦，从军长到伙夫，除粮食外一律吃五分钱的伙食。发零用钱，两角即一律两角，四角即一律四角。因此士兵也不怨恨什么人”①。这五分钱、两角钱是什么概念呢？做一个对比，叶剑英在回忆录里说：1927 年我是师长，每个月 2 万光洋，就是不贪不抢，一年的工资也有 20 多万。但“四一二”反革命政变，蒋介石叛变了革命，我想来想去，蒋介石这条路走不通，于是通电反蒋。1927 年，国民党军长的工资是多少呢？每个月 5 万光洋，这说明军长和师长的差别就很大，士兵更不要

① 《井冈山的斗争》，《毛泽东选集》第 1 卷，人民出版社 1991 年版，第 64—65 页。

说了。八一南昌起义，朱德是主要领导人，任起义军第九军军长。他 1909 年就是同盟会会员。1911 年 10 月在云南参加辛亥革命武装起义。1915 年 12 月参加反对袁世凯复辟帝制的战争。1917 年 7 月就是滇军的旅长。但到了井冈山，朱德的工资收入是多少了呢？ 2 角钱。其实，这只是零花钱，还不是工资。红军是没有工资的，只是伙食尾子和零花钱。国民党是发工资的，所以，我军在抗战时期成为八路军、新四军后发点工资，但皖南事变之后蒋介石不给军饷了，也就不发工资了。

如果倒退 10 年，1917 年前后，毛泽东在北京大学当临时工，每月工资还 8 元呢。北大原有文、理、法、商、工 5 科，蔡元培到校后，重点扩充文理 2 科。在北大旧址（红楼）陈列的北京大学档案中，有当时北大的工资表，第一名是校长蔡元培，月薪 600 元，第二名是文科学长陈独秀 300 元，第三名是理科学长夏浮筠 350 元。李大钊是史地系教授兼图书馆主任，120 元，毛泽东作为图书馆助理，仅拿 8 元。而胡适担任英国文学、英文修辞学和中国古代哲学三门课，月薪 280 元，只比陈独秀少 20 元。[①] 可陈独秀当了总书记以后，成了职业革命家，工资为零。

说起井冈山时期的共产党人和革命者能吃苦，并不是他们出身贫寒，没有钱，也不是为了钱，恰恰相反，八一起义、秋收起义时期，朱德、贺龙、叶剑英、叶挺这些人当时都是国民党的高官，中共很多高层人员都是富家子弟，本来就很有钱，但他们为了人民大众不吃苦，跑到这条件非常艰苦和穷乡僻壤来吃苦了。

现在，革命胜利了，国家发展了，条件好多了。但是井冈山艰苦奋斗的传统永远不能丢。这不是说放着好生活不过，而专去找苦头吃，专找苦日子过，不是简单地节省、“抠门”、“吝啬”。我以为，在 21 世纪的今天，井冈山的“艰苦奋斗”，其本质意义和现实意义有三点要特别强调：一是不怕苦、不怕难。现在没有那么苦了，也不要吃那些苦了，在过好日子的时候要想到苦日子的时候，不能大手大脚，铺张浪费，永远都要节约每一个铜板，勤俭节约办一切事。何况，无论到何时，各地的发展都有不平衡，都有工作条件、生活条件好和差、优裕与艰苦的问题，共产党员、领导干部要不怕苦，要吃苦，勇于挑重担，乐意到最艰苦的地方去。二是和人民群众同甘共苦，一起苦，一起过，只能比群众得的少，不能比群众拿得多，当年井冈山的艰苦奋斗很重要的一点就是对内官兵平等，对外军民一致。

---

① 唐宝林：《陈独秀全传》，社会科学文献出版社 2013 年版，第 153、第 168 页。

现在，职务高低有不同，待遇条件有差别，但不能相差太多，悬殊过大，领导干部更不能当官僚，搞特殊，耍特权。三是共产党员、领导干部要吃苦在前，享受在后，不能群众吃亏，自己捞好处。

第三，井冈山的奋斗，还不是多一点、少一点，苦一点、累一点，还不是五加二、白加黑，那是流血牺牲，生和死啊，革命先辈是不怕死，不惜命，是拼命奋斗。

蒋介石有其过人之处，但很凶残，动手快，出手重，下手狠。1927 年“四一二”反革命政变，他用屠刀在中国造成了全世界最恐怖的白色恐怖。“四一二”一天就杀了 300 多人，从 1927 年“四一二”反革命政变到 1928 年上半年，全国死难的共产党和革命志士达到 30 多万人，其中共产党员 2.6 万。罗亦农、赵世炎、陈延年、李启汉、萧楚女、邓培、向警予、熊雄、彭湃、张太雷、恽代英等大批中共的优秀领导者皆被杀害。北洋军阀也遥相呼应，1927 年 4 月 6 日，张作霖逮捕了在苏联使馆内避难的李大钊等 60 余人，随即将李大钊秘密绞死。

在革命时期，江西人民也付出了巨大牺牲，有名有姓的烈士就有 26 万人，占全国烈士的 1/6。就说井冈山斗争吧，短短两年零四个月，竟有 4.8 万烈士长眠于这块土地，平均每天有 56 人牺牲。且只有 15744 人留下姓名，无名烈士达 3 万多。井冈山斗争是多么艰苦卓绝的一段岁月啊。

中国革命是很惨烈、很艰苦的。有些人讲为什么要革命呢？改良不好吗？这是不知道历史。这是被逼的呀。金一南在《苦难辉煌》里比较了俄国的情况。沙皇都没有蒋介石凶残，俄国的布尔什维克革命党人就要好一些。列宁被捕流放过 2 次，托洛茨基被捕流放过 2 次，布哈林被捕流放过 3 次，加米涅夫被判处终身流放，加里宁多次被捕流放，捷尔任斯基多次被捕流放，斯大林被捕流放过 7 次。俄国的许多革命者都流放了好多次，抓了又流放，流放又跑掉，跑掉又革命。而蒋介石就狠多了，抓到了共产党人、特别是共产党领袖，立马就杀，只要一次被捕，便很难生还，还流放你多次？！没有一个是手下留情的。陈独秀关了，差点被杀。向忠发这个人被抓后，甚至叛变了，也还是杀了。瞿秋白被捕后，不要解押到南京来，就地枪决，是宋希濂把他杀掉的。现在还留下一张瞿秋白就义前的照片，穿着一条背带裤，白衬衣，很潇洒，面容坦然，向刑场走去，一路用俄语唱着《国际歌》，很坦然，就像去春游一样。走到一块草坪，说：“这里正好。”宋希濂说：“先生，请你转过身去。”瞿秋白说：“不用。就从前面来吧。”宋希濂晚年回忆此事时说：“这是我一生中最大的憾事！”中国的反动派是相当凶残的。蒋介石在井冈山更恶狠狠地叫嚷：山要过火，石要过刀，人要换种。

三湾改编一结束，苏先骏就脱离部队，离开江西，向中央告了毛泽东一状，然后就叛变了，一叛变就把郭亮出卖了。郭亮，1926年的湖南省总工会委员长，1927年在中国五大上当选为中央候补委员。5月代理中共湖南省委书记，1928年1月任湘鄂赣边特委书记。郭亮是一个坚定的革命者。早在1916年，年仅15岁的郭亮在长沙街头看见了被杀害的革命党人头颅，写下一诗："湘水荡荡不尽流，多少血泪多少仇？雪耻需倾洞庭水，爱国岂能怕挂头！"谁知12年后，由于叛徒出卖，1928年3月27日郭亮在岳阳被捕，29日就在长沙被砍了头，头挂在长沙城门示众三天三夜，又移至他老家铜官东山寺戏台示众。4月26日，上海的《申报》报道了这一消息，鲁迅先生看后非常愤怒，他在《申报》发表《三闲集·铲共大观》一文说："革命被头挂退的事是很少的"，"不是正因为黑暗，正因为没有出路，所以要革命的么？倘若必须前面贴着'光明'和'出路'的包票，这才雄赳赳地去革命，那就不但不是革命者，简直连投机者都不如了"。这也就是毛泽东讲的：哪里有压迫，哪里就有反抗，压迫越深，反抗越大。1930年8月，彭德怀、滕代远率部打下长沙，这是我们党在大革命时期唯一一次打下省会城市。彭德怀一打下长沙就亲自带人满城搜捕苏先骏，抓住之后就把他枪毙了。中国共产党对叛徒是很痛恨的。

现在上井冈山，大家都会去小井看当年的红军医院，曾志当时是这个医院的支部书记。井冈山失守后，敌人占领这里，把医院里160多名重伤员全部赶到旁边的水田里杀掉。后来，王佐把烈士遗骸收集起来，埋到现在挹翠湖附近。朱德重上井冈山时专程去吊唁，脱下帽子，因为是冬天，有人要给他带上帽子，他很生气，固执地把帽子脱下，向烈士致敬，还深情地向周围的人讲起这段往事。

后来，毛泽东在延安七大的报告里讲得很沉重："无数革命先烈在我们前面英勇地牺牲了。但是中国共产党和中国人民并没有被吓倒，被征服，被杀绝。他们从地下爬起来，擦干了身上的血迹，掩埋好同伴的尸首，他们又继续战斗了。"不管是过来人，还是我们这些后来者，读着毛泽东的这段话，再去看井冈山斗争，那都会流眼泪的，那个泪是会往心里流的。

毛泽东还讲："无数革命先烈为了人民的利益，牺牲了他们的生命，使我们每个活着的人们想起他们心里就难过，难道我们还有什么个人利益不能牺牲，还有什么错误不能抛弃呢？"毛泽东的话穿透力很强，直指人心，能一下子打开人的灵魂。很多人讲：上井冈山，追思革命先烈，灵魂会得到净化，精神能得到洗礼。的确是这样。革命是很艰难、很艰苦的，井冈山斗争的奋斗精神就是为了理想不怕流血牺牲。习近平讲，为了中华民族伟大复兴的中国梦，要顽强奋斗、艰苦奋斗、不懈奋斗。这“三个奋斗”正说出了井冈山斗争以来中国共产党人的精神。

井冈山精神的内涵十分丰富。井冈山精神实际上是无数先辈在血与火的拼搏中，用生命和鲜血构筑的优良传统，是中国共产党的一系列精神的精神源头，是最具有原创意义的民族精神，我们要非常珍惜它。我认为中国的故事应该对着全世界讲，井冈山精神可以向全世界开放，井冈山精神是具有原创意义的民族精神，对世界也是有启示意义的。

毛泽东等历代中央领导反复讲，井冈山传统不能丢，井冈山精神要传承。习近平讲：井冈山斗争最为宝贵的就是井冈山精神。井冈山精神具有穿越时空的当代价值，它会随着时代不断地向前发展，而不断地被我们再挖掘、再认识。

井冈山道路为什么会成功

现在，当我们回望历史，不得不惊叹井冈山是一个不可思议的奇迹。1927年9月29日三湾改编结束，红军多少人呢？ 700~800人吧。1929年，红四军下井冈山的时候，大概三千人。打了一圈，来到吉安的东固，红军得到了补充和休整，然后从东固出来以后，去了长汀，不断发展壮大。对这一段经历，史沫特莱有一段话："1929年华南早春时分，集结在东固山区的这支小小的'穷人队伍'——农民就是这样称呼红军的——看起来根本就不像一支军队，但他就是伟大的人民解放军的萌芽，20年后，他踏遍了全中国，震撼了全世界。"

1965年，毛泽东重上井冈山讲，"38年过去，弹指一挥间"。那是从1927年算起的，从1927年到1965年，共计38年。井冈山道路弯弯曲曲，一直通向1949年，取得中国革命的胜利，解放了全中国，真是了不起啊。这怎么做到的呢？这怎么可能呢？什么原因呢？

当年，井冈山斗争时期，有人就提出了一个疑问：红旗到底能打多久？毛泽东当时就雄辩地回答了井冈山的红色政权为什么能存在，星星之火，可以燎原。现在，来井冈山的人还常常会问：井冈山斗争的星星之火为什么能燎原？井冈山道路为什么能成功？

其实，毛泽东当时已回答了这个问题，他说，井冈山的红色政权为什么能存在？"还须有一个要紧的条件，就是共产党组织的有力量和它的政策不犯错误"，"红军所以艰难奋斗而不溃散，'支部建在连上'是一个重要的原因"，"有很好的党"。①

所以，井冈山道路为什么会成功，就是因为有了中国共产党，因为有了领袖毛泽东。

① 《井冈山的斗争》，《毛泽东选集》第1卷，人民出版社1991年版，第65页。

党和毛泽东给大家坚定了理想信念。

对井冈山斗争和井冈山精神，江泽民总结了24个字："坚定信念、艰苦奋斗，实事求是、敢闯新路，依靠群众、勇于胜利"，第一就是"坚定信念"。后来，胡锦涛讲，在新的历史条件下，"我们要始终忠于理想，坚定信念"，在"坚定信念"前加了一个"忠于理想"，讲的也是理想信念。现在，习近平也讲了四句话"坚定执着追理想，实事求是闯新路，艰苦奋斗攻难关，依靠群众夺胜利"，第一也是"追理想"。当年在井冈山，毛泽东无论是在党的会议上作报告，给战士官兵做思想工作，还是在《中国的红色政权为什么能存在》《星星之火，可以燎原》等一系列文章中，都反复教育广大党员、干部群众坚定理想，忠于理想，追逐理想。

中国革命有三个非常：中国革命是非常艰巨的，中国反动派是非常凶残的，中国共产党人是非常坚定的。当年，井冈山斗争有什么条件呢？靠的就是理想信念。中国共产党人始终有一种"革命理想高于天"的英雄气概。没有枪，没有炮，物质条件极其缺乏，而革命精神却极其坚定，什么样的人间奇迹都可以创造出来。

1928年8月，红28团、红29团向湘南冒进，遭受"八月失败"，损失了红29一个团。袁崇全叛变，王尔琢牺牲。王尔琢参加过八一起义，28团团长，他的牺牲是红军的一大损失。就在井冈山斗争遭受重大挫折的时候，我们又取得了黄洋界保卫战的胜利，井冈山道路就这样在曲折中前进。毛泽东写下了《西江月·井冈山》这首词：

山下旌旗在望，山头鼓角相闻。
敌军围困万千重，我自岿然不动。

早已森严壁垒，更加众志成城。
黄洋界上炮声隆，报道敌军宵遁。

我小时候读到这首词，就会想到连环画的《水浒传》，画面上，山上一帮人马，山下一帮人马，互相对峙，谁也不服谁。中华民族在民族复兴的伟大道路上，西强我弱，都是在敌人围困之中，但在党的领导下，中国人民有信心，有定力，岿然不动。抗日战争时如此，解放战争中如此，新中国成立后也是如此，美国率领联合国军队打到朝鲜，打过三八线，打到鸭绿江，我们也是如此。毛泽东的孙子毛新宇讲，毛泽东战后看到黄洋界，脱口来了一句：

铁马旌旗鼓角乱，犹闻故里青艾香。

你看，非常从容、潇洒、自信、自强，内心强大，气场很足。据说1934年初，冯雪峰在瑞金，向毛泽东报告，说鲁迅先生看过这首词。毛泽东年轻时，是《新青年》杂志的热心读者，就读过鲁迅的作品。1918年8月到1919年3月，毛泽东第一次到北京，在北大图书馆当管理员时，还专门跑到八道湾鲁迅和周作人同住的院子拜访，可惜那天鲁迅不在家，只见到了周作人。毛泽东晚年谈到此事，还遗憾地说："五四时期在北京，弄新文学的人我见过李大钊、陈独秀、胡适、周作人，就是没有见过鲁迅。"毛泽东一直对鲁迅的评价很高，晚年还号召全党"读点鲁迅"①。毛泽东听冯雪峰这么一说，忙问：鲁迅先生怎么说？冯雪峰告诉毛泽东，鲁迅先生说"颇有些山大王的气概"。毛泽东听了哈哈大笑。得意之处，显出了毛泽东认同之意。

我们读这首诗词，还真感觉到有点梁山好汉占山为王的气概。陈毅讲："这首诗里有一种不可震撼的英雄气概。"讲得真好。井冈山精神中真有一种一往无前的精神，要压倒一切困难，不被任何困难所压倒。

现在到黄洋界，满山都是树。当时没有树，光秃秃的，山上山下互相都能看得见。当时，赣江和抚河上游的生态，由于国民党和其他原因破坏得很严重。江西苏区有两个县——兴国县和于都县，后来因为水土流失严重，就有了一个说法：兴国不国、于都要迁都了。20世纪80年代开始栽树，栽了20多年，生态才恢复。现在全省森林覆盖率达到60%多，处于全国前列。

1930年1月5日，毛泽东写给红四军一纵队司令员林彪一封信《星星之火，可以燎原》，这篇文章和《井冈山的斗争》、《中国的红色政权为什么能够存在？》一样，都是写井冈山斗争的著作。毛泽东用真理的力量、用历史的事实、用群众的实践证明了井冈山道路的正确，证明了中国革命前景的光明，充满着不可抑制的蓬勃信念。毛泽东阐明了农村包围城市、武装夺取政权的理论，对革命高潮充满信心。他写道：

① 见陈晋：《毛泽东："读点鲁迅"》，《百年潮》2016年第2期。

她是站在海岸遥望海中已经看得见桅杆尖头了的一只航船，它是立于高山之巅远看东方已见光芒四射喷薄欲出的一轮朝日，它是躁动于母腹中的快要成熟了的一个婴儿。

注意，这可不是事后写的，那是在中国革命最困难的时候写的，那时，党遇到的困难是前所未有的。面对突发事件，面对极其险恶的形势，党内思想异常混乱，有英勇坚定分子，但也有不坚定分子脱党了，党员数量急剧减少到 1 万多人，全国工会会员也从大革命最高潮的 300 多万一下子降到 1930 年 7 月的 7 万，还有很多中间人士迅速同共产党拉开了距离。但共产党人没有屈服，很快从八七会议就开始应对。毛泽东写这篇文章的时候，非常艰苦，但蓬勃辉煌的朝日已经在东方升起，不可阻挡，再经过 19 年的奋斗，新中国就诞生了。毛泽东的预言实现了。理想信念的力量多么厉害。

党和毛泽东加强了党的领导。

1965 年毛泽东重上井冈山，5 月 25 日那天下午，把湖南的省委书记张平化送下山之后，毛泽东在房间里跟汪东兴、江西省委副书记刘俊秀聊天，谈了一下午。汪东兴说：主席呀，井冈山到底是哪儿支部队组成的？毛泽东回答得很有深度，他说：四支部队呀，一支是我领导的秋收起义部队，一支是朱总司令的八一起义部队，一支是彭老总领导的平江起义部队，再一个就是袁文才、王佐部队。其实还有一支来自湖南宜章的部队，就是在“八月失败”损失的红 29 团。毛泽东说，知道由这四支部队组成的这一点不难，稍微难一点的是这四支部队是怎么变成后来的红四军、红五军的？

我认为，团结统一、集中领导、凝心聚力是我们党执政的关键问题，也是我们党的优良传统和根本优势。井冈山精神里面有会师精神、团结意识、统一问题。上井冈山后，毛泽东处理的很多事情就是党的团结。当时有土籍和客籍的关系，有军队和地方的关系，有特委、前委和军委的关系，有军队党和地方党的关系，有秋收起义和南昌起义部队、平江起义部队以及袁文才王佐部队等的关系，处理这些关系，都有一个团结的问题。毛泽东是怎么把这些队伍拢起来的？是怎么把这些关系理顺的呢？所以说我们党真是伟大，搞五湖四海，既承认山头，又不承认山头，我们共产党人讲团结。再看国民党派系重重。当年红军长征，国民党第七军军长廖磊奉命率第七军尾追红军，却始终与红军后卫部队保持两天行程，最后追到贵州的都匀、独山一带便干脆不追了。红军摆出进攻贵阳的姿态，蒋介石亲赴贵阳督战，急电廖磊星夜来援。不料廖磊复电说："容请示白（宗禧）副总司令允许，才能前进。"老蒋叹息道："这真是外国的军队了。"蒋介石到死都没搞定嫡系和杂牌、军阀派系那些事，五大军阀，中央军，李宗仁，阎锡山，西北军，张学良，一个也没搞定。

是啊，毛泽东是怎么把各方面的队伍、各方面的力量建设成强大的红军，凝聚成强大的力量呢?

首先，加强了党内的思想教育和思想政治工作。建党建军初期，党和军队的主要成分是农民以及从旧军队起义和解放过来的士兵，旧军队习气、农村小生产者、流氓无产者的思想和小资产阶级等非无产阶级的思想经常地、大量地反映到部队中，单纯军事观点、流寇思想、军阀主义的残余严重存在。这些错误思想不仅反映在建军治军上，也反映在红军的作战和执行任务上。如何把这样一支以农民为主要成分、从旧军队的营垒杀出来的新生的革命军队，建设成为一支新型的无产阶级性质的人民军队，是党面临的一个重大而严峻的现实问题，也是党领导中国革命、夺取全国政权的重要课题。

毛泽东坚持用无产阶级思想建设无产阶级政党和人民军队，提出了一系列方针、原则和制度安排，思想政治工作是中国共产党领导人民军队的伟大创造，是实现党对军队绝对领导的根本保证，我党我军的这一优良传统、鲜明特色和政治优势，正是在井冈山就开始形成的。

坚持党对军队的绝对领导，是人民军队建军、治军、强军的根本经验和核心，是我军最宝贵的优良传统和最大的政治优势，是我军从胜利走向胜利的根本保证，是我军永远不变的军魂。听党指挥的这一军魂，是总结八一起义、秋收起义以来，尤其是井冈山斗争时期的实践经验，最后在古田会议铸就的。古田会议创造性地提出和回答了党和军队建设一系列带根本性、方向性、原则性的重大问题，对我党我军的建设和发展产生了全局性的历史性的影响。

我们常常听说一些国家，一个上校、中校，拉出一个团就可以叛变，这在我国我党是不可能发生的事。张国焘在延安时期叛变的时候，警卫员都带不走。国外常有人攻击我国党对军队的领导，鼓吹"军队非党化、非政治化"和"军队国家化"，企图使我军摆脱党的领导，改变人民军队的性质。这是根本做不到的。无论过去、现在和将来、听党指挥都是人民军队的"命根子"。

加强党的领导，毛泽东加强了制度建设。井冈山时期就做出了一系列的制度规定和安排，后来，在古田会议做出《决议》，依据中央九月来信精神，系统总结了两年来建军治军的实践经验，澄清了一些倾向性的、错误的、模糊的观点，回答了党和人民军队建设中许多根本性、方向性的重大问题，从党组织在军队中的地位、从军队中党组织的设置和决策机制、从党和军队的思想政治建设等各个方面，明确规定了党对军队绝对领导的原则和制度。强调红军必须实行党委制，坚持在连以上各级建立党的组织；必须加强红军各级党组织建设，使党的组织真正成为“领导的中枢”，切实起到“政治领导的作用”。

党和毛泽东加强作风建设。

井冈山时期，我党我军十分注重抓作风建设，有两点值得一说。就是一手抓严明纪律，一手抓民主作风。

1927 年 10 月 22 日，毛泽东率领工农革命军主力在井冈山遂川大汾受到反动武装萧家壁的突袭，队伍被打散，大家士气低落，愁眼相对。毛泽东把队伍集合起来，自己站头一名，“请曾连长喊口令！”然后在荆竹山“雷打石”处向大家讲话，第一次正式提出了“三大纪律”：第一，行动听指挥；第二，筹款要归公；第三，不拿群众老百姓一个红薯。后来，1928 年元月，毛泽东和前委又颁布“六项注意”，得到人民群众的拥戴。再后来，进一步完善为“三大纪律八项注意”，成为我军的重要行动准则。

每当我看到这一段史实，心中油然升起一种敬佩赞叹之情，这是一种多么了不起的军队面貌、思想境界、战斗作风和精神状态。三湾改编后总共就那么几百人，又刚打了败仗，这在某些人看来，不就是败军残兵吗，这个时候还提出了日后为世界上最强大的军队所严格遵守的三大纪律。第二，这三大纪律六项注意，都是接地气、通人心的老百姓语言，官兵记得住，百姓很欢迎。第三，更重要的，它每一条都是关键点，“行动听指挥”的是政治纪律。“筹款要归公”讲的是廉洁纪律。“不拿群众老百姓一个红薯”讲的是群众纪律。

井冈山的部队在靠纪律整顿作风的同时，还要靠民主来建设作风，这就对外军民一致，军民团结，对内官兵一致，官兵平等。正是这种纪律严明、同甘共苦的优良作风，这支军队成为新型的人民军队。

毛泽东讲：“红军的物质生活如此菲薄，战斗如此频繁，仍然维持不敝，除党的作用外，就是靠实行军队内的民主主义。官长不打士兵，官兵待遇平等，士兵有开会说话的自由，废除烦琐的礼节，经济公开。……这些办法，士兵很满意。

尤其是新来的俘虏兵，他们感觉国民党军队和我们军队是两个世界。他们虽然感觉红军的物质生活不如白军，但是精神得到了解放。”这种优良作风产生的战斗力远远大于金钱物质的作用。

南昌起义部队有两万多人，秋收起义时有五千多人，开始逃兵都非常多。但三湾改编后，支部建在连上，加强了党的领导，严明了纪律，建立了士兵委员会，官兵一致，都是五分钱菜金，士兵不再给长官打洗脚水，长官不能打骂士兵。这支军队的面貌就焕然一新，战斗力陡然不一样了。1929 年初，毛泽东、朱德率红四军从井冈山下来，被敌人两个旅追着打，一个多月中，从大余到寻乌，屡战屡败，“沿途都是无党无群众的地方，追兵五团紧蹑其后，反动民团助长声威，是为我军最困苦的时候”[①]，陈毅后来向中央的报告也说道：“红军没有群众帮助，行军宿营探察等非常困难，敌人又采取轮班穷追政策，我军为脱离敌人，每日平均急行军 90 里以上……但官兵经过 30 日左右之长途急行军已属难支，但能一致团结奋勇直前无怨言，从未发（生）叛变逃跑事，这足以打破集团军事行动之空前记录。”直到 2 月 1 日，红军才暂时摆脱追兵，来到寻乌境内的项山罗福嶂，歇脚一天。在寻乌县的时候，还身陷险地绝地。当时毛泽东和贺子珍住在村头的土地庙里，仗打响后，毛泽东还在问：哪里打枪？不知道枪是哪里打来的。陈毅跑出来，迎面碰到敌人，脱下大衣往敌兵头上一罩就跑掉了，很有戏剧性。朱德冲出来，端着机关枪，一边扫射，一边突围。但朱德的妻子伍若兰被抓住，头被割下来挂在赣州城头上。一直到年关夜在瑞金附近的大柏地才打了一个大胜仗。陈毅讲：这是我军成立以来最有荣誉的一仗！然后跑到东固休整了一个星期，喘了一口气，才到福建长汀。这段岁月，异常艰难，当时不管怎么打，打得多么残酷，这支军队却溃而不散，败而不降，可以失败，却不逃跑，没有一个逃兵。

总之，现在回过头来看井冈山斗争，确实可以看出我们党的伟大，看出毛泽东的伟大。井冈山斗争确实开创了一条革命的新路，这条新路非常艰难，有失败、有挫折，蜿延曲折，但又百折不挠，从胜利走向胜利。井冈山道路确实是一条伟大的道路、胜利的道路。

井冈山是中国共产党人的胜利起点。井冈山是中国共产党人的精神家园。毛泽东说“千里来寻故地”。井冈山是共产党人的故地，不单是那些当年在这打过

---

① 1929 年 3 月 20 日毛泽东写给中央的报告。

游击的毛泽东、朱德、陈毅等老一辈革命家的故地，也不单是他们后代的故地，也是我们现在这些共产党人的故地。我说，井冈山是我们共产党人的耶路撒冷，是我们共产党人的圣地麦加，是我们的祖庙和祠堂。

我们上井冈山，不仅是来听故事、吃红米饭、喝南瓜汤的，也不是来大井、小井旅游的，是来学习瞻仰，接受思想教育，得到精神洗礼的。克罗齐说“一切历史都是当代史”，我们现在讲井冈山故事，并不是讲一个过去了的故事。就是要推动中国现在的发展。讲当年井冈山道路的开辟，就是探索今天中国发展的道路。讲过去是要看现在，走向未来。学好党史国史不仅是学点历史知识的问题，而是一个重大而现实的政治问题。中国革命历史是最好的营养剂。我们要把党史、国史的学习作为必修课，学好井冈山斗争史，加深理解在一个东方落后大国怎样才能实现中国梦，中国共产党领导人民开辟的这条道路源自哪里、特在何处、奔向何方，深刻认识历史和人民选择了中国共产党、选择马克思主义、选择社会主义道路的历史必然性，继承和发展我们党的优良传统和精神，在对历史的深刻思考中，做好现实工作，更好地走向未来。

为什么要搞这次大阅兵

这一次，全国人民对纪念中国人民抗日战争暨世界反法西斯战争胜利 70 周年纪念活动、特别是大阅兵倍感振奋。但也有人问：为什么要搞这次大阅兵？

《左传》说："国之大事，在祀与戎。""戎"，即战争，"祀"，即祭祀，祭祀主要就是祭天地山川的神灵和祖先。现代多举行公祭，如纪念、悼念、怀念等公共活动，再如设立国庆日、纪念日、国耻日，还有大型的典礼，包括一套程序与规则，如这次阅兵式鸣礼炮 70 响、升旗、唱国歌等。有人会说：战争，关乎生死人命，那当然是国之大事啦，而"祀"这只不过是一种礼仪而已，这怎么会是国之大事呢？中国人历来十分看重祭祀，因为祭祀一是表达对祖宗先辈、英雄先烈的礼敬，"非其鬼而祭之，谄也"。二是团结动员宣誓，"国不祭非族，民不祀非类"。

中国已经是世界第二大经济体，针对中国的发展又有诸多不同的声音。我们需要展示国家的实力、形象和自信，我们需要表达我们对历史和现实问题的态度，因此，我们需要这样一次隆重的纪念，需要这样一场庄严的阅兵。那么，我们通过这场阅兵，要说些什么呢？就是说了三件事：

我们要对着历史说，过去与先烈不能忘记。

第一，铭记不能忘却的历史，礼敬必须尊敬的英雄。郁达夫纪念鲁迅时说过一句话：一个没有英雄的民族是可悲的民族，而一个拥有英雄却不知道尊重英雄的民族更是可悲的民族。在那样一场决定世界命运、中华民族命运的大决战中，我们牺牲了那么多人，涌现出那么多可歌可泣的英雄事迹，彻底粉碎了日本军国主义奴役中国的图谋，洗刷了近代以来中国屡战屡败的民族耻辱，重新确立了中国的大国地位，开辟了中华民族伟大复兴的光明前景，开启了古老中国凤凰涅槃、浴火重生的新征程。这段历史当然要纪念。我们纪念抗战胜利 70 周年，就是要保存最珍贵的民族记忆。

第二，彰显民族复兴的自信，我们中国走向伟大复兴，从来没有离世界舞台这么近，从来没有离复兴目标这么近，从来没有如此拥有过实现自己复兴的能力。

中国人民抗日战争胜利，是近代以来中国抗击外敌入侵的第一次完全胜利，实现了五四以来中国人民废除不平等条约的愿望。1942 年 10 月，美、英两国政府分别发表声明，宣布“放弃在华治外法权及解决有关问题之条约”，并就此与中国政府进行谈判。1943 年 1 月，中美、中英在平等原则上正式签订新约。其他在中国享有特权的西方国家也相继跟进。自此，中国基本上恢复了作为一个主权国家应该享有的平等和独立的法律地位。1943 年 12 月，中美英共同签署的《开罗宣言》规定，日本从中国窃取的领土，如东北四省、台湾、澎湖群岛等都要归还中国，钓鱼岛历史上一直作为台湾的附属岛屿，自然包括在内。1945 年 7 月中美英《波茨坦公告》重申这一条文，稍后的《日本投降书》表示完全接受。抗战胜利，国家主权和领土得以恢复，奠定了今天中国的疆域版图。

第三，表达大国发展的中国新路。“历史不是一连串事件和人物的记录，更是一整套历史观念和价值内涵。”西方人讲丛林社会，弱肉强食，讲国强称霸，零和博弈，15 次大国的兴起有 13 次是打出来的。但中国要走出一条国强不霸的新路。中国有着悠久的历史传统，中国人从来不、也永远不称霸、永远不把别人强加给我们的苦难历史强加给别人。中国人讲相互尊重，平等相待，和平合作，互利共赢。

第四，“和平必胜！正义必胜！人民必胜！”这是中国的价值观念、人民的价值观念。和平的愿景是世界的心声，正义的追求是前进的方向，人民的力量是历史的动力，这是历史唯物主义的基本观点，也是历史的基本事实。中国是世界和平与正义的捍卫者。中国通过新式武器和阅兵方阵展示出来的不是扩张、而是世界和平与正义的捍卫者的力量。因此，我们的报道，不仅要讲战斗故事，更重要的是通过故事总结出历史的规律、教训和价值观念，要汇聚和平与发展的磅礴力量。

记住那段历史的苦难，记住敌人的残暴，不是延续仇恨，而是为了记取教训，为了尊严、正义、和平、人民。中国将坚定不移地走和平发展道路，但并不是我一个人走和平发展道路，我们希望世界各国共同走和平发展道路，让和平的阳光永远普照人类生活的星球。所以这次阅兵活动，不仅是对民族记忆的尊重，更包含对人类前途的关怀。

历史不能忘记。70 年风云变幻，70 年前的史实似乎变得有些模糊。我们需要回顾历史，让中国和世界的人民和政治家记住历史。“欲知大道，必先为史。”人间正道是沧桑，要知道历史发展的规律，学习历史很重要。

据NHK报道，日本内阁官房长官菅义伟9月3日在记者会上对中国阅兵说：“日本政府认为不应过度聚焦于过去不幸的历史，希望能展示对国际社会面临的共同课题采取面向未来的姿态。这种想法日方已向对方（中国）传达。”表示“战争已结束70年，希望中国以面向未来的态度处理国际共同关心的问题，而非聚焦中国的不幸历史”。你看，这样的话，日本的官员竟然还能说得出口。当年，南昌人梅汝璈代表中国出任远东国际军事法庭法官审判日本战犯，他说：“忘记过去的苦难可能招致未来的灾祸。”这句话，至今发人深省。

南非的种族之间、白人黑人之间原来是势不两立，连曼德拉这样一个贵族都坐牢几十年，与白人有深仇大恨。后来，南非实现了民族和解，但有一个前提，就是搞过民族迫害、民族歧视的人，一是必须坦白，告诉真相，二是公开忏悔。图图大主教说“可以宽恕，但不能忘却”。日本人呢？一拒不承认，二死不忏悔。这怎么可以呢？德国人是怎么做的呢？德国人在当时的法西斯总部建起一个纪念馆。而日本却把当时的远东法庭拆了，在那个地方盖起亚洲第一大楼，要抹去这段记忆。他想抹掉是他的事，世界人民能忘掉吗？所以，我们通过纪念活动来保存这一段民族的集体记忆。记忆什么呢？电视连续剧《亮剑》《百团大战》等一大批优秀文艺作品记录了这一段伟大的艰苦卓绝的历史，要牢记好。习近平讲几个牢记：要牢记由鲜血和生命铸就的中国人民抗日战争伟大历史，要牢记中国人民为维护民族独立和自由、捍卫祖国主权和尊严建立的伟大功勋，要牢记中国人民为世界反法西斯战争胜利作出的伟大贡献。

这次纪念活动影响很大。联合国秘书长潘基文也来参加，可日本官房长官说：“你潘基文，联合国秘书长，怎么能去中国看阅兵呢，你怎么能选边站呢？”面对这种言论，潘基文9月4日接受中央电视台记者水均益专访时再次给予了驳斥，他说：“汲取历史经验非常重要，如果不正视历史，就不能朝着正确方向前进，所以正视历史并期待更好未来，是我这次来中国最主要的目的。另外，有些人错误地认为联合国秘书长都是中立的，实际上并不是所谓的‘中立’，而是公平公正。”说得不错，他说的就是历史观。历史观，就是怎么看历史，就是用什么观念、站在什么角度、站在什么立场来看那段历史，就是把那一段历史看成是什么历史。

那是一段什么历史呢？是正义战胜邪恶，光明战胜黑暗，进步战胜反动。我们怎能不铭记这一段历史，怎能不去歌颂这个光明，怎能不去宣传这个进步呢？说实在的，日本人的历史观真不如德国人的历史观。现在的德国人承认自己的国家在历史上犯了大错，表示深深的忏悔和道歉。

李大钊在《史观》中说:“故历史观者,实为人生的准据,欲得一正确的人生观,必先得一正确的历史观。”习近平也强调要“坚持正确历史观”，“让历史说话，用史实发言”，正是要提醒世人。从什么样的角度、以什么样的眼界去考察历史，决定着我们从史实中构建出怎样的“意义世界”。雨果讲：历史是过去传到将来的回声，是将来对过去的反映。他还说：历史就是火炬，既能让我们看清过去究竟发生了什么，也可以看清未来会有什么发生。如果没有一个好的历史观，看到的世界就是歪曲的、错误的世界。有的日本人讲不存在南京大屠杀。不知道他们是真这样认为，还是心里明白、就是嘴上不承认，但无论怎样，都是错误的历史观在引导着他们。

我们要对着世界说，中国是无可争议的东方主战场。

我们应该树立“全球抗战史观”。长期以来，西方人写的全球史，对中国的抗战说得很少。西方媒体对中国战场在反法西斯战争的贡献采取贬低、歪曲、甚至无视、抹杀的态度。西方许多年轻人甚至中年人，对中国人民的牺牲和贡献完全处于一种无知状态。

那么，从世界的角度，怎么看那时的中国战场呢？答案是：中国的抗日战争在世界反法西斯战争中具有重要地位，中国始终是双方激烈交战的东方主战场。

毛泽东说：“我们的敌人是世界性的敌人，中国的抗战是世界性的抗战。”中国抗战从一开始就不仅肩负起挽救国家危亡、争取民族解放的历史使命，而且承担了维护人类正义、保卫世界和平的伟大责任。作为参与世界反法西斯战争的大国之一，中国是亚洲大陆反对日本侵略的主要国家，中国人民以巨大民族牺牲支撑起反法西斯的东方主战场，为世界反法西斯战争胜利做出了重要的历史贡献。

第一，中国的抗战时间最早。开始于 1931 年的九一八事变，它拉开了世界反法西斯战争的序幕。而美国的抗战是从 1941 年底日本偷袭珍珠港才开始的。

第二，中国的抗战时间最长。从 1931 年至抗战胜利，长达 14 年，是美国、苏联反法西斯长度的 3.5 倍，是英国的 2.5 倍。全面抗战开始后的前四年，贫弱的中国单独顶住了近百万机械化日军的野蛮进攻。而在同一时期，号称“欧洲最大陆军强国”的法国，在希特勒闪电战的打击下，6 个星期就全线崩溃。1941 年，当苏德战争和太平洋战争爆发，法西斯将侵略战争推向全球时，中国人民抗日战争已独立进行了 10 年，全面抗战也已经进行了 4 年时间。中国抗战得到过有关国家的援助，但主要是中国人民独立抗争，不畏强暴，同敌人长期浴血奋战。美国在第二次世界大战中的援外租借物资共485亿美元，其中英国所得占63.71%，苏联所得占22.76%，中国所得只占1.8%约7.48亿美元。但是，中国长时间独立抗战、顽强抗战，不仅挽救了民族危亡，也拯救了人类文明、保卫了世界和平，成为夺取世界反法西斯战争胜利的关键因素，还为全世界树立了不畏强暴、为尊严和独立而战的榜样，对亚非拉国家产生了深远影响，实际上最终改变了旧有的国际关系。

第三，中国付出的牺牲和代价最大。二战涉及世界五大洲中的亚洲、欧洲、非洲、大洋洲四大洲，80多个国家和地区、约20亿人被卷入战火。中国仅从1937年7月开始的全面抗战算起，军民伤亡总数就达3500万人以上，占当时全国总人口10%，其中军队伤亡380余万人，直接经济损失超过1000亿美元，间接经济损失5000亿美元。二战期间，全世界的伤亡人数超过1亿，其中中国伤亡人数超过1/3。当然，苏联死亡人数超过2700万，死亡人数占当时全国总人口的20%多，全国成一片焦土，牺牲更加惨重。美国、英国虽然在战争最后几年的贡献巨大，但死亡人数只有中苏两国死亡人数的零头那么多。

第四，中国牵制日本的兵力最多。中国的持续抗战，既遏制了日本的“北进”图谋，使苏联免遭两线作战，又牵制和推迟了日本进攻南洋的“南进”步伐。即使在1941年底太平洋战争爆发后，中国战场仍然是东方主战场，抗击和牵制了100万左右的日本陆军主力和2/5的日本海空军，粉碎了日本与德、意法西斯称霸全球的战略图谋。日军被死死拖在中国大地上，最后不得不在中国放下武器，无条件投降。

中国倡导推动世界反法西斯同盟，中国军队不仅本土浴血奋战，还积极支持亚洲国家抗战，入缅支援英军对日作战。中国为同盟国提供大量战略物资和军事情报，在人力、物力、财力上支援同盟国的反法西斯斗争。是世界反法西斯战争的战略基地。

我们要对着现在说，弘扬伟大的抗战精神。

这场纪念活动和阅兵式，给我们印象最深的就是那场抗战留下的抗战精神。什么是抗战精神呢？

一是天下兴亡、匹夫有责的爱国情怀。湖南芷江是群山之中的一座湘西小城，70年前，中国在这里举行接受日本投降仪式而闻名于世。城外有一座受降纪念坊，被称为“中国凯旋门”,造型简单却无比凝重。四柱三门,就是一个大大的汉字——“血”。这是鲜血的血，更是血性的血、血气的血。这就是中国人。

抗战爆发后，傅斯年写下了“莫谓书生空议论，头颅掷处血斑斑”的诗句，极其悲壮。这就是中国人。

还有一位叫王建堂的人，要抗日上前线。临行前，父亲王者成给儿子送了一面白布旗，正中是一个大大的“死”字，旁边写着 :“国难当头，日寇狰狞，国家兴亡，匹夫有责。本欲服役，奈过年龄。幸吾有子，自觉请缨。赐旗一面，时刻随身。伤时拭血，死后裹身。勇往直前，勿忘本分。”儿子上战场，父亲送块布，伤时拭血，死后裹尸。这就是中国人。

这就是历史呀，这是一部民众苦难史，深入骨髓的丧亲之痛、永世难忘的生命之殇，让亲历者难以言说，让后来者潸然泪下。这是一部民族觉醒史，积贫积弱、沉睡百年的中国，在民族危亡之际觉醒起来，义无反顾投身到抗击日本侵略者的洪流中。这是一部国家奋进史，家国破碎，山河喋血，爱国主义成为时代主题，成为民众自觉。

二是视死如归、宁死不屈的民族气节。抗日战争是民族存亡之战，是否坚决抗争，成为摆在一切阶级、阶层、政党和军事集团乃至每一个人面前的一道必选题。面对亡国灭种之险，中华民族一扫百年来的浑浑噩噩，民族意识、国家意识达到空前觉醒，奋起抗争成为绝大多数中华儿女的毅然选择。在“中华民族到了最危险的时候”，中华大地处处涌动着波澜壮阔的抗日洪流，“誓死不当亡国奴”成为中华民族的共同呐喊，“敌未出国土前议和即汉奸”，“官吏谈和平者以汉奸论”，在当时不仅是不能违反的道德准则，更是成为全国上下一致认同的政治原则。

三是不畏强暴、血战到底的英雄气概。抗日战争是艰苦卓绝之战。从当时的经济和军事实力来看，日本似乎不可一世。打仗就是打钢铁嘛，1940 年，中国的钢铁年产量只有 4 万吨。而日本 1937 年钢产量就达 580 万吨，二战时的最高峰 1943 年还达到 765 万吨。[①] 全面抗战爆发前，日本的工业总产值是中国的 4.4 倍，日本生产飞机 1580 架，坦克 330 辆，中国为零。日本陆军训练有素、装备精良，日本海、空军军力分别是中国的 13 倍和 8 倍。在那场实力悬殊、空前惨烈的战争中，

① 1940 年德国 2154 万吨，意大利 226 万吨。1943 年德国连同占领区钢产量共 3460 万吨。而 1940 年苏联 1832 万吨，1942 年苏联钢产量 810 万吨，1943 年 850 万吨，1945 年 1230 万吨。1940 年美国钢产量 6076 万吨，英国 1230 万吨。

中国军队“扛起土枪土炮，挥动大刀长矛”，冒着敌人的炮火，以命相搏，拼死抵抗，特别是中国共产党领导的“这个军队具有一往无前的精神，它要压倒一切敌人，而决不被敌人所屈服”，这种大无畏的英雄气概，成为激励全国抗日军民勇猛顽强、浴血杀敌的强大精神武器，将有必死之心，士无贪生之念，中国军民前仆后继、浴血奋战，“宁教白山黑水尽化为赤血之区，不愿华胄倭奴同立于黄海之岸”，以血肉之躯筑起了捍卫祖国的钢铁长城，用英雄气概谱写了争取独立的壮丽史诗。毛泽东在《论反对日本帝国主义的策略》中说：“我们中华民族有同自己的敌人血战到底的气概，有在自力更生的基础上光复旧物的决心，有自立于世界民族之林的能力。”这种自信是中华民族精神的脊梁，影响着整个民族文化和精神活动的走向，无论是过去还是现在或将来，都是我们国家和民族自立于世界民族之林的精神动力。

四是百折不挠、坚韧不拔的必胜信念。蒋百里，著名军事家，钱学森的岳父，早年留学日本、德国。回国后先后任保定陆军军官学校校长、代理陆军大学校长。抗战中，他为中国军队写了一部《国防论》，扉页上写有一句话：

“千言万语化作一句话：中国是有办法的。”

这话充满抗战到底、永不服输的悲壮信心。

从 1840 年以来，在外来侵略的强敌面前，近代中国屡战屡败，从天朝帝国一下跌入底谷，有些中国人的精神被打残了，逐渐形成怯外惧敌的畏战心理，凡遇有中外冲突，多以妥协求和告终。但在那场全民抗战的正义战争中，中华儿女“一寸山河一寸血”，魂魄毅兮为鬼雄，大江大海浪奔浪涌，情怀悲壮，谱写了“留取丹心照汗青”的民族史诗，宣示着中华民族的血性与坚韧，标注出一道道令人仰视的精神天际线。中国的抗战，极大地扭转了中国人的感觉和认知，一扫近百年来屡战屡败的悲观阴霾，中华民族终于觉醒起来，重新找回了民族的自尊和自信，不但向世界，而且向自己证明了“中国是不可征服的”，“中华民族不可辱”，“中国是有办法的”！

现在，硝烟早已散尽，但精神不灭、气节长存，我们纪念抗战，搞这次大阅兵，就是要传承全民艰苦抗战留下的集体记忆，铭记不能忘记的历史，汇聚民族复兴的动力，弘扬泱泱大国的精神，珍惜来之不易的和平，让历史如镜，让丰碑不朽，从那段不屈的抗战中汲取前行的力量，用历史的火把照亮民族复兴的道路。

国共两党哪个厉害、哪个强

现在，回顾抗日战争期间国共两党的表现，哪些问题是重点、难点呢？有两个：第一，在这场全民抗战中，国共两党哪个更厉害、贡献更大？第二，国共两党，哪个是领导者？

回答这两个问题，首先要强调一点：中国的抗战是全民抗战，全民抗战的关键是国共两党合作，“兄弟”两个团结起来抵御外敌，打击侵略者。国共两党在抗战中的表现可以凝练为两句话：国民党的正面战场，共产党的敌后抗战。现在把握抗战历史，要特别强调共产党的中流砥柱作用。

明确了这一点后，我们再来看史实，看看怎么把握党史、现代史的真实。

如何评价抗战时期国民党的表现？

一、现在对国民党的抗战表现，有三种判断：一是积极反共。蒋介石对这点，始终没变，还有过两次反共高潮。二是消极抗日。武汉会战之前，国民党打得是可以的，后来就消极了。阎锡山就有一句话：我是在日本人、中央军和共产党三个鸡蛋上跳舞，三个鸡蛋都不能踩破，要搞平衡。阎锡山的这种心态，国民党的其他部队也有。台儿庄战役中，李宗仁的部下说：你给我们留点种子吧。但他中国人的血性出来了，说打光算了。三是准备投降。说蒋介石要投降日本很难说，但国民党的高层里，确实有相当多的人准备，而且已经投降。

当时全国各党派团体就有一个共识：国民党抗战意志不坚定，一直犹豫不定。1931 年九一八事变，日本关东军 2 万部队竟然向张学良的 20 万部队发动进攻，可国民党军一枪不发不抵抗，就退入山海关。很搞笑的是，国民党直到 1941 年年底才向日本宣战。12 月 7 日，日本偷袭珍珠港。第二天，8 日美英两国就对日宣战，第三天，9 日国民政府才对日宣战。这时距 1937 年全面抗战已经 4 年多了，距九一八事变更是过去了 10 年。而共产党是什么时候向日宣战的呢？1931

年九一八事变发生后9月22日，中共中央就作出《关于日本帝国主义强占满洲事变的决议》，表明坚决抵抗日本侵略的立场。随后又多次发表宣言声讨日本法西斯的侵略罪行，1932年4月15日，毛泽东在瑞金以中华苏维埃共和国临时中央政府主席的名义发布《对日战争宣言》："中华苏维埃共和国临时中央政府特正式宣布对日战争，领导全中国工农红军和广大被压迫民众，以民族革命战争驱逐日本帝国主义出中国，反对一切帝国主义瓜分中国，以求中华民族的彻底解放和独立。"

二、投降者极多。尽管中国的国力、军力与日本悬殊极大，但日本1940年人口7200万，中国人口4亿多，是日本的6倍，兵源比它多得多。日本一个这么小的国家，打中国一个这么大的国家，战争一旦胶着对峙，日本就拖不起。1938年武汉会战时，日本军火生产已难以满足需求。武汉会战之后，正面战场上的日军攻势显著减弱，中国的全面抗战转入战略相持阶段。中国人只要意志坚定，团结一致，虽不能立即把日寇驱除出去，日本也别想一下子把中国吞下去。

可是，国民党政府中许多高官认为，中国必亡，抗战必败。自抗战开始至1943年8月，国民党文武官员及作战部队投降者极多。汪精卫，副总裁，二把手，投降了。投降的中央委员竟达20人，旅长以上将领58人，60万军队成建制投降日本，变成了伪军，加上国军散兵等，伪军人数达到100多万。当时人们就说国民党是"降官如毛，降将如潮"。国民党辽宁省政府主席臧式毅从小丧父，母亲守寡把他带大。九一八事变后，他被日本关东军软禁。其母为他送饭，在碗底藏了一块大烟膏，让他服毒自尽，以全名节。臧式毅却把这碗饭原封不动地送还给母亲，随后投降日本，做了汉奸，当了伪满洲国的"奉天省省长"。他母亲失望至极，投缳自尽。

三、腐败甚多。国民党军队在抗战中又腐败至极，一吃空饷，二武装走私，三生活腐化，四是内部派系众多，内部争斗厉害。试问：像国民党这样的党还能领导抗战吗？它是主心骨吗？不是！只是背着中央政府的名而已。

四、战绩有得有失。从国民党的抗战战绩来看，国民党在正面战场上投入兵力10万以上的会战有22场。国军抗战中最大战役是1937年八一三上海淞沪会战，国军先后投入70万多兵力；最著名的事迹是1937年10月谢晋元副团长率一个加强营400余人在一个大型混凝土结构仓库坚守4昼夜，击退数倍于己的日军进攻，击毙日军200余人，自己仅伤亡20余人，然后全部安全转移。著名剧作家田汉、陈白尘为此创作了舞台剧《八百壮士》。可是在两个月后的南京保卫战中，国军高级军官丢下建制基本完整的10万国军仓皇出逃，失去指挥的士兵和中下级军官被日军俘虏后，和20万平民一起在震惊中外的南京大屠杀中被残酷杀害。

在江西境内，正面抗战有万家岭大捷、南昌会战和上高会战三场战役，南昌会战战绩一般,万家岭大捷、上高会战打得都不错。1938年9月28日至10月10日，中国军队在江西德安县的万家岭，激战12昼夜，歼灭日军1.7万人，日军第106师团几乎全军覆没。上高战役是与长沙战役相联系的。有部电视连续剧《长沙保卫战》拍得不错。描写日军打下武汉后，顺着现在京广线南下，进攻长沙。江西处于东侧，战略地位非常重要，日军就想从南昌经高安、上高往西进攻，以侧应南下的日军，所以，中国军队就于1941年3月15日至4月2日，组织了上高会战（日军称锦江作战），阻击日军，战场在上高、安义、奉新、靖安、南昌、新建、高安、宜丰、丰城、清江、新余等十个多县，历时18天，打败日军2个师团和1个混成旅团的精锐部队，毙伤日寇1.5万人。

从1937至1938年，国民党牺牲师级以上将领25人，打死日军将领11人；1939年至1941年，国民党牺牲师级以上将领24人，击毙日军将领34人。

1941年12月9日，太平洋战争爆发。1941年12月23日，中国远征军成立。

总的说来，国民党的这22场会战，战绩不小，英雄事迹气壮山河，可歌可泣，其中有不少打得非常漂亮。但这22次会战全是防御作战，没有一次是对日军占领的大城市和战略要地反攻。有的还属败笔,如1943年是二次大战的转折点，欧洲战场上斯大林格勒战役结束，苏联红军开始反攻。太平洋战场上，美军开始反攻。中国战场上，共产党领导的抗日根据地迅速扩大，可是，正面战场上日军却仍然在进攻，国军仍然在后撤。1944年6月盟军诺曼底登陆，开辟欧洲第二战场，德国法西斯陷入两面作战，节节败退。太平洋战场上美军节节胜利，逼近日本本土，于是希望中国军队积极反攻，迅速打败日本，减少美军登陆日本本土的伤亡。可是国民党消极抗战，希望搭美国打败日本的顺风车，保存实力，以便战后与共产党摊牌。结果，日本都快投降了，国民党1944年春到1945初的西南那一战却败得一塌糊涂，居然被日本人打到了贵州重镇独山。蒋介石在1945年的元旦公告中感叹道:“国土丧失之广，战地同胞流离痛苦之深，国家所受耻辱之重，实在是第二期抗战史中最堪悲痛的一页。”

如何评价共产党的抗战贡献?

首先要回答几个疑问。

第一个疑问或质问是：共产党的军队游而不击，打过日本鬼子吗?

首先，共产党最早表明抵抗日本侵略的鲜明立场，最早采取抗战行动。而且，坚持抗战最久。过去都说是8年抗战，即从1937年七七卢沟桥事变到1945年8月15日日本天皇发布投降诏书。现在从1931年九一八事变算起，是14年抗战，七七事变只是中国全面抗战的开始。而这时东北抗日联军在血雨腥风中与日本关东军和伪满洲国已经战斗6年了。抗联中的大部分部队是共产党领导的，与国民党一毛钱关系也没有。

最早打破日军不可战胜的神话是平型关大捷。自1894年甲午战争中北洋水师全军覆没、败于日本人以来，就弥漫着一种悲观的论调，怎么可能打赢日本人呢？1937年9月25日晨7时许，日军最精锐的部队板垣第5师团第21旅团一部进入我115师预伏区，遭受歼灭性打击。平型关战役是抗战以来中国军队的第一次胜利。

是中共第一个在抗战最艰难的时刻全力奋勇出击。1940年下半年，彭德怀居然组织了105个团20余万兵力，对华北地区的日伪军发动大规模的进攻战役。这次“百团大战”共进行大小战斗1800余次，攻克据点2900余个，歼灭日伪军4.5万余人。蒋介石不从抗日斗争这一角度去肯定、支持百团大战，却一直在琢磨：共产党怎么搞出来了100个团？枪哪来的？还是属下劝他：八路军也是中国的部队，取得这么重大的胜利，应该有个态度。蒋才不得不发出嘉奖令。

是中共第一个喊出对日发起总攻。1945年8月15日日本宣布无条件投降，9月2日，日本在美国“密苏里”号上签订投降书，标志着二战的最终结束。而早在8月9日，毛泽东就发表《对日寇的最后一战》的命令，各抗日根据地按照延安总部的命令，从华北、华中、华南和东北向拒降日伪军展开全面大反攻，共歼敌39万余人，收复县以上城市250座，为最后打败日本侵略军做出了决定性的贡献。

第二个疑问或质问是：共产党的军队怎么牺牲那么少？

回顾、总结抗战，国民党和共产党两党、“国军”和“共军”两军的伤亡比较是一个重点。

有人说，第一，国民党的牺牲比共产党大。“国军将领阵亡206人（抗战时期的国民党军总长何应钦《八年抗战之经过》附录），而共产党方面仅有左权将军一人。”“国民党军队伤亡341万，共产党军队只伤亡61万。”第二，国民党的战果比共产党辉煌。“有126名日军将领在和国民党军队作战中阵亡；另有3名是死于跟八路军的作战，包括阿部规秀中将。”对这种观点怎么看？有两点：

首先，国民党的22场抗战会战，确实牺牲巨大，战功卓越，英雄事迹可歌可泣，应该充分肯定。对国民党军队伤亡人员和死难将军，我们表示崇高敬意。但这并不能单凭军衔来看牺牲了多少将军。为什么？当时只给了共产党4个师的编制，这样，军衔的编制也相应就少。就连八路军副总司令彭德怀只是中将。林彪是师长，军衔能高到哪里去？何况，中共中央和军委曾决定八路军和新四军一概不实行军衔[①]。如果不按军衔按军职、按阵亡的旅长、团长、抗联的支队长算，那统计结果就大不一样啦。中央党校有位老师讲了一个数字，八路军阵亡的旅长以上114人，新四军阵亡团长43人，抗联阵亡支队以上的干部42人，一共199人。

中国人民解放军历史资料丛书编审委员会编撰的《八路军·文献》，有个附录卷《八路军·表册》，详细记录了八路军团以上烈士名单，除去病故者，八路军牺牲团以上干部669人，其中旅以上干部102名。

《新四军英烈志》记载，据不完全统计，新四军有350个团以上烈士牺牲，其中旅以上干部牺牲45人。

另据统计，东北抗联牺牲的军级以上将领有41名、东北抗联牺牲的师旅级将领共计112人，合计牺牲旅以上将领153人；华南抗日游击队牺牲的旅以上干部有2人。

这样算来，共产党武装在抗战中总共牺牲旅以上干部302人。

为什么要以旅长一级算？因为按照国民党的标准，旅级干部授少将是没有问题的（日军的阿部规秀旅长竟然授到中将军衔）。八路军旅以上干部牺牲的达102位，这102人授予少将军衔总是应该的吧！比如，第129师772团叶成焕团长在长乐村战斗中牺牲。叶成焕曾任师长、师政委，抗战后红四方面军93师改编为八路军129师386旅772团，他由师政委改任团长，赫赫有名的王近山就是他的副团长。长乐村战斗歼灭日军2200人，是八路军在抗战中歼日军最多的一仗。如此壮烈牺牲且在如此影响深远的一仗立下如此战功，无论按他的师政委职务算，还是按国民党军追赠的做法算（如率八百壮士守四行仓库的谢晋元就由副团长追认为少将），叶成焕至少授予少被将军衔是没有问题的吧？

特别需要说明的是，国民党军阵亡将领206人中，在对日军作战中牺牲的仅有115名，其余人员是在同共产党打摩擦战阵亡，算不得为抗战牺牲。

有人说："国民党军队伤亡341万，共产党军队只伤亡61万。"对这种观点怎么看？首先，两党军队基数不同。其次，国民党打的大规模会战比较多。再次，

① 1942年4月20日《关于军队干部暂时不实行军衔等级的指示》。

要考虑国民党指挥不当和缺乏战斗力。淞沪会战，打了2个多月，国民党先后投入85个师，总兵力75万人，几乎调动了当时全国总兵力的1/3，但最后伤亡33万人，却只消耗日军2个师、4万人。

第三个疑问或质问是：共产党领导的军队怎么越打越多，是不是游而不击、保存自己？有人讲，共产党借抗日在敌后发展壮大了自己，才在抗战后的内战中战胜了国民党。对这种观点怎么看？是的，共产党和共产党领导的红军、八路军、新四军、解放军确实很厉害。井冈山三湾改编时700来人。到长征开始时，8万中央红军出江西，到达陕北时不到1万，全国红军加在一起也不到5万。可到抗战结束1945年重庆谈判时，已经发展到120万党员、120多万人民军队、260万民兵和近1亿人口、面积达100万平方公里的19个敌后抗日根据地，构成了新中国政权的雏形，奠定了未来中国政治发展的基本走向。但我们说，共产党在抗日斗争中发展壮大了人民的力量来打击日本帝国主义，有什么不对的呢？毛泽东当年就说了“放手发动群众，壮大人民的力量”，要打一场人民战争。再说啦，“中央政府”、国民党又没有发军饷，又不发枪炮，凭什么指责共产党发展了抗日武装呢。何况，在对日抗战中，国共两党都在发展自己呀，又没有人规定国民党不能去敌后发展。敌后，又没谁说是谁的敌后，共产党可以搞，你“中央政府”更可以搞呀。事实上，国民党也建立了自己的敌后游击队。问题是为什么国民党不去敌后发展？为什么“中央政府”就发展不起来呢？因为国民党军队根本不可能在敌后那种残酷的环境中生存下去。

第四个疑问是共产党开辟的敌后战场怎么有正面战场的作用大，战绩多？也就是正面和敌后两个战场的关系。

中共领导的抗日武装八年累积大小战役战斗12万余次，年平均15000余次，月平均1200余次，日平均40余次。这个计算结果，与日本战史记载华北日平均作战42次，也是相符的。

当时的战争态势是日本考虑究竟往北打，进攻苏联？还是往南下，跟德国人在澳大利亚汇合，占领太平洋？最后决定南下，狂言三个月灭中华。但蒋介石想要扭转日本人的战略方向，让日本人从北往南改为由东往西打。因为中国的地理西高东低，如果把日本人的南下进攻，改为向西仰攻，由华北往山西打，从武汉往上，那就很难打上去了。那怎么改变日本人的进攻方向呢？蒋介石采取了一个非常极端的手段，将黄河花园口掘开，让黄河连水带泥沙冲下来，日本的坦克陷进泥潭开不动，日军的进攻速度至少迟缓了三个月。但黄河泛滥，死了几十万人，很惨的。同时，蒋介石集中了75万兵力，将最重要的城市上海丢出去，组织了淞沪战役。但敌强我弱，国军里只有很少几个人看过坦克，大部分官兵都傻了眼，这是什么怪物呀，枪打在它身上，只是冒出一些火星，它竟然还照样往前走。这还是国民党的正规部队啊。喜峰口，赵登禹的部队，组织敢死队，使用的竟然是冷兵器，挥着“大刀向鬼子的头上砍去”。淞沪战役打完后，日本就攻打苏州、南京，进行了南京大屠杀，然后日军战略的方向就改变了。

这个时候共产党开展敌后游击战，非常厉害。怎么厉害？就是你这个强敌正面过来，我弱，正面硬扛是不行的，但我灵敏快捷，闪转腾挪，闪到你后面去。日本的兵力少，但中国地大人多，日本能派多少人来？所以，日本军队在往前推进、国民党军队带着政权一起往后撤的时候，日本人就建立伪政权，然后再往前推进。这时候，共产党挺进到敌后来了，把群众发动起来，不跟你正面硬碰，但左骚扰你一下，右骚扰你一下，神出鬼没，飘忽不定，死缠烂打。这样，日本人就不能全力对付正面的国民党军队，要回过头来大“扫荡”，巩固政权，维持政权，两面作战，前面对付国民党，后面对付共产党，这样，就被共产党牵制了很大的兵力。打武汉战役时，日本留守部队超过了50%以上。侵华日军中，在相对稳定的战线上与国民党军队对峙的日本军队占35%，而在日军占领的广大区域里担任守备任务的日军占65%。

所以，正面战场和敌后战场是既相互独立，又相互配合的。对峙十年之久的国共两党，面对强敌入侵，以民族大义为重，捐弃前嫌，携手合作，共赴国难，分别担负着正面战场和敌后战场的作战任务，形成共同对敌的态势。正是这种众志成城、共御外侮的团结精神，激励全国军民万众一心，一致对外，空前的民族团结是中华民族的伟大觉醒，也是抗战胜利的决定因素。

在那个战火硝烟的年代，狂魔肆虐、国难当头的绝境成为砥砺伟大民族精神的磨刀石。在中国共产党的主导和推动下，全民团结的共同抗战，母亲叫儿打东洋，妻子送郎上战场，抗日的烽火燃遍了祖国大地。

在那场正义与邪恶、光明与黑暗、自由与专制的人类命运大决战中，全世界追求正义的国家和民族都团结起来，中国军民以血肉之躯投入敌人火海，彻底粉碎日本“三月亡华”的狂言。从法国的诺曼底海滩到太平洋上的中途岛，从苏联的库尔斯克到美国的珍珠港，从埃及的阿拉曼到中国的台儿庄，在人类历史上没有任何一个时刻，世界人民能如此紧密地团结在反法西斯的大旗下。认清这样的史实、看到这样的联合，才能确立我们处身世界的坐标，辨明我们前行的方向。

中国的抗战，国共两党谁是领导

有人说：在抗战时期，共产党不是执政党，共产党领导的军队不是中央军，怎么会是抗战的领导？对这种观点怎么看？

一、首先看毛泽东和党的其他领袖怎么说？在回顾、总结和纪念抗战时，关于谁领导了抗战、即抗战领导权是一个重点难点。这包括两方面的内容：一是八路军、新四军受谁的领导？在这一点上，毛泽东和王明发生了严重争议。王明开始是极“左”，抗日时又跳到右倾，说要一切服从统一战线。毛泽东始终讲：八路军、新四军这两支军队只能听共产党的，不能听蒋委员长的。大家耳熟能详的《为人民服务》开篇第一句话就是“我们的共产党和共产党所领导的八路军、新四军，是革命的队伍”。注意，毛泽东在“八路军、新四军”的前面非常显著地加了“共产党领导的”限定语。

全民族抗战究竟由谁领导？1945年5月31日，毛泽东在七大会议上有一个口头报告《在中国共产党第七次全国代表大会上的结论》，说：“我们说在蒋委员长领导下抗战到底，这个话错了没有呢？我说没有错。因为要打日本，就要有个头子，中国当时的头子就是蒋介石，他有那么多军队，外国也承认他。但是他后来要反共，这句话我们就少讲了，以至于不讲了。”

毛泽东在这个讲话中还说：“如果说共同领导，那就是你领导你那一堆子，领导中央军；我们就领导八路军、新四军，领导广大人民，放手发动群众，壮大人民力量。”而“放手发动群众，壮大人民力量”这两句话是七大的主题。

2005年9月3日，胡锦涛在抗战胜利60周年纪念大会上讲：“中国国民党和中国共产党领导的抗日军队，分别担负着正面战场和敌后战场的作战任务，形成了共同抗击日本侵略者的战略态势。”

2014年9月3日，习近平在纪念抗战胜利69周年座谈会上讲：“中国共产党领导开辟的敌后战场和国民党指挥的正面战场协力合作，形成了共同抗击日本侵略者的战略局面。中国人民抗日战争胜利是全民族抗战的胜利，是全体中华儿女的荣光！”

所以说，中国的全民抗战是国共两党共同领导的，代表中国人民根本利益的中国共产党秉持民族大义，肩负历史重任，以自己的政治主张、钢铁意志和模范行动在全民抗战中发挥了中流砥柱的作用，共产党是整个抗战的“魂”。

二、中国共产党倡导和领导了抗日民族统一战线。抗日战争中，日军的主要对手，既不是甲午战争时的腐朽、软弱、无能的晚清政府，也不是签署《二十一条》的窃国大盗袁世凯政权，甚至不是九一八事变时采取不抵抗政策的蒋介石国民党政府，而是面对一个团结起来的伟大的中华民族，特别是用马克思主义武装起来的，以国家和民族解放为己任的中国共产党。

在中华民族面临亡国灭种的紧急关头，中国共产党最早倡导和实际领导了以国共两党合作为基础的抗日民族统一战线。

1931 年九一八事变后，中国共产党从国家、民族的根本利益出发，首先提出武装抗日的爱国主义主张和建立抗日民族统一战线的思想。1935 年 8 月，长征还没结束，红军还在被围追堵截，还没有脱离险境，中国共产党就发表了《八一宣言》，坚决主张停止内战，一致对外。提出要建立统一战线，明确表示只要国民党军队停止进攻苏区，实行对日作战，红军愿立刻与之携手，共同救国。只不过那时提的是“反蒋抗日”，后来转到“逼蒋抗日”，再转到“联蒋抗日”。这年 12 月，中共政治局瓦窑堡会议从理论和政策上正式确定了抗日民族统一战线的方针。

1936 年 12 月，中国共产党不计前嫌，促成了西安事变的和平解决，为国共两党再次合作、共赴国难奠定了基础。

标志着国民党下定抗战决心的是 1937 年 7 月 17 日蒋介石的庐山谈话，但这是共产党积极主动促成的。1937 年 6 月 4 日，周恩来携带中国共产党草拟的《关于御侮救亡复兴中国的民族统一纲领草案》和 13 个具体问题来到庐山与蒋介石谈判。7 月 4 日，周恩来为中共中央起草《中共中央为公布国共合作宣言》。7 月 7 日，卢沟桥事件爆发。第二天，7 月 8 日，中共中央就发布了全民抗战的通电。7 月 13 日，周恩来、秦邦宪、林伯渠等再次上庐山与蒋介石开展第二次庐山会谈。7 月 15 日，周恩来向蒋介石提交《中共中央为公布国共合作宣言》。7 月 17 日，蒋介石在庐山发表庐山谈话。可以说，正是中国共产党的努力，才使第二次国共合作实现了抗日民族统一战线。现在上庐山，去小教堂旁边的那幢周恩来当年上山住的房子，还可看到当时的一些文件和情景。9 月 22 日，国民党中央通讯社公布《中共中央为公布国共合作宣言》；次日，蒋介石发表公开谈话，实际上接受中国共产党提出的团结抗日主张，承认了中国共产党的合法地位，标志着以国共两党为主体的抗日民族统一战线正式形成。在实现民族离心力转向凝聚力的曲折过程中，中国共产党发挥了至关重要的作用。

在促成抗日民族统一战线建立的过程中，中国共产党一切以民族利益为重，表现出卓越超群的智慧和海纳百川的胸怀，从而树立了崇高威望，成为引领全民抗战的一面旗帜。

国共合作局面形成后，八年抗战参加到抗日民族统一战线中来的各阶级、各政党、各派别、各军事集团，虽然也为各自的利益斗争过、磨擦过，有时甚至矛盾十分尖锐，尽管蒋介石的抗战态度时有动摇，消灭共产党的企图始终没有放弃，特别是抗日战争进入相持阶段后多次制造破坏团结的反共摩擦，但由于中国共产党坚持独立自主的原则，运用又联合又斗争的策略，发展进步势力，争取中间势力，孤立顽固势力，牢牢把握统一战线的领导权，积极维护和巩固抗日民族统一战线的大局，迫使国民党始终不敢公开破坏国共合作，始终留在抗日阵营内，抗日民族统一战线始终没有破裂，一直坚持到抗战最后胜利。这充分显示了中国共产党在团结全民族抗战中的中流砥柱作用。

三、中国共产党一直是中国人民的抗战之魂，发挥了思想领导。中共最早指明抗日战争的道路、前途和命运。抗日战争初期，抗日战争将会面临怎样的命运？抗日战争的发展前途究竟如何？成了人们关注的焦点。为此，毛泽东于 1938 年 5 月公开发表《论持久战》，作出了中国不会灭亡，也不能速胜，只要经过艰苦、持久的抗战，最后的胜利一定属于中国的正确结论。

共产党放下那么多的恩怨与纠葛，把国民党以及其他的党团结在一起，目光远大、胸怀博大、理论正确、政策对路，以自己的政策和行动、战略和实践，凝聚起全民族的力量，实行减租减息、精兵简政等政策，连打土豪、斗地主都不搞了，把打土豪、分田地改成减租减息，连地主都可以争取，连和尚都可以抗日。你看，那么多的进步青年，不要命地往延安跑，很多大家闺秀、青年学生也跑到延安去，那时的延安很穷，但吸引力大呀。这才在思想上、政治上、精神上领导了抗日统一战线，最大限度地调动了人民的积极性，最大程度地团结了一切可以团结的力量，夯实了战胜敌人的强大基础，铸就了人民战争的铜墙铁壁，实现了全民抗战。

共产党抗战，除了最主动，还最大度。说共产党跟国民党有血海深仇，是不过分的。当时说要国共合作，红军改编为新四军、八路军时，共产党内部一片不情愿，甚至是一片喊杀声。指战员是含泪摘下红军帽徽，还不说官职下降几级。

后来，1941 年 1 月初，又发生了皖南事变。毛泽东开始忍不住要打，但这个月的下旬，日军又进攻河南。中国共产党最后仍然以大局为重，还是忍住了，放下了。毛泽东说“中日矛盾仍属第一”，“大大发展交朋友，共同打退日寇的进攻，良机难得，以德报怨”①。这种把个人的得失、政党的得失放在一边、以民族大义为重的伟大胸怀让全国人民感动。

共产党不但要对付日军，还要对付那些投降日本人的伪军，这 100 多万伪军是不打国民党的，他们唯一的对手就是八路军、新四军。另外，还有蒋介石嫡系的嫡系，胡宗南的 40 万大军监视延安呢。

但共产党最终放下了这个血海深仇，主动发出倡议，建立了以国共两党合作为基础的抗日统一战线，枪口对外，团结抗战，汇聚起全民抗战、团结抗战的磅礴力量。抗日民族统一战线是中国抗日战争取得胜利的基本保证。世人无不被中国共产党在抗日战争中表现出的坚强意志、政治智慧和领导艺术所折服。

现在仍然是共产党表现得极为大度，我们的各种权威的党史、国史著作，各地的纪念设施和活动，从来没有否定国民党军队在正面战场的积极表现，也没有说是共产党全面领导，都是讲国民党领导的正面抗战和共产党领导的敌后抗战，形成了全民抗战的格局。我们只是讲在肯定国民党正面抗战的时候，不能把共产党给否了。如果把抗战的胜利完全归在国民党的名下，这不符合史实。

共产党抗战，精神最可嘉。共产党的抗战条件最差，基本上没有国外的外援，没有政府的军饷。1937 年 8 月，红军改编为国民革命军第八路军。国民政府按照 3 个师的编制发给八路军军饷。后来又确定新四军为一个师的编制。两年后八路军就从 4 万人发展到 20 万，但编制和军饷没有增加。1941 年，国民党制造皖南事变，取消新四军番号，停发八路军军饷、粮食、武器弹药、军服和物资等。实际上，八路军新四军从高级干部到士兵都是没有工资的，但这丝毫没有影响这支军队的士气。

总之，抗战的胜利，共产党越来越赢得人心，人民越来越依赖共产党。在抗日民族统一战线的大旗下，中国共产党支撑起救亡图存的希望，引领着夺取胜

① 《毛泽东年谱》中卷，中央文献出版社 2002 年版，第 266 页。

利的方向，成为抗日战争的中流砥柱。你看斯诺，第一个采访红区的西方记者，1936 年他到延安去采访毛泽东、朱德，还写了书。书名就叫《红星照耀中国》《西行漫记》，虽然他访问的中共领导的延安只是一小块地方，但这书名就反映出斯诺观点，中共代表着中国的未来，他对中共也充满信心和期待。这一切都反映了民心所向、人民选择。

中国人实现民族伟大复兴往前走的时候，要找到自己的领导力量。这个领导力量在哪里？这是我们要思考的。

我们的确有一个大有希望的民族，我们的确有一个先进正确的党的领导。我们的确有一种自立于世的大国风范，这种风范是一种视野，是一种责任，还是一种心态；我们的确有一种确实不错的价值观念，这种观念是一种历史观，是一种世界观，还是一种大国观。

6

中国道路的理论指引

举什么旗帜，走什么路。

中国化的马克思主义理论是中国道路的旗帜。

道路要走对，理论要学好。

习近平系列重要讲话就是马克思主义原著。学习近平系列重要讲话，一要学会站稳马克思主义的基本立场，二要学会坚持马克思主义的基本观点，三要学会掌握马克思主义的基本方法。

习近平总书记系列重要讲话是马克思主义原著吗

习近平总书记系列重要讲话是当代中国的马克思主义。

研读马克思主义经典著作是马克思主义教学的基本内容，博士生在校主要两件事：读书，写论文。读什么书？马克思主义博士生当然首先要读马克思主义原著、经典，真正领会马克思主义的立场、观点和方法。这两年，我在两所大学给马列学院博士生上课，问："作为马克思主义博士生，你们读过哪些马克思主义原著？试列举前三部。"大家答的主要是马克思恩格斯写的书，这当然是马克思主义原著。但我问：《毛泽东选集》《邓小平文选》是不是马克思主义的经典文献？习近平系列讲话是不是马克思主义原著？我这么一问，同学们都回答：当然是。其实，我的这个问题暗含了另一个问题：什么是马克思主义的原著？什么是马克思主义经典著作？哪些人是马克思主义经典作家？又引出更进一步的问题：什么是马克思主义？

中国化了的马克思主义、当代中国的马克思主义、21世纪中国的马克思主义，就是马克思主义。

研读马克思主义经典著作是我们党长期以来形成的一个优良传统。历代中央领导同志都倡导并带头学习。习近平就特别强调要"原原本本研读经典著作，努力把马克思主义哲学作为自己的看家本领"。我觉得，这有两层意思：一是可以读导读、读介绍、读评论、读体会，读教材中的引文，但更重要的还是要读原文原著。二是习近平说的"经典著作"、这个"原著原文"，不仅是指马克思恩格斯本人的著作，也包括列宁、毛泽东的著作，包括邓小平理论、三个代表重要思想和科学发展观，还包括习近平系列重要讲话。现在，我们全党学习研究习近平系列重要讲话，就是学习马克思主义原著、经典著作。学习、掌握、研究和运用习近平系列重要讲话，就是学习、掌握、研究和运用马克思主义。因此，学习习近平系列重要讲话，要原原本本、认认真真看原文、读原著、悟真理，真正学深学透，把握精髓，防止用解读文章、新闻报道等资料代替原文，防止以一般传达性学习、阅读性学习、浏览式阅读代替研究思考和贯彻落实。

学习习近平总书记系列重要讲话要抓住重点。

习近平系列重要讲话把握时代和实践的新要求，顺应人民群众的新期待，运用马克思主义立场、观点和方法来观察问题、提出问题、分析问题、解决问题，深刻回答了新的历史条件下党和国家发展的一系列重大理论和实践问题，提出许多富有创见的新思想、新观点、新论断、新要求；进一步深化了我们党对中国特色社会主义规律和马克思主义执政党建设规律的认识，闪耀着马克思主义真理的光辉，开辟了马克思主义的新境界，是新时代的马克思主义，是坚持和发展中国特色社会主义的最新理论成果，为我们正在新的历史起点上进行的具有许多新的历史特点的伟大斗争提供了基本遵循。

学习习近平系列重要讲话，关键要掌握其中的立场、观点、方法，把思想认识的提高转化为自身政治素质、思想素质和工作能力的提升。

坚持和发展中国特色社会主义，是改革开放以来党全部理论和实践的鲜明主题，也是贯穿习近平系列讲话的鲜明主题，是我们理解和把握系列讲话精神的聚焦点、着力点和落脚点。习近平系列重要讲话进一步揭示了在一个东方落后大国怎样才能实现中国梦，中国特色社会主义源自哪里、特在何处，具有什么样的本质属性，坚持什么样的发展要求，为我们坚持和发展中国特色社会主义注入了新的内涵、提供了基本遵循。

学习习近平总书记系列重要讲话精神的重要意义。

习近平系列重要讲话是新时代的马克思主义，是最鲜活的马克思主义，是中国特色社会主义理论的最新成果，其重大和直接影响有四：

一、习近平系列重要讲话是把握时代特点、认清形势任务的锐利武器。当然，看《共产党宣言》、看《毛泽东选集》，也可以认清现在的形势，而学习习近平的讲话，是最能看懂当前形势的。

我们党善于观大势、明大事。当今世界剧烈变动，充满着变数，蕴藏着风险，不同制度模式、发展道路的博弈十分激烈；当代中国深刻变革，不同思想观点、价值取向、政策主张相互交织，往哪走、怎么走、怎么看、怎么办的问题十分突出地摆在我们面前。形势分析与人的立场、感情有很大关系，与世界观有很大关联。世界观就是观世界，就是怎样看形势。分析和把握形势要利用工具。没有工具，没有“观”，是看不懂世界，看不清形势的。毛主席在井冈山时期写的《井冈山的斗争》《中国的红色政权为什么能够存在？》《星星之火,可以燎原》等著作，就是形势分析，他站在马克思主义的立场上，看清革命的走向、把握发展形势。立场就是感情，你是不是爱国、爱这个民族？立场决定观点，看法决定做法。对同样的形势，立场不同、角度就不同，得出的观点就不同。形势分析和人的见识、眼光有很大关系。形势都具有复杂性、变化性、苗头性，知识面广、理论素养好，对形势的把握能力就强。形势分析和人的信心也有很大关系，最重要的是审时度势，冷静观察，沉着应对。面对困难、面对危机，最重要的是要有坚定的信念。

因为立场、观点、方法不一样，面对同样一种情况，不同的人看见的形势不一样。形势分析不是一个简单的知识问题，不是简单的开阔眼界，更多的是一个共识、信心、任务、目标、行动等这些非知识层面的问题。形势分析也不是简单地告诉一个结论，“是好还是坏”，“是大好，还是小好”，更多的是如何得出结论。

学习好、贯彻好讲话，我们就能更好地把握国际国内形势的深刻变化，因势而谋、应势而动、顺势而为，进一步增强战略思维和战略定力，排除各种干扰，不动摇、不懈怠、不折腾，牢牢把握开拓前进的正确方向。

二、习近平系列重要讲话是统一全党全国全社会思想认识、凝聚奋进力量的迫切需要。越是面临复杂形势，越是面对艰巨任务，越需要思想意志的统一、行动步调的一致。讲话集中全党智慧，深刻阐明了坚持和发展中国特色社会主义的一系列基本问题，阐明了推进伟大事业和伟大工程的一系列重大课题，反映了我们党治国理政的新思想、新理念，为全党全国人民统一思想、凝聚力量提供了有力理论指导。

形势分析不仅是了解某一个时期或某一方面的形势，不仅是了解党的方针政策，更要引导大家运用科学的理论，提高理论素养、世界眼光、战略思维，独立观察形势，全面分析形势，科学判断形势，准确把握形势，从而汇聚思想共识，凝聚磅礴力量，坚定发展信心。

三、习近平系列重要讲话是党中央内政外交国防、治党治国治军的执政理念和行动指南。习近平系列重要讲话立足我国发展的阶段性特征，着眼于解决发展中的深层次问题、改革中的重点难点问题，提出了一系列战略性、前瞻性的理念、思路和办法，为全面深化改革破解发展难题，在今后发展中更好地赢得主动、赢得优势提供了有力指导。

习近平系列重要讲话也是中央的最新精神，通过学习加深对中央重大决策部署的理解，更好地转化为贯彻落实的措施与行动；同解决改革发展稳定的实际问题结合起来，攻坚克难、化解矛盾，推动工作、促进发展。学习好、贯彻好讲话精神，就会使我们更加理解中央一系列工作部署，增强发展信心，把握发展规律，拓展发展空间，全面建成小康社会、加快推进社会主义现代化。

四、习近平系列重要讲话是坚持和运用马克思主义立场、观点、方法的光辉典范。

（1）坚定的理想信念。坚定的信仰信念是马克思主义者的政治品格，崇高的追求是共产党人的鲜明标识。马克思主义和共产主义信仰是共产党人的命脉和灵魂，是安身立命的根本，是经受任何考验的精神支柱。

共产主义远大理想和中国特色社会主义的共同理想，是中国共产党和中国人民团结、奋进、胜利的旗帜。“革命理想高于天”、“信仰永远不动摇”。一些领导干部出这样那样的问题，归根到底是理想信念发生了动摇。我们决不能“嘴上无杂音，心中有问号”，“嘴上讲马列，心中信鬼神”。所以，“在我们党员、干部队伍中，信仰缺失是一个需要引起高度重视的问题”。要牢牢把握世界观、人生观、价值观这个总开关，抓住坚定理想信念这个核心和灵魂，补足精神上的“钙”，防止“软骨病”，坚定“主心骨”、筑牢“压舱石”。崇高信仰、坚定信念不会自发产生，意识形态工作的一条重要政治经验，就是用科学理论武装头脑，以理论上的清醒来保证政治上的坚定，特别要学好习近平系列重要讲话，用马克思主义中国化最新成果武装干部群众，不断培植我们的精神家园。增强政治定力，自觉做共产主义远大理想和中国特色社会主义共同理想的坚定信仰者、忠实践行者。

（2）历史担当意识。习近平系列重要讲话从历史的大视野出发考虑问题，从发展的大趋势着眼分析问题，体现着对党、对国家、对民族、对人民的责任担当。责任重于泰山，领导干部要有天下为公的宽阔胸襟，摒弃私心杂念，夙夜在公、勤勉工作；要接好历史的接力棒，既要有功成不必在我的豁达，一张好的蓝图一干到底，多做打基础、利长远的事，不搞劳民伤财的形象工程、政绩工程，又要有跑好我这一棒的担当，在对历史的深入思考中做好现实工作，更好地走向未来。

（3）群众观点与群众路线。人民对美好生活的向往就是我们党的奋斗目标，要把人民放在心中最高位置，始终与人民心心相印、与人民同甘共苦、与人民团结奋斗；对困难群众要格外关注、格外关爱、格外关心，千方百计地为群众排忧解难；要与群众一起过、一起干，不能“作秀”表演，不能沽名钓誉，永不脱离群众，始终保持党同人民群众的血肉联系。

（4）求真务实的作风。坚持党的思想路线，一切从实际出发，发扬钉钉子精神，言必信、行必果，勇作为、敢担当，逢山开路、遇河架桥，不断交出坚持和发展中国特色社会主义的合格答卷。

（5）辩证唯物主义、历史唯物主义的世界观方法论。习近平系列重要讲话坚持实践的观点、发展的观点、系统的观点和群众的观点，以全局视野、长远眼光看问题，从整体上把握事物的发展趋向，处理好全局和局部的关系。整体思维、辩证思维、底线思维、创新思维做得极好，为我们树立了光辉的典范。

学习习近平总书记系列重要讲话，学什么

学习习近平总书记系列重要讲话，站稳马克思主义的基本立场。

一是学会站稳人民的立场。我们党的根基在人民，血脉在人民，力量在人民，能否坚持群众立场是决定人心向背、事业成败的关键。为人民服务是党的根本宗旨，以人为本、执政为民是检验党一切执政活动的最高标准。习近平强调指出，“人民对美好生活的向往，就是我们的奋斗目标”，再一次宣示了我们党始终坚持以人民为中心的执政理念。无论是在革命、建设还是改革开放时期，我们党都始终站在人民群众的立场上。比如，从土地革命战争时期提出“打土豪、分田地”的口号，颁布《井冈山土地法》等一系列土地法律；到改革开放初期建立家庭联产承包责任制，极大地解放了农业生产力；再到后来大力气解决 2.5 亿农民工在就业、居住、社保等方面的问题，再到现在打响新一轮脱贫攻坚战，等等，无不体现了一切为了人民、一切依靠人民的立场。当前，实现中华民族伟大复兴的中国梦，其内涵主要是实现国家富强、民族振兴、人民幸福，这是人民群众的最高利益，也是中国共产党人的根本立场。

二是学会坚定理想信念的立场。坚定理想信念，坚守共产党人的精神追求，始终是共产党人安身立命的根本。我们党从革命年代、建设时期到改革开放新的伟大实践，一路走来，不断胜利，就是因为有坚定的理想信念。无论过去、现在和将来，中国特色社会主义共同理想和共产主义远大理想都是共产党人的力量源泉和精神支柱。我们要坚持道路自信、理论自信、制度自信和文化自信，努力做共产主义远大理想和中国特色社会主义共同理想的坚定信仰者和忠实践行者。

三是学会站稳党的立场。党的立场体现在党的章程、纲领、制度上。党内的所有规章制度都是从维护党的团结统一、提高党的凝聚力和战斗力出发的，都是着力于实现好维护好发展好广大人民群众的根本利益、实现中华民族伟大复兴这一目的的。习近平指出，“遵守党的纪律是无条件的，要说到做到，有纪必执，

有违必查，而不能合意的就执行，不合意的就不执行，不能把纪律作为一个软约束或是束之高阁的一纸空文”。每个党员干部都要自觉遵守党的政治纪律、组织纪律、廉政纪律等，确保全党思想统一、行动统一。

学习习近平总书记系列重要讲话，进一步坚持马克思主义的基本观点。

一是要坚持物质的观点，正确认识社会主义初级阶段的基本国情。世界统一于物质，物质决定意识，经济基础决定上层建筑，从客观实际出发制定政策，这是马克思主义哲学的基本观点。恩格斯说，全部的哲学，特别是近代哲学最重大、最基本的问题，就是思维和存在的关系问题。毛泽东指出，按照实际情况决定工作方针，这是一切共产党员所必须牢牢记住的最基本的工作方法。反思我们历史上所犯的错误，究其发生原因，就是因为我们离开了当时、当地的实际情况，主观地决定自己的工作方式。当前我们最大的实际是什么？习近平说：“社会主义初级阶段是当代中国的最大国情、最大实际，我们在任何情况下都要牢牢把握这个最大国情，推进任何方面的改革发展都要牢牢立足这个最大实际。”“不仅在经济建设中要始终立足初级阶段，而且在政治建设、文化建设、社会建设、生态文明建设中也要始终牢记初级阶段；不仅在经济总量低时要立足初级阶段，而且在经济总量提高后仍然要牢记初级阶段；不仅在谋划长远发展时要立足初级阶段，而且在日常工作中也要牢记初级阶段。”党在社会主义初级阶段的基本路线是党和国家的生命线，这是我们面对的最大的物质存在。离开这个基本国情，我们的经济体制、政治体制、文化体制等改革都无从谈起。在学习宣传党的全面深化改革的政策措施时，要坚决抵制抛弃社会主义的各种错误主张，自觉纠正超越阶段的错误观念和政策措施，引导大家正确认识社会主义初级阶段这个最基本的国情，正确认识中国特色社会主义建设的长期性、艰巨性和复杂性，动员大家自觉参与改革、拥护改革、支持改革，凝聚起推进全面深化改革的社会最大公约数。

只有坚持物质观念、经济基础决定上层建筑的观点，才能正确把握政治体制改革和经济改革的关系，深刻理解十八届四中全会提出的“要以经济体制改革为中心，去带动其他的改革”，也能理解为什么我们能取得改革的成功。

二是要坚持实践的观点，正确认识坚持走中国特色社会主义道路的历史必然性。实践是认识的基础，实践的观点是马克思主义哲学首要的和基本的观点。坚持实践是检验真理的唯一标准，是我们改革开放伟大事业取得成功的哲学基础。事实雄辩地证明，要发展中国、稳定中国，要全面建成小康社会、加快推进社会主义现代化，要实现中华民族伟大复兴，必须坚定不移坚持和发展中国特色社会主义。我们在实际中会遇到社会主义制度好、还是资本主义制度好，改革开放是否成功，如何坚持和发展中国特色社会主义等问题。回答这些问题要从辛亥革命、五四运动、建党建国以来的历史来看，要从 60 多年包括最近 30 多年的伟大实践来看，坚持实践的观点，用客观的事实、无可争辩的数据说话，引导大家认识只有社会主义才能救中国、只有中国特色社会主义才能发展中国，认识中国特色社会主义建设的辉煌成就，把 13 亿人团结起来。

三是要坚持发展的观点，正确认识全面深化改革的必要性和紧迫性。发展的观点涵盖几个方面：首先是历史的观点，既然是发展，发展就有阶段性；其次是变化的观点，既然是发展，就是变化的；第三是创新的观点，发展就是创新创造。我们看问题，要认识到运动是物质的存在方式，发展是事物前进和力。习近平强调："要坚持发展仍是解决我国所有问题的关键这个重大战略判断。"实现党的十八大描绘的全面建成小康社会、加快推进社会主义现代化、实现中华民族伟大复兴的宏伟蓝图，要求全面深化改革。坚持和发展中国特色社会主义，不断推进中国特色社会主义制度自我完善和发展，进一步解放和发展社会生产力、继续充分释放全社会创造活力，要求全面深化改革。解决我国发展面临的一系列突出矛盾和问题，实现经济社会持续健康发展，不断改善人民生活，要求全面深化改革。改革开放只有进行时没有完成时；实践发展永无止境，解放思想永无止境，改革开放也永无止境，停顿和倒退没有出路。

学习习近平总书记系列重要讲话，要掌握马克思主义的基本方法。

一是要掌握系统思维和战略思维。习近平反复强调，改革是全面的改革，包括经济体制、政治体制、文化体制、社会体制、生态文明体制和党的建设制度等各个方面的改革，是复杂的系统工程，要以经济体制改革为重点，牵引和带动其他领域的改革，使各方面改革协同推进、形成合力；注重改革的系统性、整体性、协同性，同时，强调加强战略思维，增强战略定力。系统思维具有鲜明的整体性、关联性，展示的是看问题的开放性和协同性；战略思维高瞻远瞩、统揽全局，展示的是看问题的高度和深度，强调从全局的角度，以长远问题，从整体上把握事物发展的趋势和方向。我们要把自身工作和党的中心工作紧密联系起来，胸怀大局、把握大势、着眼大事，综合各方面的因素，努力把握问题的整体性和关联性，提高解决问题的预见性和针对性，做到因势而谋、应势而动、顺势而为。

二是要掌握矛盾的观点和辩证思维。矛盾的观点要求辩证的思维，包括一分为二，抓住主要矛盾和矛盾的主要方面，区分主流和次流、支流，区分现象和本质等。就是承认客观矛盾，不回避矛盾，透过纷繁复杂的表面现象，全面地而不是片面地、发展地而不是静止地分析问题。习近平讲话善于运用辩证思维把握客观事物的矛盾，经常使用“既”和“又”，如强调我们既要有硬实力，也要有软实力。在谈到把握好全面深化改革的重大关系时，强调处理好解放思想和实事求是、整体推进和重点突破、全局和局部、顶层设计和摸着石头过河、胆子要大和步子要稳、改革发展稳定等各种重大关系。

三是要坚持具体问题具体分析。具体问题具体分析是马克思主义活的灵魂。运用唯物辩证法、矛盾分析法研究问题、解决问题，根本上要求具体问题具体分析。1938 年 10 月，毛泽东在党的六届六中全会上作《论新阶段》的报告，深刻指出：“没有抽象的马克思主义，只有具体的马克思主义。”“离开中国特点来谈马克思主义，只是抽象的空洞的马克思主义。”我们说马克思主义具有普遍意义，绝不意味要拿他们的每一句话去解答人间的一切问题。

在工作中，我们经常会遇到对历史人物和历史事件的评价问题。习近平在纪念毛泽东诞辰 120 周年座谈会上强调指出：“对历史人物的评价，应该放在其所处时代和社会的历史条件下去分析，不能离开对历史条件、历史过程的全面认识和对历史规律的科学把握，不能忽略历史必然性和历史偶然性的关系。不能把历史顺境中的成功简单归功于个人，也不能把历史逆境中的挫折简单归咎于个人。不能用今天的时代条件、发展水平、认识水平去衡量和要求前人，不能苛求前人干出只有后人才能干出的业绩来。”这些都是具体问题具体分析的典范。

四是要坚持透过现象看本质。如何在纷繁复杂的社会现象中抓住问题的实质，是领导干部的一项重要素质。我们是马克思主义者，对待政治问题，不能只看现象，不看本质，而要善于透过现象看本质。比如，对资本主义制度如何看？习近平深刻地指出：“资本主义国家的政治制度是以私有制为基础的，资本决定着社会政治机器的运转，不论是君主立宪制还是议会制、总统制，都没有改变资本主义国家政治统治的本质。”这种透过现象看本质的思维方法，正是我们认识问题、分析问题、解决问题的方法“钥匙”。我们在调研和接触一些具体事物时，面对众多的表象，能不能抓住要害、抓住本质？能不能在微弱的信号中抓住重要的、最本质的东西，并从凌乱的现象中发现事物内部存在的必然联系，了解事物的本来面貌？能不能从客观事物的存在和发展的规律出发，在实践中看规律，按客观规律办事？这是对我们工作能力的一个重要考量。

五是要坚持问题意识和底线思维。毛泽东指出，问题就是事物的矛盾，哪里有未解决的矛盾，哪里就有问题。实践发展无止境，矛盾运动无止境，问题也是层出不穷。旧的问题解决了，新的问题又会产生。问题是时代的声音，每个时代总有属于它自己的问题。习近平指出："只有立足于时代去解决特定的时代问题，才能推动这个时代的社会进步；只有立足于时代去倾听这些特定的时代声音，才能吹响促进社会和谐的时代号角。"在谈到改革时他又强调，中国共产党人干革命、搞建设、抓改革，从来都是为了解决中国的现实问题；可以说，改革由问题倒逼而产生，又在不断解决问题中而深化；要有强烈的问题意识，以重大问题为导向，抓住重大问题、关键问题进一步研究思考，找出答案，着力推动解决我国发展面临的一系列突出矛盾和问题。问题就是事物的矛盾，问题意识就是对实践及理论问题产生一种怀疑、困惑、焦虑、探索的心理，并由此积极思维并不断提出问题、研究问题和解决问题的一种思想方法及状态。以问题为导向，这是一个很重要的思维方法。

而底线思维与问题意识紧密相联，习近平强调："要善于运用底线思维的方法，凡事从坏处准备，努力争取最好的结果，做到有备无患、遇事不慌，牢牢把握主动权。"树立底线思维，对于正确面对各种复杂问题，及时采取应对之策，化挑战为机遇，具有重要指导意义。现在，发展进入新阶段，改革进入深水区，面临各种困难和风险，最考验领导干部勇气之处，就在于能不能看到最坏的可能性，会不会解决难处，敢不敢争取最大的好处。我们在发展过程中，既要看到有利一面，又要看到不利一面，从全局和战略高度，深入分析世情、国情、党情，紧紧抓住重要战略机遇期，及时防范化解各种风险，坚定信心，迎接挑战，争取有更大作为。

我们今天应该怎样读马列原著

要像马克思主义经典作家那样去思考，学好马克思主义的基本理论、基本观点、基本概念、基本方法。

读马列原著，首先要搞清楚马克思主义的经典作家是在什么时代问题上提出哪些基本概念、基本观点、基本理论？

马克思恩格斯基本思想的核心就是科学社会主义，这是关于无产阶级和全人类解放的条件、性质和一般目的的学说。科学社会主义的内容以唯物史观和剩余价值理论为基础，包括三个基本方面：社会主义、共产主义的历史必然性。无产阶级解放的基本道路和主要任务。无产阶级的建党思想和策略原则。马克思主义最主要的观点有：物质的观点、关于时间和空间的观点，经济基础和上层建筑的关系、真理和价值、自由王国和必然王国、阶级斗争理论、唯物史观、剩余价值论、人的全面发展理论、群众的观点、发展的观点、实践观、矛盾论、辩证法等。

学习马克思主义原著时，要以马克思主义的态度去对待马克思主义，以马克思对待理论的方法来对待马克思主义理论，用马克思看问题、提问题、分析问题的方式来思考问题、学习理论。要通过经典著作的学习，去体会、去培养马克思经典作家式的思考，通过学习马克思主义经典作家提出了什么问题，是怎样提出、分析和解决问题的，来掌握马克思主义的立场观点和方法。

理论就是一种方法。无论发现、分析、解决问题，都有方法。没有显微镜，细菌就不存在，病毒就不会被发现，没有哈勃望远镜，天体就不能被观测。所以，任何问题的发现、分析、解决，都要有理论学说，只有理论的光芒，才能照亮问题的所在，才能指明实践的道路。现在，这个发现问题、分析问题、解答问题的方法、工具、手段，就是马克思主义，就是当代中国的马克思主义，就是中国特色社会主义理论。习近平在党的十八届中央政治局第十一次集体学习时指出，马克思主义哲学深刻揭示了客观世界特别是人类社会发展的一般规律，在当今时代依然有着强大生命力，依然是指导共产党人前进的强大思想武器。

要全面、系统地学。

邓小平在党的十届三中全会上就讲“完整地准确地理解毛泽东思想”，既不能把毛泽东思想同马克思列宁主义割裂开来，也不能把毛泽东在不同场合的话割裂开来，不是局限于个别结论，“不能只从个别词句来理解毛泽东思想，而必须从毛泽东思想的整个体系去获得正确的理解”。邓小平提出了我们党一贯倡导和坚持的学习方法的问题，要全面而不孤立，联系而不割裂，发展而不静止地学习马克思主义，要通读某个经典作家的全部著作，要学全篇，不能单字独句地学，不能单篇孤立地学，不寻章摘句地为自己的某个论点找论据。

学习习近平系列重要讲话，既要及时学、跟进学，又要把新的讲话与以前的讲话中彼此联系、相互贯通的系列思想观点作为有机统一来整体学习，在更深层次上全面领会，准确把握。

要准确地学，学深学透。

一是要把握基本理论的基本内涵、思想精髓，掌握精神实质。二是把握文本后的立场观点方法。三是要高度关注理论的宗旨和价值关怀，坚定理想信念和宗旨意识。比如，马克思主义理论的价值制高点，人的解放和全面发展。四是明晰而不能淡化、模糊甚至撤除基本理论的基本立场和党性原则。

要在完整准确地理解马克思主义上下功夫，在弄懂搞清马克思主义基本原理上下功夫。必须看到，马克思主义在批判资本主义、指导社会主义实践和推动人类社会进步的过程中，发挥了很大的作用，但同时要看到马克思主义也在不断遭遇挑战，所以要不断进行理论创新，不断说新话，做到“四个分清”，即努力分清哪些是必须长期坚持的马克思主义基本原理，哪些是需要结合新的实际加以丰富发展的理论判断，哪些是必须破除的对马克思主义的教条式理解，哪些是必须澄清的附加在马克思主义名下的错误观点。

要结合历史来学。

学原著、学原理，要和学历史同时进行，相互发明。史论结合、由史带论。习近平说：“历史是最好的教科书。学习党史、国史，是坚持和发展中国特色社会主义、把党和国家各项事业继续推向前进的必修课。”学好党史国史不仅是学点历史知识的问题，而是一个重大而现实的政治问题，也是学习理论的基本方法。

恩格斯说：“共产主义不是教义，而是运动。它不是从原则出发，而是从事实出发。共产主义者不是把某种哲学作为前提，而是把迄今为止的全部历史，特别是这一历史目前在文明各国造成的实际结果作为前提。”① 正因为如此，学习马克思主义，不能脱离当时的历史环境，而要结合历史进程和历史事实来学习。这样学习，不但能使我们更深刻地分析历史，把握历史发展规律，还能使我们更好地理解理论的要义，把握理论的精髓。

恩格斯指出，学习和运用《共产党宣言》的原理“随时随地要以当时的历史条件为转移”，这样才能真正掌握理论的活的灵魂。另一方面不能做事后诸葛亮，用现在的要求来看待历史。列宁也说要用历史的观点来评价一个人的历史功绩，“不是根据历史活动家有没有提供现代所要求的东西，而是根据他们比他们的前辈提供了新的东西”②。毛泽东也指出：“马克思活着的时候，不能将后来出现的所有的问题都看到，也就不能在那时把所有的这些问题都加以解决。”③ 比如，《资本论》是不是过时了？没有。托马斯·皮凯蒂的《21世纪资本主义》论述了20世纪70年代以来贫富差距在恶性扩大，美国财富差距达到30年来的峰值。现在，全球排名前20位的首富中，美国人占了12位。全球共约有700万名百万富豪，其中半数住在美国。美国2500万最富有的人口总收入等于世界上20亿最贫困人口的总收入。这说明资本主义一头积累财富，一头积累贫困的趋势没有变，《资本论》的基本原理、基本观点和基本方法至今都是正确的、深刻的，但有两大现象超出《资本论》的论述范围：一是虚拟经济；二是非资本主义的市场经济。正像邓小平所说：“多年来，存在一个对马克思主义、社会主义的理解问题。”我们要根据历史的发展来学习马克思主义，运用马克思主义，发展马克思主义。“绝不能要求马克思为解决他去世之后上百年、几百年所产生的问题提供现成答案。……真正的马克思列宁主义者必须根据现在的情况，认识、继承和发展马克思列宁主义。”④

① 恩格斯:《共产主义者和卡尔·海因岑》,《马克思恩格斯文集》第1卷,人民出版社2009年版,第672页。

② 《列宁全集》第2卷，人民出版社1984年版，第154页。

③ 《马列主义基本原理至今未变》,《毛泽东文集》第8卷，人民出版社1999年版，第5页。

④ 《结束过去，开辟未来》,《邓小平文选》第3卷，人民出版社1993年版，第291页。

要联系、发展地学。

学习原著原文原理，要把握基本理论的继承与创新。从以往全部人类知识和思维历史的继承来看，马克思主义的基本理论是怎么来的；从与时俱进的角度来看，它有哪些创新。要把马列、毛泽东思想、邓小平理论、“三个代表”重要思想、科学发展观、习近平系列重要讲话当作一个发展的过程，来把握它们的关系。对待马克思主义，基本的态度是两句话：

一是老祖宗不能丢。马克思主义是一门科学，其他一些西方理论在很多方面可能有些新的解释，但不管怎么讲，马克思都是人类社会绕不开的一个人。多读一些老祖宗的书，包括最新修订的《马克思恩格斯文集》（10卷本）、《列宁专题文集》（5卷本），要多读原著，《毛泽东选集》、《邓小平文选》等都要读一读。

二是要不断讲新话。马克思恩格斯自己说过“这个《宣言》中所阐述的一般原理整个说来直到现在还是完全正确的。……这些原理的实际运用……随时随地都要以当时的历史条件为转移”[①]，因为“我们的理论是发展着的理论，而不是必须背得烂熟并机械地加以重复的教条”[②]，“所谓‘社会主义社会’不是一种一成不变的东西，而应当和任何其他社会制度一样，把它看成是经常变化和改革的社会”。[③] 中国这几十年的革命、建设、改革的伟大成就，从根本上讲就是靠中国化、时代化、大众化了的马克思主义，也就是毛泽东思想和中国特色社会主义理论。冯友兰说他自己研究中国哲学，是“接着讲”，而不是“照着讲”。对待马克思主义，我们也应该取这种态度。不学革命领袖的著作，就不清楚当代中国马克思主义的来龙去脉，不读习近平讲话，就难以把握最鲜活的马克思主义，就难以把握中国特色社会主义的最新成果。

习近平系列重要讲话是新时代的马克思主义，要把学讲话与学马克思列宁主义、毛泽东思想、中国特色社会主义理论体系结合起来，掌握相互之间继承与发展的关系，更加深刻地理解讲话的科学内涵和实践要求。把深入阐释当代中国马克思主义最新成果作为主攻方向，不断用发展的马克思主义来指导自己的实践。

---

① 《共产党宣言·1872年德文版序言》，《马克思恩格斯文集》第2卷，人民出版社2009年版，第5页。

② 恩格斯：《致弗·凯利－威士涅威茨基》，《马克思恩格斯文集》第10卷，人民出版社2009年版，第562页。

③ 恩格斯：《致奥托·冯－伯尼克》，《马克思恩格斯文集》第10卷，人民出版社2009年版，第588页。

要深入研究重大现实问题、重大理论问题、重大实践问题，用中国的理论回答中国的问题，用中国的话语解读中国的故事。

马克思主义并不对一切问题提供现成的答案，那种试图从马克思主义经典著作中寻章摘句、从而找出解决现实问题的直接答案的做法，是十分错误且有害的。恩格斯在《路德维希·费尔巴哈与德国古典哲学的终结》提出要解决时代问题，这一基本观点是有指导意义的，但是，一个时代有一个时代的问题。当年恩格斯面对的问题是黑格尔哲学的艰涩难懂反映出来的资产阶级哲学的软弱，但现在我们面对的是我们时代的问题，所以，我们要掌握和运用马克思恩格斯原著的立场、观点和方法。有些人总认为“可以到马克思的著作中去找一些不变的、现成的、永远适用的定义”①，用他的某句原话来比对现在我们正在做的事。如果我们做的这件事刚好马克思恩格斯当时就是这么讲的，那就证明我们现在的实践是对的，否则，就心中无底。这种教条主义的做法是绝对不行的。

马克思主义引导时代前进，又随着时代而发展。中国共产党从诞生之日起，就将马克思主义鲜明地书写在自己的旗帜上，在这面旗帜的引领下，已经走过95年的光辉历程，创造出诸多人类奇迹。马克思主义是真理，却没有终极真理，而是为我们进一步认识和发展真理开辟了道路，提供了方法。它不是教条，而是行动的指南。它是一座思想高峰，同时又是我们攀登新高峰的阶梯。它没有终结真理，而是为真理的进一步探索开辟了更加广阔的空间。所以，我们要像毛泽东所讲：“人类总得不断地总结经验，有所发现，有所发明，有所创造，有所前进。那种停止的观点，悲观的观点，无所作为和骄傲自满的观点，都是错误的。”习近平在2016年“七一讲话”中指出：“我们要以更加宽阔的眼界审视马克思主义在当代发展的现实基础和实践需要，坚持问题导向，坚持以我们正在做的事情为中心，聆听时代声音，更加深入地推动马克思主义同当代中国发展的具体实际相结合，不断开辟21世纪马克思主义发展新境界，让当代中国马克思主义放射出更加灿烂的真理光芒。”

要学以致用、学用结合、知行合一。

一是要在从政、行政、执政的实践中，在改造客观世界过程中学习马列原著。

---

① 恩格斯：《〈资本论〉第3卷·序言》，《马克思恩格斯文集》第7卷，人民出版社2009年版，第17页。

二是对待马克思主义，要真学、真信、真用。三是学习理论要特别注重马克思主义理论的中国化、时代化和大众化。高校有些老师有时自觉不自觉地强调自己是学院派，这种与群众保持距离、拉开距离的思想情绪值得警惕。孔子说过两句话：“人能弘道”，“道不远人”。人要把道弘扬光大，而不是靠道来吓人的。真正的道理、理论是贴近群众的。邓小平那么伟大的人物，总是能把那么复杂的问题表达得十分简洁、通俗。比如，“一个中心、两个基本点”、“共同富裕”、“一国两制”，等等。我们提倡贴近群众、贴近生活、贴近社会，我们党的思想路线也是“从群众中来，到群众中去”。所以，老师的课讲得越浅显、越通俗易懂，就越好。毛泽东当年来到安源路矿发动工友，做思想宣传，“唤起工农千百万，同心干”。这也是我们理论工作的根本出发点和落脚点。云南出了一个大哲学家，叫艾思奇，他的《大众哲学》，人人都看得懂。云南还有一个作曲家，叫聂耳，他创作了《义勇军进行曲》，后来成了我们的国歌。云南人说，当时的中国人就是一手拿着枪，一手拿着《大众哲学》，嘴里唱着《义勇军进行曲》奔赴抗日前线的。广大理论工作者应该多做鼓舞人、动员人，唤起民众、教育学生的事，而不要热衷于所谓的“高精尖”、“象牙塔”、“学院派”的事。其实，老百姓关注的问题，看起来不是什么学术问题，但都很重要，真正把它讲清楚，没有大学问、真学问，是做不到的。

学马列要带着问题学

学习理论、研究理论，最关键的就是要解决实际问题。我们的基本学风是理论联系实际，强化问题意识和问题导向，提高分析问题、解决问题的能力。

问题是学习过程最根本的关键。

问题导向是学习的基本方法和开始路径。中学生、大学生、本科生、研究生有什么不同?

中学生是老师教什么就学什么，高考要考什么就学什么。教学是课堂讲授，当堂消化。比如语文课，老师音、字、词、句、段落、篇章地串讲后，学生就要朗读、默读、解读，反反复复，直到理解为止。

本科四年学习的是自我学习的能力，老师在课堂上讲 3 页书，学生课后到网上或图书馆要翻 20 页书，自己搜索知识，自我理解。如果没有自学能力，那么，大一就等于高四，大四就等于高七，始终没有完成中学生向大学生的转变。

硕士研究生主要是学会解答问题、解决问题的能力。学生论文研究的问题可能不是学生而是老师提出的，但这个问题是学生可以解答出来的。

博士研究生不一样，要学会提出问题。提出问题比解答问题还重要，还难。牛顿厉害，是因为他提了一个问题:苹果为什么从树上掉到地上来而不往天上飞?结果发现了万有引力。爱因斯坦厉害，是他提出了一个问题：假如我们坐在一束光上，世界会是怎么样？结果产生了相对论。朱熹 4 岁时提出一个问题：天的上面还有什么？结果提出了格物致知的思想。可见，提出问题是非常重要的。

问题是研究的动力，是科学的引擎，提问题就是探索。提问题是一个良好的作风。如果一个学生不提问题，不会提问题，就不是好学生。如果一个老师一堂课，解答了学生所有的问题，这个老师也可能不是一个好老师。如果他的课讲完后，学生反而提出了更多的问题，这不是越学越糊涂，而是说明老师讲课的成功，激发了学生的思考，打开了学生的思考空间，这就是一个好老师。

学生提出的问题没有高明或愚蠢的分别，老师的回答也不是绝对的真理，他只是谈了自己对这个问题的见解而已，没有什么绝对的对或不对。要在师生互动或自问自答的过程中来探索真理，所以，要学会提出问题、发现问题、分析问题、解答问题的能力。

其次，问题意识是一个学者、领导者的基本素养。1919 年 9 月 1 日，26 岁的毛泽东写了一个《问题研究会章程》，竟一口气提出了当时中国需要研究的 71 项大大小小共 144 个问题。要能提出问题、讨论问题，就要学会思考问题，不要人云亦云，不要网上怎么说我们就怎么说，特别不要西方怎么说我们就怎么说。要独立思考，形成自己的见解。人们常用“中国的脊梁”、“最后的儒家”来评价梁漱溟，在他死后的追悼会上，挂的挽联的横批就是“中国的脊梁”，但梁漱溟本人始终对这个称号敬而远之，他自己倒强调两点：一是“问题”，一是“思想”，他说：“中国的知识分子，有学术中人，有问题中人，我始终是问题中人。”在一次中国文化书院召集的演讲会上，梁漱溟大声疾呼：“我不是一个书生！”他自称“是一个有思想，又且本着他的思想而行动的人”。的确，关注中国的社会问题、文化问题、人生问题，并用思想的武器去分析这些问题，或在这些问题的分析上表达思想的力量，正是梁漱溟的特点所在。

再次，问题意识也是一个政党、民族的优秀品质。学习和研究马克思主义应以中国实际问题为中心，坚持马克思主义普遍真理与中国具体实际相结合的方法。

改革开放以来，“我们党的全部理论和全部实践，归结起来就是创造性地探索和回答了什么是马克思主义、怎样对待马克思主义，什么是社会主义、怎样建设社会主义，建设什么样的党、怎么建设党，实现什么样的发展、怎样发展等重大理论和实际问题”。①

学习著作，要看这部著作发现、提出或针对了什么问题？我自己有什么问题？

要带着问题、以问题研究为牵引，来学习原著、看原理，心中要不断涌现问题。问题要大声地向自己提，也要向别人提，和人们讨论。我在讲课中曾出题：“你

① 胡锦涛：《在纪念党的十一届三中全会召开 30 周年大会上的讲话》，2008 年 12 月 18 日。

认为世界历史、中国历史和中共党史，有哪些历史事件值得一说？试列举前三个。然后简要陈述为什么？对这个历史事件，这篇原著为什么要那样说？这篇原著是如何分析这个问题，就这个问题提出了什么观点，特别是时代问题？”

当代中国几十年走过了别国几百年的历程，时间高度挤压，中国发展的触角已经深深地伸入到世界各个角落，这是一个问题声音此起彼伏的时代。但中国改革的一条重要经验，就是不管碰到什么问题，都把问题当作更上一层楼的机遇。社会问题本身不可怕，可怕的是这个问题出现、存在时，你还没有意识到，没有感觉。

1938 年，毛泽东在党的六届六中全会上作的政治报告中第一次明确提出“马克思主义中国化”的命题，“马克思主义必须和我国的具体特点相结合并通过一定的民族形式才能实现。马克思列宁主义的伟大力量，就在于它是和各个国家具体的革命实践相联系的。对于中国共产党说来，就是要学会把马克思列宁主义的理论应用于中国的具体的环境”。

1941 年 5 月 19 日，毛泽东在延安干部会上讲，要对我们的学习做一个大的改造。怎么改造？就是要确立以研究中国革命实际问题为中心，以马克思列宁主义基本原则为指导的方针，废除静止地孤立地研究马克思列宁主义的方法。毛泽东严厉批评了主观主义的态度。“就是抽象地无目的地去研究马克思列宁主义的理论。不是为了要解决中国革命的理论问题、策略问题而到马克思、恩格斯、列宁、斯大林那里找立场，找观点，找方法，而是为了单纯地学理论而去学理论。”提倡“马克思列宁主义的态度”，“就是要有目的地去研究马克思列宁主义的理论，要使马克思列宁主义的理论和中国革命的实际运动结合起来，是为着解决中国革命的理论问题和策略问题而去从它找立场，找观点，找方法的”。这篇《改造我们的学习》的讲话后来收入《毛泽东选集》。

习近平也强调这种学风，说“中国共产党人干革命、搞建设、抓改革，从来都是为了解决中国的现实问题；可以说，改革是由问题倒逼而产生，又在不断解决问题中深化；要有强烈的问题意识，以重大问题为导向，抓住重大问题、关键问题进一步研究思考、找出答案，着力推动解决我国发展面临的一系列突出矛盾和问题。改革是有什么问题，就改什么，而不从概念出发，不从某个所谓普世价值出发来改革。要针对思想认识问题，深入细致地做好教育引导，更好地解疑释惑、化解矛盾、稳定思想”。

以我们正在做的事情为中心，还是以马克思恩格斯的具体结论为中心来对待马克思主义，这是一个问题。有的同志习惯用马恩著作里的某个观点来对照现在的事。比如，我们搞市场经济，那就到马列著作里找有关市场经济、商品经济的论述，如果找到了，那是否就证明我们现在干对了呢？如果没找到，那又怎么办呢？那我们做、还是不做呢？有一年，我们在中央党校研究生院听了一堂《资本论》的讲座。那个老师讲：我是最信奉《资本论》的，但我不研究社会主义，我是研究资本主义的。问题是，如果我们现在不研究我们正在搞的社会主义，那怎么把我们现在共产党执政碰到的问题和马列原著的思想观点相映照呢？

所以，我们坚持“一个中心、三个着眼于”：即坚持以中国的实际问题、以我们正在做的事情为中心，把理论联系实际的关节点放到重大现实问题上来，在研究回答和推动解决问题中取得新的成果，着眼于马克思主义理论的运用，着眼于对实际问题的理论思考，着眼于新的实践和新的发展。

这些问题是什么样的问题：重大的问题、关键的问题、前沿的问题，一句话：是不是时代问题。

学经典著作，不但要看这些著作“发现”了、提出了什么问题，还要看这些问题是不是时代问题。马克思说：“问题是时代的声音。”只有立足于时代去解决特定的时代问题，才能推动这个时代的社会进步；只有立足于时代去倾听这些特定的时代声音，才能吹响促进社会发展的时代号角。

马克思主义经典著作论述的问题都是他们那个时代的问题：两大阶级是什么样的阶级？两大阶级斗争发展趋势是什么？生产方式大变革，社会结构大变动，把“四海之内皆兄弟”改成“全世界无产者联合起来”，然后列宁再进一步发展为“全世界无产者和被压迫民族联合起来”。现在，我们也有自己的时代问题，比如：什么是社会主义？怎样建设社会主义？建设一个什么样的党，怎样建设党？需要什么发展，怎样才能发展？对于经典著作提出的问题，要把握三点：理论的时代问题、时代课题和时代精神。抓准时代中的问题，把握问题中的时代。

有人只看现在理论界哪些问题有争论，有争议，哪个问题是热点，是敏感点，从而就奔那个问题去。这种做法可能有偏颇。将复杂的问题简单化，将严肃的问题情绪化，是一个大忌，它虽然痛快，但不解决问题，还会导致对社会现象的固化描述，制造各种标签和脸谱。

学马列，要把马列、毛泽东思想、邓小平理论、“三个代表”重要思想、科学发展观、习近平系列重要讲话贯通起来学。看看在某个问题的提出、分析、解决上，马列、毛泽东思想、邓小平理论、“三个代表”重要思想、科学发展观、习近平系列重要讲话是如何发展的？看马克思主义经典作家的发展，首先要看他们是如何提出、分析和解决问题的，这些问题后来还存不存在，有何发展？看他们各自论述的问题在历史进程中，有无变化，旧有的问题消失，不成问题了，有的老问题有了新变化，更有大量的新问题。要与时俱进地学。

“全党面临的一个重要课题，就是如何正确认识和妥善处理我国发展起来后不断出现的新情况新问题。现在，我们遇到的问题中，有些是老问题，或者是我们长期努力解决但还没有解决好的问题，或者有新的表现形式的老问题，但大量是新出现的问题。新问题每时每刻都出现，而且多数是我们过去不熟悉或不太熟悉的，出现这样的情况，是由世情、国情、党情的发展变化引起的。不论是新问题还是老问题，不论是长期存在的老问题还是改变了表现形式的老问题，要认识好、解决好，唯一的途径就是增强我们自己的本领。增强本领就要加强学习，既把学习到的知识运用于实践，又在实践中增长解决问题的新本领。”

《中国共产党为什么能？》这部书提出了很多问题，比如，中国共产党为什么能建立新中国？为什么能收拾好国民党留下的烂摊子？为什么犯过严重错误还能得到人民支持？为什么没有像苏东共产党那样丧失执政地位？为什么能解决13亿人的吃饭问题？为什么能把中国发展成世界第二大经济体？为什么能实现社会主义同市场经济的结合？为什么能实行一党领导、多党合作的政党制度？为什么能使各民族和睦相处？为什么能保持香港、澳门的繁荣与稳定？等等。是呀，中国共产党是怎样做到这一点的？因为她始终代表中国最广大人民的根本利益，具有先进性。同时，党始终不渝地发展人民民主，领导人民经过长期奋斗和实践探索，建立和发展了人民代表大会制度，保障人民掌握和行使国家权力，所以才能团结人民、凝聚力量。中国共产党的领导是中国国情的历史选择，是人民代表大会制度产生和发展的前提。

要带着今天的问题来学习经典。

今天读原著，要有整体感、历史感，还要有现实感，要联系现实学，要思考当年马克思主义经典作家提出的问题现在还是不是问题，特别要思考当代马克思主义提出来的问题。

我们常说要站在党的立场上学，但党的历史方位有变化，要以执政党的立场、意识来学习《共产党宣言》。我们在革命党时期，正确运用《共产党宣言》揭示的科学原理，正确进行阶级分析，处理阶级关系，利用阶级矛盾，进行阶级斗争，发动阶级革命，最后，推翻了阶级压迫，夺取了政权。现在，我们成了执政党，就要化解矛盾，促进发展，巩固政权。

问题也是随着时间而变化的。1990年代我读博士时，我国刚实施社会主义市场经济，所以，列宁晚年著作中的新经济政策、退却理论、国家资本主义、合作社等，启示我们不必拘泥马克思个别词句和具体结论。在现在看来，列宁的这些大胆探索已都不是问题，我们的实践做得比这多，我们的做法和成果也早就达到或远远超越了列宁的论述，而列宁晚年著作中的党建理论和党的监督检察理论对我们有很强的启示。苏联的成功在党，失败也在党。

所以，现在我们要联系问题学马列原著，不但要琢磨马克思列宁当时是针对什么问题说这个话的，更要联系现在的问题琢磨马克思列宁的话，把重点调到现在学习马列理论对解决现在哪些问题有启示。

既要联系当下的问题来学当年马克思写的原著，又要用马克思主义原理认识和解释当今世界和当代中国的重大思想问题、理论问题和现实问题；既要学习马克思恩格斯列宁毛泽东是如何分析他们那个时代的基本问题，从而学到立场观点方法来分析当代当下的现实问题，更要学好当代中国的马克思主义是如何提出当今时代的基本问题，把学习理论与对当下实践贯通起来，提升能力和水平。

要结合当今世界大发展、大变革、大调整和经济全球化、世界多极化的国际国内形势，围绕发展观、全球化、现代化和人与自然协调发展等问题，更好地把握当前人类社会发展的复杂现实，不断提高应对处理复杂问题的能力。要着眼于中国特色社会主义伟大实践和当今世界变革调整中的重大现实问题，深入分析、准确把握形势。

现在马克思主义的理论教学应该怎么搞

当前马克思主义的理论学科建设有三个要点。

要坚持继承与创新相结合。

在新形势下，我们对待马克思主义理论基本态度还应该是两句话：老祖宗不能丢，又要不断讲新话。马克思主义理论学科的建设既要继承更要创新，要在继承中创新，也要在创新中继承。要坚持以马克思主义基本理论和马克思主义中国化最新成果为指导，继承中国优良传统文化和世界文明成果，结合中国实际和时代特征，不断实现理论创新和理论发展。

一是要注重马克思主义经典的学习和阐释。马克思主义经典著作蕴藏和集中体现着马克思主义的基本原理，是马克思主义理论的本源和基础。马克思主义理论学科建设必须从文本的源头来研究和认识马克思主义经典著作中的丰富思想成果，学习和体会马克思主义经典作家攀登理论高峰的不懈追求和艰辛历程，夯实马克思主义理论学科的建设基础。

学习研读马克思主义经典著作也是我们党长期以来形成的一个优良传统。历代中央领导同志都在各自的长期工作经历和领导实践中，倡导并带头学习马克思主义经典著作。习近平就特别强调要“原原本本研读经典著作，努力把马克思主义哲学作为自己的看家本领”。所以，各级党校、干部学院、社科院、高等学校都要把马克思主义作为必修课，特别是马克思主义学院和马克思主义学科专业，要提倡学原著、读经典，真正领会马克思主义的立场、观点和方法，并用以指导我们的学科建设和学术研究。

二是要不断推进马克思主义中国化的进程。中国共产党在长期的革命和实践中认识到，以马克思主义理论为指导，必须把马克思主义基本原理同中国实际和时代特征结合起来，独立自主走自己的路。正因为我们党不断地把马克思主义与中国革命和建设事业的伟大实践相结合，才产生了马克思主义中国化的两次历史性飞跃，形成了毛泽东思想和中国特色社会主义理论体系两大理论成果，走出了一条马克思主义中国化的新道路，取得了中国革命的伟大胜利，开创了建设中国特色社会主义事业的伟大征程，从根本上改变了中国人民和中华民族的前途命运。把马克思主义基本原理同中国实际和时代特征相结合，不断创新和发展马克思主义中国化，是中国共产党在理论上成熟和不断发展的标志。

三是要用中国的理论来阐释中国的实践，推进马克思主义的中国化。要学习用中国的话语来讲好中国的故事，着力构建中国学术话语体系。只有这样，才能讲清楚中国奇迹后面的中国道路的独特创造、中国理论的独特贡献、中国制度的独特优势和中国文化的独特魅力，才能让我们的学生和干部群众做到真学、真信、真用，才能坚定"四个自信"，不断推进马克思主义中国化、大众化的新境界。

学习马克思主义理论，推进马克思主义中国化，当前特别要学习好习近平系列重要讲话。习近平系列重要讲话和治国理政的新理念新思想新战略，是马克思主义中国化的最新成果，这一成果准确把握了国内和国际的深刻变化，准确把握了时代面临的新情况、新问题，准确把握了广大人民群众的新期待和新要求，集中和系统地阐述了中国一系列重大理论和实践问题，提出了一系列的新思想、新观点和新论断，在毛泽东思想和中国特色社会主义理论体系的基础上，把马克思主义中国化提到了新境界、新水平。马克思主义理论学科建设要加强对习近平讲话精神的学习宣传、研究阐释，注重吸纳马克思主义中国化的最新成果。现在的学生（包括博士生）在经典著作课里，没有多少人问马克思主义原著里这句话怎么解释？提的问题基本上都是现实问题，都是用马克思主义原理来看现在的马克思主义原理这句话怎么理解？包括对中国传统的一些哲学，是看习近平在海外一些讲话中是如何用马克思主义观点去讲述、阐释中国传统文化的，然后看他在与世界对话中，怎么样用马克思主义理论来分析现在的问题。所以，要不断地在解决中国特色社会主义建设实际问题中来推动马克思主义中国化。

学习习近平系列讲话既要原原本本、认认真真地读原文、悟真理，学深学透，把握精髓，防止用解读文章、新闻报道等资料来代替原文；又要以问题研究牵引学习、牵引教学，防止以一般性的传达学习来代替研究思考、贯彻落实。既要及时跟进学，学习最新讲话和最新精神，又要将新的讲话和以前讲话中彼此联系、相互贯通的系列思想观点作为有机统一的整体来学习，在深层次上全面领会，准确把握。既要学习讲话本身，又要把讲话作为新时代的马克思主义，与马列主义、毛泽东思想、中国特色社会主义理论体系相结合，掌握相互之间继承与发展的关系，更加深刻地理解讲话的科学内涵和实践要求。既要学习原文，更要抓好结合学以致用。习近平系列重要讲话是中央集体智慧的结晶，是全党讨论的结果，是中国共产党人在新的时期对马克思主义理论的继承和发展。要通过对讲话的学习，加深对中央重大战略部署的理解，更好地转化为贯彻落实的措施与行动，同发展改革稳定的工作实际结合起来，攻坚克难、化解矛盾。同广大干部群众、青年学生的思想实际结合起来，深刻把握贯穿讲话的马克思主义的立场观点方法，不断提升理论素养和思想水平。

要坚持理论和实践相结合。

多年来，我国的马克思主义理论学科逐步科学化、规范化、系统化，取得了可喜的进步和成绩。如何进一步推动马克思主义理论学科进一步发展，这是摆在马克思主义理论工作者面前的重大问题。

马克思主义理论学科建设必须关注重大现实问题，马克思主义理论从诞生之日起，就面向当时的社会现实，面向工人阶级的悲惨命运和现实状况。马克思、恩格斯强烈主张“从批判旧世界中发现新世界”，多次强调共产主义理想同以往形形色色的社会主义思想的根本区别，就在于对欧洲资本主义现实矛盾及其根源的分析与批判。马克思主义的科学性就在于它的实践性，马克思主义中国化的历程也是马克思主义基本原理同中国革命、建设和改革实践相结合的历程，也是运用马克思主义理论分析、解决中国现实问题的伟大实践。

现在我们中国又站在新的起点上正在进行具有许多新的历史特点的伟大斗争，中国跟世界的关系也已经发生了历史性的变化，中国离世界舞台的中心、离实现中华民族伟大复兴的宏伟目标从来没这么近，自信心从来没这么强，条件从来没这么充分。面对这两个“新”，面对这一历史性变化，我们要在实践中认识真理、把握规律，用发展着的马克思主义指导新的实践，用新的实践丰富和发展马克思主义，努力开创事业发展新局面和马克思主义发展新境界。

所以马克思主义的理论研究，不能是训诂式地、纯学理性的研究。一定要以我们现在正在做的事情为中心，着眼于马克思主义理论的应用，着眼于实际问题的理论思考，着眼于新的实践和新的发展。

当前中国经济进入新常态，改革进入攻坚期和深水期，中国进入“十三五”，党和国家事业发展面临一系列的新情况、新问题。马克思主义理论学科要紧紧围绕改革发展中的重大理论和现实问题来展开理论研究。比如，中国特色社会主义“四个全面”战略布局，“创新、协调、绿色、开放、共享”的五大发展理念。这是我们党科学发展观的一个重大发展。所以，要结合党的实践创新来加强党的理论创新成果的研究阐释，加强马克思主义最新精神的宣传解读，加强对社会思潮的跟踪辨析。现在高校的学生，包括青年老师、马列学院的老师，对社会思潮反应度非常敏感，但我们的理论界和教学界对理论社会思潮的回应则相对滞后，这中间就有一个时间差，这就容易造成干部群众、学生的思想的波动和迷惑，所以这方面要跟进，要着力研究如何适应中国和世界联系的互动日益加深的新趋势；如何准确把握“四个全面”战略布局、“五大发展理念”的深刻内涵、相互关系和实践要求；如何科学认识经济发展新常态的基本特征和运行规律；如何解决好全面深化改革中的新层次、深层次的矛盾和问题；如何坚持中国特色社会主义法治理念和法治道理；如何深入推进社会主义核心价值观建设；如何有效维护网络意识安全；如何深化对从严治党规律的认识等规律。总之，要坚持理论创新来推动实践创新，不断为坚持和拓展中国特色社会主义道路、坚持和丰富中国特色社会主义理论体系、坚持和完善中国特色社会主义制度提供理论支撑、不断推动中国特色社会主义事业不断发展壮大。

要坚持学科建设和人才培养相结合。

马克思主义理论学科作为对马克思主义进行整体性研究的学科，不仅要抓好学科建设，更要注重人才培养，提高青年学生、干部群众，特别是领导班子和领导干部等各类人才的马克思主义理论素养，从而坚定马克思主义的理论信仰，做到真学、真信、真用，从而坚定“四个自信”。

要加强中国特色社会主义理论体系的教育普及，坚持用当代中国马克思主义理论来武装全党、教育人民，进一步巩固全体人民团结奋斗的共同思想基础。要把学习马列、学习中国特色社会主义理论、学习习近平系列讲话作为长期的政治任务，抓好各级党委中心组学习，抓好广大干部群众和全社会的理论宣讲，抓好高等院校的理论教学，从而推动广大干部群众、学生读原著、学原文，悟原理，做到学而信、学而用、学而行。

要大力加强创新，全力支持马克思主义学院的学科建设、师资队伍建设、课程建设、教材建设等，不断提高马克思主义对广大青年学生的影响力、感染力和感召力。在高等院校加强马克思主义学科建设，既要特别注重加强重点马克思主义学院建设，同时也要注重在法律、新闻、经济、中文和历史等其他学科加强马克思主义理论建设。

青年学生是祖国的未来，他们对马克思主义的态度，他们的马克思主义水平和服务社会综合素质的高低，将关系到中华民族的前途命运和社会主义建设事业的兴衰。注重人才队伍的培养，尤其是注重青年学生队伍的培养，是当前马克思主义理论学科建设的重点任务。

加强马克思主义理论学科建设，要紧紧围绕人才培养这个重要任务，牢牢把握正确的育人方向，坚持学科建设和培养人才相统一，坚持知识传授与价值观培育相结合，坚持用中国特色社会主义理论体系来武装师生头脑，用社会主义核心价值观来凝聚人心，让广大青年学子学理论、爱理论、用理论、信理论，培养起坚定的马克思主义信仰，成为中国特色社会主义合格建设者和可靠接班人。

青年有希望，青年有力量
——想起五四青年那代人

五四青年那代人年轻有才，且群星灿烂。

五四那批人有才华。记得读大学时，在一本杂志上读过一篇文章，题目是《想起五四那一批人》。五四青年大都在20岁左右，即使他们的老师也不过30岁左右，陈独秀40岁，李大钊30岁，胡适27岁，鲁迅38岁；还有五四运动的学生领袖，傅斯年23岁，罗家伦22岁，钱玄同32岁，刘半农28岁，周作人33岁，郑振铎21岁，沈雁冰（茅盾）23岁，俞平伯19岁，罗隆基23岁，郭沫若27岁，梁漱溟26岁，朱自清21岁，瞿秋白20岁，毛泽东26岁，谭平山33岁，高君宇23岁，顾颉刚26岁，郭绍虞26岁，孙伏园25岁，冯友兰24岁。真是群星灿烂，正像毛泽东词："恰同学少年，风华正茂。"而林纾67岁，严复65岁，辜鸿铭62岁。即使从双方人士的年龄来看，北大的新旧之争也就不奇怪了。陈独秀、胡适、钱玄同、刘半农、鲁迅、周作人等聚集在《新青年》周围，而刘师培、黄侃、陈汉章、马叙伦等则成立《国故》月刊社，相互唱对台戏。民国时大学的国学入学试题，一般都在题目下注明"文言、语体不限"，但有两家例外，一是北京大学，胡适规定"限用事体"，即白话文字；二是南京中央大学，黄侃在这里任教，特别规定"限用文言"。① 总之，五四的那些青年人是有气场、有气质、有气度的人，所以讲"五四气象"。

1919年五四运动爆发时，胡适的老师杜威正在中国讲学，近距离地目睹了整个事件，他当时就给远在美国的女儿写信说，这些参加游行的孩子们，竟然负起了一场政治改革的领导责任，受到人民的欢迎，这真是一个了不起的国家。

---

① 路卫兵：《微历史》，湖南文艺出版社2011年版，第244页。

五四青年有理想、有抱负、有志向。

中国到了“五四”，出现了新气象，迸发出了新活力，这种新气象、新活力来自五四青年的有理想、有目标、有抱负、有志向。“五四”那批人，一是有才华。一个个学贯中西，博古通今。二是有气场，有气质，有气度，有气象，所以讲“五四气象”。更重要的，是有理想，把天下兴亡扛在肩上，是有梦的。1917 年 1 月胡适在陈独秀主编的《新青年》第 2 卷 5 期上发表《文学改良刍议》，这是倡导文学革命的第一篇文章。接着，1917 年 2 月，陈独秀在下一期《新青年》刊出了自己的《文学革命论》进行声援。1918 年 5 月，鲁迅又在该刊第 4 卷 5 期发表了《狂人日记》。

1917 年，胡适在美国读博士还没有毕业就被聘为北京大学文科教授、兼任哲学研究所主任。[①]6 月胡适回国，9 月 10 日到达北京就任北大教授，时年 26 岁。林语堂迎接他，一见到这位全国知名的文学革命的倡导者，“犹如触电”。胡适引用荷兰人文主义者拉斯摩斯从意大利返回祖国荷兰时的豪言壮语：“我们回来了。一切都会不同了。”他喊出了那一代人的志向。

人有两点品格很重要：一要能忏悔，二要有理想。所谓“改变自己，最大的力量就是忏悔；成就自己，首要的工作就是立志”。孔夫子说，君子一日三省。人只有不断反思自己，检讨自己，忏悔自己，总结经验，才能不断完善自己，不断进步。另外，人要有理想。只有看得远，才能站得稳，走得远。《围城》的作者钱钟书，牛津大学毕业，他讲过一句话，“前半生不要怕，后半生不要悔”。人在年轻时要敢想、敢说、敢干、敢闯，不要老看着眼前，盯着地上，生怕摔跤，怕这怕那，走路应看着天上的星星，盯着远方的目标，这样也许可能因不注意脚下而绊倒，但不用怕，没关系，爬起来继续向前走就是了。

五四青年的理想是大理想：立大志、做大事。

理想人人有，但大小不一样，因为这一点，各人境界就显出高低不同。

---

① 1917 年 5 月 22 日在博士论文的口试时，由杜威教授等 6 人组成的主试者，没有通过他的论文答辩。见唐宝林：《陈独秀全传》，社会科学文献出版社 2013 年版，第 167 页。

李鸿章（1823—1901年，如果活到五四时，是96岁），他当然不是五四青年，是一个封建主义的代表。他说过一句话："一万年来谁著史，三千里外欲封侯。"口气大得不得了，有"理想"，结果他也确实做到了中堂大人，一人之下，万人之上，但口气大，并不见得就是大理想，他这是个人理想，而且是封建色彩极浓的个人理想，不是"五四精神"。

1909年，蒋介石22岁，在日本振武学校留学，写下一首《述志》："腾腾杀气满全球，力不如人万事休。光我神州完我责，东来志岂在封侯。"你看，封侯都不是他的志向，比起李鸿章来，口气更大，境界似乎高了一些，体现了资产阶级比封建阶级的厉害之处。应该说，蒋介石也是有理想、有志向的，但蒋介石的"理想"是"力要胜人"、"杀气满全球"，他一辈子相信武力，相信军力。这种个人理想也是境界不高、格局不大。不是大理想。当初蒋介石跟着孙中山的时候，拿着"物竞天择、适者生存"这几个字，想请孙中山题词。过了半个月之后，孙中山给他题了一个"天下为公"。孙中山和蒋介石的思想境界立显高下。后来，蒋介石手中握有杀人的枪，枪内压满杀人的子弹，1927年"四一二"反革命政变后的第六天，他在《敬告全国国民党同志书》中除了表示"伟大任务在于拯救中国"外，还说出了那段广泛流传的名言："党在，国在，我亦在；党亡，国亡，我亦亡。"

"五四"青年有一种"天下兴亡、匹夫有责"的责任感，有挽救民族危亡为己任的使命感。他们的理想是大理想，志向是大志向，他们个人的理想是和民族的命运、国家的前途连在一起的，个人的梦和中国梦是连在一起的，他们把国家与民族的兴亡放在心上，扛在肩上，所以才有大气象。

毛泽东在五四时虽然是一个穷学生、一个小青年，胡适看不起他，可李大钊让他当了图书馆的馆员。毛泽东的志向是"指点江山，激扬文字，粪土当年万户侯"，被认为是最酷、最牛仔的一句话，口气、理想也了不得，李鸿章、蒋介石之流根本没得比，因为毛泽东的理想是和祖国、民族、人民连在一起的，毛泽东讲"问苍茫大地，谁主沉浮"，是在问：革命的领导权应该在谁的手上，这个"谁"是哪个阶级。显然，毛泽东的答案是党、是阶级、是人民。

孙中山说，要立志做大事，不要想到做大官。立大志，不是要当大官，发大财，你整天想什么时候到什么级别，天天掉在钱眼里，那你肯定走不远。"五四"就是一个做梦的年代。五四那些人点燃了梦想的火炬，不是个人的梦想，是国家的梦想，民族的梦想，五四那批人的理想是大理想，志向是大志向，是把天下兴亡扛在肩上。

1993年9月16日，邓小平对弟弟邓垦讲："国家发展了，我当一个富裕国家的公民就行了。"这句话平平淡淡，却是大胸怀、大境界、大理想，把国家和个人、事业和个人的关系说得很透彻。传达出对国家未来厚重深切的期待，又透露出真诚朴实的个人情感。这种定位，没有大胸怀、大境界，是讲不出的，其历史和情感含量与他的另一句名言"我是中国人民的儿子，我深情地爱着我的祖国和人民"，脉象相连，交相辉映。毛泽东"待到山花烂漫时，她在丛中笑"的诗句表达的也是这种胸怀和境界。习近平讲中国梦和个人梦的关系，讲的也是这种关系和定位。

所以，中国青年要站得住，走得远，就要放大自己的境界，做大自己的格局，首先要立志，把个体和集体连在一起。90多年来，一代一代的中国人，特别是一代一代的共产党人，之所以能够死地求生，前赴后继，后来居上，就是能够把个人梦和中国梦结合在一起。所以，立志首先就要处理好个人和国家的关系，把个人的进步跟人民的事业、民族的命运联系起来。两者的关系就是风筝和风的关系。如果国家的命运是天风浩荡，那个人的命运就像风筝越飞越高。

大理想、大抱负、大志向是以主义和信仰为内核的。

为什么五四青年有大理想、大抱负、大志向呢？因为有主义、有信仰。五四运动中有胡适和李大钊的"问题与主义"之争。胡适认为五四新文化要解决的就是吸鸦片和吐痰卫生的问题，要从具体的问题做起。而李大钊讲：主义是要有的，没有主义是不行的。我们现在纪念"五四"首先是要讲主义、讲信仰，就是要讲理想，坚持中国特色社会主义的真理，坚定不移地走中国特色社会主义道路。

《张学良回忆录》里说，当年，北伐军所向披靡，把直系吴佩孚、奉系张作霖打得落花流水。张大帅想不通，有一天把少帅找去，说："小六子呀，我想不明白，咱要枪有枪，要炮有炮，还有独一份儿的德国山炮团，轰他们不就得了呗……咋就轰不动呢？"少帅说："爹呀，咱是有枪有炮，咱有德国山炮团人家没有，但您想过没？人家有三民主义，咱没有啊！"大帅不服啦："'三民主义'嘛玩意儿啊，我还'五民主义'呢！"过了两天大帅又把少帅叫去："小六子，你说得对！咱还真缺个'三民主义'啥的。东北的高粱茬子老子还没吃够呢，咱撤！"

"三民主义"，不管是新、旧三民主义，对当时的帝国主义、封建主义来讲，它确实是进步的旗帜，有了这个，就有民心，有力量，有方向，所以国民党一路就起来了，北伐军得到了人民的拥护、共产党的支持，势如破竹，出发时 3 万人，打到南京时就成了 80 万人。那些土军阀不服气还真不成。

但是，共产党的主义比三民主义还厉害。黄纪苏先生讲过两件事：

当年共产党人真是豪杰啊。熊向晖埋伏在胡宗南身边当间谍，有人看出来了，说这小子这么廉洁清正有作为，太像共产党人，赶紧抓起来吧！就冲着这一条，你说共产党能不得天下么？当年秋收起义一路丢盔卸甲，三湾改编完了，一二百人由毛泽东一瘸一拐领着奔了井冈山，靠着这股精气神儿也就 20 来年的功夫就拿下了全中国。要是没有这大目标、大抱负，这小股人马在近代大漩涡里一圈就转没了，连个泡都不会冒。

邓小平强调，年轻人要做四有新人，有理想、有道德、有纪律、有文化。其中有理想和有纪律，这“两有”最重要。我们的二万五千里长征，就是凭着一股理想、一股信念支撑自己。

有学生问：人文学院怎样办学，才能让我们的学生更好地发展？我觉得要办好一个人文学院，第一看“师”。汉代的扬雄讲，既要为经师，更要为人师。清华大学潘光旦教授提倡教育的“从游论”，老师是大鱼，学生是小鱼，教育就是大鱼带着小鱼一块儿游，老师就是要带着学生走上人生的康庄大道。教师怎么引导学生看待中国的文化、中国的语言、中国的文艺等，这是非常重要的。第二看“学生”。哈佛大学有一个办学理念，大学就是把优秀的人才摆在一起来。“良师益友”，这个“益友”之间就会碰撞。第三，办学要有一种精神，要有一个理想，大学的理想。我在大学当过党委副书记，分管学生工作，每年五月份都有校园文化节，那一年学生会编了一本书，名字叫《五月的天空》，我写一个序言，《让大学理想的旗帜高高飘扬》。大学不是一个就业的培训机构，不是发文凭的地方，而是注入理想、培养精神的地方。大学是传教、传承知识的地方，但理想比知识还重要。所以办人文学院、办中文系，注入一个什么样的理想和信念，这可能决定这个学院、这个院系的品质。北京大学办学有两个方向：一是天下兴亡，匹夫有责，二是培养读书的种子。清华大学一开始定得比较低，工程师的摇篮。浙江大学提了一个办学理想：东方的灯塔、文化的高地。中文系的师生怎样定位自己——人文精神，人文传统。大学要有较高的办学格调。第四，人文学院不要封闭，学科和学科的界限、校内和校外的界限、古代和现代的界限不要划得太清，不要被学科的分界所束缚。世界是联系的、统一的，世界的分类都是人为的，这个划分在很大程度上是片面和机械的，所以要完整地把握这个世界。不能学中文的不研究经济，学经济的不研究历史，学历史的不研究政治，学政治的谈到法律就不感兴趣。中文系的人也要看看哲学，也要看经济。看看中国古代的知识分子，顾炎武、黄宗羲、王船山，是学文的吗？是学史的吗？学政治的吗？都是。总之，视野要打开，放得宽一点。

有学生问：大家都说90后、00后是网络的一代，价值观特别纠结、特别复杂，在网络上的言论有时也过于激烈。我马上要毕业，您作为长辈，对我们有什么期望？

我回答说：90后不是垮掉的一代。这还不是一代总比一代强这种进化论的观点。因为新的不一定就比旧的好，年轻的就一定就比老的强，不能机械地用进化论来解释社会现象，但我是想信这个世界总是在进步发展的。梁漱溟的父亲在投水自尽前，曾问梁漱溟："这个世界会怎么样？"梁漱溟说，这个世界一步一步在向好的方面去。他爸爸说："那就好。"但还是投水自尽了。这个话梁漱溟记了一辈子，梁漱溟先生最后一本书就是《这个世界会好吗？》。我也相信世界是日日新、月月新的。从我们77级这一代人的经历看，当年进大学时，人们也说我们是吃狼奶长大的一代，不行。后来，我们成顶梁柱了，说好话的就多了。后来又说80后不行，现在又讲90后不行了，一代一代总是这样说过来的。所以，年轻人不要在乎别人怎么说，关键是自己怎么看自己，要坚定自己的人生志向，认准自己道路的前进方向，别人只是帮你点亮一根火柴，拨亮你心中的那盏灯，照亮你自己的路，但路还是你自己走的。

讲到90后和00后是网络的一代，确有这位同学讲的问题，过于激烈，过于情绪，深一脚浅一脚，一卜左一下右，一下高一下低，顺心的时候大呼小叫、仰天大笑出门去，不顺意的时候，顿时天地沦陷，世界末日。年轻人都这样，我们也是这样过来的。但你们也有你们的长处，熟悉网络，勇于创新，血气方刚，有血性、有灵魂。关键是，在大学读书时，要迅速使自己成熟起来，建立起正确的世界观、自信心和健全的心智，不要过多的情绪化，增加理性、增加科学。

有学生问：在当前的新形势下，我们研究生应该如何承担起我们的责任？

我回答说：一要有眼光，你能不能一眼看穿，一眼看透，一眼抓准。文人文人，要能敏锐地感觉到大时代，能通过形象去把握大时代。大家眼光一定要放大放开，不要封闭。这体现在你的学位论文怎么写，你平常思考的是一些什么问题？怎么思考问题？你思考问题的视野和方法是不是开放的？

二要有自信。角色是自己塑造的，自信就是一个自我认定，人不是随风飘荡的一片树叶。中国文化是我们的根，是我们的底气，我们自己的内心要强大，对自己要有感觉，要有自信。

三要有立场、观点和方法。学习不是刻苦就行的。刻苦是一个基础，不刻苦很难成才，但能不能成为大学者？立场、观点、方法很重要。中文系的学生特别追求有才，要有文才，要有口才，口吐莲花、笔下生风，还特别追求有学：懂得多，看得多，知识要渊博，但我觉得还要讲立场，讲操守，目前，特别要有民族的立场，国家的立场，人民的立场。

现在我们当代青年的理想与志向要以主义的信仰为内核，坚信当代中国马克思主义，坚持中国特色社会主义道路，把个人的梦同中国的梦紧密结合起来，在为实现中国梦的奋斗中创造人生的辉煌。

7

中国道路上的理论风云

列宁《怎么办》[①] 中说，恩格斯 1874 年在谈到理论在社会主义运动中的意义时，发表的观点：共产党的伟大斗争并不只有政治的和经济的两种形式，**“而是有三种形式，同这两种斗争并列的还有理论的斗争”**。（列宁还特意注上黑体字）列宁认为，恩格斯的这些指示，“从现代各种问题和争论的观点来看是非常有教益的”。

① 《怎么办？》，《列宁专题文集·论无产阶级政党》，人民出版社 2009 年版，第 71 页。

从毛泽东与梁漱溟的延安窑洞争论看怎样认识中国社会

梁漱溟先生是一个大名人，他和毛泽东有过两场争论。除了1950年代的那次之外，1938年1月，梁漱溟以国民政府国防最高会议参议员的身份北上延安，曾与毛泽东有一次“窑洞争论”。争论的焦点是：中国是一个什么样的社会？中国应走什么道路来解决中国的问题、改造中国这个社会？

中国有没有一个光明的前途？

1937年，七七事变后抗战全面爆发。梁漱溟在山东搞了7年的乡村建设工作搞不下去了。这时，国民政府为争取社会各界的支持，在最高国务会议内成立了一个咨询机构，叫“参议会”（后改名为“国民参政会”），邀集社会各界代表人物到南京，有中共代表，但大多数成员为国民党员，梁漱溟作为无党派的社会贤达被邀请。梁漱溟关闭了山东乡村建设研究院，赴到南京。但“八一三”抗战失利，日军长驱直入，继上海之后，南京沦陷。国民政府迁往武汉，梁漱溟也随即到了武汉。沿途所见，一派流离失所、争相逃难的景象，特别是一些国民党大员无信心抗日，有的不战而逃；有的不只自己逃难，还把资产、妻儿送往国外。对此，梁漱溟大失所望，对抗战的前途也很悲观。他想到，自日本侵华后，中共提出国共合作、一致抗日的一系列主张，深得人心，并终成现实。现在国民党这么令人失望，那共产党又怎样呢？百闻不如一见。梁漱溟就想去延安见中共领袖毛泽东。在征得蒋介石的同意，和中共方面联系后，梁漱溟便奔赴延安。

1938年1月，梁漱溟风尘仆仆，只身来到延安。此次延安之行，毛泽东共会见梁漱溟8次，每次交谈时间都在两小时以上，其中两次几乎是彻夜长谈。

初次见面，毛泽东就说："梁先生，我们早就见过面了，您还记不记得？民国七年（1918）在北京大学，那时您是大学讲师，我是小小图书管理员。读到您的《究元决疑论》，还蛮佩服你敢于向名人挑战的精神呢！您常来豆腐池胡同杨怀中先生家串门，总是我开大门。后来杨怀中先生病故，我也成了杨家的女婿。"

梁漱溟一听，顿时想了起来，连声说："是的，好记性，有这事，有这事。"

原来，梁漱溟有一位本家兄长名叫梁焕奎，是湖南湘潭著名的开明绅士。为了支持维新，培育人才，他曾资助过杨怀中等一批湖南青年赴日留学，杨怀中尊称其为恩师。杨怀中，就是毛泽东在湖南一师时的老师、杨开慧的父亲杨昌济先生。1917 年，为躲避战乱，梁焕奎来到北京，借住在梁漱溟家中。不久，杨怀中也进京到北京大学哲学系任教。由于杨怀中常去探望梁焕奎，遂与梁漱溟结识。二人一见如故，志同道合，情谊日笃，成为忘年之交。此后，梁漱溟如遇难解之题，就去向杨怀中讨教，因而成了杨家的常客。

毛泽东恰好也于 1918 年初到北京，经杨怀中介绍，在北大图书馆做图书管理员。毛泽东白天供职兼修习，晚上就住在杨家。梁漱溟每每晚间去杨宅，总见一位高个子青年前来开门，彼此点头寒暄，但他没有问过对方是谁，更没有想到他就是现在坐在眼前的中共领袖毛泽东。但是毛泽东早从杨怀中那里得知这位来客就是梁漱溟，并认真读了他的成名作《究元决疑论》，留下深刻而良好的印象。

时值冬天，延安气候严寒。梁漱溟开门见山地提出了抗日战争的前途问题。战场上中国军队节节败退，国民党方面上下缺乏信心，他个人对目前的抗战情况甚感失望，心中亦十分悲观，如此下去，中国的前途如何？中华民族会亡吗？梁表示这次来延安，就是向中共领袖讨教来的。

毛泽东听后笑着回答道："梁先生，你所听到看到的若干情况，大体都是事实。但我的看法，中国的前途大可不必悲观，应该非常乐观！中华民族是不会亡的，最终中国必胜，日本必败，只能是这个结局，别的可能没有！"

接着，毛泽东扳着指头详细分析了国内、国外的形势变化，敌、我、友三方力量的对比，强弱的转化，战争的性质，人民的力量，战争发展的几个阶段："决定中国前途者不外三方面：一为中国自身；一为敌人方面；一为国际环境。而求中国之胜利，一在中国自身；二在敌人的内溃；三在国际的协助。国际情形，分析起来，已经日益好转。敌人一面，随战事的扩大与延久，而日益暴露其弱点，增其困难。所剩的为中国自身团结问题，两年来已逐步趋向团结。既如此，又何须悲观？抗战的最终结果，中国必胜，日本必败，也是必然的。"对毛泽东的分析，梁漱溟十分佩服，无限感慨地说："毛先生，可以这样说，几年来对于抗战必胜，以至如何抗日，怎么发展，还没有人对我作过这样使我信服的谈话，也没有看到过这样的文章。您今天的谈话，使我豁然开朗，心中的愁闷一扫而光！"

第一天的晤谈，从下午六点一直持续到次日凌晨。因时间太晚，他们约定明晚继续交谈。临别，梁漱溟拿出自己写的《乡村建设理论》，请毛泽东指教。

中国走什么道路来争取这个前途：革命？改良？

第二天的谈话也是从下午 6 点开始，一直谈到次日天明，整整一个通宵。这次谈话的内容是中国的社会性质和发展道路问题。既然中国不会亡，那么，为了赢得中国的光辉未来，中国的道路是什么呢？是走革命的道路，还是走改良的道路？即如何建设一个新中国。在这个问题上，梁漱溟和毛泽东两人的分歧较大。

谈话一开始，毛泽东拿出梁漱溟送的那本书，说："大作拜读了，但看得不细，主要之点都看了。我还从大作中摘出一些结论性的话。概括地说，你的著作对中国社会历史的分析有独到的见解，不少认识是对的，但你的主张总的说是走改良主义的路，不是革命的路。而我认为，改良主义解决不了中国的问题。中国社会需要彻底的革命。革命怎样才能彻底，中国共产党的基本理论是对中国社会进行阶级和阶级斗争的分析、估计，从这一基本分析、估计而得出的力量对比出发，而确定中国共产党的路线、方针、政策……"毛泽东详尽地分析了中国社会的特点，特别是阶级矛盾和阶级斗争的激化问题，并突出地强调其作用。

梁漱溟认为，中国是一个"伦理本位和职业分途"的社会，只有一行一行不同的职业，没有对立的阶级。正因为中国社会"没有阶级"，所以也就没有"革命的对象"，只有"建设的对象"，他不赞成用暴力革命解决中国社会问题。1928年，梁漱溟提出"乡治"主张，到 1931 年，完成了他的"乡村建设理论"。他在《乡村建设理论》一书中提出的政治主张是：解决中国问题要走改良的道路。中国农村的出路在于依靠乡村自治推进乡村建设。从 1931 年开始，在韩复榘的支持下，梁漱溟在山东邹平县展开了"乡村建设"的实验，试图找出一条"政教富卫"合一的新型农村模式。其主要办法是：第一，建立乡农学校，分乡学和村学两种，用乡学代替区公所，用村学代表村公所，使基层行政机构教育化，实现政教合一。第二，建立农村合作社。先后设立了信用、运销、林业、产业、信用仓库、购买六类合作社，特别重视运销合作社。在合作社范围内，重点进行了农作物优良品种的推广，"促兴农业以引发工业"，以达到使农村"富起来"的目的。第三，建立乡村自卫组织，以有“室家财产”的人员为主，组建乡村自卫团。

梁漱溟在《乡村建设理论》中提出，中国摆脱社会危机的方式就是“稍稍变化他自己以求其适应”，“政治制度或者不变，或变而不断，借此不断之气，就可以采取西洋长处，慢慢地求进步”，“中国问题根本不是对谁革命，而是改造文化，民主自救”。毛泽东在这一段话的旁边，连打了四个“？”，他还在批注中旗帜鲜明地指出：“民族民主革命。不承认此一点，一切皆非。此点是从社会是半殖民地半封建的估计而来。”毛泽东认为改良主义解决不了中国的问题，中国的社会需要彻底的革命，中国的道路必然是民族谋独立、人民求解放。梁漱溟认为中国社会阶级分化和阶级对立不明显、不强烈，不同意搞阶级斗争。毛泽东同他就阶级和阶级斗争进行了入情入理、相持不下的争论。“这次谈话从晚六时一直继续到第二天天明。”（见《毛泽东年谱》）

为什么只有走革命的道路才能解决中国的问题？这里的关键就是如何认识中国社会的性质。

毛泽东坚持“革命”，而梁漱溟主张“改良”，是因为两人对中国社会的认识和解释不同。

实现中国社会的改造目标、中国光明的发展前途，究竟用改良的办法，还是用阶级斗争的办法，这是由国情决定的。怎样认清中国的国情、认识中国的社会性质呢？中国社会究竟是阶级社会，还是伦理社会？两人运用的方法不一样。

首先，对中国传统社会的经济特征，梁漱溟认为中国社会的经济是“伦理本位的经济”，其具体形式是：“夫妇、父子共财，乃至祖孙兄弟等亦共财。若义庄、义田一切族产等亦为共财之一种。兄弟乃至宗族间有分财之义；亲戚、朋友间有通财之义。以伦理关系言之，自家人兄弟以讫亲戚、朋友，在经济上皆彼此顾恤，互相负责；有不然者，群指目以为不义。故在昔中国人生计问题上无形有许多保障。”梁漱溟据此得出他的伦理本位的经济结论，他说：“中国社会，其经济结构隐然有似一种共产。”毛泽东指出，所有“伦理本位的经济”，实质上是“封建经济”。毛泽东以批注的形式指出一个基本事实：“地主与农民不共财、不相恤、不互相负责，贫民生计问题绝无保障，仅有残酷的剥削关系存在。”对所谓“隐然有似一种共产”，毛泽东批注：“只是一种建立在封建剥削关系上的家庭共产主义。”注意：梁漱溟的分析单元是夫妇、父子、朋友，而毛泽东的分析单元则是农民与地主、统治者与被统治者。两人一上来用的工具就不一样。

其次，对中国传统社会的政治特征，梁漱溟仍然用伦理社会的眼光来看，认为："但有君臣间、官民间相互之伦理的义务，而不认识国家团体关系。""不但整个的政治组织放在一个伦理的关系中，抑且其政治目的亦全在维持大家伦理的相安，——如何让人人彼此伦理的关系各作到好处（父父、子子、君君、臣臣）是其政治上的理想要求，更无其他。"毛泽东对这段文字批注："这种伦理政治目的不为别的，全为维持封建剥削，不是大家相安，而是使地主阶级相安，大多数人则不安。不是各作到好处，而是统治阶级作到好处，被统治者则作到极不好处。"因此，这种"大家相安"的"伦理政治"，实质上是"罪恶多端"的"封建统治"，既是封建统治的目的，也是封建统治的手段。

再次，对中国传统社会的文化特征，梁漱溟认为人际关系集中体现中国传统社会文化的"伦理本位"特征，他说的"伦理关系"就是"情谊关系，亦即表示相互间的一种义务关系"。这种义务关系导致了一种颇为高尚的观念："在情感中皆以对方为主，伦理关系彼此互以对方为重；一个人似不为自己而存在，乃仿佛为他而存在着。"毛泽东批注："地主对农民无情谊，并不尊重对方，农民为地主而存在，臣为君、妻为夫而存在，并无所谓地主为农民、君为臣、夫为妻而存在。"

对中国社会的性质，梁漱溟认为："中国的社会与外国社会不同。在历史上，外国的中古社会，贵族与农民阶级对立鲜明，贵族兼地主，农民即农奴，贫富对立，贵贱悬殊，但中国的中古社会不是这样，贫富贵贱，上下流转相通，有句老话叫：'朝为田舍郎，暮登天子堂；将相本无种，男儿当自强。'中国的社会贫富贵贱不鲜明、不强烈、不固定，因此，阶级分化和对立也不鲜明、不强烈、不固定。这种情况在中国历史上延续了一两千年，至今如此。根据这种分析，我提出了'伦理本位'、'职业分途'八个字。所谓'伦理本位'是针对西方人'个人本位'而言的。西方人讲自由、平等、权利，动不动就是有我的自由权，个人的权利放在第一位，借此分庭对抗。但中国不是这样，注重的是义务，而不是权利。父慈子孝，还有兄友弟慕，夫妻相敬，亲朋相善，等等，都是'伦理本位'的内容，是指导中国家庭和社会的重要原则，即注重义务，每个人都要认识自己的义务是什么，本着自己的义务去尽自己的责任，孝家庭，也孝社会。所谓'职业分途'，也就是社会分工，你干哪一行，从事哪件工作，就有责任把它做好。人人尽责，做好本行，则社会就稳定、发展……"

毛泽东认为，中国社会摆脱危机的出路在于民族民主革命。梁漱溟认为几十年的中国运动不是革命，毛泽东批注道："弱小民族的解放运动不是革命吗？""民族民主革命。不承认此一点，一切皆非。此点从社会是半殖民半封建社会的估计而来”。

关键在于两人用的方法工具不一样。

一是个性与共性的把握。毛泽东十分耐心地听完梁漱溟的长篇大论，然后立足于对中国社会的历史分析和阶级分析，心平气和地说：“中国社会有其特殊性，有自己的文化传统，有自己的伦理道德，梁先生强调这些也并没有错。但中国社会却同样有着与西方社会共同的一面，即阶级的对立、矛盾和斗争，这是决定社会前进最本质的东西。”他认为梁漱溟太看重中国社会特殊性的一面，而忽略了共同性即一般性的一面。

梁漱溟对中国文化的特质及其与西方文化的差异有深刻的洞察力，而毛泽东运用历史唯物主义的观点方法，对中国社会的经济、政治、文化等各个方面的情况看得更为透彻。

二是阶级分析的方法。梁漱溟用的是伦理的道德文化工具，毛泽东用的是阶级分析的政治工具。梁漱溟在《乡村建设理论》中说，中国传统社会，一、土地自由买卖，人人得而有之；二、遗产均分，而非长子继承之制；三、蒸汽机、电机会未发明，乃至较大机械亦无之。没有土地垄断，也没有先进生产工具的垄断，“无垄断即无阶级”，虽然也存在贫富与贵贱的差别，“但升沉不定，流转相通，对立之势不成，斯不谓之阶级社会耳”。他还认为，西方人多把钱用在生产上，“在中国则以为钱是让大家花的，钱多用在消费上”。中国社会的构成，只是社会职业分工不同而已，只有职业差异，没有阶级分化。针对这种观点，毛泽东批注道：“百分之七十土地集中于地主，农民只有卖，没有买。大多数人无产可以均分。只有土地剥削。贫富贵贱就是阶级。富人的钱不让穷人花。”毛泽东的这些认识来自于他用马克思主义的观点方法对中国社会历史的深刻分析。

毛泽东和梁漱溟就《乡村建设理论》作彻夜长谈。梁认为，西方社会文化是“集团生活”导致“个人本位”，而中国社会是“家庭生活”导致“伦理关系”，他还断定中西方社会文化的这一差异，从中古时代起就已经出现。毛泽东承认中西方社会文化确实存在差异，但他认为生活方式并不是这种差异的根本所在，也不赞同这种差异在中古时期就已经出现的观点。毛泽东主张从经济基础来分析中国社会。他批注：“中国社会与西洋中古社会不同，这是不对的。要看其经济范畴相同，不能只看中国无中古的教会。”“伦理关系是上层建筑，他的下层基础是农业经济，西洋中古也有这种伦理关系。”对于西方近代社会出现个人主义以及自由主义抬头，是否来自其集团生活对个人的过强干涉的反动，如宗教教会、民族国家，毛泽东批注：“否！从资本主义而来。”

三是唯物主义的方法。1939年2月20日，毛泽东在写给张闻天的信件中，对陈伯达的《孔子的哲学思想》一文进行讨论，说“家庭中的父与子的关系，反映了社会中君与臣的关系”，不如倒过来说“社会中（说国家中似较妥当）君与臣的关系，反映了家庭中父与子的关系”。事实上，家庭比国家产生的时间早，国家产生于奴隶社会与封建社会，在这以前，就已经有产生了家庭。原始共产主义末期氏族社会中的家长制，是后来国家形成的先驱，所以，家庭中的父子关系，要早于国家中的君臣关系，这样，就是国家中的君臣关系反映着家庭中的父子关系，而不是相反；是“移孝作忠”，而不是移忠作孝。一切国家（政治）都是经济的集中表现，在封建国家里，家庭正是当时小生产经济的基本单元。① 毛泽东还指出：分散的个体经济——家庭农业与家庭手工业是封建社会的基础，不是民主社会（旧民主、新民主、社会主义，一概在内）的基础，这是马克思主义区别于民粹主义的地方。

中西方社会文化差异的根本原因是什么呢？梁漱溟认为是由于中西方生活方式的不同。而毛泽东认为要从经济基础去找原因。中国之所以没有出现强烈的个人主义思潮，关键在于中国仍然是“农业经济”，是“封建国家”。近代以来东西方社会文化的差异，毛泽东认为“这些都是资本主义社会与农业社会不同的结果。这些都是封建制度与资本制度不同之结果”。

由于对中国社会是不是阶级社会的判断不同，因此，对中国社会文化内存危机的性质，两人的意见也就分歧明显。梁漱溟认为：“中国问题并不是什么帝国主义的问题，就是文化失调，——极严重的文化失调。其表现出来的就是社会构造的崩溃，政治上的无办法。”而毛泽东则批评梁的这种分析：“所谓失调就是旧制度不合于新环境。”梁漱溟认为政治无办法在于没有“唯一最高的国权，陷于分裂”，毛泽东则认为，中国社会文化的危机，根本在于中国社会文化的“旧体制”，即旧的生产关系和政治制度妨碍了中国的进步。②

当时两人相持不下，谁也没有说服对方。

---

① 《关于〈孔子的哲学思想〉一文给张闻天的信》，《毛泽东文集》第2卷，人民出版社1993年版，第161页。

② 陈晋：《一九三八年毛泽东与梁漱溟的一次争论》。

那场争论给我们的启示。

1986年秋，在毛泽东辞世十年之后，93岁高龄的梁漱溟还不忘48年前他在延安与毛主席彻夜争辩中国出路的场景，满怀深情地说："现在回想起那场争论，使我终生难忘的是毛泽东作为政治家的风貌和气度。他披着一件皮袍子，有时踱步，有时坐下，有时在床上一躺，十分轻松自如，从容不迫。他不动气，不强辩，说话幽默，常有出人意料的妙语。明明是各不相让的争论，却使你心情舒坦，如老友交谈。他送我出门时，天已大亮。我还记得他最后说，梁先生是有心之人，我们今天的争论可不必先作结论，姑且存留听下回分解吧。"

1950年春天，梁漱溟从重庆来到北京。面对新中国诞生的这一事实，他认真思索了在延安与毛泽东的那场争论，"醒悟"到自己走的是改良主义的道路，是行不通的，于是写了《何以我终于落归改良主义？》1951年又在《光明日报》上发表《两年来我有了哪些转变》一文，对自己做了一个总结。梁漱溟在文中说："若干年来，我坚决不相信的事情，竟然出现在我眼前，这不是旁的事，就是一个全国统一稳定的政权竟从阶级斗争中而建立，而屹立在世界的东方。我曾估计它一定要陷于乱斗混战而没有结果的，居然有了结果，而且结果显赫，分明不虚。"梁漱溟在历史事实面前，承认对于中国历史方向，自己的认识是错误的，而毛泽东是正确的。虽然梁漱溟到头来仍没有也不可能实现他的改良主义夙愿，但他一辈子坚守"改造旧中国，建设新中国"的爱国初衷，并付出"一生心血、全副肝胆"，不懈奋斗的精神赢得了人们的广泛敬重。

马克思主义的阶级斗争学说究竟说了啥

1852年初，流亡到美国的德国小资产阶级政治家海因岑发起挑战，说阶级的存在只同政治特权相联系，资产阶级的统治是历史的最后产物。1989年福山发表的“历史将终结于资本主义”的论调与此相似，都想说资本主义制度是永世长存的。当时，马克思的战友魏德迈在美国创办《革命》杂志，积极宣传马克思主义，他就写了一篇反驳海因岑的文章，并把这篇文章寄给马克思。马克思看后，于1852年3月5日给魏德迈回信，描述了阶级和阶级斗争的产生、发展、消亡的客观规律，进一步阐述了阶级和阶级斗争学说。说了一段十分经典的话：“无论是发现现代社会中有阶级存在或发现各阶级间的斗争，都不是我的功劳。在我以前很久，资产阶级历史编纂学家就已经叙述过阶级斗争的历史发展，资产阶级的经济学家也已经对各个阶级作过经济上的分析。我所加上的新内容就是证明了下列几点：（1）**阶级的存在**仅仅同**生产发展的一定历史阶段**相联系；（2）阶级斗争必然要导致**无产阶级专政**；（3）这个专政不过是达到**消灭一切阶级**和进入**无阶级社会**的过渡。”①

这段话说了些什么呢？列宁认为马克思这一段话表达了两点：一是他的学说同资产阶级思想家的学说之间的主要和根本的区别。二是他的国家学说的本质。学习列宁的论述后，我认为可以从下面几点把握马克思的思想。

资产阶级在哪个意义上承认阶级斗争？

列宁写道：人们时常说马克思学说中的主要之点是阶级斗争，但这是不正确的。这会歪曲马克思主义，会把马克思主义篡改为资产阶级可以接受的东西。“因

① 《马克思致约瑟夫·魏德迈》，《马克思恩格斯文集》第10卷，人民出版社2009年版，第106页。

为阶级斗争学说不是由马克思而是由资产阶级**在**马克思以前创立的，一般说来是资产阶级可以接受的。谁要是**仅仅**承认阶级斗争，那他还不是马克思主义者，他还可以不超出资产阶级思想和资产阶级政治的范围。把马克思主义局限于阶级斗争学说，就是阉割马克思主义，歪曲马克思主义，把马克思主义变为资产阶级可以接受的东西。只有承认阶级斗争，**同时也**承认**无产阶级专政**的人，才是马克思主义者。"[①] 列宁认为这是测验是否真正了解和承认马克思主义的试金石。只有把阶级斗争与无产阶级专政联系在一起，只有把阶级斗争和无产阶级的历史命运联系，才能准确把握马克思主义阶级斗争学说的实质。

以前，资产阶级的思想家、历史学家、经济学家就叙述过阶级斗争，但是，资产阶级论述阶级斗争有几个特点：

一是只承认和赞成资产阶级对封建贵族的阶级斗争，却否认或掩盖无产阶级对资产阶级的阶级斗争。我们去法国、英国、美国，看到的他们的"革命文化"，都是资产阶级对封建贵族的阶级斗争，华盛顿纪念馆、拿破仑纪念馆、巴士底狱等。法国复辟时期的历史学家虽然承认第三等级反对僧侣、贵族的斗争是合理的，是推动历史发展的动力，却否认第三等级内部存在阶级斗争，特别否认无产者反对资产者的斗争，把这种斗争看成是"社会灾难"。

二是资产阶级没有分析地主、资本家、工人三阶级关系产生的根源、无产阶级的本质和发展趋势。

三是把资本看作是一种永恒的自然关系，极力掩饰资本主义生产力和资本主义生产关系的矛盾冲突，否定资本主义普遍存在的生产过剩导致经济危机的可能性，反对无产阶级革命和无产阶级专政。比如，亚当·斯密认为在资本主义社会中，一切阶级的利益都是一致的。随着国民财富和资本积累的增长，不仅地租和利润的数量会增加，而且工资也会提高。因此，资产阶级思想家的阶级斗争理论是不彻底的[②]，是有限度的。当阶级斗争对资产阶级有利的时候，他们宣传和提倡阶级斗争；当无产阶级勃然兴起，以独立的政治力量登上历史舞台，要用革命的暴力手段推翻资产阶级统治、建立无产阶级专政的时候，他们对这种阶级斗争就持坚决的反对态度了。

---

① 《国家与革命》，《列宁专题文集·论马克思主义》，人民出版社 2009 年版，第 206 页。

② 转引自《普列汉诺夫哲学著作选集》第 2 卷，三联书店 1961 年版，第 533—534 页。梅荣政：《马克思和恩格斯的基本思想及其真髓》，又见赵光武《马克思论无产阶级专政下不断革命》，《38 位著名学者纵论马列主义经典著作》，中国社会科学出版社 2012 年版，第 173、185 页。

四是不是从经济基础、生产关系来认识阶级并进行阶级分析，而只是把阶级斗争的产生和所有制的改革归于政治的原因和暴力掠夺的结果。马克思主义则认为，阶级和阶级斗争根植于经济社会的现实之中。“这些互相斗争的社会阶级在任何时候都是生产关系和交换关系的产物，一句话，都是自己时代的经济关系的产物；因而每一时代的社会经济结构形成的现实基础，每一个历史时期的由法的设施和政治设施以及宗教的、哲学的和其他的观念形式所构成的全部上层建筑，归根到底都应由个基础来说明。”①

阶级的起源和发展有其经济的原因。阶级、阶级关系、阶级斗争在任何时候“都是自己时代的经济关系的产物”②。“一切政治斗争都是阶级斗争，而一切争取解放的阶级斗争，尽管它必然地具有政治的形式（因为任何阶级斗争都是政治斗争），归根到底都是围绕着**经济**解放进行的。”③恩格斯还特意对“经济”一词加了黑体字，可见，阶级的产生和发展是由经济关系决定的，阶级斗争首先是为了经济利益进行的。政治权利不过是用来实现经济利益的手段。

阶级只是一个历史阶段的产物。

“阶级是同生产发展一定阶段相联系的。”对于这一论断，应该如何理解呢？

首先，阶级不是从来就有的，只是在社会生产力有了一定程度的发展，又不十分发达，出现了生产资料私有制和剥削时，才产生了阶级。“当社会总劳动所提供的产品除了满足社会全体成员最起码的生活需要以外，只有少量剩余，因而劳动还占去社会大多数成员的全部或几乎全部时间的时候，这个社会就必然划分为阶级”，所以，恩格斯说，阶级的出现“是以生产的不足为基础的，它将被现代生产力的充分发展所消灭”。

其次，阶级也不是永远存在的。历史发展到资本主义阶段，无产阶级和资产阶级的阶级斗争将是历史上最后一次以对抗形式表现出来的阶级斗争。④这场斗

① 恩格斯：《社会主义从空想到科学的发展》，《马克思恩格斯文集》第3卷，人民出版社2009年版，第544页。又见恩格斯：《反杜林论》，《马克思恩格斯文集》第9卷，人民出版社2009年版，第29页。

② 恩格斯：《反杜林论》，《马克思恩格斯文集》第9卷，人民出版社2009年版，第29页。

③ 恩格斯：《路德维希·费尔巴哈和德国古典哲学的终结》，《马克思恩格斯文集》第4卷，人民出版社2009年版，第306页。

④ 赵明义主编：《社会主义的历史命运》，人民出版社1997年版，第52页。

争过后，“在没有阶级和阶级对抗的情况下，**社会进化**将不再是**政治革命**”[1]，而是和平改革。到了共产主义社会，集体财富的一切源泉都充分涌流，私有财产将没有必要，甚至成为累赘，阶级的存在、阶级的差别、阶级的对立，都将失去客观基础而成为过时现象，阶级也就退出历史舞台，随之消灭了。邓小平讲社会主义本质的时候，有个著名论断：解放生产力、发展生产力，消灭剥削，消除两极分化，最终达到共同富裕。这个“剥削”是阶级剥削，“消灭”这个词是很革命的词，“消除”两极分化，方式要平和得多，但更难。以前，我们常说要消除三大差别：工农差别、城乡差别、脑力劳动和体力劳动差别。无产阶级的使命特别要消灭阶级压迫、阶级剥削，再消灭阶级差别，直至消灭阶级本身。

阶级对立的根源在于经济基础。消灭剥削、消灭阶级的决定性的第一步，是无产阶级利用自己的政治统治剥夺剥削阶级的生产资料，消灭私有制，建立社会主义公有制。科学社会主义“就是无产阶级的**阶级专政**，这种专政是达到消灭一**切阶级差别**，达到消灭这些差别所由产生的一切生产关系，达到消灭和这些生产关系相适应的一切社会关系，达到改变由这些社会关系产生出来的一切观念的必然的过渡阶段”[2]。这“四个达到”既说明了无产阶级专政的性质与历史作用，还概括了无产阶级专政的历史必然性和过渡性。

值得一提的是，前三个“达到”是“消灭”，后一个“达到”是“改变”。因为阶级不仅是一个经济范畴，还是一个社会范畴，阶级对立的根源在经济基础，却广泛地表现在经济关系、政治关系、思想关系上，阶级斗争有经济斗争、政治斗争与思想斗争三种基本形式，阶级不仅是一个经济组织、经济实体，还是一个社会集团或社会组织。一个阶级的经济地位、政治立场、意识形态这几个方面总和起来构成这个阶级的全部特征。要消灭剥削、消灭阶级必走的第二步，是在政治、思想领域不断革命，最后，消灭剥削、消灭阶级还必须“达到改变由这些社会关系产生出来的一切观念”，与“传统的观念实行最彻底的决裂”，这是从阶级社会向无阶级社会过渡必走的第三步。

再次，既然阶级不是永远存在的，那么，资本主义制度和资本主义社会也不是与世俱来的，更不是永世长存的。马克思讲的最要紧的就是这句关于资本主义

① 《哲学的贫困》，《马克思恩格斯文集》第1卷，人民出版社2009年版，第655页。

② 马克思：《1848年至1850年的法兰西阶级斗争》，《马克思恩格斯文集》第2卷，人民出版社2009年版，第166页。

命运的话。“现代资产阶级本身是一个长期发展过程的产物，是生产方式和交换方式的一系列变革的产物”[①]，是从崩溃着的封建社会内部迅速发展起来的革命力量。资产阶级曾经进步过，但不是永远进步。《共产党宣言》揭示了资产阶级的产生、发展及其必然灭亡的规律。资本主义生产方式存在着固有的自身不可克服的基本矛盾，即生产社会化和生产资料私人占有之间的矛盾，有着巨大的历史局限，生产周期性危机，社会两极分化等表明资产阶级的生产关系已经太狭窄了，再容纳不了它本身所造成的财富了。

马克思主义特别注重资本主义社会中的资产阶级和无产阶级之间的阶级关系，包括这两大阶级的阶级状况、阶级矛盾、阶级冲突、阶级斗争，最后产生的阶级革命。

资本主义社会中这两大阶级是什么关系呢？和谐的关系？好朋友的关系？马克思讲：在资本主义社会，资产阶级和无产阶级是相互依存的关系，是与生俱来的关系，资产阶级一产生时，就产生了无产阶级，资本主义在自身的发展过程中，锻造了否定自身的阶级力量，“资产阶级不仅锻造了置身于死地的武器；它还产生了将要运用这种武器的人——现代的工人，即**无产者**。随着资产阶级即资本的发展，无产阶级即现代工人阶级也在同一程度上得到发展”。

这两大阶级还是矛盾的关系、尖锐对立对抗的关系、你死我活的关系。资本主义社会的阶级关系日益分化和简化为资产阶级和无产阶级，这两个阶级的关系不但有矛盾、有斗争，且日益表现为对立。“无产阶级经历了各个不同的发展阶级。它反对资产阶级的斗争是和它的存在同时开始的。”[②] 恩格斯说：“资本主义生产方式日益把大多数居民变为无产者，从而就造成一种在死亡的威胁下不得不去完成这个革命的力量。”[③]

这两大阶级有时又是盟友关系。无产阶级的领袖们都说，在资产阶级反对封建贵族的阶级斗争中，无产阶级政党应当组织自己的阶级队伍，协助资产阶级一同向封建阶级发动进攻。但这个联盟是暂时的。俄国革命在二月革命之后，立即

---

① 《共产党宣言》，《马克思恩格斯文集》第2卷，人民出版社2009年版，第33页。

② 同上，第38、第39页。

③ 恩格斯：《社会主义从空想到科学的发展》，《马克思恩格斯文集》第3卷，人民出版社2009年版，第561页。

就转到发动十月革命了。

关于资产阶级与无产阶级的斗争趋势与结果，马克思主义认为：无产阶级和资产阶级的阶级斗争，当资产阶级占优势，处于统治地位时，是资产阶级专政；反之，当无产阶级不断壮大，并通过革命推翻资产阶级而取得统治地位时，就是无产阶级专政。但从总的趋势和最后结果来看，“资产阶级的灭亡和无产阶级的胜利是同样不可避免的”①。这是马克思恩格斯在《共产党宣言》第一章的末尾作出的明确结论，而《共产党宣言》的每一部分都是围绕着这一结论而展开论证的，“《共产党宣言》的任务，是宣告现代资产阶级所有制的必然灭亡”②。这一理论简称为“两个必然”的理论，它揭示的历史发展趋势直到现在都没有改变，所以整个资本主义社会对此恨之入骨，而无产阶级和劳动人民则从中获取了无穷的精神力量。“两个必然”是共产主义信念最重要的理论根据。③

在1848年马克思恩格斯阐明上述“两个必然”后的11年，1859年，马克思还提出了“两个决不会”的科学论断：“无论哪一个社会形态，在它所能容纳的全部生产力发挥出来以前，是决不会灭亡的；而新的更高的生产关系，在它的物质存在条件在旧社会的胎胞里成熟以前，是决不会出现的。”④

这样，“两个必然”揭示的是社会主义代替资本主义的历史必然趋势，而“两个决不会”则揭示了社会主义代替资本主义这个历史必然性实现的时间与条件，社会主义是历史地从资本主义中产生、发展出来的，资本主义制度与社会生产力的矛盾要达到一定程度，它才会被社会主义制度所代替。社会主义取代资本主义一方面具有历史的必然性，同时又具有长期性和艰巨性。

“两个必然”和“两个决不会”是统一的，直接表现了唯物史观的基本原理：生产力是最活跃最革命的因素，是社会发展的最终决定力量，生产力决定生产关系。“共同表明马克思主义所说的社会发展的必然性不是抽象的，而是具体的、历史的；社会主义取代资本主义的必然性不是主观的人为的，而是由客观的历史发展规律决定的。”⑤而且，资本主义是全球性事业，在它没有完成生产力的普遍发展和与此相联系的世界交往这一全球功业之前，是不会从地球上消失的。而取

---

① 《共产党宣言》，《马克思恩格斯文集》第2卷，人民出版社2009年版，第43页。

② 恩格斯：《共产党宣言·1882年俄文版序言》，《马克思恩格斯文集》第2卷，人民出版社2009年版，第8页。

③ 陈学明、黄力之、吴新文：《中国为什么还需要马克思主义》，天津人民出版社2013年版，第101页。

④ 马克思：《〈政治经济学批判〉序言》，《马克思恩格斯文集》第2卷，人民出版社2009年版，第592页。

⑤ 顾海良主编：《马克思主义如何改变世界》，中国人民大学出版社2013年版，第56页。

代资本主义的社会主义一定也具有全球性特征，如果不建立在生产力的普遍发展和与此相联系的世界交往的基础上，所谓的社会主义、共产主义就只能导致极端贫困的普遍化，就只能是地域性的社会主义和共产主义，而这种社会主义共产主义是不可能真正成功的。[①]

马克思主义关于阶级和阶级斗争的学说，其核心在于无产阶级专政，在于人民政权。

在马克思主义看来，既然阶级斗争是人类历史发展到一定阶段即私有制阶段的产物，那么，阶级斗争就不仅仅是一般意义上的社会矛盾，而是社会上的各阶级为争取和保护本阶级财产利益的斗争，这种斗争的外观形式必然是围绕着夺取国家政权的斗争。[②] 所以，马克思主义阶级斗争学说的精髓和关键就在于无产阶级专政，在于人民民主专政，在于国家政权。“无产阶级和资产阶级的斗争必然导致无产阶级专政”这一论断有两层意思，一是无产阶级反对资产阶级的阶级斗争，是资本主义社会基本矛盾的体现。这场斗争尽管形式多样，但最后必然发展为夺取政权的政治斗争。二是这场斗争的结果必然是无产阶级的胜利，必然是无产阶级推翻资产阶级的统治，必然是无产阶级专政的诞生，无产阶级成为执政者，成为国家的主人。

马克思恩格斯说：“共产党人的最近目的是……使无产阶级形成为阶级，推翻资产阶级的统治，由无产阶级夺取政权”[③]，“工人革命的第一步就是使无产阶级上升为统治阶级，争得民主”[④]。无产阶级和劳动人民要取得社会主义革命的胜利，就要掌握政权，让自己上升到统治阶级，建立无产阶级专政，获得自身和大众的解放。这一学说既是无产阶级和劳苦大众认清自己社会地位、经济状况和历史命运的思想武器，也是革命政党团结人民、进行斗争的行动指南。

现在，我们进入了社会主义阶段，革命党变成了执政党，党的历史方位和社会地位发生了根本变化，现在掌握和运用马克思主义这个学说的目的仍然是国家

① 袁吉富：《马克思的公正观在中国》，载庄福龄主编《为什么马克思在中国能行》，新星出版社 2012 年版，第 52 页。

② 赵明义主编：《社会主义的历史命运》，人民出版社 1997 年版，第 22 页。

③ 《共产党宣言》，《马克思恩格斯文集》第 2 卷，人民出版社 2009 年版，第 44 页。

④ 同上，第 52 页。

政权，但不是夺取政权、推翻现政权，而是相反，要巩固政权。

“这个专政不过是达到消灭一切阶级的进入无产阶级社会的过渡”，这句话是说在资本主义到共产主义的整个历史阶段，无产阶级专政都是必要的，它是无产阶级战胜资产阶级、共产主义战胜资本主义的根本保证。所以，恩格斯也强调“无产阶级必须采取政治行动，必须把实行无产阶级专政作为达到废除阶级并和阶级一起废除国家的过渡”[①]。马克思主义在国家政权、人民民主专政上的论断，不但表达了无产阶级必然胜利的规律和自信，也指明了无产阶级与资产阶级作斗争的目标指向就是要夺取政权，建立人民的国家。深刻认识和理解这一思想，无产阶级就应该在和资产阶级的斗争中，自觉地把握斗争目标，把夺取国家政权、建立和巩固社会主义政权当作一项十分重要的任务。

总之，马克思主义的阶级斗争理论深刻揭示了人类社会发展规律，表达了无产阶级和劳动人民的立场，因而成为无产阶级和劳动人民的思想武器。

① 《论住宅问题》，《马克思恩格斯文集》第3卷，人民出版社2009年版，第310页。

我们现在如何看待阶级和阶级关系

对于现阶段我国社会的阶级和阶级关系，很多人说不好把握。

看待这个问题的基本原则是要实事求是，把握看待问题的历史环境和角度。

我们这个社会现在有阶级吗？大家一般会说："有。"有阶级，就肯定有阶级关系，我们社会主义初级阶段的阶级关系是什么？有阶级矛盾吗？有阶级冲突吗？有阶级斗争吗？会发生阶级革命吗？在什么情况下会发生阶级革命？苏联解体后，人们都思考和提出过一个问题：苏联轰然倒台时，为什么那么多共产党基层组织和共产党员都没站出来？苏联这种事在什么情况下就可能发生？还有，我国现在有剥削吗？有剥削阶级吗？有剥削制度吗？

在如何认识和判断我国社会的阶级和阶级关系问题上，我们是犯了错误的。党的第八次代表大会曾经认识到在中国已不存在两大利益根本对立的阶级。这是正确的。但后来又反复了，这个反复并不是说毛泽东个人要犯错误，还在于这个问题太复杂了。社会主义事业是一个前无古人的事业，这么一个占全球近五分之一人口的大国，要把它的各种情况、包括阶级和阶级关系的状况和性质判断准确，还真的很难。于是，我们曾经夸大了中国现阶段阶级矛盾和冲突的程度和性质，甚至一度提出了"以阶级斗争为纲"，导致了像"文化大革命"这样全局性的错误。

但是，我们党是一个纠错能力非常强的政党，自我批评、自我纠错、自我革新自我净化、自我完善、自我提高的能力都是非常强的。十一届三中全会以后，我们党恢复了毛泽东同志一贯倡导的思想路线，对中国实际、包括现阶段阶级和阶级关系的状况和性质作了实事求是、科学准确的判断。

认识现阶段的阶级和阶级关系，有很大的难度，因为现在问题的历史环境变了，跟马克思、列宁、毛泽东时期不一样。还有看问题的角度和站位变了，具体来讲，有什么不一样呢？有四个不一样：一是战争年代变成和平时期，二是我们党由革命党变成了执政党，三是人民受压迫变成当家作主，四是半封建半殖民地变成全球格局中的社会主义大国。

在革命和革命党时期，我们党运用《共产党宣言》的科学原理，进行阶级分析，正确处理阶级关系，利用阶级矛盾，开展阶级斗争，发动阶级革命，最后，推翻了资产阶级的阶级压迫和统治，夺取了政权。现在，社会主义的生产关系已经建立，人民掌握了政权，成了国家的主人，我们党成了执政党，阶级关系发生了很大的变化。

毛泽东有两篇文章很厉害，一是《中国社会各阶级分析》，这是《毛泽东选集》第一卷的第一篇，可见其重要。当时是革命时期，我们党是革命党。还有一篇是《论正确处理人民内部矛盾》，这是在社会主义时期，党成了执政党。我们夺取政权之后，当然要防范、甚至打击阶级敌人，但更要团结全体人民。毛泽东的这两篇文章都是分析中国各阶级各阶层的关系和矛盾。现在的问题在于，在革命党时，要么A，要么B，阶级阵线，简单明了，清清楚楚。阶级斗争，一抓就灵。但现在我们取得政权、成为执政党之后，怎么对待阶级、阶级关系、甚至阶级斗争呢？执政党要着眼全国人民，要化解社会矛盾，处理好阶级关系，促进发展，巩固政权。要有阶级的意识，要有阶级斗争的这根弦，但是，绝不能以阶级斗争为纲。我们党既用阶级斗争学说指导中国实践，又在中国的革命、建设和改革实践中发展阶级斗争学说。

正确认识社会主义社会的阶级。

首先，社会主义社会还存在阶级，但数量不只两大阶级，还有其他阶级。在东方落后国家肯定存在阶级，但不是日益简化为两大阶级。列宁时代的俄国虽然是帝国主义国家，发达的资本主义国家，但还有很多农民。中国就更是如此。毛泽东在《中国社会各阶级分析》中就正确分析了中国社会除了工人阶级、资产阶级之外，还存在地主阶级、小资产阶级、民族资产阶级等，更是着重分析了农民这个占人口最多的阶级。

所以，这些东方落后国家取得社会主义革命胜利之后，阶级不是日益简化而是阶层多元化，不但存在多个阶级，还存在多个阶层，阶级关系不是越来越简单而是更复杂，而且，不同阶层之间的关系也十分复杂，这样一来，现阶段的社会就不止是两个阶级，而是多个阶级、多个阶层并存，利益主体多样，利益关系日益多元。

就是两个阶级之间的关系，也不是简单的或单一的关系，不是A就是A、B

就是B，而是你中有我、我中有你。在现阶段的许多问题上，不能简单地认为资本主义与社会主义是根本对立的，一件事情，一个做法，要么是社会主义，要么是资本主义。在社会主义初级阶段，不能简单地采取避免、绕过、限制、禁止资本主义的发展。社会主义社会可能存在着资本主义的因素，经济成分也好，具体的做法也罢，具有过渡性质，但在基本制度、基本成分、发展趋势来讲，社会主义的因素是主流的，是不断发展的，是不断完善的。

第二，如何认识剥削和剥削者？随着人民政权和社会主义制度的建立，剥削和剥削者，作为一个阶级或制度，都不复存在了。也就是说，在社会主义社会，没有剥削阶级，没有剥削制度。邓小平讲："社会主义特征是搞集体富裕，它不产生剥削阶级。"[①] 他还深刻地阐述了社会主义的本质：解放生产力、发展生产力，消灭剥削，消除两极分化，最终达到共同富裕。这是对马克思主义的精准把握。邓小平为什么强调"消灭剥削、消除两极分化"呢？就是说我国现阶段还存在剥削、还存在着两极分化。如何认识"剥削"呢？这就要对"剥削、剥削制度、剥削现象、剥削阶级、私有财产"等相关概念进行分析。

什么是剥削？从一般意义上讲，是指社会上一部分人凭借他们对生产资料的占有或垄断，无偿占有那些没有生产资料的人的剩余劳动。历史上存在的剥削现象都是以私有制基础上的剥削阶级的存在和阶级利益根本对立为前提的。

马克思主义对待剥削的历史态度有五个要点：

（一）消灭剥削是共产党人的历史使命。

（二）在一定条件下，剥削具有历史进步性。"资本主义的文明面之一是，它榨取这种剩余劳动的方式和条件，同以前的奴隶制、农奴制等形式相比，都更有利于生产力的发展，有利于社会关系的发展，有利于更高级的新形态的各种要素的创造。"[②]

（三）剥削是一种历史现象，消灭剥削也是一个历史过程。首先要消灭剥削阶级、消灭剥削制度，但现阶段，不可能一下子完全消灭剥削。怎么认识和对待现阶段可能存在的剥削现象，确实值得研究。

（四）剥削制度与剥削现象、剥削阶级与剥削者不完全是一回事。在社会主义初级阶段，我们中国已经消灭了剥削制度，剥削者作为一个阶级也不复存在了。

① 《邓小平年谱》（1975—1997）上，中央文献出版社2004年版，第580页。

② 《资本论》第3卷，《马克思恩格斯文集》第7卷，人民出版社2009年版，第927—928页。

党的八大就作出正确判断：在中国不存在两大利益根本对立的阶级。生产力和生产关系的矛盾在我国现阶段不一定简单地表现无产阶级和资产阶级的阶级矛盾，不存在对立的阶级矛盾和斗争。这是正确的。

无可讳言，我国现阶段可能还存在剥削，存在剥削现象、剥削关系，存在剥削者，但现阶段存在的剥削现象不是剥削制度条件下的阶级剥削，剥削已不作为一个阶级、作为一种制度而存在，没有合法地位，得不到国家政权的承认和保护。我们在社会主义基本经济制度的前提下，发展公有制坚定不移，发展非公有制也要坚定不移。即使还存在一定程度的剥削现象，但这种现象不再是制度条件下的阶级剥削，不再是一个阶级对另外一个阶级的整体压迫。即使某个企业存在这种剥削的话，它已不同于资本主义条件下的剥削。它在制度层面上没有问题，何况还会受到经济制度、法律制度、工会制度等各方面的限制和约束。

（五）私营企业主的原始资本主要是靠个人劳动的积累。私营企业主收入中有一部分属劳动收入。非劳动收入并不都是剥削收入。另外，他自己的房产租出去，这个租金虽然不是他的劳动性收入，是财产性收入，但它是剥削吗？不是。

第三，不能人为地划分阶级。如何对待“阶级分析”，要不要提阶级，有哪些阶级，如何分析某个阶级的特征和各个阶级的关系，等等。对于这些问题，关键并不在于社会要不要划分“阶级”，阶级之间有没有“矛盾”和“斗争”，而是社会主义制度建立和我们党从革命党转变为执政党之后，剥削阶级已经被消灭，我们的任务也从推翻政权、夺取政权到巩固政权、执掌政权了。在这个历史条件下，如何看待和处理“阶级”、“阶级矛盾”和“阶级斗争”，显然就不同于革命战争年代了。我们在分析社会时，工具箱里面有很多工具，阶级分析是其中的一种，曾经还很灵，但现在看来，它不是包治百病的。我们拿什么工具来进行人群关系的分析，还真要认真研究，阶级分析也不宜乱用。

（一）阶级分析就是“划堆”，把社会划分为几部分，我们是一堆的，你们是一伙的，一旦把社会群体分析成谁是谁的谁，让人认识到是一伙的，就有了阶级意识，就会上升到阶级行动，让这些人采取统一的行动，也就是要集合一部分人去反对、斗争另一部分人，积极主动地进行阶级斗争。现在中国的问题是要全国人民一条心，只要爱党爱国爱社会主义，大家都是自己人，如果要来分阶级，还没有等你分好谁是谁，社会就乱了。这怎么行呢？

前段时间有声音说在政协里要成立农民工界别，在工会里要成立出租车司机工会。这样恐怕不妥，“归堆”的意识太强了。这还不是阶级分析呢。一进入阶级的分析，谁和谁是同一个阶级，或不是同一个阶级，就意味着我们是一伙或不是一伙的。这样，阶级意识就起来了，阶级行动就容易产生。所谓阶级分析，问题不在于社会有没有阶级，阶级之间有没有矛盾、斗争，而是在于我们党从革命党转成执政党后，怎么处理这个阶级关系，怎么处理这个阶级矛盾，怎么对待一般的阶级冲突，怎样处理严重的阶级斗争和防止发生阶级革命。

（二）社会上这个群体与那个群体的差别也不见得是阶级差别，可能是阶层差别，可能是人群差别，比如，上班族、下岗工人、内退工人、留守儿童、留守妇女，这个群体有其特殊利益，这些群体是阶级吗？他们的利益是阶级利益吗？

（三）现在我们要特别注重“两新”，即新经济组织、新社会组织。现在新闻联播还讲过“新社会阶层”这个概念,没有叫“新社会阶级”。这还是比较谨慎的、比较准确的。

第四，要慎重使用“中产阶级”这个概念。对于我国社会新产生了什么阶级，要准确判断，慎重对待。不要轻易就命名一个什么阶级。比如，当前，我国实行公有制为主体、多种所有制经济共同发展的基本经济制度，有三种人：一是私营企业主，通常不叫“资本家”，而称“企业家”。二是中小企业主、较富裕的个体工商户等人群。三是有稳定收入的主要从事脑力劳动的“白领”职工。但有的学者将这三种人叫成“中产阶级”。这就要慎重了。

什么是阶级？“所谓阶级，就是这样一些集团，由于它们在社会经济结构中所处的地位不同，其中一个集团能够占有另一个集团的劳动。”简言之，阶级是以对生产资料占有关系不同而划分的不同利益集团。那么,阶层是根据职业、收入、住房来划分的。那些“白领阶层”的高级职员,应该是“中等收入阶层”,而不是“中产阶级”，因为他们的收入主要是靠自己的体力或智力的劳动所得。外企和私企的“高管”，收入较高，靠工资收入或贷款，有住房和汽车。但这房和车只是他们的生活资料,并未进入生产领域,没有变成生产资料,不产生剩余价值。这些“白领阶层”中，有的也有股票或出租房屋等收入，但这些收入往往不是他们生活的主要来源。他们现在生活水平的提高，有不少是通过贷款，是对自己未来收入提前预支的享有和享受。

这些年，中国人的收入不断提高，资产大大增加，几乎所有公职人员都通过单位房改、团购等方式而拥有了自己的房产。无产者变成有产者，有恒产者有恒心。中国人民的这种普遍的获得感是中国发展进步的结果，又成为中国进一步发展进步的动力和原因。但这种房更多的还是生活资料，是用来住的，即使有些人拥有几套房产，那多半还是一种储蓄保值的手段，真正专门做出租房屋的房东还是少而又少，尽管政策也鼓励增加群众财产性收入，但这仍然不是依靠对社会基本生产资料的占有（更不能说是依靠地位或权力而发生的非法或不公的占有）所获得的收入。因此，“中等收入者”的概念似乎比“中产阶级”的概念要好。

现在有一种观点：认为现在的中国社会还是一种金字塔型或葫芦型状态的社会，应该扩大中层阶级，建立一种橄榄型社会，“中间大，两头小”，这样的社会才稳定。其办法是调整宏观分配格局，为培育中等收入者创造最大的人群基础，其中包括对构成中间的中小企业和民营企业实行结构性的减税政策；拓展中等收入者经营性和财产性收入的来源，使其向高收入者迈进等等。这种观点有道理，但有两点：一是不仅要扩大中等收入者的数量，更应该让社会上最大的人群都提高劳动收入，拥有更多的生产资料。二是在扩大中等收入者的人群数量时，要特别关顾低收入者，提高他们的收入，减少这种人群的数量。比如，中国 13 亿人，能把 8 亿人搞成“中产阶级”吗？要用多少年呢？ 50 年？恐怕还是提中等收入者为好。同时，即使还有 1 亿人、5 千万人是低收入者，那就要特别关注他们，要更加努力地提高他们的收入。有一次，我和美国的一位企业老总见面。他问及中国取得这么大的发展进步的表现及原因。我说突出有两点：第一个原因就是中等收入者的人数大大增加，正像前文里谈到的，几乎所有公职人员不但涨了工资，还拥有了自己的房产。农村中富裕农民的人数也空前增多。

听到我这么说，他感叹这些年美国的中产阶级不但没有获得感，还或多或少地有收入减少的感觉。但我接着说：中国这些发展进步更重要的表现和更深刻的原因也许是亿万贫困人口脱离了贫困，他们通过自己的努力和政府社会的帮助，提高了收入，获得了保障。

老美问道：那你们是不是争夺有产者？你们对个人财产保不保护？言外之义，你们是不是用劫富济贫、裁长补短的办法来使这些贫困人口脱贫的。我想这恐怕也正是美国前些时候奥巴马遇到的两难：要扩大医保的覆盖面，就要增加企业的税收，这就引起了那些有钱的老板们的反感：凭什么从我们的口袋里掏钱来救济那些穷人？

我说：中国这些年发展进步最明显的表现和最根本的原因就在于中等 收入者和低收入者都有获得感，我们不是做简单地做所谓的橄榄型社会，只注重增加中高收入者的人数，然后取得一个平均数。我们是既鼓励一部分人先富起来，又特别关注困难群众，坚持托住底线，抬高底部，增加全体人民群众的获得感和幸福感，走一条共同富裕的道路。

准确把握社会主义社会的阶级关系。

矛盾双方的关系要辩证地看，既是并存又是斗争，阶级关系也是既有矛盾斗争，也有依存和谐。毛泽东说："在人类历史中，存在着阶级的对抗，这是矛盾斗争的一种特殊的表现。剥削阶级和被剥削阶级之间的矛盾，无论在奴隶社会也好，封建社会也好，资本主义社会也好，互相矛盾着的两阶级，长期地并在于一个社会中，它们互相斗争着，但要待两阶级的矛盾发展到了一定的阶段的时候，双方才取外部对抗的形式，发展为革命。"①

阶级矛盾激化到一定程度，就会演化为阶级冲突，甚至表现为激烈的阶级斗争，结果是整个社会爆发阶级革命，新的社会形态代替旧的社会形态。阶级社会就是在这样的矛盾运动中前进的。"认识这种情形，极为重要。它使我们懂得，在阶级社会中，革命和革命战争是不可避免的，舍此不能完成社会发展的飞跃，不能推翻反动的统治阶级，而使人民获得政权。共产党人必须揭露反动派所谓社会革命是不必要的和不可能的等等欺骗的宣传，坚持马克思列宁主义的社会革命论，使人民懂得，这不但是完全必要的，而且是完全可能的。"②

任何一个社会的阶级关系，总会有矛盾，阶级矛盾发展到一定程度，就会演变为阶级斗争，而阶级斗争处理不好，往往会发展为社会革命。

要准确认识当代中国社会存在的阶级状况和阶级关系是什么性质。在社会主义社会，国家政权由少数人压迫多数人的性质变为大多数人的政权，变成全体人民当家作主，严重的尖锐的阶级对立消除了，大规模的暴风骤雨式的阶级斗争过去了，阶级关系中的依存面、和谐度、调控性大大增加，发生了根本性的变化。

关键是要止确处理好阶级关系，化解阶级矛盾，管控好阶级冲突，不要激烈化，防止阶级革命。

首先要辨析"阶级、阶级关系、阶级矛盾、阶级冲突、阶级斗争、阶级革命"这些概念。

在阶级社会里，阶级之间必定发生一定的阶级关系和阶级矛盾。在阶级矛盾的运动过程中，可能会发生阶级冲突，乃至阶级斗争，甚至是发生阶级革命。但

① 《矛盾论》(1937年8月)，《毛泽东选集》第1卷，人民出版社1991年版，第334页。

② 同上。

阶级斗争是有条件的，特别是阶级矛盾演化为阶级冲突、甚至激化为你死我活的阶级斗争是有条件的。

一是“阶级利益极端对立导致阶级斗争”。

二是被统治者不能正常生活下去了。《共产党宣言》分析道：“至今的一切社会都是建立在压迫阶级和被压迫阶级的对立之上的。但是，为了有可能压迫一个阶级，就必须保证这个阶级至少有能够勉强维持它的奴隶般的生存的条件。”“资产阶级再不能做社会的统治阶级了……因为它甚至不能保证自己的奴隶维持奴隶的生活，因为它不得不让自己的奴隶落到不能养活它反而要它来养活的地步，社会再不能在它统治下生存下去了。”这就会产生阶级斗争，甚至阶级革命。

《共产党宣言》这里讲得很清楚：阶级革命是怎么发生的？在什么情况发生的？是被压迫、被统治阶级活不下去了。看到这一段，我就想起我们党在闹革命的时候，也在管控阶级关系，处理阶级矛盾。毛泽东在江西分田时，主张地主也要分口粮田，富农也要分田。不能让他成为一个破坏的力量。后来在抗战时期，我们进行阶级关系的处理，打土豪、分田地不搞了，变成减租减息。现在，我们也要调控好阶级关系，尽管我们很少用“阶级”这个词，更多是用“阶层”这个词。

列宁在总结沙俄时期发生阶级革命的情形时说：“一切革命，尤其是20世纪俄国三次革命所证实了的一条革命基本规律就是：要举行革命，单是被剥削被压迫群众认识到不能照旧生活下去而要求变革，还是不够的；要举行革命，还必须要剥削者也不能照旧生活和统治下去。只有‘下层’不愿照旧生活而‘上层’也不能照旧维持下去的时候，革命才能获得胜利。”①

毛泽东也指出，在无产阶级取得政权之后，工人、农民、小资产阶级、民族资产阶级、开明士绅及其他爱国分子等“这些阶级之间仍然是有矛盾的，例如劳资之间的矛盾，就是显著的一种；因此，这些阶级各有一些不同的要求。抹杀这种矛盾，抹杀这种不同要求，是虚伪的和错误的。但是，这种矛盾，这种不同要求，是整个新民主主义的阶段上，不会也不应该使之发展到超过共同要求之上。这种矛盾和这种不同的要求，可以获得调节。在这种调节下，这些阶级可以共同完成新民主主义国家的政治、经济和文化的各项建设。”② 毛泽东明确指出了阶级之间

---

① 《共产主义运动中的“左派”幼稚病》，《列宁选集》第4卷，人民出版社1995年版，第193页。

② 毛泽东：《论联合政府》，《毛泽东选集》第3卷，人民出版社1991年版，第1056页。

的矛盾和要求是可以调节的，也是应该加以调节的。

三是，还有一种情况会导致阶级革命：新生的阶级不能被吸纳的时候。阶级斗争还发生在新产生的阶级、阶层和利益集团，如果社会政治结构不能吸收他们，不能反映他们的利益和诉求，他们就只能在社会结构和体制之外活动，这就可能产生阶级斗争。当年孙中山为什么走上了革命的道路？当时他也想在旧体制中运作，拿了一个修铁路的方案，想送给李鸿章。但李鸿章当时正为外交上的事搞得焦头烂额，就没有见孙中山。这似乎是一个偶然的事件，但反映出晚清统治的政治结构已经没有活力了，在碰到危机时不能吸纳新生力量。曾国藩手下有一个胡林翼，是湘军重要首领。有一次从武汉乘船去安庆，长江上迎面驶过来一艘外国军舰，速度很快，掀起的波浪把胡林翼的战船颠得摇来晃去，他当时就讲了一句话："天要变了。"所以，危机来时，地主阶级这个统治阶级的上层是有感觉的。第二次鸦片战争之后，首先动起来的是曾国藩、李鸿章，搞了洋务运动。很快有了成效，海军的力量远远超过日本。但是，一场甲午战争让他们的努力灰飞烟灭。于是，地主阶级的下层动起来了，康有为、梁启超出来了，公车上书，要求变法，得到光绪皇帝的支持。但仅仅持续 103 天，变来变去什么也没有变，结果戊戌六君子一杀，变法就夭折完蛋了。

地主阶级不行，哪个来呢？农民吗？ 19 世纪 50 至 60 年代、1900 年前后还确实分别发生了太平天国和义和团两场农民运动。这就到地主阶级的体制之外了，太平天国还一下子打到南京去了，但是，农民不是先进生产力的代表，很快也都失败了。

最后，资产阶级上，发动了辛亥革命，最终推翻了清王朝的统治，结束了统治中国几千年的君主专制制度。总之，晚清时期，地主阶级面对越来越严重的阶级矛盾和冲突，感觉迟钝，应对无方，反应不力。结果，阶级的矛盾发展为阶级冲突，终于发展为阶级斗争、阶级革命。

四是要正确看待和把握社会主义社会的阶级关系、阶级矛盾、阶级斗争。邓小平曾经阐述过这一问题。他说："社会主义社会中的阶级斗争是一个客观存在，不应该缩小，也不应该夸大。实践证明，无论缩小或者夸大，两者都要犯严重的错误。……社会主义社会目前和今后的阶级斗争，显然不同于过去历史上阶级社会的阶级斗争，这也是客观的事实，我们不能否认，否认了也要犯严重的错误。"①

① 《坚持四项基本原则》，《邓小平文选》第 2 卷，人民出版社 1994 年版，第 182 页。

五是不能以阶级斗争为纲。不能人为地制造阶级斗争，更不能先验地以阶级斗争为名来残酷斗争无情打击。一般来说，革命党总是利用矛盾，强调矛盾，发动革命，而执政党则要调处矛盾，化解矛盾，尽量处理好阶级关系，管控好阶级矛盾，不要激烈化，要防止出现发生阶级革命的条件。在执掌政权的条件下，要巩固政权，执政党必须实行统筹兼顾的方针。毛泽东就说过："现在是我们管事了，我们的方针就是统筹兼顾，各得其所。""我们作计划、办事、想问题，都要从我国有六亿人口出发，千万不要忘记这一点。"

对待阶级斗争的态度和政策的制订，关键是从实际出发，对现实中的阶级关系、阶级矛盾和阶级斗争的现状要有实事求是的准确判断。1979 年 6 月，邓小平在全国人大五届二次会议的讨论会上说："这次大会把阶级斗争问题讲清楚了，概括起来，就是既反对阶级斗争熄灭论，又反对阶级斗争扩大化，不再搞急风暴雨式的阶级斗争了。"①

邓小平 1980 年说："革命是要搞阶级斗争，但革命不只是搞阶级斗争。生产力方面的革命也是革命，而且是很重要的革命，从历史的发展来讲是最根本的革命。"国家是阶级斗争不可调和的产物，国家产生后，它不仅抵御侵略和镇压反抗，也有调整阶级关系、化解阶级矛盾、处理阶级冲突、控制阶级斗争等职能和任务。所以，我们成为执政者之后，就应该管控好阶级冲突，不能导致激烈的暴风骤雨的阶级斗争，不能挑动无休止的你死我活的阶级斗争。

当前处理好阶级关系的关键在于处理贫富差距。

要"消灭剥削，消除两极分化，最终实现共同富裕"。现在处理阶级、阶层关系的重点是控制贫富差距，防止两极分化，致力共同富裕。

阶级对立主要是贫富对立，阶级矛盾主要是经济的矛盾，阶级斗争主要是经济利益的斗争。阶级关系是否激化，阶级矛盾是否会演化为阶级冲突、阶级斗争、阶级革命，主要是看贫富差距。如果是少数人富，绝大多数人穷，那就不是社会主义。

在私有制条件下，特别是在资本主义私有制条件下，一部分人凭借占有生产资料剥削另一部分人，资本统治一切，必然导致贫富两极分化：一极是财富和生产

---

① 《邓小平年谱》（1975—1997）上，中央文献出版社 2004 年版，第 528 页。

资料在少数的私人手里积累，这是资产阶级生存和统治的根本条件；而另一极“现代的工人却相反，他们并不是随着工业的进步而上升，而是越来越降到本阶级的生存条件以下。工人变成赤贫者，贫困比人口和财富增长得还要快”[①]。21世纪的资本主义与马克思时代相比，当代世界的绝对贫困已经大大缓解，但这只是由于整个社会的蛋糕足够大,绝对贫困减轻了,相对贫困却加剧了。现在，全球最富有的85人的财富总额相当于世界上35亿最贫困人口所拥有的全部财产。资本主义就像一个饭局，两桌一模一样的酒席，一桌坐了85人，另一桌却要坐下35亿人。[②]

中国共产党人为什么能赢得天下呢？主要就是共产党在革命时期，能打土豪、分田地，在建设时期，能坚持发展是第一要务，能让中国最广大人民首先在经济上得到保障，实现共同富裕，同时政治上得到保证，翻身当家作了主人。阶级斗争归根到底是围绕经济解放进行的。《星期六邮报》驻华记者、《红星照耀中国》作者埃德加·斯诺就分析过中国共产党会胜利的原因，他说：“中国共产党人正在取得节节胜利，因为他们将一个能够满足人民大众某些迫切需要的纲领付诸行动。1927年，国民党赢得政权，靠的是耕者有其田和在政府里实行民主的口号。现在失败了，因为它从来没有兑现过它所作的任何承诺。共产党之所以胜利是因为他们实行平均地权，并让农民在斗争中享有经济实惠。正是在这个基础上，他们之间才建立起了一个政治联盟。”

而蒋介石认为：“我们此次失败实在是我们自己打倒了自己。第一，内部不能精诚团结，因之予奸匪以分化挑拨的可乘之机；第二，违反国父遗教，大家不以服务为目的，而以夺取为目的；第三，丧失了革命的党德，不能以个人自由与能力，贡献于革命大业；第四，丧失了民族的自信心，不知道民族道德的力量和民族精神的伟大。”蒋介石说来说去，都没有说到点子上，没有说到要害处。因为他没有、也不可能掌握阶级分析法，没有关顾到人民的经济生活，没有认识到阶级斗争后面的利益斗争。

阶级矛盾主要是经济的矛盾。所以，处理好阶级关系，管控好阶级矛盾，首先是经济利益的协调，尤其要注重贫富问题，控制好贫富分化，特别是要走共同富裕的道路。这不但是处理阶级关系、管控阶级矛盾的关键举措，也是社会主义

---

① 《共产党宣言》，《马克思恩格斯文集》第2卷，人民出版社2009年版，第43页。

② 鄢一龙等：《大道之行：中国共产党与中国社会主义》，中国人民大学出版社2015年版，第182页。

走向共产主义、最终消除阶级对立、直到最终消灭阶级本身的使命所在。

邓小平一直坚持以公有制为主体，强调在大力发展生产力的基础上实现共同富裕。他说："少部分人获得那么多财富，大多数人没有，这样发展下去总有一天会出问题。分配不公，会导致两极分化，到一定时候问题就会出来。这个问题要解决。"邓小平在这个问题上把话说得十分尖锐，他讲的"问题"不是小问题，就是阶级斗争、阶级革命。他说"如果搞两极分化，中国就会发生闹革命的问题"。1993年9月16日，邓小平在与弟弟邓垦谈话时说："分配的问题大得很。我们讲要防止两极分化，实际上两极分化自然出现。要利用各种手段、各种方法、各种方案来解决这些问题。"邓小平说："在改革中，我们始终坚持两条根本原则，一是以社会主义公有制为主体，一是共同富裕。"① 邓小平与中央负责同志谈话时深刻指出："共同致富，我们从改革一开始就讲，将来总有一天要成为中心课题。社会主义最大的优越性就是共同富裕，这是体现社会主义本质的一个东西。"把"共同富裕"看成是社会主义的基本性质、根本原则和最大优越，这充分体现了邓小平对马克思社会主义观本质和核心的准确把握。

① 《在中国共产党全国代表会议上的讲话》，《邓小平文选》第3卷，人民出版社1993年版，第142页。

现在如何看待马克思主义的阶级斗争学说

正确理解马克思主义的原意：怎样认识私有制度、私有财产、私有现象。

在现实生活中，我们会碰到如何对待私有企业、私有现象、私有财产等问题。这些东西是否都要消灭呢？总之，这“私有制”是什么意思呢？“私有制度”、“私有财产”、“私有现象”是一回事吗？大家有这样的思想困惑，是因为我们在现实中要发展民营企业，但《共产党宣言》有一句大家耳熟能详的话：“从这个意义上说，共产党人可以把自己的理论概括为一句话：消灭私有制。”这个理论和现实如何统一呢？我们怎样认识呢？

首先，《共产党宣言》讲的私有制是有特定内涵的。请注意，在这一经典论断的前面，有一个“从这个意义上说”的限定语。从什么意义呢？原来，马克思有一大段翔实的论断：“一切所有制关系都经历了经常的历史更替、经常的历史变更”，而从奴隶主所有制、地主所有制到资产阶级私有制都是少数人占有生产资料的私有制，“现代的资产阶级私有制是建立在阶级对立上面、建立在一些人对另一些人的剥削上面的产品生产和占有的最后而又最完备的表现”。[①]这种私有制是造成资本主义罪恶和社会不平等等一切问题的根源。在经过这样详细的论证之后，《共产党宣言》才说出“从这个意义上说，共产党人可以把自己的理论概括为一句话：消灭私有制”这句话，甚至还特意强调，“共产主义的特征并不是要废除一般的所有制，而是要废除资产阶级的所有制”[②]，“是想要消灭那种将多数人的劳动变为少数人的财富的阶级所有制。它是想要剥夺剥夺者。它是想要把现在主要用做奴役和剥削劳动的手段的生产资料，即土地和资本完全变成自由的联

① 《共产党宣言》，《马克思恩格斯文集》第2卷，人民出版社2009年版，第45页。
② 同上。

合的劳动的工具，从而使个人所有制成为现实”①，“公社的真正秘密就在于：它实质上是工人阶级的政府，是生产者阶级同占有者阶级斗争的产物，是终于发现的可以使劳动在经济上获得解放的政治形式”②，“劳动阶级在发展进程中将创造一个消灭阶级和阶级对立的联合体来代替旧的市民社会”③。消灭剥削、消除阶级、消除私有制是建立社会主义的前提和起点。

其次，马克思主义对私有制也有过客观公正的评价。在人类历史上，私有财产制度是人类走出原始社会进入文明社会的杠杆。资本主义私有制对封建主义私有制来说无疑是一种进步，对人类文明的发展和生产力的发展起过非常积极的作用。当一种所有制关系仍能容纳生产力发展时，它就有存在的必然性和必要性。④现在，我国处于社会主义初级阶段，这是一个相当长的历史时期。我们实行的是以公有制为主体、多种所有制经济共同发展的基本经济制度，非公有制经济的存在和发展有着积极作用，所以，要坚定不移地发展公有制经济，也要坚定不移发展非公有制经济。

第三，马克思主义有两个文明一起抓的思想。因为在资本主义“这个阶段上，社会上的一部分人靠牺牲另一部分人来强制和垄断社会发展（包括这种发展的物质方面和精神方面的利益）”⑤，因此马克思主义提出了“两个最彻底决裂”：“共产主义革命是同传统的所有制关系实行最彻底的决裂；毫不奇怪，它在自己的发展进程中要同传统的观念实行最彻底的决裂。”⑥

也就是说，无产阶级的历史使命与任务是推翻资产阶级和一切剥削阶级的统治，消灭资本主义私人占有和一切剥削制度，在物质方面要消灭私有占有的剥削制度，在精神方面还要抛弃同“传统的所有制”，即奴隶主所有制、封建所有制、资本主义所有制等各种剥削制度相对应、同旧的生产方式和生活方式相联系的“传统的观念”，如不劳而获、鄙视劳动、好吃懒做、巧取豪夺、笑贫不笑娼等。

第四，马克思主义区分了两种私有财产、私人占有，也区分了两种私有制度。

---

① 马克思：《法兰西内战》，《马克思恩格斯文集》第3卷，人民出版社2009年版，第158页。
② 同上。
③ 马克思：《哲学的贫困》，《马克思恩格斯文集》第1卷，人民出版社2009年版，第655页。
④ 陈先达：《做坚定的马克思主义理论工作者》，《光明日报》2016年3月2日。
⑤《资本论》第3卷，《马克思恩格斯文集》第7卷，人民出版社2009年版，第928页。
⑥《共产党宣言》，《马克思恩格斯文集》第2卷，人民出版社2009年版，第45—66页。

第一种私有财产是剥削别人劳动得到的财产，资产阶级就是这样一种“以社会上绝大多数人没有财产为必要条件的所有制”，生产资料资本主义私人占有是剥削雇佣劳动者而来的财产。共产党人要消灭的就是产生、承认和保护这种财产的私有制。

还有另一种私有财产：靠自己劳动挣得的财产。在社会主义阶段，无产者要变成有产者，这是通过自己的劳动所得，合法所得，而不是通过无偿占有他人的劳动所得。这种有产者是革命的依靠，还是稳定的依靠。所以，我们要扩大中等收入者群体，大力增加人民群众的劳动收入和财产性收入，发展有产者。只不过是不能使无产和有产、少产和多产的关系激化、恶化、对立、斗争。比如，农村的养老保险，原来每月 60 块钱，现在又有提高。城市和农村低保的标准也分别有所提高。这些都不是中等收入者，但提高低收入者的收入非常重要，我们党的执政理念就是发展依靠人民、发展为了人民、发展的成果由人民共享。

马克思恩格斯在《共产党宣言》着重反驳了消灭资产阶级私有制是消灭了个人劳动挣来的财产的观点。马克思恩格斯说共产党要消灭的财产不是那种资产阶级财产出现以前的小资产阶级的、小农的财产，因为那种财产“工业的发展已经把它消灭了，而且每天都在消灭它”，在资本主义社会，“私有财产对十分之九的成员来说已经不存在了”。也不是指工人阶级的劳动挣来的财产，因为在资本主义条件下，雇佣劳动、无产者的劳动不能为自己创造财产，而只为资产阶级创造资本。“这种劳动所创造的是资本，即剥削雇佣劳动的财产，只有在不断产生出新的雇佣劳动来重新加以剥削的条件下才能增殖的财产。”①

因此，马克思恩格斯讲得十分清楚：共产党消灭的是第一种私有财产和产生第一种私有财产的制度，这种制度是剥削人、压迫人的经济根源，是导致少数人富、大多数穷的根本原因。对于这种剥削制度要予以消灭，这一点我们在 1949 年已经实现了。对于这种依靠资本主义生产资料的私有占有制度，资产阶级剥削雇佣劳动者而得来的财产，即资本，要“剥夺剥夺者”。这种剥夺只是“把资本变为公共的、属于社会全体成员的财产，这并不是把个人财产变为社会财产。这里所改变的只是财产的社会性质。它将失去它的阶级性质。”②

对于小生产者，要引导他们走互助合作的道路，不仅不对其剥夺，还要由国

① 《共产党宣言》,《马克思恩格斯文集》第 2 卷，人民出版社 2009 年版，第 45 页。

② 同上，第 46 页。

家给予帮助。“共产主义并不剥夺任何人占有社会产品的权力，它只剥夺利用这种占有去奴役他人劳动的权力。”

值得说明的是：即使是对待第一种私有财产，也主要是指没收其生产资料，不是指个人的生活资料。当年，在土地革命时期打土豪分田地，对地主也要给生活用地。

第五，消灭各种剥削性质的私有制、特别是资本主义私有制，不是哪个人的主观愿望、道德判断，而是一种历史发展的必然。而且，消灭私有制不能一蹴而就，而是一个历史过程，是随着生产力的发展而逐步实现的。① 在马克思看来，共产主义是需要现实行动的，他说：“要扬弃私有财产的思想，有思想上的共产主义就完全够了。而要扬弃现实的私有财产，则必须有现实的共产主义行动”，这一行动“在现实中将经历一个极其艰难而漫长的过程”。② 消灭私有制是一个历史过程，是随着生产力的发展而逐步实现的。马克思恩格斯从来就强调：一个社会生产资料所有制的主要形式，应当与社会生产力的发展水平相适应，不能脱离生产力发展水平，任意改变生产资料所有制形式。

恩格斯曾经以问答的形式阐述了共产主义原理，有人问：“能不能一下子就把私有制废除？”他明确回答：“不，不能，正像不能一下子就把现有的生产力扩大到为实行财产公有所必要的程度一样。因此，很可能就要来临的无产阶级革命，只能逐步改造现今社会，只有创造了所必需的大量生产资料之后，才能废除私有制。”③ 马克思主义认为生产力的巨大增长和高度发展“之所以是绝对必需的实际前提，还因为如果没有这种发展，那只会有**贫穷**、极端贫困的普遍化；而在**极端贫困**的情况下，必须重新开始争取必需品的斗争，全部陈腐污浊的东西又要死灰复燃”。其次，“只有随着生产力的这种普遍发展，人们的普遍交往才能建立起来。……共产主义只有作为占统治地位的各民族‘一下子’同时发生的行动，在经验上才是可能的，而这是以生产力的普遍发展和与此相联系的世界交往为前提的”。④

① 参见梅荣政：《坚守中国共产党的马克思主义理念》，《红旗文稿》2016年第6期，第11页。

② 马克思：《1844年经济学哲学手稿》，《马克思恩格斯文集》第1卷，人民出版社2009年版，第232页。

③ 恩格斯：《共产主义原理》，《马克思恩格斯文集》第1卷，人民出版社2009年版，第685页。

④ 《德意志意识形态》，《马克思恩格斯文集》第1卷，人民出版社2009年版，第538页。

马克思主义的阶级学说是我们分析社会现象、看清历史规律的一把钥匙。

马克思的学说十分重视阶级和阶级分析，马克思主义关于阶级和阶级斗争的学说，对人们的影响也是最大的。毛泽东说："记得我在1920年，第一次看了考茨基著的《阶级斗争》，陈望道翻译的《共产党宣言》，和一个英国人作的《社会主义史》，我才知识人类自有史以来就有阶级斗争，阶级斗争是社会发展的原动力，初步地得到认识问题的方法论。可是这些书上，并没有中国的湖南、湖北，也没有中国的蒋介石和陈独秀。我只取了它四个字：'阶级斗争'，老老实实地来开始研究实际的阶级斗争。"①

首先，阶级社会以来的全部历史都是阶级斗争史。

如何看待历史？如何分析或命名人类历史上的各个社会？可以从产业形态来分析，诸如狩猎社会、农业社会、工业社会、信息社会，等；也可以从生产工具去分析，诸如石器时期（旧新）、青铜时期、铁器时期、钢铁时期（蒸汽时期）、电子时期、信息时期。还可以从性质上分析，诸如传统社会、现代社会等。当然，还有从阶级分析的角度划分出来的原始社会、奴隶社会、封建社会、资本主义社会、社会主义社会和共产主义社会。

阶级斗争是一个基本事实，阶级分析是理解历史发展的基本把握。阶级分析是认识社会的一种基本分析和一把钥匙。1964年8月18日，毛泽东在北戴河谈到哲学问题时指出："要用阶级观点分析比较。研究历史，不研究阶级斗争是弄不清的，只有用阶级分析的观点，才能清楚。"

恩格斯指出："新的事实迫使人们对以往的全部历史作一番新的研究，结果发现：以往的**全部**历史，除原始状态外，都是阶级斗争的历史。"② 少年毛泽东很早就发现，即使在通俗史学中，在正统儒学史学观的影响下，也根本没有劳动人民的地位，"里面没有种地的农民。人物都是勇士、官员或者文人学士，没有农民当主角"。毛泽东说："我发现它们全都颂扬武士，颂扬人民的统治者，而这些人是不必种地的，因为他们拥有并控制土地，并且显然是迫使农民替他们耕作的。"

鲁迅在《狂人日记》里写道："这历史没有年代，歪歪斜斜的每页上都写着'仁义道德'几个字。我横竖睡不着，仔细看了半夜，才从字缝里看出字来，满

① 毛泽东：《关于农村调查》（1941年9月13日），《毛泽东农村调查文集》，人民出版社1982年版，第21、第22页。

② 恩格斯：《社会主义从空想到科学》，《马克思恩格斯文集》第3卷，人民出版社2009年版，第544页。

本都写着两个字是‘吃人’！”中国以“仁义道德”为标榜的“家族制度和礼教”，正是传统中国社会的重要支柱，也具有阶级社会的本质特征。

掌握了马克思主义的阶级斗争学说后，毛泽东用极其简洁的语言说：“阶级斗争，一些阶级胜利了，一些阶级消灭了。这就是历史，这就是几千年的文明史。拿这个观点解释历史的就叫历史唯物主义，站在这个观点反面的是历史的唯心主义。”①

马克思主义不但指出了人类文明史实质是阶级斗争史的事实，还深刻地揭示了其原因。阶级和阶级斗争的存在不是一种主观臆断，“共产党人的理论原理，决不是以这个或那个世界改革家所发明或发现的思想、原则为根据的。这些原理不过是现存的阶级斗争，我们眼前的历史运动的起初关系的一般表述”②，是资本主义社会内部矛盾运动的合乎规律的必然结果，是人类社会发展规律、阶级社会发展规律、资本主义社会发展规律。

从1876年到1878年，恩格斯用了两年多的时间写成《反杜林论》这部“百科全书”式的马克思主义理论巨著，全面阐述了马克思主义哲学、政治经济学和科学社会主义的基本原理。1880年，恩格斯应马克思的女婿保·拉法格的请求，把《反杜林》中阐述科学社会主义产生过程和基本原理的三章抽取出来，改写成为一部独立的通俗性著作《社会主义从空想到科学的发展》。这一著作陆续被译为欧洲多国文字，成为继《共产党宣言》之后传播最广的社会主义著作，被马克思称为“科学社会主义入门”。恩格斯在《社会主义从空想到科学的发展》中指出：阶级和阶级关系产生于经济社会的发展。这些互相斗争的社会阶级在任何时候都是生产关系和交换关系的产物，一句话，都是自己时代的经济关系的产物；因而每一时代的社会经济结构形成现实基础，每一个历史时期的由法的设施和政治设施以及宗教的、哲学的和其他的观念形式所构成的全部上层建筑，归根到底都应由这个基础来说明。

其次，是历史决定了宗教，而不是宗教决定历史。

阶级分析之所以是马克思主义的一个基本分析方法，就在于它像解剖刀、放大镜一样，能拨开历史的迷雾，厘清历史的脉络，找到历史的真实。比如宗教问题，一直是云遮雾罩，让人神倒魂颠的。当年，恩格斯对费尔巴哈的批判就让人看到

① 《丢掉幻想，准备斗争》（1949年8月14日），《毛泽东选集》第4卷，人民出版社1991年版，第1491页。
② 《共产党宣言》，《马克思恩格斯文集》第2卷，人民出版社2009年版，第44页。

马克思主义对宗教问题的分析方法。

费尔巴哈是德国古典哲学的代表性人物，恩格斯认为，在黑格尔之后，“唯有费尔巴哈是个杰出的哲学家”。费尔巴哈说他一直把宗教问题和神学问题作为他的思想和生命的主要对象。费尔巴哈为什么这样钻心研究宗教呢？他企图在唯物主义自然观的基础上用理性的火炬驱赶宗教的黑暗。他提出是人创造了宗教，而不是宗教创造了人，并不是神按照他的形象造人，而是人按照他的形象造神。这个观点了不起，有力地批判了上帝创世说，一下子把基督教颠倒了的东西重新颠倒过来，所以马克思主义宗教观吸收了这一内核。

但是，费尔巴哈的自然观是唯物主义的，其社会历史观却是唯心主义的。“作为一个哲学家，他也停留在半路上，他下半截是唯物主义者，上半截是唯心主义者”（恩格斯语）。为什么这么说呢？

费尔巴哈的宗教观有两个重要观点：一是认为宗教的本质是“人与人之间的感情关系、心灵的关系”，传统宗教（有神的宗教）通过神爱人、人爱神的形式歪曲地表现了人与人的感情关系。其实，人的这种爱、友谊、同情等情感关系，不需要通过人与神的关系去间接表现，而应该通过人与人之间的关系直接体现出来。费尔巴哈说：子女与父母之间、夫妻之间、兄弟之间、朋友之间、人与人之间的感情关系，实际上就是宗教关系。费尔巴哈主张建立一种真正的“爱”的宗教。爱的宗教，可以使人在爱中找到自己感情的满足，解开自己生命的迷，达到自己生命的终极目的，从而在爱中获得那些基督徒在爱之外的信仰中所寻求的东西。

对于费尔巴哈的这种观点，恩格斯一上来就用阶级分析的方法给予了犀利的科学分析：“人与人之间的、特别是两性之间的感情关系，是自从有人类以来就存在的”，是与人类共存亡的社会现象。宗教是人类社会发展到一定阶段的产物，并随着生产力和科学文化的高度发展以及阶级的彻底消灭而最终被消灭，到那个时候，人们之间的感情关系却仍然存在。所以，把宗教同人与人之间的感情关系混为一谈是错误的。

恩格斯对费尔巴哈宗教哲学的唯心主义进行了彻底的批判，揭露其为剥削阶级辩护的反动本质。在阶级对立的社会里，把纯粹的人类感情关系尊崇为宗教，不仅不可能，而且是反动的。当被剥削阶级要进行反对剥削阶级的斗争时，这种爱的宗教只能模糊“对历史上重大的阶级斗争的理解”，起到反动的作用。

费尔巴哈宗教观的第二个观点是把全部人类历史说成宗教变迁史，他断言：“人类的各个时期仅仅由于宗教的变迁而彼此区别开来。”恩格斯认为自原始社会以后的历史都是阶级斗争史，费尔巴哈的这个观点是绝对错误的。首先，并不是所有的历史的转变都一定伴随着宗教的变迁。其次，重大的历史转折点有宗教变迁相伴随，只是就迄今存在的三种世界宗教——佛教、基督教和伊斯兰教而言。在这些世界宗教，特别是基督教和伊斯兰教那里，一般的历史运动才带有宗教的色彩。在基督教传播的范围内，资产阶级只是从 13 世纪至 17 世纪欧洲资产阶级革命的最初阶段曾披着宗教的外衣出场，进行反封建的斗争。但到了 18 世纪法国大革命，资产阶级就完全抛开了宗教外衣，而直接用资产阶级的法律和政治的观念来动员和组织革命力量，只是在宗教挡住他们的道路时，他们才理会宗教。

由此看来，马克思主义是以一定历史时期的物质经济生活条件来说明一切历史事件和观念、包括宗教，以阶级分析和阶级斗争为主要线索来理解历史的，而反对把历史单纯地理解成宗教史、思想史、文化史等，认为不能抽象地就宗教论宗教，不能从精神现象本身来说明宗教的本质，“只有到宗教的每个发展阶段的现成物质世界中去寻找这个本质”。从人类历史发展的进程来看，不是宗教的变迁决定历史的发展，而是历史的发展决定宗教的变迁。

再次，马克思主义的阶级分析是看清现实世界的一种基本方法。

马克思主义的阶级分析的理论，为我们认识复杂的社会现象“提供了一条指导性的线索，使我们能在这种看来扑朔迷离、一团混乱的状态中发现规律性。这条线索就是阶级斗争的理论”[①]。每个社会中各个阶级的地位和生活条件不同，必然产生各种矛盾的意向，只有用阶级斗争的理论分析每个阶级所处的地位，结成的社会关系，从过去到将来的各个过渡阶段，才能科学地确定这些意向的结果，测定历史发展的整个合力。[②]运用马克思主义的阶级分析法，就能一下子抓住社会的本质特征，解释历史现象的原因，厘清基本的社会关系和社会结构，能一语中的，一眼看穿，一剑封喉。

马克思运用阶级分析的方法，鞭辟入里地分析了资产阶级的由来、现状和发展趋势。“资产阶级按照自己的面貌为自己创造出一个世界”，促进了统一的民族和民族国家，使农村屈服于城市。这样，资产阶级使阶级之间的矛盾转化为民族之间、区域之间的矛盾。把阶级对立、特别是经济上的对立拓展为城乡的对立、

① 列宁：《卡尔·马克思》，《列宁专题文集·论马克思主义》，人民出版社 2009 年版，第 15 页。

② 梅荣政：《马克思和恩格斯的基本思想及其真髓》，《38 位著名学者纵论马列主义经典著作》，中国社会科学出版社 2012 年版，第 173 页。

民族的对立和区域的对立。

特别令人佩服的是，马克思恩格斯从“全世界历史的揭示中”敏锐地指出，资产阶级“特别是扩大了世界交往”，开拓了世界市场，使东方从属于西方，既开创了世界新纪元，又产生殖民主义的奴役。在马克思作出这个论断后的近200年，全球化的广度和深度都达到前所未有的程度。我们看到，全球化就是资本的国际化。在国际交换中，发达的资本主义国家用较少的成本换取不发达国家更多的商品，价值规律在国际范围内发生作用，一方面推动了生产力的发展，促进新的国际分工的形成和劳动生产率的提高，另一方面在世界范围内形成了新的两极分化，穷国愈穷、富国愈富的趋势日益明显。这样，资本主义把一国之内的阶级矛盾、对立甚至对抗发展为或转移为南北之间、发达国家和发展中国家之间的贫富矛盾、对立和对抗。

马克思还指出：资本主义对世界市场的开拓还带来了资产阶级的国际联合，“因此，无产阶级只有在**世界历史意义上**才能存在，就像共产主义——它的事业——只有作为‘世界历史性的’存在才有可能实现一样”[①]。社会主义只有在世界历史的意义才能成功。正是基于这种历史发展和马克思主义原理，马克思恩格斯把“四海之内皆兄弟”的口号改成“全世界无产者联合起来”，列宁再将“全世界无产者，联合起来”这一口号发展“全世界无产者和被压迫民族联合起来”，反映了新的历史条件下民族解放运动同工人阶级社会主义运动之间的密切关系。

社会主义社会的最后建成和共产主义社会的最终实现，要有两个基本条件：生产力的普遍发展和世界的普遍交往。只有生产力的普遍发展，物质财富才能极大丰富，消除普遍贫困。而“只有随着生产力的这种普遍发展，人们的普遍交往才能建立起来”。共产主义要“以生产力的普遍发展和与此相联系的世界交往为前提的”，只有作为世界历史性的存在才有可能实现。[②]

对于马克思关于共产主义要在全世界同时实现的基本观点，列宁有所突破和创新，创立了一国胜利的理论并在实践上获得成功。但是，一国能取得社会主义革命的胜利，还没有一国建成社会主义的先例，更何况是一国单个或首先进入共产主义社会。马克思这一思想的现实意义还在于，我们现在不能关起门来建设社会主义。

---

① 《德意志意识形态》，《马克思恩格斯文集》第1卷，人民出版社2009年版，第539页。

② 同上，第538页。

阶级斗争是阶级社会发展的直接动力，阶级分析的方法能找到历史发展的依靠力量。

马克思在《1848年至1850年的法兰西阶级斗争》这部著作中①，对法国1848年革命前后的整个一段历史时期作了科学的解释，以丰富的史实揭示了各个政治事变的内在联系，总结欧洲1848年革命的经验，第一次使用了“无产阶级专政”的概念，阐述了无产阶级革命的重要原理，第一次提出了“**革命是历史的火车头**”②，恩格斯则提出革命是“社会进步和政治进步的强大推动力”③的论断，深刻地论述了阶级斗争和社会革命对历史发展的推动作用。

毛泽东也认为阶级斗争是历史发展的动力。他说：“地主阶级对于农民的残酷的经济剥削和政治压迫，迫使农民多次地举行起义，以反抗地主阶级的统治。……在中国封建社会里，只有这种农民的阶级斗争、农民的起义和农民的战争，才是历史发展的真正动力。”④

“社会的变化，主要地是由于社会内部矛盾的发展，即生产力和生产关系的矛盾，阶级之间的矛盾，新旧之间的矛盾，由于这些矛盾的发展，推动了社会的前进，推动了新旧社会的代谢。”⑤而任何一个社会的内部矛盾最终都表现为不同人群之间的关系和矛盾，所以，分析社会矛盾，就要分析不同人群之间的关系和矛盾。社会内部的不同人群，有不同的叫法，如民族、种族、族群、集团、国家、阶层……总之，是利益相关方。马克思多半用了“阶级”这个词。因为阶级与阶级之间的关系和矛盾最能集中地反映不同人群的矛盾运动，特别是代表新生产力的阶级和代表旧经济政治制度的阶级的矛盾。因此，抓住了阶级关系和不同阶级的矛盾运动，就抓住了关键。分析社会，首先就是运用阶级分析法来看待社会，就要抓住阶级之间的关系，就要分析阶级社会中各阶级的矛盾运动。

① 马克思写于1849年底至1850年3月和1850年10月至11月1日，在《新莱茵报·政治经济评论》上连载。

② 马克思：《1848年至1850年的法兰西阶级斗争》，《马克思恩格斯文集》第2卷，人民出版社2009年版，第161页。

③ 恩格斯：《德国的革命和反革命》，《马克思恩格斯文集》第2卷，人民出版社2009年版，第383页。

④ 《中国革命和中国共产党》（1939年12月），《毛泽东选集》第2卷，人民出版社1991年版，第625页。

⑤ 《矛盾论》（1937年8月），《毛泽东选集》第1卷，人民出版社1991年版，第302页。

马克思主义的阶级分析能帮助我们站对阶级立场。

马克思主义的阶级斗争学说，最主要地是科学地阐明了无产阶级的阶级本质和历史使命，阐明了广大人民翻身求解放的必由之路。

1843年下半年，马克思写了《〈黑格尔法哲学批判〉导言》，提出了无产阶级历史使命的观点。1844年9月至1845年3月，恩格斯写了的《英国工人阶级现状》一书，论述了工人阶级的社会地位、斗争历程和历史使命。1845年春，马克思的《关于费尔巴哈的提纲》包含着唯物史观的萌芽。1845—1846年，马克思恩格斯合写《德意志意识形态》一书，首次系统论述唯物史观，论证了物质生产在人类历史的决定作用，从生产力和交往形式的矛盾运动中揭示出人类历史发展的一般规律，进而阐述了共产主义取代资本主义的历史必然性，提出了无产阶级消灭私有制、建设没有剥削没有压迫的新社会并在斗争实践中改造自己的任务。

1925年12月中下旬，毛泽东写下《沁园春·长沙》。1964年，毛泽东在应《毛泽东诗词》英译者的请求，解释自己所作诗词的含义时，说“怅寥廓，问苍茫大地，谁主沉浮”这句是指：“在北伐以前，军阀统治，中国的命运究竟由哪一个阶级做主？”[①]与帝国主义侵略紧紧捆绑在一起的封建军阀专制统治，是中国近代历史上的特有社会现象。北伐之前，中国大小军阀在帝国主义的支持下，纷纷割据一方，连年混战。仅就湖南而言，从1913年10月到1920年6月，南北军阀三进三出，长期进行拉锯混战，搅得鸡犬不宁，民不聊生。而毛泽东运用历史唯物主义对“中国的命运究竟由哪一个阶级做主”这一问题进行了阶级分析，否定了帝国主义和封建军阀是中国命运的主宰。[②]

《毛泽东选集》第1卷的开篇就是《中国社会各阶级的分析》。中国共产党正是依靠马克思主义的阶级斗争学说，对中国社会进行正确的阶级分析，找到了依靠力量，明确了打击对象，分清了敌我友。

1927年初，湖南农民运动如火如荼，可党内却出现两种截然相反的评价，是好得很，还是糟得很？毛泽东珍视农民的革命热情，高度肯定农民的革命立场，十分倚重农民的革命力量。这是毛泽东运用马克思主义的阶级分析法得出的正确结论。毛泽东在《民众的大联合》一文中，得出结论：“我们竖看历史，历史上

---

① 《毛泽东诗词集》，中央文献出版社1996年版，第250—251页。

② 杨德勇：《毛泽东〈沁园春·长沙〉研究新得》，《党的文献》2016年第3期，第108页。

的运动不论是那一种，无不是出了一些人的联合。较大的运动，必有较大的联合。最大的运动，必有最大的联合。”指出“俄罗斯以民众的大联合，和贵族的大联合、资本家的大联合相抗，收到‘社会改革’的胜利”。马克思主义是唯一的替弱势群体、替劳动人民、替工人阶级说话的理论。

1929 年 12 月，毛泽东在红四军第九次党代会的决议中写道，“教育党员用马克思列宁主义的方法去做政治形势的分析和阶级势力的估量，以代替主观主义的分析和估量”，使党员的思想科学化，“注意社会经济的调查和研究，由此来决定斗争的策略和工作的方法”①。

1930 年 5 月，毛泽东在《反对本本主义》中说：“没有调查，没有发言权。”“社会经济调查，是为了得到正确的阶级估量，接着定出正确的斗争策略。”在《寻乌调查》中，他说：社会经济调查是为了得到正确的阶级估量，而不是各种片断的社会现象。我们的主要目的，是要明了社会各阶级的政治经济情况。我们调查所要得到的结论，是各阶级现在的以及历史的盛衰荣辱的情况。我们不仅要调查各业的情况，尤其要调查各业内部的阶级情况。我们不仅要调查各业之间的相互关系，尤其要调查各阶级之间的相互关系。我们调查工作的主要方法是解剖各种社会阶级，我们的终极目的是要明了各种阶级的相互关系，得到正确的阶级估量，然后定出我们正确的斗争策略，确定哪些阶级是革命斗争的主力，哪些阶级是我们应当争取的同盟者，哪些阶级是要打倒的。我们的目的完全在这里。

---

① 《关于纠正党内的错误思想》(1929 年 12 月),《毛泽东选集》第 1 卷，人民出版社 1991 年版，第 92 页。

“普世价值”这么好的词为什么不用呢

现在有人经常会问：像民主、自由、人权、人性、人道、正义、平等、公平，这是一些多么好的字眼呀，它们放在哪里似乎都是通用的呀，怎么不是“普世价值”呢？究竟有没有“普世”的价值呢？“普世价值”这个词为什么不用呢？

对“普世价值”这个概念要警惕。

首先，普世价值这个概念有特指性，是指资产阶级的价值观。

“普世价值”这个概念绝不是共产主义、社会主义的价值观，也不是忠孝仁义礼智信等传统社会的价值观，而是有特定含义的，指的是资产阶级的价值观，压根就不是什么具有普遍意义、绝对意义的价值追求。1876年恩格斯在《反杜林论》中指出：“18世纪伟大的思想家们”的理性诉求和价值追求似乎符合社会各阶级的利益要求，但资产阶级革命胜利后的事实却是：永恒的正义只是资产阶级的司法，平等归结为法律面前的资产阶级的平等，人权主要是资产阶级的所有权，资产阶级呼唤的这个理性的王国不过是资产阶级的理想化王国，卢梭在社会契约论讲的那个理性的国家在实践中表现为、也只能表现为资产阶级的民主共和国。①

当年，小资产阶级思想家蒲鲁东就是把资产阶级的价值观说成是“绝对的”、“永恒的”普世价值，他除了大谈“绝对的自由”，反对暴力革命和无产阶级专政，反对任何国家和政府之外，还大谈“永恒的公平”，主张生产者订立契约进行互助合作，就可以防止他们破产，这样，通过保护小私有制，使小私有制永世长存，就能摆脱资本主义大私有制的各种弊端。恩格斯说这个“公平”只是将现存经济关系观念化、神圣化的一种表现。其实不同阶级有不同的公平观。希腊人和罗马

① 参见恩格斯:《反杜林论》,《马克思恩格斯文集》第3卷,人民出版社2009年版,第20页。又见恩格斯:《社会主义从空想到科学的发展》,《马克思恩格斯选集》第3卷，人民出版社1995年版，第720页。

人认为奴隶制度是公平的，1789 年的资产阶级则要求废除封建制度，因为它不公平。而无产阶级要求的公平是消灭阶级和阶级剥削。“所以，关于永恒公平的观念不仅因时因地而变，甚至也因人而异”①，根本不存在什么普世价值。

其次，普世价值这个概念有欺骗性，是西方资本主义对自己的价值观的一种自我标榜。

“普世价值”这个词抹去了这些价值观念的阶级属性，将其绝对化、普世化、永恒化。马克思恩格斯当年就批判过这种言行不一的做法，说资产阶级把自己阶级的价值观说成是适用于各阶级的价值观，具有虚伪性、欺骗性。“每一个企图取代旧统治阶级的新阶级，为了达到自己的目的不得不把自己的利益说成是社会全体成员的共同利益，就是说，这在观念上的表达就是：赋予自己的思想以普遍性的形式，把它们描绘成唯一合乎理性的、有普遍意义的思想”②。

再次，普世价值这个概念有臆断性，根本不存在普世的价值。

有的人会说，我们不用资产阶级特指的价值观，但我们用世界上普世的价值。“普世价值”的“普世”二字超越历史、超越阶级、超越民族差别，是为世界所有主体共同遵循和追求的价值观，这个“普世”多好呀。

但是，至今为止，所有的价值概念都是具体的，而不是抽象的，根本不存在这种“普世价值”。不同的时代、不同的社会、不同的民族，东方与西方、这个国家与那个国家、这个阶级和那个阶级，各有各的价值观。你说平等，我说仁义，你说自由，我说忠孝。世界这么大，历史这么长，社会这么杂，各种集团、阶级、国家、民族等主体的核心利益和根本利益怎么可能会是一模一样呢?

即使是同一个词语，同一概念，各方说的意思也不会一样。比如“民主、自由、法治”等价值观念，我们说，西方也说，但内涵、重点是不一样的。我们讲的民主是人民民主，自由是人民民主专政下的自由，公正是人人共建共享的公正，法治是坚持党的领导、人民当家作主和依法治国有机统一的法治。

西方国家的人权的核心是私有财产权，是资产阶级的人权，是少数人的人权。邓小平讲到人权这种价值观时就说：“什么是人权？首先一条，是多少人的人权？是少数人的人权，还是多数人的人权、全国人民的人权？西方世界的所谓‘人权’和我们讲的人权，本质上是两回事，观点不同。”我们讲的人权，最重要的就是

---

① 恩格斯：《论住宅问题》，《马克思恩格斯文集》第 3 卷，人民出版社 2009 年版，第 323 页。

② 《德意志意识形态》，《马克思恩格斯文集》第 1 卷，人民出版社 2009 年版，第 552 页。

发展权，是每个人脱贫致富、过上富裕生活的权利。现在中国发展迅速，物质条件大大改进，6亿人脱贫，人均GDP超过8000美元，成为世界第二大经济体。经济的发展，也为政治的权利提供了物质基础和保障。这是中国对人权的理解。这也是人权问题的重要体现。

各阶级各国家对“平等”的关注也不一样。阶级地位、阶级关系、阶级差别和阶级矛盾首先反映的是不同人们在社会中的经济地位、经济关系、经济差别和经济矛盾。“但是这一事实，在很长的一段历史时期内没有被人们发现。因为在奴隶社会和封建社会里等级关系掩盖了阶级关系。阶级关系是按人们的经济地位划分的，等级关系是法权规定的等级差别和一定的特权。”[①] 资产阶级的“平等”价值观更多的是一种政治权利，是对封建特权的攻击，这是一种历史进步，但并没有超出他们所处时代的限制，绝不是普世价值。在空想社会主义那里，“平等的要求已经不再限于政治权利方面，它也应当扩大到个人的社会地位方面；不仅应当消灭阶级特权，而且应当消灭阶级差别本身”[②]。后来，无产阶级的平等观更进了一步，恩格斯论述道：当资产阶级提出消灭阶级特权的时候起，无产阶级就提出消灭阶级本身的要求。“无产阶级抓住了资产阶级所说的话，指出：平等应当不仅仅是表面的，不仅仅在国家的领域中实行，它还应当是实际的，还应当在社会的、经济的领域中实行”，即不但要讲政治的平等，还要讲经济的平等、社会的平等。所以，随着历史的发展，价值观都要、也会进一步发展。恩格斯最后得出结论：“可见，平等的观念，无论以资产阶级的形式出现，还是以无产阶级的形式出现，本身都是一种历史的产物。……这样的平等观念说它是什么都行，就不能说它是永恒的真理。”[③]

不同的阶级、不同的人群、不同的社会有着各自不同的利益、不同的经历、不同的问题，因而对同一个价值观的概念、词语（比如“自由、民主、平等、公平”等）就有不同的理解和要求，有不同的实现形式和途径，甚至同一个阶级、同一个人群、同一个国家在自身发展的不同历史阶段，对这些价值也有不同认识。因此，世界本来就是各有各的“价值”，没有完全相同的价值，更没有绝对的普世价值。

---

① 顾海良主编：《马克思主义发展史》，中国人民大学出版社2009年版，第165页。

② 恩格斯：《反杜林论》，《马克思恩格斯文集》第9卷，人民出版社2009年版，第20—21页。

③ 同上，第109—113页。

人类追求的价值都是具体的，“普世的价值”是唯心的、绝对的、机械的。

普世价值的概念在思想方法上有两个错误：

一是离开具体历史环境的来抽象地、一般化地空谈概念的价值，割裂了意识与物质的联系。卢梭在《社会契约论》提出：人生而自由、生而平等。乍一听，这个价值观很普世呀，但细一想，卢梭的思想方法有问题，他说的这种“人”只是抽象的人，不是真实的人、现实的人。事实上，现实世界中从来没有出现过、以后也永远不可能出现这样的人。人的本质、人的价值是历史的产物。

正因为不存在这个概念的、抽象的“人”，也就不存在绝对的普世的价值。“人生而自由”只是一个想象的、概念的存在，只是一个与现实对立的漂亮口号，在现实中永远不可能出现。普遍的真实的事实是：人生而不自由，生而不平等。一个刚刚诞生的婴儿，人格都没有确立，如何有自由和平等？人的自由、平等和人权都不是先天被赋予、被恩赐的，而是后天争取、建立的。只有具体历史条件下和一定社会关系中的具体价值观，没有脱离具体历史条件和社会关系的抽象价值观，不存在任何一种脱离具体环境、限制条件、历史阶段和阶级属性的普世价值。

二是空谈绝对的价值，忽略了限制条件。“普世价值”的产生有一个重要背景。从文艺复兴开始到启蒙运动，欧洲的现代科学获得了长足发展，最后牛顿发现了三大基本定律。启蒙运动的思想家们就展开了想象，由此推理开去：既然自然界存在不以人的意志为转移的客观规律，在任何地点、任何时间、任何条件下都不变，那么，社会界也就能像牛顿公式那样，建立人类社会千古不变的“普世价值”。费尔巴哈就想建立这种绝对的、亘古不变的、在任何时间、任何地点都说一不二、屡试不爽的“普世道德”。恩格斯批判道：“它是为一切时代、一切民族、一切情况而设计出来的；正因为如此，它在任何时候和任何地方都是不适用的，而在现实世界面前，是和康德的绝对命令一样软弱无力的。”[①]

后来，爱因斯坦证明了牛顿定律也有局限性，也有自己的适用范围。一超出这个范围就不灵了。所以，我们不能像欧几里得几何学那样，首先确定像“公理”那样不证自明的原则，通过逻辑推演来确定平等自由之类的“普世价值”，然后再套取现实，裁剪现实。

---

① 恩格斯：《路德维希·费尔巴哈和德国古典哲学的终结》，《马克思恩格斯文集》第4卷，人民出版社2009年版，第294页。

就拿“自由”这个价值观来说，追求自由是五四运动的重要特征，似乎也是所有人都无条件追求的好词。但鲁迅的态度却令人回味，发人深省。他反复向世人描绘的是追求自由要受到现实的制约：狂人从字缝中看出封建社会是“吃人的筵席”，可一旦清醒过来，便“赴某地候补”；吕纬甫热衷于“改革中国的方法”之后，又坦然地教起《孟子》《女儿经》；魏连殳更是直接“躬行就先前所憎恶、所反对的一切，拒斥先前所崇仰、所主张的一切”；子君和涓生从哪里出走、又回到哪里。鲁迅揭示了中国知识分子追求自由时存在的问题：第一，他们追求的只是个人的自由，与民众是脱节的。第二，他们追求的只是精神的自由，缺乏实践意识，中国知识分子不断重复的一个主题是“心”的自由和封闭的自我世界，追求的空间是庄子的“四海之外”、“乌有之乡”，精神追求与现实世界是脱节的。第三，他们没有勇气也没有力量去掀掉那个“吃人的筵席”，一旦自己现存的利益得到保全，不被吃掉，便心安理得，随遇而安，刺猬变鸵鸟。鲁迅更是揭示了一个事实：自由是具体的，是因人因时因地而异的。所以，我们不能孤立地、绝对地来谈自由、民主等，我们追求的价值观不能是那种逻辑的、抽象的、普世的，而应该是历史的、具体的。

“普世价值”有攻击性，有西方的现实利益与政治意图。

中国共产党执政后，西方一直攻击、质疑我们不民主、不自由、不平等、不人权、不宪政，等等。“普世价值”是西方强国的一件武器，一个大棒。对此，我们如何说、怎么办呢？是说我就这样啦，你爱咋的咋的？还是说我们也民主，但和你们的民主不一样，而且我们更民主？是说各有各的价值观，你们管不着，还是争取国际大多数，把各位看客变成同意者、追随者？

20世纪80年代末90年代初，国际局势剧烈动荡，东欧剧变，苏联解体，社会主义运动跌入低谷。美国学者弗朗西斯·福山在1989年夏发表《历史的终结》一文，1992年又在此基础上形成专著《历史的终结及最后之人》，其核心观点是：“我们正在见证的（“苏东剧变”）不仅是冷战的结束”，还是人类思想进化的历史将“终结”于资本主义。这样，福山就把西方的自由民主理念及其社会制度确立为“普世价值”了。不仅如此，他还认为“西方的自由民主政体将作为政府的最终形式得到普遍推广”。他要把西方的“自由民主”作为“普世的和有方向性的历史理念”而普遍推广。现实世界里，西方强国确实是把普选式民主作为一个标签和标准，去衡量一个国家是否民主、一个政体是否是民主政体，只要在政治体制上往西方靠，就可以“一白遮百丑”，西方对第三世界国家输出“民主”，是为了控制第三世界国家。同时这种民主也被作为一种武器用来攻击中国，不管中国出了什么事，都立刻有人说是“因为没有选举”。没搞西式选举成了中国社会的原罪。将复杂事情简单化，将具体问题政治化，是他们的惯用方法。

这里，我们看到了西方“普世价值”宣扬者话语霸权的颐指气使，它与西方资本主义强国在经济上的资本扩张、军事上的武力威胁、政治上的强权干涉是相呼应的，它把西方的政治理念和制度模式说成是“普世价值”，凭自己的好恶乱贴标签，用自己的尺子衡量世界，拿自身的标准钳制他人，尤其是对与他们社会制度、发展道路不同的国家百般挑剔，横加指责，挥舞大棒，强行要求各个文明体系和文化单元参照其标准进行改造。“普世价值”变成了西方对外扩张、维持霸权地位的工具，就是把资本主义意识形态中性化、普遍化、神圣化，然后按照资本主义的标准改造中国、改变中国的发展方向。

西方的“普世价值”传输和承载的是资产阶级的价值与理念，是垄断寡头和强权政治的工具。比如西方国家鼓吹和推销三权分立、多党轮替的那一套，并把这说成是普世的东西，其目的是要取消共产党的领导。先不说这背后的利益盘算，单说他们把这讲成是普世的，这怎么可能呢？普世是从基督教讲出来的，但基督教是普世的吗？伊斯兰教就不这样认为，他认为世界只有一个真主，安拉才是普世的；佛教也不这么认为，佛教认为世上只有一个佛祖，释迦牟尼才是普世的。总之，普世的这种东西，存在不存在，还真值得严重怀疑。我们要用共性和个性的辩证关系来看待世界上的事，有共同的问题、共同的道理、共同的价值，但绝对的真理、普世的价值还真是没有。

所以，对这些价值理念要仔细分析，小心鉴别，切不可将那些名词相同、实际内容却不同的价值理念混为一谈，不可用西方话语的“标准答案”来解读这些词语概念，防止“唱歪走偏”，掉进西方的“话语陷阱”，更不可错把西方国家鼓吹的资本主义价值理念及其制度安排当作“普世价值”、“公认标准”和“目标模式”来误导中国特色社会主义建设。

现在，西方资本主义在向全球扩张时，把这些概念说成“普世价值”，并将其作为武器来攻击中国，认为中国压制人权，却看不到中国人权状况的改善与积极态度，充满了对中国的偏见与傲慢，表现出一种文明优越感。

美国国务院每年都要发布年度国别人权报告，中国一直是美国人权外交攻势的主要打击对象之一。其实美国人很清楚，中国的人权状况一直在进步，进步很快，但他们就是故意找茬，成心挑刺，都是用意识形态打头阵，用普世价值做武器，把人权问题作为对华“发难”、对付中国的战略筹码，后面跟着的却是从经济到地缘政治等美国最想要的各种利益。

我们要坚持人类共同追求的价值，并不断地实现。

首先，我们反对普世价值，坚持和维护共同价值。列宁曾精彩地论述了个别和一般、特殊和普遍的关系问题:第一，“任何一般只是大致地包括一切个别事物。任何个别都不能完全地包括在一般之中。”“任何一般是个别的（一部分或一方面或本质）。”东方和西方、古代和现代有共同的价值追求，在同一个价值的内涵上有共同的一面,有些价值或价值的某些方面有共同性,但,这种“共同”是“普世”吗？第二，通过个别、特殊可以认识一般、普遍。“个别一定与一般相联而存在。一般只能在个别中存在,只能通过个别而存在。任何个别（不管怎样）都是一般。”毛泽东也说过矛盾的特殊性是认识事物的基础，强调不能把一般绝对化。第三，一般和个别是相互联结的。毛泽东在《矛盾论》说要善于从每一事物的内部发现普遍性和特殊性的相互联结，还要从一事物同他事物的关系上发现二者的联结。习近平指出，任何事物都是普遍性和特殊性的统一，普遍性寓于特殊性之中，特殊性包含着普遍性，不存在只有普遍性而没有特殊性或者只有特殊性而没有普遍性的东西。割断一般与个别的联系，这种一般就只能是空洞的抽象。

所以，我们坚持和维护共同价值，反对和否认普世价值。人类社会有没有共同价值？当然有。在一个国家必定并存几个阶级，在一个社会中必定并存着几个人群，在一个地球上必定并存几个国家，这些不同的阶级、不同的人群、不同的国家之间，有各自的利益、立场、诉求、经历，因此就有各自不同的价值观，但这些具体的价值里同时也包含了与其他价值的共同性、普遍性、一般性，因为各价值主体在面对共同的问题时，有着共同的经历，遭遇共同的命运，有着共同的利益，因而有着共同的价值追求和价值观念。

社会主义核心价值观就既符合人类共同价值的要求，又为人类共同价值观注入新的内容；既反映社会主义本质的要求，又继承中国传统价值的精华，既反映当代中国的实践发展的提炼，又代表社会主义和人类社会未来发展的趋势和要求。①

---

① 参见虞崇胜:《凝练社会主义核心价值观的六大原则》,《光明日报》2012年2月18日第11版。

我们否定超历史、超阶级和超越民族的“普世价值”，更反对将某些特定的西方价值作为普世价值来攻击中国、逼迫中国和改变中国。但是，我们并不否定历史上和外国价值观的有益内容，我们也承认在特定历史条件下不同阶级间的某种共同利益和共同价值。但这种共同利益、共同价值是有条件的、暂时的。随着矛盾统一体的运动和发展，它同自己对立物就会出现矛盾冲突和不同的政治诉求。“虽然总的说来，资产阶级在**同贵族斗争时**有理由认为自己同时代表当时的各个劳动阶级的利益，但是在每一个大的资产阶级运动中，都爆发过作为现代无产阶级的发展程度不同的先驱者的那个阶级的独立运动。”[①] 所以,“共同价值”同“普世价值”完全不是一回事，有共同价值，而普世价值是不存在的。

其次，我们对资产阶级的价值观要有辩证的态度。“资本主义核心价值观是人类文明发展进程中的重要发展成果，是社会主义核心价值体系建设碰到的最直接、并共存于现时代的一种社会核心价值观。如何正确对待和批判借鉴这一核心价值观，是社会主义核心价值体系不可回避的一个现实问题。”[②] 资本主义在向封建阶级进攻的上升时期，提出了“人权、民主、自由、平等、博爱”等价值概念，成为向封建阶级进攻的锐利武器，当时具有历史的进步性。但自由、民主、公平、人权、平等是人类千百年来的共同价值追求，也是人类在长期奋斗中共同创造的文明成果，并不是资产阶级的专利。在资产阶级之前，人们就为这些价值观努力过，在资产阶级之后，社会主义更为此而努力。马克思主义批判了资产阶级价值观，特别是揭露了资产阶级把自己的价值观普世化的政治目的，可并没有把人权、自由和民主作为资产阶级的专利而加以否定。党的十二届六中全会精神文明建设决议有一段论述：“在人类历史上，在新兴资产阶级和劳动人民反对封建专制制度的斗争中，形成了民主和自由、平等、博爱的观念，是人类精神的一次大解放。马克思主义批判地继承资产阶级的这些观念，又同它们有原则的区别。”所以，对“民主、自由、平等”这些价值观念，我们要理直气壮地讲，要扬弃原来资产阶级赋予的唯心成分和阶级利益，注入我们时代特色和人民属性。我们要高举这些旗帜，如果丢弃这样的旗帜，就会使自己陷入尴尬的地步。

再次，我们坚持价值观是历史的，有演变过程，是不断发展、不断完善、逐

---

① 恩格斯：《社会主义从空想到科学的发展》,《马克思恩格斯文集》第3卷，人民出版社2009年版，第525页。

② 黄士安、戴木才：《如何科学对待资本主义核心价值观》,《光明日报》2012年2月18日第11版。

步实现的。这种历史性表现在两个方面：

第一，人们的价值观是在历史进程中逐步实现的。资产阶级的价值观来自启蒙时期资产阶级对自由、平等等政治理念的关注，这套价值理想是逐步实现的。美国的开国元勋们关注的人权和自由主要是针对男性白人。直到20世纪，黑人的人权才得到承认，奥巴马的当选也意味着黑人人权真正落到了实处。启蒙时期的那套人权理念，经过二三百年的发展，才变成现实，成为国际实践的重要组成部分。

现在，我们在推进社会主义民主政治建设时，既要积极推进，不断地充实和扩大它的内容，同时要根据实际情况，稳步推进，不能脱离实际，急于求成，如果搞过了头，民主失范，公开无度，自由无边，就会造成政治失控。

第二，一个阶级的价值观，如西方资产阶级讲的“价值”本身的内涵、次序都在发展，会因历史条件的发展变化而有变化。早期资产阶级多谈“自由、平等、博爱”，现在，资本主义国家谈的更多的则是“民主、普选、公投、政党轮替、三权分立”等。另外，同样一个价值观念，在历史发展的各个阶段上，不同社会、阶级都有特定社会内涵和阶级属性，这些不同社会、不同阶级的价值观也就有发展。比如“民主、平等”，“在最古老的自然形成的公社中，最多只谈得上公社成员之间的平等权利，妇女、奴隶和外地人自然不在此列”。在古希腊罗马社会，如果有人说平等是普世价值，在希腊人和野蛮人、自由民和奴隶、公民和被保护民、罗马的公民和罗马的臣民等这几种人之间要平等，那他肯定会被认为是疯了。到了罗马帝国，虽然所有自由民有了平等，但在自由民和奴隶之间，平等还不是普世的价值。再后来，资产阶级在从封建的中世纪的内部产生过程中，最初也是一个封建等级，工业革命的产品制造和大航海的市场开拓带来了经济社会的巨大发展，要求商品占有者有平等权利和行动自由，“社会日益成为资产阶级社会”。但是，“国家制度仍然是封建的”，“在经济关系要求自由和平等权利的地方，政治制度却每一步都以行会束缚和各种特权同它对抗。……无论在哪里，道路都不是自由通行的，对资产阶级竞争者来说机会都不是平等的，而自由通行和机会平等是首要的和愈益迫切的要求”，这样，社会的进步就把“摆脱封建桎梏和通过消除封建不平等来确立权利平等的要求提上日程”，资产阶级也成为现代平等价值的表达者。总之，不存在超越历史、在所有历史阶段都一成不变的普世价值。任何一种价值观都具有历史性。

西方民主制度有哪些优点和毛病

西方民主制度的政治设计大致包括多党制、分权制、普选制。通过投票选举领导人，是普通民众参与国家政治最直接的表现形式。塞缪尔·亨廷顿的民主定义是："用普选的方式产生最高决策者是民主的实质"，"民主化的关键就是用在自由、公开和公平的选举中产生的政府来取代那些不是通过这种方法产生的政府"，"公开、自由和公平的选举是民主的实质，而且是不可或缺的必要条件"。①

作为一种政治制度，西方竞争性的民主选举政治有正面的功能特性，即几大优点。

一是建构合法性。选举式民主（electoral democracy）这种民主形式简便易行、直截了当，人民的意愿在一定程度上能得到相对充分的表达，产生的政体具有形式上的"正当性"，能在人民中间广泛地引发共同体的心理感受，一套流程走下来，当选人也就获得了看得见的民众授权。选民在感觉上会认为政权是由自己授权产生的，是自己的政权。

二是权力资源配置的政治参与，增强活力，调动积极性。在程序上具有强烈的戏剧性，选举民主让选民有一种当家作主的感觉，哪怕是一种错觉。

三是缓释社会矛盾。民主选举的过程会将怨气引导到当权者个体身上，各种社会矛盾、利益诉求得到释放，矛盾不易积累，做到"小事不断，不出大乱"，从而在一定程度上保护了体制本身。

四是相互制衡。不同的社会管理方式，有个重要的区别：社会底层的个人愿望如何与社会最高权力连接和互动。西方民主由不同利益集团构成代议制民主，通过不同利益集团的制约达到一个平衡。然而，这种利益集团之间的对抗或制约，是小部分人之间的相互抗衡，大众往往只是利益集团相互抗衡时需要借助的砝码。

① ［美］亨廷顿：《第三波——20世纪后期民主化浪潮》，上海三联书店1998年版，第7页。

西方竞争性选举民主的毛病和局限是十分明显的：

一是权钱结合，导致金钱政治。成本高昂，社会负担沉重，西式民主是有钱人的民主。民主和选举的关系，最重要的原则是一人一票。一人一票意味着平等，而政治上的平等是民主的实质。但现在让候选人缴纳巨额保证金、公开征集政治捐款作为竞选经费，筹的钱越多就越容易当选。这样，难于避免资本控制权力，没钱的人就被排斥在政治权利之外。竞争性选举很容易成为资本绑架政治的中介环节，导致政治性腐败。

马克·汉纳1896年和1900年两次辅佐威廉·麦金莱当选美国总统，作为竞选经理，他说："要赢得选举，需要两个东西，一个是金钱，第二个我就不记得了。"

西方选举成为越来越昂贵的金钱游戏，实质上是金钱操纵的候选人之间的角逐。巨额的选举经费，成为精英把持权力和限制大众权利的合法手段。

1860年，林肯当选为第16届美国总统时，选举费用为10万美元。1952年，艾森豪威尔竞选总统时，民主、共和两党共花费1100万美元。2000年选举中，各政治行动委员会共捐献了1.147亿美元，2004年增至1.924亿美元，2008年超过12亿美元。2012年奥巴马和民主党人、罗姆尼和共和党人的筹款金额都突破了10亿美元，而大选总共耗费60亿美元。

2010年，美国最高法院取消了对公司政治捐款最高额的限制。如今，还取消了个人向候选人和政党捐款的最高限额。

《金融时报》指出：在一个顶层1%人口占全国财富1/3以上的经济体里，这么做会侵蚀共和国体制。

美国的过去9次总统大选，有7次出现来自布什家庭或克林顿家庭的成员。印度60多年来，几乎所有的印度政党的领导权都是继承制的，或者是在儿子、女儿、遗孀、女婿中展开竞争。印度成了西方在全球推行民主的负资产。①

二是政治表演，导致短视政治。西方选举体制就是走一步、看一步的体制，不需要什么长远打算。西方民主要取悦选民，表演色彩很浓，民主被简化为竞选，竞选又被简化为政治营销，政治营销又等同于才艺表演（政治秀）。在社会矛盾多、意见分歧大的情况下，言辞越激烈，越有吸引力和煽动力，越能吸引选民，更片面、更绝对的方案比真理更能哗众取宠。这是西式民主政治中的规律性现象。

三是民粹主义泛滥。在西式民主里，参选者的目的就是赢得选举，最讲究的

---

① 宋鲁郑：《中国能赢：中国的制度模式何以优于西方》，红旗出版社2012年版，第39页。

是竞选技巧，最在意的是竞选结果。他们竞相讨好选民，开出各种各样的福利支票，造成社会公共开支增长超过经济发展速度，许多西方国家成了寅吃卯粮的债务依赖型经济，债务居高不下。西式民主的这种选举文化造成了西方“福利主义政治”，已成为一个死扣。哪个政府想解它，最终都是逼迫政府屈服的全国大示威。印度虽然耕地面积超过中国，但由于土地私有化，再加上引入西方的民主选举制，地方官员出于选举的需要热衷于给农民补助，却不愿进行长期的水利投资。[①] 这种普惠式的福利制度就是一种“洋大锅饭”，解决不了百姓的温饱问题。

四是政党恶斗，政体失灵。西式民主的竞选是一种“一个胜出、其余败下”、“你上我下”的“零和博弈”，各党派以当选为目的，当选第一，没有第二。其全部行动不仅说明、宣示自己的政策主张，还要打击对手。欧美民主政治制度的确立，经历了艰难过程，在人类文明史上发挥了伟大的作用。没有当年它为防止专制发挥的革命性作用，就没有今天欧美的繁荣。但现在，专制已不是欧美的现实威胁，竞选对手之间的相互攻击，变成了一种近乎八卦的闹剧。“否定别人”比“论证自己”更重要，竞选变成一场不择手段、抹黑对手的竞赛，有意挑衅找茬，激化矛盾，相互攻讦。只要能把对手“搞死”，法律不禁止的什么办法都可以用。福山说：“美国人的宪法制衡原则虽然保障了个人自由，使私营部门充满活力，但现在已变得对立、分化和僵化。”民主制度在西方异化的速度和程度，超出了人们的想象，民主劣质化十分严重。中国的政治体制需要不断改革，西方的民主制度也需要改革。

西方选举民主中，政党把特定群体的利益看得高于国家的长远利益。在平时，执政党和在野党之间，为反对而反对，形成“否决政治”，各种改革都难以形成社会共识。各权力机关相互扯皮、相互掣肘，缺少决策力，效率低下。福山在《美国没有什么可教给中国的》中，说中国制度能“迅速做出复杂的重大决定”，而且“使决定得到较好的落实”。

五是族群对立，社会撕裂。西式竞争性选举有利于不同利益群体的利益表达和选择，但各政党为了争夺选民，夺取政权，就要不断发掘社会各群体的特殊利益，强化各群体的利益诉求，也就强化、固化和扩大了社会分歧，将利益集团的分歧演变成整个社会的分歧，把社会大众卷入不必要的纷争，刺激和加剧社会的动荡与不安，甚至造成社会分裂、族群对立。

---

① 宋鲁郑：《中国能赢：中国的制度模式何以优于西方》，红旗出版社 2012 年版，第 35 页。

在任何一个社会中，各群体都有利益和诉求的表达，都有矛盾和冲突，而各种建议的提出、情绪的表达、诉求的释放，都应该有序、理性、可控，可以个体化、碎片化，也可以集团化、群体化、党派化。前者表达的强度要小一些，后者表达的强度要大一些。一般来说，意见与诉求的表达要碎片化，不能太过于集团化、群体化、党派化。群体之间的矛盾和冲突，也应通过协调、协商来加以管控、化解和消除。但西式民主很容易扩大选民中的差异与矛盾，从而激化社会矛盾，结果导致很难讨价还价，很难有妥协余地，最终社会陷入撕裂。

部分国家经历了"第三波民主化"，竞争性选举放大了既有的民族、宗教、阶级与地域矛盾。一些政党为了争取选票，并不是就事论事地讨论公共政策，推举贤能，而往往鼓励和煽动一个社会群体对其他社会群体的恐惧或仇恨。①

这样，竞争性选举就演变成为社会的群体争斗，成为社会冲突的导火索和加油站。社会已有矛盾上升为组织化的冲突，党派争斗、社会分歧扩大到民众分裂和社会分裂。

共产党是维系统一的唯一的全国性组织，无可替代，多年执政的共产党不单是意识形态的载体，更是超越民族、凌驾地方的主导力量。苏联解体的核心环节就是解散苏共这个跨宗教、跨民族、跨地方利益的唯一组织，苏共一解体，苏联也就必然分裂为15个主权国家。多亏普京"民主倒退"，取消地方政权"总统"直选，否则，现有俄罗斯89个联邦主体，包括21个共和国、6个边疆区、49个州、2个直辖市、1个自治州和10个民族自治区，不同党派当地竞选，分崩离析岂不是没完没了？

在中国，辛亥革命前后，也照搬西方民主来演练了一番，谁知，自1911年10月10日开始，就有有17个省份脱离中央，宣布独立，出来许多新军阀。中央民主宪政，地方尾大不掉。地方只领饷不纳粮，逼得中央气急败坏，不是借外债丧权辱国，就是开倒车复辟帝制。

辛亥革命成功，帝制被推翻，李大钊在《大哀篇》中感慨当时军阀割据、共和政治的破产："革命以前，吾民之患在一专制君主；革命之后，吾民之患在数十专制都督。"袁世凯死后12年间，北京9易政府，24次内阁改组，换26届总理。城头变幻大王旗，军阀混战，生灵涂炭。1911年至1931年20年间，封闭割据的四川一省，军阀混战478次。这种内耗严重、四分五裂、散沙般涣散的国家状态

① 鄢一龙等：《大道之行：中国共产党与中国社会主义》，中国人民大学出版社2015年版，第62页。

和社会状态，怎能不成为列强屠宰的目标？后来，国民党发动国民革命、反军阀、反封建，背后的社会制度语言是反对地方自治，强调中央集权，矛头对准的是地方自治运动的社会基础。

在西式民主的输入国，也情绪化。派别对立的情绪导致群体性的理性迷失，即使投票之后，一旦结果不合己意，社会陷入盲目、偏激甚至疯狂。在乌克兰，20% 多的乌克兰东部的人亲俄罗斯，70% 多乌克兰西部人亲欧洲，这是一个分裂型社会。选举民主，动摇的是立国之本即国家认同。

比如，泰国政局总是无休无止的抗议而混乱不堪，泰国自 1932 年实行君主立宪制以来，发生成功的和未遂的军事政变 18 次，宪法更换 17 部，因军事领导人向政府施压而引发的政府倒台或内阁改组次数更高，总理“走马灯”似地更迭，政治混乱、政治动荡已成为泰国的“常态”。

泰国的社会结构是，农民占人口大多数，收入低。国经济主要操控在利益集团和大家族手中，城乡贫富鸿沟巨大。而从政治结构来看，穷人没钱，但人多，有选票；富人有钱，但人少，选票少，民主政治的力量很弱，如果实施西方一人一票的选举制民主，很容易走上民粹道路，激起精英阶层的不满。

针对这种特殊的社会结构和贫富分化的严重情况，执政者本该兼顾各利益阶层，使全国团结起来。但由于引进西方一人一票的选举制民主，他信、英拉的爱泰党为了争取底层，拉到更多的选票，就采取了一系列举措：他信推行了农村三年缓债，全国 200 多万农村债务人延迟了 3 年偿还国有银行的贷款，免除了 3 年内的利息，政府扶持“一乡一品”计划。

这样一来，农民人数多，所以，一人一票，爱泰党总是赢，而反对派无法上台，于是就闹。赤裸裸地公开博弈、民众街头对抗是泰国政局动荡的一大特色。社会不停地折腾，一直无法从撕裂的对立中愈合。如何治疗社会分裂的伤口，考验着政治精英的智慧。亚洲国家，长期专制使人们迷信权力，法制意识淡薄，各国利益集团之间不能在法律框架内解决矛盾和冲突，动辄煽动民众闹事，形成恶性循环，说明泰国政治制度效率很低，矛盾调处机制不完善，社会协调机制不健全。

政党之间“殊死对决”的实质、泰国政治矛盾的根源，就在于泰国没有找到一个好的民主制度来处理泰国社会不同利益集团、阶层及地区之间的矛盾，这里，西方选举制民主产生了严重的误导作用。他信和英拉两兄妹都是美国留学生。1995 年 7 月至 1997 年 11 月，他信两次出任泰国副总理，他认为传统的泰国政治模式无法解决泰国的问题，相信西方民主制度，于是 1998 年，他创立了泰国爱泰党并任主席。2001 年 1 月，爱泰党在议会选举中获胜。2001 年 2 月 9 日，他信成功当选为泰国第23任总理，成为泰国史上第一位任期满四年的总理，也是第一位通过选举连任的总理。他出任总理期间，泰国经济保持稳步增长，泰国一跃成为东南亚地区经济增长最快的国家。在禁毒、消除贫困、泰南问题、穷人看病等方面也有不小改善，他信政绩斐然。2005年2月的选举中，他信在全部500个议席中得到了377个，成为了在下院选举史中首次个人得到超半数的支持。他信再获连任。这时，他信领导集团认为赢得了选举就赢得了一切。于是，他面对社会矛盾，都采取强势政策，从而加剧了他与精英阶层的矛盾。2006年9月19日，他信在军人政变中被迫下台，流亡海外。2011年8月5日，他信的妹妹英拉当选为泰国第28位总理，成为泰国历史上首位女性政府首脑。

本来这个时候，英拉应该采取措施促进政治和解，但英拉政府在一系列调和矛盾、应对危机的关键环节处置失当，与矛盾对立方沟通不足，协商不够，导致社会对抗、撕裂。

首先是英拉上台后继续过度照顾农村。2011年、2012年泰国大米丰收，政府仍然高价收购托市，导致政府积累大量新的债务，危及国家主权评级，引发了中产阶级的不满，也为他们找到一种政治口实。如何尽快去库存成为一大难题。据泰国商务部介绍，泰国官方储备粮一度达1870万吨，最近通过12次拍卖才消化500万吨，价值13.9亿美元。目前已有600万吨粮食“不适合人类食用”，需要通过其他途径消化。最近一次拍卖，泰国政府以550万美元售出3.7万吨用于乙醇生产。泰国政府正在推行取消粮食补贴和最低粮价改革。2016年初，泰国政府表示将于2017年前完成1370万吨储备粮的去库存化。（据《经济日报》2016年1月5日报道）

这次危机的导火索是英拉提出的特赦法案，他们认为这是为他信量身定做的。英拉出台这一法案时，低估了反对派对他信的怨恨，严重误判了公众的情绪和反对派的力量。英拉政府自恃在国会中拥有多数席位，与其他政治派别沟通不足，在国内宣传不够。霸王硬上弓，以强对强，互不退让，形成僵局。毫不避讳地提出他信也适用特赦法案，是明显的过头之举。通常，政府拟提案，反对者众，则应主动抽手收回，而在反对派方面，如特赦法案没通过，就应收手。

怎样看待中国的民主

我们现在讨论民主问题，推进民主政治建设的时候，不能为民主而民主，陷入关于“民主”的空谈，也不能落入“普世价值”的陷阱，而要问民主的实质、目的、内容。首先要从中国的实际出发，中国为什么要民主，要什么样的民主，怎样搞民主？怎样衡量评估民主政治的质量？

邓小平说：“我们一定要向人民和青年着重讲清楚民主问题。”“什么是中国人民今天所需要的民主呢？中国人民今天所需要的民主，只能是社会主义民主或称人民民主。”①

我们要坚定中国特色社会主义民主的自信，增强政治定力，更加注重中国特色社会主义民主政治和民主制度的独特性、必然性和优越性。经过中国共产党率领中国人民的长期探索和实践，中国式民主政治建设积累了大量宝贵的经验，符合中国实际，具有鲜明的特点和明显的优势。比如：走自己民主政治发展道路；坚持党的领导、人民当家作主和依法治国的有机统一；民主与法制紧密结合、实行民主法制化和法制的民主化；对民主，既要讲共性，也要讲个性，要讲世界的一般要求，更要注重各国的具体状况。民主是内生的，各国都有自己的国情。要科学对待西方民主，一不照搬，二要借鉴。在坚持四项基本原则前提下，通过积极稳妥的政治体制改革，推进民主政治建设等。

中国的民主是独具特点的民主。

1. 中国民主政治的传统基础不同。中国的政治自古以来，在政治制度、权力结构、政治理念、政治文化等方面都不同于西方。“五四以来接连不断的西化浪

---

① 《坚持四项基本原则》,《邓小平文选》，第2卷，人民出版社1983年版，第175页。

潮使国人的价值观念、分析手段和方法、使用的概念都相当西化了。但实际的真实生活中的政治却仍然是中国式的……中国人对政治的看法、权力的观念、获取权力的手段、权力的价值、权力的继承方式、权力的结构、政治心理和政治行为方式的核心精神并没有大的变化”。

中国几千年政治传统的特点：一是最高的政治核心只能有一个，所谓“天无二日，民无二主”，大一统的观念。西方则是君主与教主；政权与教廷。二是中央政府高度集权，思想定于一尊，禁止自由思想和异端言论的传播。三是政治权力是独占的、垄断的、不可分割的。梁漱溟认为权力的一元化是中国政治的特殊性之一，他说“‘权力一元’是指中国从来没有、亦永不发生‘钳制与均衡’的三权分立的事。”四是不允许有公开的反对派的存在，特别反对和坚持打击有组织的反对力量。而西方往往承认反对党的合法性，同时，反对党不能有革命性。

在英国，反对党在历史上被称为忠诚的反对派。政党是国家建制的一部分，各种政治力量都认同国家的基本体制，争议的地方多是政策性的。因此，政党可以更替，但国家制度不会变化，甚至连政策也不会有激进的改变。西方民主是不同党派、政治力量之间，在制度框架内遵循游戏规则的竞争。

2. 中国民主政治的近代路径不同。一个国家选择什么样的民主道路，从根本上讲，取决于这个国家的历史、国情和国际环境这三个最重要的客观因素。

现代中国的民主政治制度所产生的历史条件、背景和动因与西方完全不同。中华人民共和国及其民主政治制度产生于反对帝国主义侵略与奴役，争取民族独立与人民解放的革命斗争之中，中国民主政治的出发点是救亡图存，发生于国家民族的重整与建构。

3. 中国民主政治的外部环境不同。民主是人类共同追求的价值观和共同创造的文明成果。不同国家实现民主的形式和途径各不相同，各国的民主政治建设要走自己的路，而不能通过“输入式”、“空投式”或“休克式”、“地震式”的方式来实现。

西方国家早期的民主是在没有外部压力的情况下发生的，那时，资产阶级在经济上占据了优势，于是就开展了争取政治权利和地位的斗争，政治斗争的焦点是国家的经济权力，即税收的控制权。所以，这种民主建设更多的是社会内部各阶层、各社会政治力量之间互动的结果。

资本主义的西方民主难以在第三世界国家复制，韩国、泰国、菲律宾等亚洲国家是在国家内部很多因素还不具备或不成熟的情况下，在外部压力下催生出来的民主。更重要的原因是现在的时代已经完全不一样了，资产阶级民主已经由先进变成反动了，已由代表新兴民主的力量变成压制新兴民主（无产阶级民主、人民民主）的力量了。不是第三世界国家不成熟，不具备民主的条件，而是永远失去了资产阶级民主成熟的条件了。

民主有两种力量：有的时候，体现出一种整合的力量；而在发展中国家，尤其是民族多样、矛盾多发的发展中国家，如果用多党制、三权分立、普选制的制度安排来制衡权力与表达诉求，民主就变成了一种巨大的分化力量。分化的结果又往往只能动用强力（如军事力量或强权主义）来整合，强力之后又产生更大的分化，因为在这种制度安排下，各种政治力量之间没有妥协的机制，也没有集中的办法。西式民主的这种缺陷表现得尤为突出，结果出现激烈与混乱的局面。这正是当今许多发展中国家长期动荡不安的重要原因之一。

4. 中国民主政治的现实任务不同。什么是民主？民主就是让人民参与，调动人民积极性，关键就是要让人民说话，让各种群体、集团、阶级通过一种机制说话，为了一个目标而释放各种情绪，集中各种智慧，团结各种力量。

邓小平多次讲过：民主就是要调动广大人民群众和基层的积极性。1987 年他在会见外宾时讲到："调动积极性是最大的民主。至于各种民主形式怎么搞法，要看实际情况。"这句话是邓小平民主思想最集中、最精当的反映。在当代中国的国情和社会条件下，民主的核心问题是解决如何团结人民，调动中国最广大人民群众建设国家、实现现代化的积极性、主动性和创造性。

中国民主制度肩负的历史任务与西方不同。中国的民主制度必须同时满足两方面的要求：一是必须最大限度地给予人民国家主人翁地位，保证其经济、政治、文化等方面的权益，最大限度地调动亿万中国人民建设国家的积极性、主动性和创造性；另一方面，又能集中社会资源、集中民力民智，高效率地进行经济建设，实现经济社会的快速发展。就是说，中国的民主制度，不仅有"民主"的一面，保障人民权利；也有"集中"的一面，即实行社会动员和统筹，集中力量办大事。

中国民主的内涵是尊重人民群众的创造和探索。最典型的例子是家庭联产承包责任制和乡镇企业的异军突起，发明权都是农民。改革的进程也是真正的现代民主化的进程。邓小平讲：对待经济变革中的各种措施以及由此出现的一些问题，可以有不同意见，允许看，也允许试，不急于下结论。许多办法都是群众创造出来的，我们只是归纳、总结和推广。如果没有这些在探索前进中具有操作性的民主思维，改革开放或许在起步不久便偃旗息鼓了。

5. 中国民主政治的主体不同。在西方历史上，实现民主政治的主体是新兴的资产阶级，他们是推翻封建专制制度的主要社会力量。所以，西方民主政治的主体是先在的，西方国家政权的性质是资产阶级的“守夜人”。

但是，在中国近代以来的历史环境中，资产阶级的阶级特性决定了他们无法担当起民主革命主力军的历史使命，无法担当起救亡图存的历史重任，也就进一步决定了中国无法像西方国家那样走上一条资本主义的发展道路和建立起西式民主政治。中国的民主政治先要完成主体建构，先人民民主、建立政权，通过政权的力量把人民组织起来，凝聚起来，使人民能够成为一个有行动能力的历史主体。

在这里，共产党的领导是至关重要的。

中国的民主是人民民主。

“人民民主是社会主义的生命”，这是20世纪世界社会主义民主政治建设的经验教训，是我们党自建党以来始终追求民主的实践总结，是中国特色社会主义民主政治建设的重要经验，是马克思主义民主观的重大发展。

《共产党宣言》是把无产阶级夺取政权（“上升为统治阶级”）和“争得民主”并列在一起说的，马克思主义认为专政与民主具有内在的联系，本来就是一个问题的两个方面，有什么样的专政（政权），就有什么样的民主。资产阶级民主的实质就在于：一是资产阶级民主只是认定和维护少数人占有生产资料的不公正权利，极力限制劳动者的生产资料的所有权，而对生产资料的所有权恰恰体现了人民的最大的民主权利。二是资产阶级民主实质就是统治阶级“每隔三年或六年决定一次由统治阶级中什么人在议会中当人民的假代表”①，这样，资产阶级的统治只是少数人对多数从的统治。

社会主义作为扬弃资本主义的一种社会形态，不仅在经济上要消灭资本主义生产资料私有制，消灭两极分化，实现共同富裕，而且在政治上要超越资本主义民主，摆脱资产阶级凭借金钱对政治的控制，实现人民民主。马克思早在1843

① 马克思：《法兰西内战》，《马克思恩格斯文集》第3卷，人民出版社2009年版，第156页。

年3月写的《黑格尔法哲学批判》中就提出：“人民是否有权来为自己建立新的国家制度呢？对这个问题的回答应该是绝对肯定的，因为国家制度如果不再真正表现人民的意志，那它就变成有名无实的东西了。”显然，在马克思看来，真正的民主是人民主权、人民意志的实现，就是人民自己创造、自己建立自己的国家制度，以及运用这种国家制度决定自己的事情。简言之，民主的实质就是“人民当家作主”。对于巴黎公社这个人类历史上第一个无产阶级政权，马克思指出“它是由人民自己当自己的家”。

列宁关于社会主义民主的思考，有几个关键要点：一、“没有民主，就不可能有社会主义，这包括两个意思：（1）无产阶级如果不通过争取民主的斗争为社会主义革命作好准备，它就不能实现这个革命；（2）胜利了的社会主义如果不实行充分的民主，就不能保持它所取得的胜利。”[①] 二、社会主义民主是对人民实行民主和对敌人实行专政的统一。三、人民群众直接参加国家管理。四、实行人民监督。五、实行社会主义选举制度。六、社会主义民主的基本原则是民主集中制。

中国的经济制度、政治制度、法律制度等都决定了中国的民主不受资本和金钱的操纵，不是少数人的民主，而是最广大人民群众的民主，人民民主就是社会主义民主的本质和核心，就是人民当家作主。

中国特色的社会主义民主不仅要实现全体人民的政治民主，还要实现人民群众的经济权利和社会权利。邓小平指出，社会主义民主要逐步实现“从制度上保证党和国家政治生活的民主化、管理经济的民主化、整个社会生活的民主化”[②]。政治生活的民主化，就是在中国共产党的领导下，人民掌握国家权力，依法享有各种政治权利和自由，建立实现和保障人民民主的各种政治制度和实践形式。经济管理的民主化，就是在坚持社会主义基本经济制度的前提下，在各项经济权利和政治权利相统一的法律制度基础上，实现人民群众对经济事务的民主参与、民主决策、民主管理和民主监督，充分调动和发挥全体劳动者的积极性、主动性和创造性。我国的人民民主是一种更广泛、更全面、更深刻的民主。

社会生活的民主化，就是国家将更多的权力交给社会和人民，并为人民群众

① 《论面目全非的马克思主义和“帝国主义经济主义”》，《列宁选集》第2卷，人民出版社1995年版，第782页。

② 《党和国家领导制度的改革》，《邓小平文选》第2卷，人民出版社1983年版，第336页。

提供制度保障和物质条件，以使人民群众享有宪法和法律规定的各种社会权利，逐步实现社会生活、社会组织和社会活动的民主自治。① 毛泽东说："劳动者管理国家、管理军队、管理各种企业、管理文化教育的权利。实际上，这是社会主义制度下最大的权利，最根本的权利。没有这种权利，劳动者的工作权、休息权、受教育权等等权利，就没有保证。"② 我国的民主政治建设过程中，一直在稳步扩大人民群众的有序政治参与。人人通过各种方式参与各项管理。人民不光有选举监督各级政府官员的权利和义务，还广泛参与企业管理、事业管理、学校管理、社区管理、村务管理等。

中国的民主是立足现实、不断进步的民主。

对待民主，我们要历史地看问题，要现实地看问题。世界各国的民主道路都是依据各国具体国情和历史文化而确立的，都经历了漫长的探索和发展过程。这也是西方文明的历史现象。在民主起源和典范的古希腊，至少有占总人口的50%的奴隶不享有民主权利。被称为现代民主制度起源的英国也长期用财产数量来限制大多数人拥有民主权利。1831 年只有 4.4% 的成年人有选举权，1867 年开始向工人阶级开放选举权，直到 1928 年才给予妇女与男子同样的选举权。美国也一样，1776 年《独立宣言》发表后的近 200 年时间内，黑人以及其他少数族裔的民主权利是极不平等的。在黑人领袖马丁·路德金发动民权运动的推动下，1965 年通过《民权法案》，美国黑人等少数族裔才真正开始享有平等的选举权。除此之外，美国早期的民主，即使在白人之间也以财产多寡作为享有民主权利的界限。现在美国大选中还有政治献金现象以及日常的政治游说现象。相比之下，1931 年在江西瑞金召开的第一次全国工农兵代表大会通过的《中华苏维埃共和国宪法大纲》是中国历史上第一部由劳动人民亲手制定的宪法，其中规定：中华苏维埃共和国是工人和农民的民主专政国家。在苏维埃政权领域内，工人、农民、红色战士及一切劳苦民众和他们的家属，不分男女、种族、宗教，一律平等，都是苏维埃共和国的公民。16 岁以上公民都有选举权和被选举权。选举人有随时罢免苏维埃代表的权利。由此可见这部宪法具有彻底民主主义性质。

① 《依靠谁 为了谁：中国共产党的执政理念》，党建读物出版社 2014 年版，第 183 页。

② 《读苏联〈政治经济学教科书〉的谈话》，《毛泽东文集》第 8 卷，人民出版社 1999 年版，第 129 页。

现实地看，用什么样的衡量标准判断一个国家的民主制度和状况是好还是坏呢？邓小平认为：第一看国家的政局是否稳定，第二看能否增进人民的团结、改善人民的生活，第三看生产力能否得到持续发展。

社会主义民主是调整社会关系、化解社会矛盾、保持社会长期稳定发展的政治保障机制。在现代发展阶段，人民群众的权利意识在不断增长，人民群众必然会有各种各样的利益表达，也会产生不满情绪和社会矛盾，这就需要一种民主机制。但这一切都应当是适度的和循序渐进的。否则，各种利益要求和不满情绪就会一起涌现出来，而又无法得到解决，最后必然激化社会矛盾，破坏社会的稳定和发展，最终损害广大人民群众的根本利益。不少发展中国家误信了西方宣扬的“自由民主”，结果得虚名而招实祸，国家长期陷入混乱。

中国的民主是辩证地全面的民主。

中国人谈民主，不是把民主这个概念孤立起来，就民主谈民主，而是和其他相关概念联系起来，在互相关系中来把握民主。

中国人谈民主，是经常和集中一起谈的。邓小平说过：“我们要发扬民主，但是同时需要集中。”民主和集中是有机联系，互相制约，互相促进的。民主是集中的前提和基础，集中是民主的必然要求和归宿。民主发扬得好，集中就有广泛的基础，就能集中正确的意见，克服分歧，形成统一认识；如果离开集中谈民主，或在民主基础上形成的集中得不到贯彻和实施，那同样是对民主的践踏和背离，甚至导致极端民主化和无政府状态。所以，贯彻民主集中制，既不能离开民主讲集中，也不能离开集中讲民主，必须把二者有机地统一起来。

民主集中的统一，就是服从多数，尊重少数，只有坚持民主集中制，既能够在多数人意见的基础上进行必要的集中，保证社会整体利益和全局利益的实现，又能够保证个人充分行使自己的民主权利和表达自己的利益要求

权力集中的优点是效率高、行动快，中国特有的政治制度所带来的强大组织力、社会动员能力；但造成的问题是权力缺乏监督和制约，特别是一旦最高领导层出了问题，政治方向出了问题，就会导致十分严重的政治后果。所以，我们要坚持集中指导下的民主，民主基础上的集中。

中国人在把民主与自由联在一起讲的时候，更多是讲人民民主和民族独立与自由，与资产阶级联系保障资本自由来讲民主是有区别的。

中国人还经常把民主与法制联系起来谈，发展社会主义民主与健全社会主义法制是一致的。改革发展过程中，现实社会中还存在和出现许多问题。关键是用什么方法和机制来解决。解决利益分化、改革中积累的社会矛盾以及人们最为痛恨的腐败等问题，是用人治的办法，还是用法制的手段，邓小平多次强调，解决这些问题，还是法制靠得住一些。一个民主的社会必定是一个法治的社会。法治的问题具有普遍性、共同性，但内涵不一样。法治是针对人治提出来，关键是指在执政过程中，不能搞人治，要搞法治。法治不是在三权分立的基础上提出来的，三权分立只是法治的一种，但绝不是唯一的一种。

总之，人民民主是我们党始终高扬的旗帜，社会主义政治文明是我们党始终不渝的追求；坚持中国特色社会主义政治发展道路，关键是要坚持党的领导、人民当家作主、依法治国有机统一。

8

中国道路的舆论交锋

中国人的道路走得还挺难：从挨打、挨饿到挨骂。

落后就会挨打，贫穷就要挨饿，失语就遭挨骂。这是历史与现实给中国人讲的一个道理。如果意识形态是战场，那么，舆论是前沿阵地，网络已成为主战场。

一个政党、国家是否成熟，关键看这个政党、国家有没有指导自己行动、维护自己利益的思想体系，善不善于进行意识形态的建设和斗争。

当前，意识形态工作有三大关键：巩固马克思主义在意识形态领域的指导地位；巩固全党全国人民团结战斗的共同思想基础、价值基础和道德基础；巩固我国走向中华民族伟大复兴的发展空间。

意识形态还有没有用，有什么用

如今，中国的发展站在了新的历史起点，意识形态工作要适应时代变化，表达时代呼声，正视时代挑战。

现在最大的风险之一，是对意识形态存在各种错误的态度：有的人麻木，弄不清意识形态是怎么回事。有的人躲避、敬而远之，普通高校、甚至连党校开的意识形态的课也不多。有的人厌恶，觉得意识形态是一个贬义词，太土、太“左”、太保守。也有的人一味地以斗争哲学、敌情观念来看待意识形态，对意识形态领域的分析，就是敌情分析。总之，存在不愿、不想、不敢谈意识形态的情绪和现象。对此，我们应如何对待呢？

第一，认识意识形态工作的极端重要性。意识形态是一种思想观念、理论学说、社会意识，具有理论性、科学性、政治性、价值性和道德性。意识形态是一种集团性的话语，是一定利益集团（阶级、政府、国家）的话语体系和利益表达，是为一定阶级、集团、政党和政府的政治行动服务的。历史经验反复证明，一个政权的瓦解往往是从思想领域开始的，思想防线被攻破了，其他防线就很难守住。如果意识形态工作这一手不抓、不硬、不强，最后必然会出大问题，就要犯无可挽回的历史性错误。

第二，认准意识形态的工作目标。意识形态实质上是为一定的政治秩序提供合理性、合法性的证明，使阶级利益、政党主张、集团意志、国家需要转化为民众的自觉服从与追求。当前，就是党和国家的政治主张和思想观念能否得到国内民众和国际社会的广泛认同。意识形态工作一定程度上反映着一个政党和国家的治理能力和软实力。一个政党、国家是否成熟，关键看这个政党、国家有没有指导自己行动、维护自己利益的思想体系，善不善于进行意识形态的建设和斗争。

第三，发挥意识形态团结鼓劲、凝心聚力、形成共识的基本作用。政治路线确定之后，关键就是最大限度团结各方面的力量。我党意识形态工作最重要的经验就是发挥教育人、引导人、凝聚人的功能，不断巩固全国人民团结奋斗的共同思想基础，激发和形成强大的中国力量。

第四，抓住意识形态工作的重点。意识形态要实现整合、团结、凝聚等“黏合剂”的功能，就要创造出有超越性和包容性的共识系统，有效整合社会文化和社会思潮。当前，意识形态工作有三大关键：巩固马克思主义在意识形态领域的指导地位；巩固全党全国人民团结奋斗的共同思想基础、价值基础和道德基础；巩固我国走向中华民族伟大复兴的发展空间。当前，要注重不同社会阶层和利益群体的协调与合作，保持意识形态的弹性与张力，发挥意识形态的整合功能，体现大多数人的愿望和要求，容纳各阶层的利益诉求。

第五，要正确认识和准确把握意识形态工作规律。意识形态与政治的硬性控制不同，意识形态不是权力，而是威力、威信、威望，是影响力、感召力、吸引力，是一种文化的软性控制。意识形态工作是软实力，不能使蛮力，不能满足于盯死看牢，不仅要“管得住”，而且要能开窍，更要能服众。执政党的意识形态在社会生活中要发挥塑造价值观念、引导生活方式的功能，而不能退化为“底线管理”，不能满足于“严防死守”的底线，而要为全社会确立普遍的价值导向和目标追求。中国梦的理想信念、愿景目标是社会共识的重要生长点。意识形态是以理服人的观念体系和以德感人的价值判断，对人进行渐进的“毛细管式”的长期渗透，它力图为社会确立一个普遍的价值导向，得到人们的广泛认同和自觉遵从，让大家同意并服从你的统治，或同意跟着你去推翻某种统治。

要把握这些本质和规律，发挥意识形态的维护、辩护、证明功能，要在全社会心悦诚服上下功夫，使社会成员相信现行的制度或政治行为是正义的，是保证其根本利益的，从而自觉维护或参与。

第六，要以一种历史的眼光和全球的视野来做好意识形态工作，在世界范围内提升我们在国际意识形态领域的领导权、管理权、话语权。意识形态是我们党的看家本领。我们是靠意识形态起家的，毛泽东一开始就是当宣传部长，靠的是笔杆子，后来 1927 年在江西才拿起了枪杆子。我们做意识形态工作，要像那首歌唱的一样：“我们走在大路上，意气风发、斗志昂扬。”现在有些同志做意识形态工作却不那么理直气壮，倒有些忧心忡忡，神经兮兮，或躲躲闪闪。作为一个执政党，特别作为一个强国、大国的执政党，要把意识形态作为执政的一个重要手段，高度重视，而且要做得理直气壮、神采飞扬。

其实，西方大国都非常讲意识形态。有人讲美国人蛮善于做意识形态工作。美国人来自不同国家，全世界每个国家的国庆，美国都庆；各个民族的节日，美国都过。这个国家极其特殊，是一个全世界绝无仅有的多种族、多国籍、多信仰、多元文化的移民社会。这就产生了一个问题，由于不同的文化背景，百姓行为没有统一的文化规范，社会生活没有统一的价值观和道德观，缺乏共同的是非判断和生活习惯。美国这个特殊社会存在种族纠纷、贫富差距、信仰分歧、价值分歧，要想凝聚立国，要比任何国家都难得多。所以，美国人从两方面入手。一是法治建设。美国人不管大事小事，一律上法庭、打官司。因为碰到一件事，公说公有理，婆说婆有理，讲不清理，只好六亲不认，一律靠法治强维持。二是意识形态。美国人打伊拉克战争（即第一次海湾战争），是先制造出一个敌人，制造一种现实的威胁，然后宣传美国式的爱国主义，通过美国大片等手段来传递灌输美国的意识形态。美国历史就是如此，一直处于战争中，独立战争、南北内战、墨西哥战争、菲律宾战争、一战、二战、韩战、越战、冷战……这些不间断的战争，既是在外部为美国人在世界范围谋利益，也是缓解内部纠纷的需要。

因此，我们不能书生气十足，西方人、美国人也是讲意识形态的，还讲得那么牛气，好像他是全世界的榜样，大家都要照着他们的样子干。他们还把意识形态当作标签、大棒、“手雷”，看谁不顺眼，就抹黑、就打压。总之，他们确实把意识形态作为一种维护统治和世界霸权主义的手段。

我们要坚定信心，把握规律，不断创新，在中国特色社会主义事业的伟大进程中，切实发挥意识形态的思想引领、精神激励和文化支撑的重要作用。

意识形态要不要变，在历史发展中怎么时代创新

随着时代和社会的发展，我国意识形态呈现出许多新变化和新特征，面临许多新挑战和新任务。意识形态工作面临的第一个风险与挑战就是怎么随着时代的变化而不断创新。

意识形态是为一定阶级、政党和政府的政治行动服务的集团话语，随着时代的发展，意识形态所代表的阶级、集团、政党和政府的历史方位、政治行动和工作任务会有变化，意识形态工作也就要随着这种变化而不断调整、创新。意识形态工作要在历史发展中不断创新，这样才能增强意识形态工作的主动性、预见性和创造性。

对现行的制度或政治行为来说，意识形态具有两种功能：当它发挥批判、否定功能时，让社会成员同意去推翻某种统治；当它发挥维护、辩护、证明功能，为政治秩序提供合理性、合法性的证明时，使社会成员相信现行制度或政治行为是正义的，从而同意、服从并自觉地维护你的统治。

从马克思、列宁到中国共产党，都是立足于意识形态与社会实践的对立统一关系，根据时代的变化而不断调整意识形态的工作任务。

马克思所处的时代是自由资本主义时期，这一时期，马克思恩格斯建立的无产阶级的意识形态是极具感召力的。列宁所处的时代是帝国主义时代，其时代主题是战争与革命。托尔斯泰的《战争与和平》反映的就是战争与革命的关系。帝国主义战争可能引发社会主义革命，社会主义革命可以制止帝国主义战争。历史创造了良机，列宁敏锐地抓住了这个转瞬即逝的良机，发动了社会主义革命。尽管当时普遍认为社会主义革命必须在多国同时爆发，但历史证明列宁是正确的。列宁进一步建立和发展了马克思主义关于革命的意识形态。马克

思说“革命是历史的火车头”[①]，恩格斯说革命是“社会进步和政治进步的强大推动力”[②]，列宁接着说：“革命是被压迫者和被剥削者的盛大节日。人民群众在任何时候都不能像在革命时期这样以新社会制度的积极创造者的身份出现。”[③]“帝国主义是社会主义革命的前夜”，“各国资本家进行的战争，只有靠反对这些资本家的工人革命才能结束”等，这些都成了团结鼓舞人民赢得社会主义革命、建立社会主义政权的有力武器，也给中国送来了马克思主义，给中国革命、中国道路点亮了指路明灯。中国革命以俄为师，开了一个很好的局，起了一个很好的步，直接推动了中国共产党的诞生，也成了中国共产党的理论起点。

毛泽东的时代是一个中国人民求解放、谋独立、闹革命、站起来的时代。近代以来，中国的内部活力下降，面对西方列强的坚船利炮，国家形势日益危急，原有的意识形态土崩瓦解，儒家的观念体系对统治阶级统治的正当性已不具备解释、辩护和维护功能。

中国要解决的基本政治问题和意识形态问题是由哪个阶级、哪个政党，用什么办法把人民团结、组织、凝聚起来，调动其积极性、主动性、创造性，使人民能成为一个有行动能力的历史主体，完成救亡图存的任务。各个阶级和政治力量（包括传统社会的政治精英、知识精英以及普通民众三大基本力量）纷纷登台，但他们的努力统统失败。

是中国共产党回答了这一基本问题，领导人民夺取政权，实现了国家独立和民族解放，使中国人民站了起来。中国共产党提出的打土豪、分田地、造反有理的意识形态，具有强大的批判、革命功能，宣布了统治阶级的不合理、不合法、不合情，吹响了团结、鼓舞中国人民的号角。她提出的愿景目标、政治主张汇集了中国人的思想共识，表达了中国人的价值观念，为中国人民所接受，得到了人民的同意和拥护，成为中国人的共同理想。人民是发自内心地跟着共产党。

1949年新中国成立后，我们党从革命党变成了执政党，而且长期执政。党的历史方位发生了变化。我国建立了人民政权和社会主义制度，并取得了生产资料所有制改造的基本胜利，时代发生了变化，我们的意识形态工作也从推翻现存社会制度，调整到维护和巩固现存的制度即社会主义制度和社会主义政权上来。新

① 马克思：《1848年至1850年的法兰西阶级斗争》，《马克思恩格斯文集》第2卷，人民出版社2009年版，第161页。

② 恩格斯：《德国的革命和反革命》，《马克思恩格斯文集》第2卷，人民出版社2009年版，第383页。

③ 《社会民主党在民主革命中的两种策略》，《列宁选集》第1卷，人民出版社1995年版，第616页。

中国成立之初，意识形态发挥了很好的作用。我们党确定了马克思主义在我国意识形态领域的指导地位，牢牢把握了思想领域斗争的领导权和主动权。面对西方资本主义国家的封锁、包围，中国人民不怕鬼、不信邪，自力更生，勒紧裤带，走自己的路。广大人民群众愿意跟着共产党走，认为共产党是民族的希望、民族的主心骨，认同党的意识形态工作。党的意识形态为全社会确立了普遍的价值导向，得到了全体人民的广泛认同和自觉遵守。社会主义不但有政权的硬控制，也有文化的软实力，引导、领导全体社会成员按照意识形态的标准和行为规范，去思考和处理问题。

但是，我们在意识形态建设中也有不少教训，过激、过重、过“左”，甚至犯下“阶级斗争为纲”、“无产阶级专政条件下继续革命”的严重错误，导致重大损失。

“文化大革命”后，邓小平第三次复出，一上来就对时代进行判断。我们党认识到时代主题从革命与战争转为和平与发展，我国从计划经济转向市场经济，由封闭半封闭、孤立半孤立的状态转向开放改革，邓小平进行了意识形态的发展和创新：

一是立即停止以阶级斗争为纲，把党的工作重心转移到以经济建设为中心上来，提出了“发展是硬道理”这个核心的执政理念，体现了时代要求，赢得了人民同意，奠定了新的历史条件下中国意识形态的基调。现在还是这个基调，但有创新，有发展，有了很多新的内容，如“四个全面”战略布局、五大发展理念等。

二是解决了传统与当代的平稳对接，保持了意识形态的连贯性以及形象上的统一性，最关键的是确立了毛泽东的历史地位。意识形态是主心骨，不能随意更换，不能“城头变幻大王旗”。中国不是小国，小国可以在大国之间随波逐流，也只能在时代潮流中随风飘荡、见机行事，碰到风浪要躲着走，看见难题要变腔调。谁强，就跟谁走，就抱谁的大腿。因为它小，可以也只能左右逢源，两边讨好，碰到矛盾绕着走，夹缝里面求生存。但中国不行，中国是一个大国，大国碰到风浪，绕不开，躲不过，只能迎风而上，劈波斩浪，不能察言观色，见风使舵，随意调头，不能是墙头小草随风倒，中国有自己的主心骨和意识形态文化传统，中国还真学不了谁，因为中国的块头太大了。奥巴马说中国搭了美国的顺风车，其实他真说错了，无论是谁的便车，中国都搭不了，搭谁的便车，那车准会压垮了。

习近平讲：“我们是一个大国，决不能在根本性问题上出现颠覆性错误，出现后就无法挽回、无法弥补。……大国政贵有恒，不能朝令夕改，不要折腾。今天喊这个口号，明天换那个口号，这不行。这不叫新思路，而叫不稳当。”[①]意识形态要调整，但又不能随意调整。有些不能改的，再过多长时间也是不改。邓小平在这方面处理得非常好，与苏联共产党相比，与赫鲁晓夫对待斯大林相比，那是完全不一样，有天壤之别。中国的改革是有方向、有立场、有原则的，是在中国特色社会主义道路上不断前进的改革，而不是对社会主义制度改弦更张，偏离了坚持和改善中国特色社会主义制度，否则就南辕北辙了。

三是围绕党的工作重心的转移，进行了价值重组，提出了“一个中心、两个基本点”的基本路线，提出了中国特色社会主义的共同理想。当年我做的博士论文是《论当代中国的共同理想》，探讨了在市场经济和全球化的条件下，我们用一个什么样的共同理想把大家捏在一起。邓小平的意识形态巩固了全国人民团结奋斗的思想基础，迎来了全国上下万众一心跟党走富起来、强起来道路的大好局面。

四是强调开放，睁开眼睛看世界，打开国门迎客来。1998 年我进中央党校中青班学习了一年，当时中央党校讲“三基本五当代”，当代法学、当代军事、当代经济等，就是介绍当今世界发生了什么。现在不是判断、了解、介绍的问题，而是要参与、要领导、要主导游戏规则，包括经济的、商贸的、WTO 的、一带一路的等各种游戏规则。

总之，意识形态是上层建筑的一部分，既不能随意、轻易变换，又要随形势的发展而不断调整、创新。处理这一问题的关键，就是正确判断时代。

正确判断时代是当前我国意识形态安全面临的一个挑战。我国现在所处的时代有哪些特征呢？有两个基本判断：一是我们正在新的起点上进行具有许多新的历史特点的伟大斗争，二是中国与世界的关系已发生历史性变化。怎么认识这个时代问题？我们所处的是一个新时期，还是一个新时代呢？还是新阶段？还是新特点呢？还是新形势呢？从我国与世界的关系变化，从我国经济社会发展的态势来看，我们可能到了一个时代的转折点。

只有判断准时代的特征，把握住时代的主题，处理好时代的问题，才能适应时代的变化，迎接时代的挑战，才能发挥意识形态教育人、引导人、凝聚人的功能，不断巩固全国人民团结奋斗的共同思想基础，激发和形成强大的中国力量。

---

① 习近平：《在广东考察工作时的讲话》，2012 年 12 月 7 日至 11 日。

多元社会下的共识形成

国内形势是一个多元多样多变的社会状况，这是意识形态工作面临的另一种风险和挑战。

当前我国正处于社会转型期，经济体制深刻变革、社会结构深刻变动、利益格局深刻调整、思想观念深刻变化等，社会思潮和心理心态多元多样多变，主流价值观的建构面临较大困难，扩大利益交汇点、凝聚社会共识难度加大，任务越来越重。

首先是利益上的问题。全面建成小康社会任务繁重，发展中不平衡、不协调、不可持续的问题还很突出，热点难点频繁出现，推进改革开放和现代化建设的艰巨性、复杂性、繁重性，世所罕见。我国经济社会深刻变革带来了历史性进步，可利益主体日益多元，利益格局深刻调整，利益结构更加复杂，由利益问题引发的社会问题增多，积累性的、深层次的矛盾和问题亦日益突出，结构性因素和周期性因素并存，爬坡过坎的特点更加明显，容易造成人们情绪上的波动和思想上的困惑，导致突发事件和群体事件增多，集中体现在不同利益群体、社会阶层和社会成员的利益差别上，特别是一些与群众切身利益相关的民生问题比较突出，民生保障的期望与社会建设的进程存在差距。

在人们利益诉求分众化、多样化的背景下，要充分重视不同群体和个体的价值取向和利益诉求，在尊重差异中扩大社会认同，在包容多样中形成思想共识。要区分层次和对象，抓住重点群体，分层引导，分类推进。共识是人的共识，团结是人的团结，要协调利益关系，扩大利益交汇点，才能求得最大公约数，凝聚社会共识，团结全体人民，形成最大合力。

其次是价值和观念上的问题。社会变革深入，社会节奏加快、竞争加剧，带来了思想观念深刻变化，各种思想文化和社会思潮相互影响，相互激荡，社会思想道德领域出现新问题，分配不公、贫富差距和消极腐败不可避免地反映到人们的思想认识中来。社会现实问题、思想认识问题和价值观念问题相互交织，政治诉求、价值诉求日益强烈，更加要求维护个人合法权益，有的有必要性，有的有阶段性，现阶段难以满足。有些人理想信念动摇、思想道德滑坡，拜金主义、享乐主义、极端个人主义等滋长泛滥；有些人热衷于制造和传播错误观点，质疑甚至否定社会主义核心价值观、党史国史、四项基本原则、改革开放等；有些人对西方制度，自己没有搞明白，也没有实践过，却津津乐道，如数家珍。意识形态领域的斗争和较量是长期的、复杂的，也是严峻的、紧迫的。价值观念多元多样多变，处理好一元化指导思想与多元化社会思潮的关系，做到主导、主动，有效引领社会思潮、形成良好社会风尚的任务越来越重。

再次是诉求表达和情绪上的问题。由利益问题引发的社会问题、民生问题、突发事件和群体事件增多，经济社会发展的阶段性特征引发的政治诉求、价值诉求日益强烈，造成社会情绪的波动和思想的困惑。从社会情绪来看，不信官方信民间，不信澄清信谣言。这些情绪会助推社会事件的发生，热点多、燃点低、触点广、敏感性、不可预见性更为突出。不良社会情绪导致心理失衡，催生社会事件，稳定社会心理、维护社会和谐的难度加大，化解矛盾、理顺情绪的任务越来越重。

最后，上述各种社会矛盾碰头叠加，社会问题、现实问题集中呈现、实际利益问题、思想认识问题和价值观念问题相互交织，合理诉求和非理性表达方式相互交织，容易汇成洪水效应，使融合各种社会思想意识面临很多困难。

在这么一个社会，中国的平安和繁荣对团结的倚赖，远远超过人口数量较少的西方国家。在国家发展进程上形成全社会的共识，往往是解决社会各种长远问题的钥匙。不同的地区、不同的阶层、不同的利益集团，房地产商和买房的人，下岗工人和企业主等，如何做到团结一致，凝心聚力，这的确是意识形态面临的风险与挑战。

毛泽东指出："祖国的统一、人民的团结，是我们胜利的根本保证。"意识形态工作的根本目标就是解决一个"团结"的问题。邓小平也说："我们这么大一个国家，怎样才能团结起来、组织起来呢？一靠理想，二靠纪律。组织起来就有力量。没有理想，没有纪律，就会像旧中国那样一盘散沙，那我们的革命怎么能够成功？我们的建设怎么能够成功？""最重要的是人的团结，要团结就要有共同的理想和坚定的信念。"

改革开放 30 多年来，我国经历了许多大考验：90 年代软着陆、亚洲金融危机、世界经济危机、"非典"疫情、汶川地震等。我们都能战胜困难，经受考验，一个十分重要的原因，得益于我们国家强有力的宣传思想文化工作，8800 万党员始终团结在党中央周围，13 亿中国人民始终团结在党的周围，形成了实现共同愿望、共同愿景、共同理想的思想共识。

一是要防止两极分化。共同富裕是社会主义的一个本质特征，是社会主义意识形态的核心概念，也是把全国人民团结起来的一个最重要的基础。同时要注重不同社会阶层和利益群体的协调与合作，保持意识形态的弹性与张力，妥善处理多元化利益关系，努力寻找最大公约数，扩大群众利益交汇点。价值判断和切身利益直接相关，在解决问题中促进思想交融，找准思想共鸣点。

二是处理好核心与多元的关系。社会的深刻变革带来了思想观念和社会意识的深刻变化和日益活跃，这些观念和意识呈现出多元、多样、多变的发展趋势，人们思想状况越来越复杂。在这种情况下，既要正视社会思想文化多元多样多变的现实，又要确保共同理想、核心价值起主导作用。最为关键的，要使中国特色社会主义理论体系成为我国意识形态和价值体系之魂，要有领导、主导、引导，及时引导社会热点，有效引领社会思潮，在多元中立主导，在多样中求共识，在多变中把方向，拨亮一盏灯，照亮一大片。同时，要发挥意识形态的整合功能，最大限度地化解矛盾、凝聚共识，体现大多数人的愿望和要求，容纳各阶层的利益诉求，构筑同心同德的奋进力量。

三是中共的凝聚力与领导力。中国共产党不仅是一般意义上的执政党，更是国家统一和民族团结的核心与根基。中国在前进的道路上，无论遇到什么重大问题，形成全国共识的程度和速度，对这些问题的解决常常是关键性的。而全国共识的形成，在相当程度上取决于中共 8800 万党员的团结。中共的团结既是中国现实凝聚力的最大来源，也是它的根本保障。

四是要维护社会团结的创新。现在，中国社会的分歧在增多，裂痕也在增多。弥合分歧、扩大共识的任务很重，而完全由官方主导中国意识形态的时代已经过去了，社会不可能有完全一致的价值取向。在全球化时代，中国融入世界，西方也影响中国，这种影响既是思想的，也是利益上的。思想和利益的多元化带来的政治冲击对国家的确是风险和挑战，所以，要不断增加凝聚力来对冲并消化多元时代的极端性和负面性。

五是要做好理论引导与理论斗争。理论是意识形态的核心和灵魂，决定了意识形态的性质和方向。要及时研判、辨析重要社会思潮，深入研究社会思潮的产生背景、主要特点、演变规律及深刻影响，针对人们普遍关注的社会热点问题和思想难点问题，着力解疑释惑，析事明理，有针对性地做好理论引导，不断推进马克思主义大众化。要立足于伟大实践来理论创新，及时总结党领导人民进行的伟大实践，用中国的理论研究和话语体系解读中国实践、中国道路，用中国的话语讲好、讲深、讲透中国故事。

共产党过得了互联网这一关吗

现在，我国意识形态工作面临的最大风险和挑战恐怕来自互联网，互联网已经成了我们党执政面临的一个极端重要的关键问题。如果说，舆论是意识形态工作的最前沿，那互联网就已经成为舆论斗争的主战场，是我们面临的“最大变量”，搞不好，网络会成为颠覆我们政权的一大乱源。习近平讲，我们能不能打仗？1949年证明了。我们能不能搞建设？这60多年证明了。但在意识形态上，在网络上，我们还能不能打赢？这要靠我们一代又一代共产党人的努力和实践来证明。所以，在互联网的战场上，我们是否顶得住、打得赢，直接关系到意识形态安全和政权安全。我们党如果过不了互联网和新媒体这一关，就可能过不了长期执政这一关。

网络环境的新特点。

一是网络改变了传统媒体的传播方式，信息传递能力强大，传播迅速广泛。过去，群体性事件存在一定地域性，传播半径有限，社会知晓率不高。现在，突发事件一发生，有关信息立刻就会在网上出现，并被多家网站转载，“生死时速5分钟”，点击量就成万上百万，网上的跟帖和讨论就达到高潮。

二是网络具有强大的信息凸显能力，成为社会舆论的放大器，领导干部的一言一行都在网络的“聚光灯”下强烈聚焦，都在网络的“放大镜”下高倍放大，都在网络的“加速器”中快速扩散，特别是公权力大、公益性强、公众关注度高和“涉权、涉富、涉警”的“三公”、“三涉”事件最容易成为网络的传播热点和关注焦点。本来，众说纷纭是网络意见表达的突出特征，但网上出现涉及“三公部门”、“三涉事件”的负面新闻时，往往是一边倒的批判浪潮。群体性事件有两个心理特征：一是“闹大才重视”的心理，特别在涉及拆迁、征地、村务管理、企业改制等矛盾时；二是“热衷曝光”的心理，特别是涉及干群矛盾、警民矛盾以及贫富矛盾时。群体性事件的形成途径和传播方式都发生了显著变化，随着我国网民数量激增，事件的影响越来越具有广泛性，防范和处置的难度加大。

三是网络已经并还在重塑媒体格局、舆论生态，成为兼具信息发布功能、舆论传播功能、社会动员功能的聚合器。网络超越地域、阶层、文化程度的限制，打破了“信息孤岛”和“信息分割”，实现了信息资源共享。真实的、虚假的、理性的、非理性的、正确的、错误的，各种思想舆论在网上相互叠加，虚拟社会和现实社会相互延伸，现实社会的矛盾问题越来越多地反映在网上，网上的言论观点和组织动员对现实社会发生作用，不同的思想观念、价值取向等不断冲突与融合，容易形成强大的网络舆论压力，如何有效控制其负面影响，难度明显加大。

四是网络正在深刻改变社会结构、社会关系，深刻改变人们的生活方式、交往方式。越来越多的民众在网上自由表达，自主，匿名，互动，比在现实世界中发言更积极。现实世界中老死不相往来的人群，在网上忽然发现彼此有相似的价值取向和审美偏好，引起强烈共鸣。网民随时随地跨地域地联系互动、讨论问题、频频发声，网络化生存、网络化生活成为常态，网络成了群众反映诉求的重要平台，成为各种社会思想和利益诉求的集散地，影响公共事务，引发公共事件。

五是网络舆情复杂，网上群体事件频发，参与人数多，社会关注度高，“百万级点击率”的“网上群体性事件”屡见不鲜。2007 年重庆九龙坡区“史上最牛钉子户”、2007 年末的“周老虎”事件、2008 年 11 月的“干部出国旅游清单事件”、“南京天价烟房产局长事件”、“张家港官太太团出国事件”、“贫困县县委书记戴 52 万元的名表事件”、“云南躲猫猫事件”等，点击数都在百万人次以上。当然，正面事件在网上也同样是“一呼百万应”，如汶川大地震的中国救灾行动、中国向索马里派出护航舰队等，网民好评铺天盖地，均引起“百万级的点击”。

网络时代中意识形态工作面临的新挑战。

首先，网络颠覆了以往大众媒体或专业报道机构垄断新闻源的局面。以前，报纸、广播、电视等媒体是舆论传播的主要渠道，现在，网络成为舆论的“主流媒介”。网上发布和阅读成为生活习惯，也成为实时报道时事的重要手段。很多突发事件、重要新闻，甚至重要的时政新闻，都由微博、微信第一时间发布。

1998 年 1 月 17 日深夜，美国博客网站“德拉吉报道”率先揭开莱温斯基的丑闻，发布了一条震惊世界的大新闻《一个白宫实习生与美国总统有染》，很快，多个网站转帖。数天后，《华盛顿邮报》、《洛杉矶时报》才低调报道，CNN 及美联社等才开始全力追踪。“德拉吉报道”一炮走红，成为全球最有名气的博客，开了美国网络对政治发挥重要影响力的先河，并在整整半年时间内引领美国的政治舆论导向，在新闻史上创下一个个人网站长时间设定社会焦点话题的先例。2008 年汶川地震中，新兴媒体的优势初露端倪。5 月 12 日 14 点 28 分，汶川发生 8 级地震。2 分钟后，第一条关于地震的视频《实拍朝阳门地震现场》就上传到优酷网，只有短短 51 秒，却记录了北京朝阳门地区高层建筑的明显晃动以及有序疏散的人群。而从 14 点 28 分到国家地震局通过新华社正式发布地震消息的 14 点 46 分，这 18 分钟是一个权威信息缺失的盲区，四川的对外通讯又中断，这时互联网就成为信息披露和传递的唯一渠道。普通公民作为“公民记者”，借助“非正式”媒体，报道接近实时。20 世纪八九十年代有全国影响的批评报道往往出自《人民日报》和中央电视台，现在，牵动全国的舆情多是以互联网为发端，至少也经过互联网的推波助澜。

其次，网络弱化了意识形态的社会控制力，舆论管控难度越来越大。网络使“新闻的来源管理”失效了，现在人人都是自媒体，个个都可成为信息发布者。网络使“新闻的分级管理”失效了。原来是靠传达中央文件，逐级逐层，金字塔式地自上而下；现在渠道很多。信息传播网络化、多媒体，随时随地，随身随意，人对人，点到点，地域和层级界限被打破了。网络使“新闻的分类管理”失效了。原来对传统媒体可以打招呼，管控新闻报道的力度和进度，现在传统媒体和网络媒体相互交织，微博、微信等可使舆论瞬间升温、极速扩散。网络舆论关注的公共事务素材，或来自报刊、电视等传统媒体，或来自网友的自行发布。传统媒体的报道会由门户网站转载，网上的传言也会得到传统媒体的证实，这种网上网下的交互作用，就可能形成强大的舆论声浪，对当事人特别是负有社会管理责任的公权力形成压力。网络使“媒体的属地管理”失效了，异地报道的现象日益增多。

再次，出现了官方和民间两个舆论场。在涉及公共权力的舆论中，一是各级党和政府通过权威发布和权威解读，自上而下主动释放信息的“官方网络舆论场”，报纸、电视、广播等传统媒体是信息的主要来源，网络等新媒体只是传播载体；另一种是依靠网民自下而上的“发帖、灌水、加精、置顶”的“民间网络舆论场”，“草根网民”和论坛版主是这种传播模式的主体。目前这两个舆论场从关注内容到文章写作形式都有明显的不同，“官方网络舆论场”在涉及国家大政方针等重大题材上占据统治地位，而“民间网络舆论场”在贪污腐败、贫富差距、行业垄断、社会保障、城乡差距等民众关心的话题上，更容易被网民认可。有人说“一开电脑，就觉得社会灰暗；一开电视，就觉得社会和谐”。网上舆论场往往认为看到的每件事都是负面的，说的每一句话都是在控诉“公权力”，似乎在传递一种判断：今天的中国糟糕透顶。但绝大多数人的真实生活和感受并不如此，只要离开互联网，走入现实世界，就会发现，国家全面发展，社会心态积极向上。这种情况反映出如何处理好两个“网络舆论场”的关系，成为互联网时代舆论工作的一个重点。

中国各级政府同舆论的关系显然变复杂了。网上舆论场把批判体制作为基本价值取向，着重关注低概率的负面事件，热衷集中社会的负面情绪，以另类的形式在互联网上流行。互联网造成两种错误印象：一是它就是中国社会主流情绪和价值倾向，二是中国就是这些负面事件的集合体。

互联网对中国发展民主有正面意义，对个人表达提供的自由是其他舆论载体无法取代的，但互联网带来的混乱和错觉，也必须受到正视。要发展能与网上激进声音有效竞争的主流舆论力量，这样网上的负面声音就会回归其只是舆论一角的本位。

另外，互联网打破了虚拟社会和现实社会的界限，现实社会的矛盾问题越来越多地反映在网上，网络成为民间表达的重要渠道，成为一些群体性事件的重要动员手段和社会事件的重要策源地。网上的一些观点和言论，尤其是行动性信息，一旦引起共鸣，就能释放出极大的社会动员力量，引发影响社会稳定的现实行动。

网络上直接利益冲突与非直接利益冲突这两种类型的冲突更容易叠加在一起，比如在深圳林嘉祥事件中，被猥亵的小女孩及其父母是直接利益冲突对象，广大网民是非直接利益冲突对象，两者叠加，引发了能量级很大的网上群体性表达，参与的网民达到 180 万。

还有，网上的国际文化竞争日趋激烈，从网络的硬实力、软实力和传播力来看，西强我弱的状况没有改变。美国等西方国家掌握了互联网的先发优势、话语优势、技术优势，鼓吹“网络自由”，推行政治霸权、文化霸权、数字霸权，霸气十足地推行西方价值观。

网络时代不仅挑战了一个政府的治理能力，也极大地冲击着代议制民主的基本理念。大多数发展中国家对互联网监管能力很弱，它们的代议制政治还没有稳定，就要面对互联网带来的直接政治参与的压力。少数人的诉求，特别是反政府势力通过互联网很容易迅速集结起来，可以不经代议制政治在短期内获得很大舆论影响力，并将网上的串联变成地上的街头政治，从而对政府构成很大压力。[①]

如果一个国家缺乏监管能力，境外势力就很容易通过互联网介入国家内部的政治斗争，让一些声音不成比例地放大，从而扭曲国内的政治力量对比。一些转型国家往往因具体冲突而坠入大动荡。2004 年与 2014 年乌克兰的政权更迭、2007 年缅甸的“藏红花革命”、2010 年底的“阿拉伯之春”，互联网都起了很大的作用。

某些西方势力更是把网络用来对付中国。有的西方政要声称“有了互联网，对付中国就有了办法”，“社会主义国家投入西方怀抱，将从互联网开始”。少数西方国家把互联网作为同我们争夺阵地、争夺人心、争夺群众的主战场，其目的就是要最终推翻中国共产党的领导，颠覆社会主义制度，从而“扳倒中国”。

在这个战场上，怎么做？怎么办？

面对网络带来的意识形态工作的深刻变化，我们必须把网上舆论工作作为宣传思想工作的重中之重来抓，强化管理意识，创新管理理念，理顺管理体制，从被动管理向依法治理转变，从着眼末端向着眼全网转变，迅速提高网络的驾驭能力、管理能力、引导能力。

首先，要把网络当作执政理政的新平台、正面宣传的新阵地、快速广泛沟通的新平台、为民办事的新途径、接受群众监督的新方式。领导干部要在现实中深入基层、深入群众，也要深刻认识民意表达方式的新变化，主动上网与网民互动交流，在线“网聊”，真诚、客观、及时回应网民诉求，做好社会热点问题的引导，有针对性地解疑释惑，促进形成良好的社会心理预期。在一问一答之间让网友产生“同时存在”的感觉，拉近决策者和群众的心理距离，增加民众的亲切感。

对网上不健康的东西不能一味封堵，要加大网上正面宣传，唱对台戏，做到正大于负，切实改善网络生态，把互联网建设成为社会主义先进文化的新阵地、公共文化服务的新平台、人们精神文化生活的新空间。

其次，及时发现和处理网上舆情，提高对突发事件、敏感事件的报道能力和反应能力。要善于运用新技术，创新传播方式和传播渠道，关注正在发生的重大

① 鄢一龙等：《大道之行：中国共产党与中国社会主义》，中国人民大学出版社 2015 年版，第 62 页。

新闻事件，及时亮出自己的观点，提高对突发事件、敏感事件的报道能力和反应能力。网上热点是社会重大事件、群众利益诉求和网民思想情绪的集中反映。要高度关注网上热点，在引导网上热点、回应网民关切上下功夫，及时发声，及时澄清，表明态度，解疑释惑。要网上网下相结合，及时解决问题，化解矛盾，疏导情绪，避免热点发酵。

对突发事件、热点事件、涉腐事件、负面舆情事件的舆论引导，要按照“及时准确、公开透明、有序开放、有效管理、正确引导”的20字方针，既要主动发声，及时回应社会关切，有效疏导公众情绪，又要讲究策略，注重艺术，发布信息及时、准确、恰当，提升媒体传播力、公信力和影响力。

再次，要依法管理。这是提高网络管理水平的关键。只有依法管理，才能得到人民群众支持，就能实现有效管理。大力推进网络立法，努力探索建立符合我国实际的互联网管理模式，形成法律规范、行政监管、行业自律、技术保障、公众监督、社会教育相结合的管理体系，走出一条中国特色互联网建设和发展的新路。

牢牢把握住审批权、监督权、执法权，确保互联网可管可控。互联网新闻信息许可是一项特殊的准入许可，明确互联网网站的定性定位，明确业务要求，规定资本准入条件。对具有新闻舆论和社会动员功能的业务，如论坛、博客、微博、微信、搜索引擎和手机报等都要纳入许可管理，实行前置审批。对互联网新闻信息服务人员要实行准入管理，纳入编辑记者管理体系。对互联网新技术新应用上线实行前置审批和评估，“配好刹车再上路”。

将打击虚假新闻、有偿新闻、低俗新闻的执法行动和专项治理行动延伸到网络上。大力整治网络淫秽色情和低俗信息、有害信息，反对炒作新闻、八卦低俗、爆料猎奇、标题党、抓眼球的言论报道，反对不报事实、假报事实、瞒报事实、虚报事实的行为，反对敲诈讹诈、欺诈诽谤、搞有偿报道的行为。

依法打击网络违法犯罪活动，坚决打击网络谣言和造谣者，堵住谣言的源头。治理谣言的基础工程是建立信息公开体系，辟谣信息应该第一时间推送，极其重大的辟谣信息应该滚动推送。

落实《关于加强网络信息保护的决定》，推进实名制，推进网络依法规范有序运行，坚决反对传播虚假信息、侵害公民个人信息、侵犯他人隐私、泄露国家机密等违法行为。网络时代，人人都是“麦克风”，但“麦克风”不等于“乱放风”，网络就是真实社会的组成部分，不是“法外之地”，不是“虚拟社会”。因此，网民在网上的表达和行为也必须依法依规，共同遵守理性发声的道德行为规范准则。

最后，要高度重视和深入开展网上舆论斗争。深入分析网上斗争的特点和规律，掌握网络舆论场上的主动权，关键时候敢于亮剑，主动出击，敢于担当，站得出、顶得起、冲得上，该出手就出手，该封堵就要封堵，该关闭就关闭。

要更加注重统筹对内宣传和对外宣传，努力形成于我有利的国际舆论环境。抓住国际舆论聚焦中国的契机，运用各种传播渠道、交流平台、对外窗口大力宣传介绍我们党以人为本、执政为民的理念，宣传创新、协调、绿色、开放、共享的发展理念，展示我们党和国家的良好形象。要区分情况、区别性质，及时准确地阐明我国立场主张，有针对性有说服力地回应国际涉华舆论热点，努力抢占道义制高点，掌握国际话语权。对那些正常关切，要加大阐释力度，加强信息发布，增进沟通理解；对那些误解误读，要摆事实，讲道理，化解疑虑，增进信任；对那些无端指责、恶意攻击，要有理有据地予以批驳，针锋相对地斗争。

新闻舆论工作的党性原则

什么是新闻的党性原则。

新闻工作的党性原则要求新闻工作完全贯彻党的政治纲领和思想体系，无条件地宣传党的主张。党性原则是无产阶级政党先进性和组织性的集中体现，是党的政治目的、政治行为准则在新闻报道中的具体体现，是中国新闻事业的根本属性和最高准则，是马克思主义新闻理论的核心，是社会主义新闻事业区别于资本主义新闻事业的显著标志。

新闻的党性原则，主要体现在政治上、组织上、遵守法律和宣传纪律几个方面，其中核心是新闻媒体在政治上必须与党保持高度一致，“各地党报必须无条件地宣传中央的路线和政策”①。邓小平多次强调新闻宣传的党性原则。他指出：“各级党委和政治机关应加强宣教工作的领导，使之完全符合于党的方针和政策”②，“党报党刊一定要无条件地宣传党的主张”③，“成为全国安定团结的思想上的中心”④，要“把党和政府的声音普遍传播到各阶层群众中去”⑤，“向人民群众宣传党的主张，把它变为人民群众自己的主张，并且组织人民群众加以执行”⑥。

宣传群众、动员群众、组织群众为实现自身利益而奋斗，是马克思主义新闻宣传的光荣传统。马克思说：“理论一经掌握群众，也会变成为物质力量。理论

① 《党报必须无条件地宣传中央的路线和政策》，《毛泽东文集》第5卷，人民出版社1996年版，第127页。

② 《贯彻执行中共中央关于土改与整党工作的指示》，《邓小平文选》第1卷，人民出版社1994年版，第122页。

③ 《目前的形势和任务》，《邓小平文选》第2卷，人民出版社1994年版，第272页。

④ 同上，第255页。

⑤ 《在西南区新闻工作会议上的报告》，《邓小平文选》第1卷，人民出版社1994年版，第150页。

⑥ 《关于修改党的章程的报告》，《邓小平文选》第1卷，人民出版社1994年版，第225页。

只要说服人，就能掌握群众；而理论只要彻底，就能说服人。”[①] 中国共产党通过有说服力的新闻宣传，广泛地传播真理，广泛地宣传党的路线方针政策，变为群众的实际行动，动员和组织人民群众为赢得自身的解放而斗争。毛泽东曾说：“我们的政策，不光要领导者知道，干部知道，还要使广大的群众知道。有关政策的问题，一般地都应当在党的报纸上或者刊物上进行宣传。……群众知道了真理，有了共同的目的，就会齐心来做。……群众齐心了，一切事情就好办了。马克思列宁主义的基本原则，就是要使群众认识自己的利益，并且团结起来，为自己的利益而奋斗。报纸的作用和力量，就在于它能使党的纲领路线、方针政策、工作任务和工作方法，最迅速最广泛地同群众见面。”[②]

我国社会主义新闻事业是以报纸、杂志、通讯社、广播电视、网站为主体的多层次、多种类、多部门的宣传网络，它们的主办单位、服务范围、传播方式、报道重点、业务性质、表现风格虽有不同，但都要无条件地宣传党的路线、方针、政策，宣传中央关于形势的重大分析判断，宣传中央重大工作部署。在宣传党的主张这一政治方向上必须一致，必须严格统一于党的决定和口径，不得各行其是，不能搞意识形态多元化，决不发表违背党的路线方针政策的言论。只有这样，“党才能够领导全体党员和全国人民为实现现代化的伟大任务而战斗”[③]。

其次，新闻工作的党性原则还体现在组织上坚持党管媒体，必须牢牢掌握新闻的领导权、管理权。1879 年 9 月，马克思、恩格斯在《给奥·倍倍尔、威·李卜克内西、威·白拉克等人的通告信》中指出，党的机关报的领导权必须掌握在“真正具有革命思想和无产阶级思想”的人手里，掌握在“高举旗帜前进的人手里”[④]。1879 年 11 月，恩格斯在给奥·倍倍尔的信中也说“党的机关报必须由站在党的中心和斗争中心的人来编”，“对于编辑报纸来说，知识渊博并不那样重要，重要的是善于从适当方面迅速抓住问题”。

党性原则在组织上还要建立完善制度。1948 年，毛泽东在为中共中央起草的决定中规定：“……通讯社和报社党组，都必须建立健全的党委会议制度，一切重要问题……均须交委员会讨论，由到会委员充分发表意见，做出明确决定，然

① 马克思：《〈黑格尔法哲学批判〉导言》，《马克思恩格斯文集》第 1 卷，人民出版社 2009 年版，第 11 页。
② 《对晋绥日报编辑人员的谈话》，《毛泽东选集》第 4 卷，人民出版社 1991 年版，第 1318 页。
③ 《目前的形势和任务》（1980 年 1 月 16 日），《邓小平文选》第 2 卷，人民出版社 1994 年版，第 271 页。
④ 《马克思恩格斯全集》第 34 卷，人民出版社 1972 年版，第 375 页。

后分别执行。”[①] 毛泽东在这里十分明确地提出，加强党对新闻事业的领导，还要体现在具体的组织原则上。

再次，新闻工作的党性原则还体现在各级各类媒体都要自觉遵守宪法、法律和党的宣传纪律。党的宣传纪律是指党对从事报刊、新闻、广播、电视、出版等宣传工作的党组织和党员提出的工作准则和规定要求。党的许多决议政策都是通过新闻媒介向广大群众宣传和解释的，党的许多工作是通过宣传工具进行指导的，影响相当大。随着改革开放的深入，人们的思想空前活跃，民主意识空前增强，各种思潮交织碰撞，新闻宣传工作更要增强党性，在任何时候、任何场合，新闻工作者都要服从宣传纪律，做到思想要解放，行动有纪律。“不管是什么专家、学者、作家、艺术家，只要是党员，都不允许自视特殊，认为自己在政治上比党高明，可以自行其是。”[②]

坚持党的领导是中国新闻舆论工作的基本特点、基本经验、根本优势。

坚持党性原则是我们的根本优势，也是新闻战线上的一个斗争焦点。有些人总认为新闻媒体是“社会公器”，不是政府的“附属品”，甚至天生就是政府的制衡器。有人认为：加强党对新闻的领导，新闻就不自由。也有人认为：党报应与党的决定保持一致，非党报则可以不一致。其实，“党是阶级组织的最高形式”[③]，只要世界还存在阶级，任何一种新闻事业都有自己的阶级性和党性，不可能成为“超阶级”的“社会公器”。世界上不存在任何脱离国别和阶级属性的新闻事业。世界各国政府都要求媒体保持一致。“9·11”事件后的宣传攻势中，美国也有媒体唱反调，发出不和谐的声音，结果受到了相应的处理。《美国之音》台长、美国国际广播局局长因播出采访塔利班领袖奥马尔的节目，后来都按照相应的法律规定被撤职，政府也撤销了对《美国之音》电台200多万美元的经费预算。

但是，资产阶级媒体不承认自己新闻的党性，羞羞答答，百般遮掩，只有马克思主义政党才敢于公开承认并坚持新闻事业的党性，这只不过是公开承认了一个普遍存在的客观事实。这反映了无产阶级政党的实事求是态度，也说明无产阶级政党代表的是最广大人民的利益，不是狭隘的政党，没有任何私利，无需隐瞒

---

① 《关于健全党委制》，《毛泽东选集》第4卷，人民出版社1991年版，第1340—1341页。

② 《党在组织战线和思想战线上的迫切任务》，《邓小平文选》第3卷，人民出版社1993年版，第46页。

③ 《关于修改党的章程的报告》，《邓小平文选》第1卷，人民出版社1994年版，第236页。

自己的党性。所以，党性原则不仅要讲，还要大张旗鼓、理直气壮、坚持不懈地讲，不要躲躲闪闪。毛泽东说："我们必须坚持真理，而真理必须旗帜鲜明。我们共产党人从来认为隐瞒自己的观点是可耻的。我们党所办的报纸，我们党所进行的一切宣传工作，都应当是生动的，鲜明的，尖锐的，毫不吞吞吐吐。这是我们革命无产阶级应有的战斗风格。"①

坚持党性原则是160多年社会主义新闻工作的基本经验。马克思强调党的报刊是党的重要思想武器。列宁在《党的组织和党的出版物》一文中强调出版事业是无产阶级总的事业的一部分，报纸应当成为各个党组织的机关报，党组织要加强对出版事业的领导。

中国共产党领导的新闻事业从诞生之日起就坚持党性原则。"党报的出现和发展与近代中国的革命历程紧紧绑定在一起。"② 党的一大第一个决议就明确要求"杂志、日刊、书籍和小册子须由中央执行委员会或临时中央执行委员会经办"，"任何中央和地方的出版物均不能刊载违背党的方针、政策和决议的文章"。

毛泽东一直把创办报纸（包括最大众化的墙报）当作党的宣传工作的有机组成部分。井冈山时期他要求各级党组织都把办报作为自己日常工作的一项内容。中央苏区范围最大时，辖有21县，约250万人口，竟然办有大小报纸34种。

在延安，毛泽东亲自领导了延安《解放日报》的改版和加强新华社工作。1941年他在为中共中央书记处起草《关于出版〈解放日报〉和改进新华社工作的通知》中宣布："5月16日起，将延安《新中华报》《今日新闻》合并，出版《解放日报》，新华通讯社事业亦加强改进，统归一个委员会管理。一切党的政策，将经过《解放日报》与新华社向全国宣达。"在《延安〈解放日报〉发刊词》中，毛泽东阐明了这张报纸的宗旨和任务——中国共产党的使命就是本报的使命。1942年1月，毛泽东指出，今后作为党的机关报的"《解放日报》应从社论、专论、新闻及广播等方面贯彻党的路线与党的政策"。3月31日，毛泽东参加《解放日报》改版座谈会，并发表讲话。4月1日，《解放日报》发表改版后的第一篇社论《致读者》，宣布"从今天起，报纸的版面加以彻底的改革，其目的是要使《解放日报》能够成为真正战斗的党的机关报"，提出党报必须具备"党性、群众性、战斗性、

① 《对晋绥日报编辑人员的谈话》，《毛泽东选集》第4卷，人民出版社1991年版，第1322页。

② 王维佳：《中国党报向何处去？》，载陈昌凤主编：《新闻学研究前沿》，清华大学出版社2012年版，第106页。

组织性”四项品质，“党性”列在之首。10 月 28 日，毛泽东以中共中央书记处的名义指示各地“改正过去不讨论新闻政策及社论方针的习惯”，“务使通讯社及报纸的宣传完全符合于党的政策，务使我们的宣传增强党性”。1944 年 3 月 22 日，毛泽东又说，报纸是“反映政治、军事、经济又指导政治、军事、经济的一个武器”。1948 年 8 月 28 日，毛泽东发出指示：“各地党报必须无条件地宣传中央的路线和政策。”

实践证明，坚持新闻工作的党性原则，确保党对新闻工作的领导，强调党管意识形态、党管媒体，媒体必须同党中央保持高度一致，这是我国新闻事业在长期实践中形成的重要原则和制度，必须牢牢坚持。

坚持新闻舆论工作的党性原则，就必须处理好党性和人民性的关系。

在社会主义新闻工作中，党性和人民性从来都是一致的、统一的。党性和人民性的关系，本来是有明确答案，不成问题的。但在一些人那里却成了一个问题，变得“复杂而敏感”。有的人问“你是替党讲话，还是替老百姓讲话”、“你是站在党的一边，还是站在群众一边”。有的人说人民群众人数超过党员，所以“人民性大于党性”。有的人认为“新闻的党性来源于人民性”，有的人认为“人民性高于党性”。不管是“大于”、“源于”，还是“高于”，这些说法都似是而非，把党性和人民性割裂开来、对立起来，这在理论上是错误的，在实践上是有害的。

1980 年代初，新闻界曾有一场关于党性和人民性关系的争论，有人说党会犯错误，而人民不会犯错误，故人民性高于党性。邓小平严厉批驳和明确指出这是一种“在党性和人民性的问题上提出违反马克思主义的说法”。“在今天的中国，决不应该离开党的领导而歌颂群众的自发性。党的领导当然不会没有错误，而党如何才能密切联系群众，实施正确的和有效的领导，也还是一个必须认真考虑和努力解决的问题，但是这决不能成为要求削弱和取消党的领导的理由。我们党经历过多次错误，但是我们每一次都是依靠党而不是离开党纠正了自己的错误。”①邓小平指出，坚持党性“最重要的就是全党服从中央。中央犯错误，这早已由中央自己纠正了，任何人都不允许以此为借口来抵制中央的领导”②。

① 《坚持四项基本原则》，《邓小平文选》第 2 卷，人民出版社 1994 年版，第 170 页。

② 《目前的形势和任务》，《邓小平文选》第 2 卷，人民出版社 1994 年版，第 271 页。

坚持党性原则就蕴含了坚持群众路线，强调了党和群众的不可分割的联系。1956年，邓小平在中共八大上作《关于修改党章的报告》说："同资产阶级的政党相反，工人阶级的政党不是把人民群众当作自己的工具，而是自觉地认定自己是人民群众在特定的历史时期为完成特定的历史任务的一种工具。共产党——这是工人阶级和劳动人民中先进分子的集合体，它对于人民群众的伟大的领导作用，是不容怀疑的。但是，它之所以成为先进部队，它之所以能够领导人民群众，正因为，而且仅仅因为，它是人民群众的全心全意的服务者，它反映人民群众的利益和意志，并且努力帮助人民群众组织起来，为自己的利益和意志而斗争。"①为人民服务就是党的宗旨，是共产党区别于资产阶级政党的根本标志，为人民服务就是坚持了无产阶级政党的党性，不能从党性的要求中分割出去。

从本质上说，坚持党性就是坚持人民性，坚持人民性就是坚持党性，没有脱离人民性的党性，也没有脱离党性的人民性。党性和人民性都是整体性的政治概念，党性是从全党而言的，人民性也是从全体人民而言的，不能简单地从某一级党组织、某一部分党员、某一个党员来理解党性，也不能简单地从某一个阶层、某部分群众、某一个具体人来理解人民性。只有站在全党的立场上、站在全体人民的立场上，才能真正把握好党性和人民性。

十八大后，习近平重申了坚持党性和人民性相统一的原则，为宣传思想工作在新的历史时期、新的舆论格局中更好地体现党的主张和反映人民心声指明了方向。在新闻宣传工作中坚持党性和人民性的统一，就是要把实现好、维护好、发展好最广大人民根本利益作为出发点和落脚点，树立以人民为中心的工作导向，解决好"为了谁、依靠谁、我是谁"这个根本问题，把服务群众同教育引导群众结合起来，把满足需求同提高素养结合起来。把体现党的主张与反映人民心声统一起来，把坚持正确导向与通达社情民意统一起来，把正面宣传为主与加强和改进舆论监督统一起来。

坚持新闻舆论工作的党性原则，还应该处理好政治家办报还是书生办报的问题。

坚持政治家办报，是新闻党性原则的具体体现。1959年6月，毛泽东说："新

① 《关于修改党的章程的报告》，《邓小平文选》第1卷，人民出版社1994年版，第217—218页。

闻工作，要看是政治家办，还是书生办"，"写文章尤其是社论，一定要从政治上总揽全局，紧密结合政治形势。这叫做政治家办报"。所谓"政治家办报"，是说新闻工作要有正确的政治立场、很强的政治敏锐性和政治鉴别力，善于从政治上观察问题、思考问题和处理问题，把新闻舆论工作首先看成是党的思想政治工作，而不是把它仅仅看成是文字工作、技术工作。

邓小平说："现在不是讲什么这样那样的问题可以讨论吗？可以讨论，但是，在什么范围讨论，用什么形式讨论，要合乎党的原则，遵守党的决定。否则，如果人人自行其是，不在行动上执行党的方针政策和决定，党就要涣散，就不可能统一，不可能有战斗力。"①1996年1月2日，江泽民重申了毛泽东"政治家办报"的观点，指出："坚持政治家办报，正确处理改革、发展、稳定的关系，登什么，不登什么，怎么登，都要从全局出发，从党和人民的整体利益出发。"②

办报首先要讲政治，而不是搞学术，不是搞个人的一己之见，更不是搞有闻必录，有稿就发。如果满脑子都是西方所谓的"新闻自由"、"媒体独立"，不仅办不好报纸，搞不好新闻，也会搞乱社会秩序，阻碍中国特色社会主义的发展。邓小平明确提出："马克思主义的思想理论工作是不能离开现实政治的。我这里说的政治，是国内外阶级斗争的大局，是中国人民和世界人民在现实斗争中的根本利害。不能设想，离开政治的大局，不研究政治的大局，不估计革命斗争的实际发展，能成为一个马克思的思想家、理论家。"③人民的根本利益即全局性利益，新闻舆论要根据这种"大局"和人民在现实斗争的"根本利害"来进行。

1957年5月18日，毛泽东在中央政治局常委会议上说："一般讲新闻要新、要快是对的，但有的事情发表太快副作用就很大。"他还举了一个例子："1955年底，北京市几天时间就实现了全行业公私合营，宣布进入社会主义，在天安门开庆祝大会，这样的新闻本来要慎重，但当天就广播了，以致全国各地一拥而上，照北京的办，工作草率、粗糙。所以新闻太快了有时就出毛病，不如慢一点好。他还认为，不能没有"旧闻"，还要有"无闻"。"新闻有阶级性、党派性。资产阶级报纸只登对他们有利的东西，不登对他们不利的东西。无产阶级和人民大众的报纸也不登对我们有害的东西。这都是阶级利害关系，是普遍规律。赫鲁晓夫反斯

---

① 《目前的形势和任务》，《邓小平文选》第2卷，人民出版社1994年版，第272页。

② 《江泽民同志视察人民日报社时的讲话》，《新闻战线》1996年第11期。

③ 《坚持四项基本原则》，《邓小平文选》第2卷，人民出版社1994年版，第179页。

大林的秘密报告，资产阶级报纸大登特登，我们报纸就一字不登。……这是‘有闻’、‘无闻’的问题，涉及阶级利益。”“有些消息，是我们自己做的事情，不登报、不广播。如禁止鸦片烟，又如轰轰烈烈的新区土地改革，我们就没有发消息，这也是一种‘无闻’。”“我的一些讲话，当时并没有公开发表。1955年关于农业合作化的讲话，过了3个月才发表；今年2月在最高国务会议上的讲话，已经过了3个月，还在修改，也许下个月才能发表。这不是‘旧闻’吗？还有去年4月讲的‘十大关系’，已经一年多了，也还不准备发表，将来发表也是‘旧闻’。我这个人就是不想冒险，先讲一讲，看一看反应，再作修改，然后发表。有时修改多次还不满意，只好不发表。这是因为新闻观点不同，每个阶级都有自己的新闻观点和新闻政策。”

毛泽东的这个“新闻、旧闻、无闻”观，实际上是政治家办报思想的方法论原则，现在我们仍然把握好新闻报道和舆论宣传的时、度、效。一是解决好“什么时候说”的问题。关键时刻不失语，重大问题不缺位。二是解决好“说什么”的问题。掌握话语权，既要及时发声，也要有效发声。要主动设置议题，努力掌握话语的定义权，以理服人，以情感人，多讲能产生认同、引起共鸣的事实，多讲给人启发、给人启迪的观点。三是解决“怎么说”的问题。什么问题在全国报道，什么问题在地方报道；什么问题就报道一下，什么问题跟踪报道；什么问题淡化报道，什么问题强化报道；什么问题第一时间报道，什么问题看看后续发展再报道；都要有个分寸。

社会热点和突发事件中的新闻报道和舆论引导

新闻舆论处在意识形态的前沿，是意识形态领域最活跃、最敏感的部位。其中，最难、最迫切的就是要加强突发事件的新闻报道和热点问题的舆论引导。

随着现代传播技术的迅猛发展，特别是微博、微信、移动互联网的发展应用，从根本上改变了原有的传播秩序和舆论格局，舆论生态发生了深刻变化。现在热点多发频发，各类突发事件的社会关注度越来越高，传播影响面越来越广。在这样复杂多变的舆论环境中，无论是新闻报道，还是舆论引导，都要坚持正确的舆论导向。舆论导向正确，是党和人民之福；舆论导向错误，是党和人民之祸。我们要在有效引导、正确导向、深度引导舆论上不断提高能力。

一要做好网上舆情工作。

首先，做到第一时间发现网络舆情。现在，网上引起恶炒的舆论热点，往往与见事迟、反应慢有关。网上舆情工作要做到第一时间发现，第一时间研判，第一时间报送通气，第一时间应对处置。只有早发现，早研判，早报告，早预警，才能掌握舆论的公信力和主导力。

其次，加强舆情监测队伍建设，完善舆情监测工作制度，严格落实监测工作职责。对网络舆情进行全天候、不间断监测，尤其是对重点网站、论坛、微博、微信的监看，做好应急处置预案。在现实中，各地遵循属地管理原则，可网络群体性事件没有属地划分，天南海北的网民会就某地的某件事形成聚集。因此，要形成工作机制，整合资源，主动、快速、有效、准确地分析研判网络舆情，快速响应群众诉求，有效处置网上群体性事件。

再次，做好网上舆情的分析研判。第一时间发现网上舆情是工作的难点，对发现的网上舆情发展态势进行准确的分析研判则是工作的重点。要制定不同响应等级的网络舆情应对预案，使网络舆情研判、预警、通报、处置工作规范化、制度化。

最后，做好线上与线下的联动。舆情发现是在线上，处理是在线下。线上线下要同步进行。对跟踪监测到的舆情信息，要及时了解发展状况，判断舆情动向，并向有关地方和部门提出切实可行的处置意见和建议，指导他们积极应对网上舆情，有效避免舆情事件的炒作升级。

二要尽快发声，正确发声，如实报道，客观报道，第一时间发布权威信息。

要加强和改进突发事件、敏感事件、负面事件的新闻报道和舆论引导，做到第一时间发声，尽早讲、准确讲、持续讲，及时澄清真相，以权威的声音定调、定心，切忌等谣言四起之后才出来左解释、右辨白，只有做到及时准确、公开透明、有序开放、有效管理、正确引导，才能牢牢掌握舆论的主动权。

突发事件出现后，会在网上迅速传播。以前有一种说法：官方处置突发事件有个“黄金24小时”，即在事发24小时内发布权威消息主导舆论是平息事件的关键。但在互联网和移动互联网时代，这个“黄金24小时”变成了“黄金2小时”、“黄金几分钟”。

网络媒体快速的传播速度会导致信息鱼龙混杂，传言、谣言甚至谎言交织在一起，几分钟、数小时内，突发事件的报道和传播就可能发酵为产生重大舆论影响的网上事件。

网上信息的快速传播与扩散有时会带来好效果。2009年新疆兵团“最牛太太”事件中，当地政府利用天涯社区发布处理结果，迅速平息了社会舆论，起到了良好的效果，得到了媒体和网民的赞赏。但有时每个网络信息的接受者又可能成为信息的发布者，以讹传讹，而现有的组织结构也不能完全适应突发事件的网上传播规律，很多人对网络传播规律缺乏基本的认识和了解，还是按照传统行政组织体系，层层请示汇报，失去了解决问题的最佳时机。

一个危机事件来临，最主要的问题就是时间压力。一是要在很短的时间内对事情做出判断和评估；二是拿出处置的办法并付诸实施。随着通信技术的进步，来自“第一时间”的压力在不断增大。过去需要几天或几个月传递的信息，现在几分钟就能实现，甚至近乎同步直播。比如，美国“9·11”事件发生时，现场的救援过程都向全世界直播了。当时那座世贸大楼有几千人在工作，相互之间都是封闭的。大楼着火后，其安全警报系统通告出现了火警，要大家在自己的办公桌前坐好，不要出去，你这里没着火，出去会有更大的危险。许多人就很久没撤出去。但楼外的亲属看了电视后就打电话告诉楼里的人，这个楼被恐怖分子撞了，赶紧撤出。很多人接到电话后才撤出。

所以，当一个突发事件在网上发布后，要主动公开信息，早说话，快说话，要快讲事实，两个小时内必须发言，每天发布 2~3 次，启动所有主流媒体的发布渠道，把政府已经做过的、正在做的、将要做的措施和办法向群众说明。新闻工作就是要及时发布真实权威信息，该说的必须说，不说不行，晚说也不行。关键时刻不能失语，沉默就等于承认自己犯了错误。

首先，要注重信息公开，满足公众对信息的需求。为保障公民的知情权，保障社会的稳定有序，政府有责任有义务向公众发布信息。任何突发事件的处理，信息分析、共享和披露都是一个关键、重要的环节，尤其从 2003 年“非典”疫情以后，信息问题更受关注。

现在，网上出来一些事情，主流媒体不敢说话。前些年，清华大学一个毕业生 20 多岁，到艰苦地区锻炼，后来提拔了，网上就猜测和议论这个人肯定是官二代或富二代。后来主流媒体一发声，澄清了事实，马上就平息了舆论。所以，主流媒体有公信力，有引导社会舆论的优势，就怕你不发声，或晚发声。

其次，信息公开是制止谣言、稳定人心的基本途径。从传播学的角度看，谣言的多少、强弱，等于事件的重要性乘以事件的“模糊性”。公民时代，每个人都是信息的消费者和传播者，都具有信息交互的平等地位。微信、微博、手机网络等新媒体的出现，加剧了信息传播的多元和高速。在这样的传媒语境下，正面或是负面的信息都会及时地传达给公众。公众是从小道消息和官方消息两个路径来获知信息、特别是负面信息的。小道消息因为发布和传播的自由随意，极易以偏概全、捕风捉影。

谣言往往比真相先一步抵达，这是网络传播的基本规律。“秦火火”之流的“大谣”们的战术是“谣言止于下一个更大的谣言”。应对的策略应是“谣言止于及时回应和适时回击”，绝不能奉行“清者自清”。

突发事件发生的时候，群众往往比较恐慌，渴望知道真相，但这时小道消息和谣言最容易传播，老百姓又最容易轻信谣言。有人说“谣言都是飞毛腿”，当真理还在穿鞋的时候，谣言已走遍世界的每一个角落。我们要成为跟谣言赛跑的人。怎么应对呢？政府掌握的信息最多、最充分、最准确，在发生重大突发事件时，公众的知情权只能寄托于官方消息。所以，危机时期应该保持全方位沟通，要有非常强的沟通技能。美国心理学家 G.W. 奥尔波特认为，流言的流通量与问题的重要性和涉及该问题的证据暧昧性之乘积成正比。因此，只有信息公开，速报事实，快讲真相，才能澄清流言，制止谣言，批驳谎言，才能实现政府与民意的互动，才能防止民众会因知情欲的无所归依产生不满情绪。官方信息越多越明确，对公众的关切越有针对性，谣言传播的机会就越少。

处置网上突发事件的全过程，始终都要有权威的声音，处理过程和处理结果及时向公众通报，始终与网民沟通交流，始终让群众和事实真相在一起，才能最大程度地挤压谣言传播空间，有效地阻止流言、谣言误导网民，在化解舆情危机的同时，不断提升了政府的公信力。比如，发生煤矿瓦斯爆炸事故，要在第一时间向各大网络媒体发布信息，主动公开矿难的救治进展、补偿、安抚等有关工作，及时澄清真相，有效避免事件在网上的进一步炒作，把握舆论主动权。

再次，信息公开是有信心的体现。危机下的信息发布与传播，是一种复杂、紧张的对话过程，其目的是要重建人们的信任与信心。要让公众天天看到决策者、领导者在行动。汶川大地震中媒体发挥了很好的作用，让大家看到从中央领导到各级管理者以及救援队伍每时每刻在做什么，这就有利于树立大家的信心。美国“9·11”爆炸后，布什一天就发表了3次讲话：爆炸后15钟讲了第一次，3小时后的第二次讲话，当天晚上第三次讲话。他在回华盛顿途中就表示，一定要让人民知道政府还在正常运转，在危急关头树立了政府形象。这一点是稳定人心的，最重要。第二天，布什又明确告诉新闻部门，每天至少要向公众发布一次进展情况，反恐到什么程度了，已经抓住了多少嫌疑人，提醒民众警惕哪些信息，避免各种各样谣言的发生，稳定了民众的情绪，让民众感觉到政府是最可靠的主心骨，政府正在采取行动保护人民，媒体在导向上和政府保持一致。

最后，信息是正确决策的前提，信息传播快不快、充分不充分、准确不准确，直接影响到决策质量的高低。“9·11”事件中，各个楼层的信息都不通，就有一个要不要疏散的问题，有人说出事了，咱们赶紧走吧。一到门口，保安说不要出去，又给拦回去了。即使疏散，还有一个往哪里走的问题，往楼上走，楼塌下来时必死无疑；选择走电梯，一着火电梯变形了，那就是灾难性的；选择不走，就在屋里待着，楼一塌也是灾难性的;选择从火中跳下去，那也是死路一条;选择走楼梯，走安全出口，这就选对了。在多种选择中，政府信息的传播非常重要。

所以，对真实信息的公布要快，对网上信息的回应要快，对信息所反应的事和人的处理要快。处置要快，定位要准，信息要明，快报事实，慎报原因，政府对事件的责任是有限的，但是谎报、瞒报、迟报的责任却是严重的。

三要对各种不同的问题进行正确的舆论引导。

重大事件、突发事件、群体事件、敏感事件、负面事件发生后，不但要快速反应，做好新闻报道，主动及时发声，及时发布权威信息，抢占舆论和道义制高点，还要回应社会关切，做好舆论引导，把公众情绪引导到健康理性的轨道上来。进一步增强新闻报道的时效性和权威性，增强舆论引导的针对性和准确性，努力做到新闻报道与舆论引导相统一、相促进。

要围绕群众的关注点，既讲怎么看，又讲怎么办，把认识问题和解决问题结合起来，有针对性地解疑释惑，促进形成良好的社会心理预期，培育自尊自信、理性平和、积极向上的社会心态，最大限度地凝聚社会共识。

对经济领域热点问题，建立健全信息发布机制和政策解读机制，围绕经济形势、经济政策，主动设置议题，及时发出权威声音，增进社会共识。

对社会和民生问题，无论是物价、收入分配、住房、就业、就医、就学，还是生态环境、食品安全等，要针对群众关注的问题，解读国家政策，有针对性地解疑释惑，加强正面引导，疏导情绪，平衡心理，引导群众认识到改善民生既是党和政府工作的方向，也是人民群众自身奋斗的目标。

特别是要重视社会情绪的引导，对群众的意见、不满、非理性心态，积极进行疏解，避免积少成多，避免矛盾激化，避免酿成重大事端。找准思想认识的共同点、化解矛盾的切入点，引导广大群众多看主流，不受支流支配；多看光明面，不受阴暗点影响；多看本质，不受表面现象迷惑。不把点上的问题说成是面上的问题，不把个别问题说成是整体问题，不把局部问题说成是全局问题，引导社会情绪、社会心理朝着积极健康的方向发展。要持之以恒地培育良好的社会心态，春风化雨、浸润人心。现在人们的心理普遍存在压力感、焦虑感、挫折感。要通过舆论宣传，减少低燃点、高敏感的事件发生，引导大家理性地表达情绪、表达诉求，平和地看待问题、处理矛盾，切不可为吸引眼球而炒作、爆料。

对负面问题的舆论监督，要对各领域内的典型案件及时发布权威信息，同时规范案件报道口径，防止恶意炒作，为反腐倡廉建设营造良好舆论氛围。

对司法案件的报道，要努力实现新闻宣传效果与法律效果、社会效果、政治效果的统一，维护社会大局的稳定。

对重大思想理论问题，要掌握意识形态领域新情况新动向，加强动态分析和科学研判，旗帜鲜明地加强引导，着力讲清楚“是什么、为什么”，明辨理论是非，澄清模糊认识，既尊重差异、包容多样，又有力抵制各种错误思想的影响。

坚持正确的舆论导向，要在宣传内容上特别是在政治内容上把好关、把好度，不炒作似是而非的话题，不受西方话语体系的影响，不要盲目跟风和炒作，不发空泛的议论。

对热点问题的舆论引导，要打好主动仗。如果总是跟着热点跑，就肯定掌握不了主动权，要把握新闻宣传工作内在的规律，有控制和平息热点的意识和能力，主动设置议题，把握好热点问题的导向。

对热点问题的舆论引导，要唱响主旋律。在宣传格调上做到思想性、艺术性、可读性相统一，雅俗共赏，喜闻乐见，要在热点引导上把好关、把好度，该热的要热，该稳的要稳，该冷的要冷，准确把握好节奏、频度、力度，绝不能刻意炒作渲染。

对热点问题的舆论引导，要守住主阵地。这个主阵地就是主流媒体。现代社会很难做到、也不应该只有一个声音，免不了有杂音、噪音，但要有导向，这个导向当然要掌握在主流媒体手上。如果执政党连舆论导向都掌握不了，还执什么政呢？有人说，网络上的很多问题很难应对，我认为关键还是要主流媒体发挥主导作用，在重大问题、关键问题、突发问题上，党报党刊、广播电视要敢于亮出自己的观点，要敢于发声、主动发声，不要被网络所“绑架”。

危机处理时的信息发布与媒体应对

做好重大突发性事件的舆论引导，是执政过程中面对的一个重要问题。

反思这几年的公共突发事件处置，少数领导干部在面对媒体时往往采取以下方式：一“捂”，封锁消息、拒绝采访；二“躲”，简单否认，想蒙混过关；三“推”，推卸责任、归咎他人；四“压”，找关系，托人情，干扰记者采访。这些做法都是不明智的举动。

说什么？必须也只能讲真话。

在发生公共危机时，不但要早说、快说，还要说真实的话、说正确的话、说恰当的话。可常见的情况是：发言人嘴里说“我不知道真相”，其实是想隐瞒。诚实是最重要的。即使你只能说你一无所知或无可奉告，也要诚实地说出来。《赵启正的沟通艺术》中说：“掌握事实，才能实事求是；心存善意，才能对话。在很多场合，我们沟通不仅是为了获取对方的好感，而是自己真实观点的表达，这是原则。”在与媒体打交道时，要讲实话，切忌隐瞒、撒谎、拖延，不要说谎，不说假话。有人说，生活中，我们用真名说假话；网络上，我们用假名说真话。那到什么时候，我们才能用真名说真话呢？统计显示，一条消息如果在新浪网上登载了5分钟，那它就会被其他437个网站转载。有人总想通过删除去解决问题，但事实证明，这是不管用的。真话如同咳嗽，多在压抑不住时喷涌而出；假话如同台词，常常要背熟了再说。戴假发总会被风掀翻，说假话总会被人揭穿。

美国三里岛核电站发生泄漏。负责人在记者会上说了四点：一是三里岛核电站出了事，二是没有泄漏有核辐射的有害物质，三是一切都已在掌控中，四是公众的安全没有任何威胁。这四点中只有第一点是真实的。毫无疑问，他想做正确的事情，但紧急情况下，官员最要紧的是在公众心目中的可信度，而他向公众发布的这番话破坏了自己的可信度。

应该怎么说呢？他可以这样说：首先，我们有非常重要的事情告诉大家，我们现在掌握了什么情况，我们知道什么情况，我们是怎么知道这个情况的，还要告诉大家还有哪些是我们不知道的。第二，我们现在正在做什么，应该表明自己采取了什么措施来保护公众，以及采取了什么步骤来弥补信息方面的空白。第三，非常重要，要让群众知道可以采取什么行动来保护自己。这在某种程度上让群众知道，他们也控制着自己的命运，控制着事态的发展，同时很重要的是，不要让人们做那些不值得做的蠢事。第四，告诉公众怎样才能跟权威人士取得联系，获得信息，比如有个网站查询信息，或再过两个小时我们还会提供最新情况，或可通过电视或收音机获得信息，等等。要让人们感到他们可跟上面联系，并能及时获得信息，没有被抛弃。

如何发布坏消息，怎么说难说的话。这是公共危机处理和应对媒体的一大难题。如果是坏消息、事故、群体事件，甚至是政治丑闻，也要发布和报道。如果记者搜网上，搜不到你的内容，肯定对你不好；如果网上全是你的坏消息，那对你更不好。网上的坏消息是删不掉的，只有尽快地、不断地发布消息，才能争取主动。

首先，要认识到在信息时代，坏消息肯定会被公布出来。媒体的天性就是喜欢报道坏消息，所谓“好事不出门，坏事传千里”，而这些坏消息又大都是真事。怎么办呢？唯一的问题是由谁来公布它和这些消息是否准确。与其说让别人来公布，还不如自己公布它，对发生了的事件要公开透明，主动客观稳妥报道，既不炒作、不爆料、不激发矛盾，也不要遮遮掩掩。在网络时代，想要隐瞒重大突发事件几乎不可能。那年的湖北石首市骚乱事件中，长达80个小时内，警方对青年厨师涂远高的非正常死亡未能给出令家属和公众信服的解释，却强势要求家属立即火化尸体，官方的新闻发布也语焉不详，只有寥寥数篇通稿，而现场网友爆料的图片、视频却在实时“报道”。在事件持续进行中，当地主要领导人没有出来直面民众，做沟通工作，而是把警察推到前面。结果，不但没能迅速化解危机，反而酿成比瓮安事件更为严重的社会危机，政府陷入极大被动。

如果等着别人来宣布这些消息，你很可能会不喜欢他们公布消息的方式。如果你避而不谈或掩盖真相，那就等着你的竞争对手和媒体把你当作茶余饭后的谈资吧。如果记者觉得他们知道了一些你不想公开的事情，他们就会挖空心思地去报道。如果你没有把细节公布出来，或者你误导了听众，那么关于你的故事就会有好几天的跟踪报道。每一次报道都会将坏消息重复一遍，然后说你撒了谎。你是善意地想解决这个问题，但最后倒像是在谋划一个骗局。如果你的报道很糟糕，你就别指望媒体看你的面子来帮你美化它。

所以，不回避，绝不说“无可奉告”，按照“快报事实、慎报原因”的原则，通过新闻发布会、通气会、吹风会等，第一时间发布已认定的准确信息，并准确地分析媒体和公众关心关注的热点敏感问题，及时发现和应对各种不实信息的传播，有针对性地组织新闻发布会，及时回应，答疑释惑，满足媒体和公众的信息需求，掌握话语权和主导权。

其次，如果你要公布信息，一定要确保信息的准确性。最重要的是，要老老实实地公布信息，哪怕再有限的事实，再简单的声明，也比谣言强。要公开透明、全面真实地介绍突发事件和应急处置工作的最新进展情况，坚决禁止漏报、瞒报、谎报和企图掩盖事实真相的做法。

再次，不要过多解释。在公布坏消息时，发言人往往总在解释和开脱责任。其实，关键不在如何解释。你不要指望把坏消息解释清楚就万事大吉了。坏事就是坏事。人们与媒体打交道时最容易犯的错误就是把媒体当成了自己的部下，以为他们的工作就是去做你交代他们做的事情。实际情况是，你把坏消息解释清楚了，并不代表他们不去报道那些本来就错误的消息。这就是他们的工作。① 快讲事实，少讲“因为”，学会道歉是很重要的。

同时，如果可能，把坏消息一次性说完。要热情受理采访申请，主动做好境内外媒体记者采访，特别是现场有序采访的服务管理工作，为记者采访提供便利和信息服务。要建立新闻中心。新闻中心就管两件事：一是按国际惯例发记者证，然后划红线，按证管理。二是发消息，不断喂料。

谁来说？建立发言人制度，选好新闻发言人。

信息传播不能有各种声音，不能七嘴八舌，公众看到或听到的事件真相的报道，不能一会儿一个样，不能你一个说法，他一个说法。信息来源应该是唯一的，有权威性的，有可信度的，最好的办法是建立发言人制度，包括网上新闻发言人和新闻发布制度。

建立政府和党委新闻发言人制度，完善网络时代的政府信息新闻发布制度和

① ［美］特里·克拉克：《说出真相——沟通：终结公共危机裂变的有效方法》，东方出版社 2008 年版，第 26 页。

形式，是推进政务、党务公开的必然要求，也是我国民主政治制度发展进步的重要表现。目前，各地已建立健全了政府新闻发言人制度，党委新闻发言人建设也已全面启动，向社会公布了人员、机构和工作电话，组织开展了系列新闻发布会，取得了实实在在的效果，呈现出良好的发展态势，但现在还侧重于技巧训练、公关培训，甚至只是宣读新闻，为了把事情“抹平”“摆平”。

要进一步推动新闻发布工作规范化、制度化、专业化。一要选好新闻发言人。新闻发言人要政治素质强，政策水平高，具备一定新闻宣传工作经验和较强沟通表达能力。二要在处置突发事件时，为新闻发言人了解有关情况、提出相关意见建议、及时组织开展新闻发布工作创造便利的条件。新闻发言人应参加公共危机和突发事件处置小组，从而能向公众发布和传达客观、准确、真实和权威的信息。三要加强新闻发言人的岗前培训、定期轮训和专项培训，培训要系统化、科学化、专业化；要加强政治理论和重大方针政策、法律知识、互联网新技术新应用知识，切实增强新闻发言人的理论素养、法律素养、新闻素养，并提高同媒体打交道的能力和水平。

对谁说？如何对着媒体和公众说？

领导干部应与媒体保持良好的公共关系，在处置突发事件时要依靠媒体妥善化解公共舆论事件。

新闻媒体已成了一个吸引注意力和制造注意力的社会力量。新闻媒体关注的常常不是对社会有重大意义的事情和现象，而是能给自己带来更多注意力的“亮点”。随着新媒体技术的发展和互联网在全球范围内的普及，这种效应的普遍性与日俱增，要主动让媒体直接参与危机处理，避免媒体的缺席。实际上媒体也不会缺席，它总要吸引人的眼球，危机处理要注重与媒体的配合，要让媒体成为政府的朋友，让媒体替应急处理部门做好宣传工作。

美国五角大楼前发言人特里·克拉克在《说出真相》中认为：信息沟通是终结公共危机的有效方法。把媒体纳入危机管理，争取媒体支持；新闻报道有放大效应，而公众往往听媒体的。有人说：公众很难看到整个世界正在发生什么变化，他们看到的事实就是媒体告诉他们的。媒体是领导者和公众之间的重要桥梁，而公众对突发事件的认知、情绪和理性程度又会直接影响我们处理事件。所以，要非常重视媒体的作用。

首先，不要拒绝记者，要对他们的要求作出响应，迅速回复他们的询问。如果一个记者给你打电话，就说明他的主编逼得他如坐针毡了。许多人不愿和媒体打交道，防火、防盗、防记者，在突发事件中不愿对着媒体说话，生怕对媒体说得不好，会引发新的危机。许多领导捂着、盖着，今天不说，明天不说，后天还是不说，能躲得过去，就啥都不说。但你不说，谣言就会满天飞。许多事实告诉我们，危机发生后，不懂得如何应对媒体的领导，会制造出第二个危机、第三个危机。

平时要与媒体、特别是主流媒体定期会晤。告诉他们最新的信息，在问题变成危机之前就解决它们。当突发事件发生后，一定要马上召开新闻发布会，哪怕不是所有的记者都能来参加发布会。

第二，要善对记者，不要对记者发火。不管对新闻媒体是爱是恨，媒体都不会因此而消失。媒体只是在做他们的工作，正如你在做你自己的工作一样。这样想你就会控制自己极端的情绪。《赵启正的沟通艺术》说："记者不是你的部下，不是你的学生，不是你的朋友，也不是你的敌人，他是你的挑战者。"你不能和记者敌对，你即使心里不喜欢记者、不喜欢媒体，脸上也要很热情、很友好。心情不好时不要见记者，一是心情不好时见记者说话就容易激动，一激动就容易说出粗鲁、极端的话来。二是没有准备，不知道记者问什么，就傻了。

第三，要换位思考，考虑和理解记者的想法，必须清楚记者要什么，从而预见其行动。首先索要记者采访提纲。二是搜索采访记者的信息，确认记者身份的真假，以及工作方式、风格、个人信息等。三是与上级及时通气。特别是注意与上级宣传部门做好信息沟通。

第四，接见媒体之前要有准备，必须清楚你要说什么。在没有准备的情况下，绝对不能接受记者采访。要预计记者会提出什么问题，并拟定回答口径，书面制作回答提纲，并总结出你想说的几个方面内容的关键词。同记者真诚沟通，但要坚持内外有别，全程保持警觉到最后。记者将会报道一切他们听到、看到的东西。要尽量满足记者需求，但不是一切问题都必须回答。要善于用口径、法规、宏观政策回答微观问题。真话不要一次说完，要阶梯式、连续地提供权威信息。

怎么说？

一是尽快说。面对突发事件，可以分阶段采取不同的策略。事件初期，要临危不惧、处变不惊，切忌封锁消息、隐瞒事实；要把握好先机，引导媒体客观公正地进行报道，并及时披露相关最新信息，先声夺人。事件中期，要向媒体展示采取的具体措施及取得的效果，展示处置危机的具体行动，尽早赢得公众的谅解和信任。事件后期，要利用媒体重建声誉，重塑形象。

“9·11”事件中五角大楼受袭击 45 分钟之后，一片恐慌，对付恐慌的唯一良药就是信息发布。女发言人事后回忆说：“当时，我们应付成千上万的媒体记者询问，我们尽可能把我们知道的信息透露给他们，但事实上，我们知道的并不多。我对我的团队指示非常直接：必须去收集更多关于袭击的信息，尽可能多的真实的消息。同时，绝对不能说任何不确定的事情，不能是各自臆测。我们需要让人们知道五角大楼还屹立在这里，仍然正常运转，政府并没有处于混乱中。在那一天和接下来的日子里，我们对外发布的最重要信息就是：‘五角大楼还在正常运作。’”

二是不说大话。不用刺激性词语，不要过分纠缠于细节；不说满话，不说绝对的话。不说越权的话，认清权限所在，切忌过度承诺。不说难懂的话，尽量避免使用过于专业的术语，要确保所有的人都能明白这些信息。不要讲长话，长篇大论不如入耳入脑入心易记的一句话。不说画蛇添足的话，不说因为。避免制造热点，适时降温。避免炒作。要适当减低舆论期待。不说过头的话，由简入繁，增信释疑。不讲任何你不希望被发表的内容。不要指望在发表前、有权审阅或修改记者的报道。犯了错误不可怕，最大的错误是为荒谬添加逻辑。

三要站在记者的角度来思考，精心构思策划。要让记者引用你的话。不要被媒体激怒，不要冲动妄言，谨慎对待甚至婉拒所有陌生电话的采访。

四要善于找出盟友，善用“第三方”意见。在为自己开脱过错或为自己讲好话的时候，最好是让别人讲。用“群众说服群众、群众教育群众”。要用好录像证据。

新闻舆论如何揭短亮丑搞监督

1942年，在延安文艺座谈会之前，举办了一个漫画展，请毛泽东去看。看完以后，有人问毛泽东有什么观感。毛泽东说了一句“漫画要发展”，就走了。第二天，把华君武等三个漫画家请到杨家岭吃饭，说：“华君武先生，你画的《1939年所植的树》，我看不是延安的树，是清凉山的树。延安也有很多栽的很好的树，不全都是歪脖子树。”“人民的缺点需要批评，但只能热讽，不能冷嘲。鲁迅先生有篇小册子就叫《热讽》嘛。”“从前有个小孩，老流鼻涕，他爸爸妈妈老批评他，始终改不了。有一天他不流鼻涕了，老师表扬了他。从此，这个孩子就不拖鼻涕了。所以人民的缺点是需要批评的，但更要表扬。”这对新闻宣传工作者有很深的启示意义。

毛泽东这里讲的观点对我们做好新闻监督和负面报道有深刻的启示意义。

舆论监督很有必要。

舆论监督是社会主义民主建设的重要组成部分，是人民群众行使民主权利的有效形式。舆论监督的重点是公共权力，即对党和政府的工作监督。

邓小平指出：“我们党是执政的党，威信很高。我们大量的干部居于领导地位。在中国来说，谁有资格犯大错误？就是中国共产党。犯了错误影响也最大。因此，我们党应该特别警惕。”“党要受监督，党员要受监督。”“党要领导得好，就要不断克服主观主义、官僚主义、宗派主义，就要受监督，就要扩大党和国家的民主生活。”①邓小平还说，“报纸最有力量的是批评和自我批评”，报纸搞批评，“要把是非弄得很清楚，应该做的和不应该做的弄得很明确。”②

---

① 《共产党要接受监督》，《邓小平文选》第1卷，人民出版社1994年版，第270页。

② 《在西南区新闻工作会议上的报告》，《邓小平文选》第1卷，人民出版社1994年版，第150页。

有人讲，中国没有舆论监督，《新闻联播》就很少见到舆论监督。其实，中国的舆论监督不但有，还很厉害。只要央视上一播，或报纸网络上一传，纠正错误的速度是非常快的。何况，中国的监督体系很完整：党内监督、法律监督、民主监督、舆论监督、群众监督等，舆论监督只是其中的一种，它和其他监督结合在一起，威力是很大的。

新闻媒体当然要做负面报道和舆论监督，但要实事求是，真实是新闻的生命，要把握所报道的事实是本质意义上的事实。一不能掩盖、不能欺瞒，不能文过、不能饰非。二要一分为二。三要看本质，看主流，抓要害，不能以现象代替本质，以个别代替主流，以偏概全。

站在什么立场上监督?

负面报道的目的是什么？新闻监督要达到什么效果？我们是效果和手段的统一论者，目的是要让人们改正缺点，改进工作。“对党的工作中的缺点和错误，党员当然有权利进行批评，但是这种批评应该是建设性的批评，应该提出积极的改进意见。”①

新闻宣传，团结鼓劲、正面宣传为主是关键。那么，在舆论监督中，怎么做到这一点呢？关键是把握好“我是谁、为了谁”，站在党和人民的立场，意在改进工作、促进和谐、推动发展，重在化解矛盾、解决问题、增强团结、推进决策的科学化与民主化。

舆论批评的目的是团结鼓劲，是把党的事业、人民的事业搞得更好、更健康，使人民能更加团结、凝聚起来，要以共同的愿望、共同的原景、共同的理想团结人，凝聚起实现中华民族伟大复兴的力量。西方媒体是做新闻，以爆料、抓眼球为目的，只考虑怎么把发行量搞上去，而不管政治方向、社会影响。路透社中国首席记者BenjiaminLim说：“对我们（路透社）来讲，正面的新闻还是负面的新闻不是重要的，重要的是它是否是新闻。”②

在任何时候任何情况下，媒体都要坚持团结稳定鼓劲，特别在社会热点问题的舆论引导上，要着重化解矛盾，增强社会共识，最大限度地统一不同职业、不

① 《目前的形势和任务》（1980年1月16日），《邓小平文选》第2卷，人民出版社1994年版，第272页。
② 张志安、叶柳:《中国怎么样:驻华外国记者如何讲述中国故事》，南方日报出版社2009年版，第19页。

同阶层的人们的认知和行动。在突发事件、重大事件上，承担起化解社会矛盾、疏导社会情绪、平衡社会心理、维护社会稳定的责任，绝不能误导群众、涣散人心、恶化情绪、撕裂社会。

加强和改进舆论监督的基本原则是准确监督、科学监督、依法监督、建设性监督。始终坚持动机的建设性、时机的合理性、方法的科学性，着眼于解决问题、化解矛盾、推动工作，坚决杜绝为曝光而曝光、为炒作而炒作。凤凰传媒善于把敏感题材处理成为官方和民众都乐于接受的报道。秘诀有三：一是强调“和”。别人过得好，凤凰祝他更好；别人有难处，不能丢石头。二是强调“善”。一切以解决问题为目的，而不是比大胆，泄义愤。三是强调“信”。遵守共同的游戏规则，学会聪明地表达。刘长乐说，搞批评报道，无论是“落井下石”式的，还是“捅刀子”式的，都不可取，搞得人家很难堪，自己的路也成了一个死胡同。①

网上看到的往往不是全面的情况，网上的微信、微博、发帖，为了吸引眼球，负面的东西往往会得到集中展现，受到格外关注，网络就有这种功能。毛泽东曾经说过：“我们的高级合作社，一年犯一条错误，全国七十万个高级社，就七十万条，人民日报一天登一条也登不完，如果登完了，共产党也要下台，如果不下台，人民群众也要把我们赶下台。”但即使这70万条错误在70万个高级社里，一个社一年只犯一个错误，这算主流还是支流呢？但如果集中反映出来，问题就很大。所以，新闻舆论面对现实社会中的问题要两面看，要辩证看。一方面是非常严峻，很郁闷；另一方面还是要看主流、看本质、看趋势。

要注重监督的方式。

科学把握舆论监督方式、舆论监督范围、舆论监督场合、舆论监督力度。要注意场合、方式、尺度与时机。把握好在什么情况下说，在什么场合说，用什么方式说，好让人们接受和改正。

1954年4月，毛泽东指出：“关于报纸上的批评，要实行‘开、好、管’的三字方针。开，就是要开展批评。不开展批评，害怕批评，压制批评，是不对的。好，就是开展得好。批评要正确，要对人民有利，不能乱批一阵。什么事应指名

① 默多克、刘长乐：《东西论剑——东西方传媒大亨的对话》，北京出版社2006年版，第146页。

批评，什么事不应指名，要经过研究。管，就是要把这件事管起来。这是根本的关键。党委不管，批评就开展不起来，开也开不好。”①

“报纸搞批评，要抓住典型，有头有尾，向积极方向诱导，有时还要有意识地作好坏对比。这样的批评与自我批评才有力量，才说明是为了改进工作，而不是消极的。”②“报纸上的正确批评的作用应该肯定，但是应当注意不要把个别的现象当作普遍的现象，不要把局部的东西夸大为整体。决不是所有党员或多数党员都有不正之风，决不是所有领导干部或多数领导干部都搞特殊化。根本没有也不可能有所谓的‘官僚主义者阶级’。我们的宣传，要防止在群众中造成各种不符合实际的印象。”③

① 《毛泽东新闻工作文选》，新华出版社1983年版，第177页。

② 《在西南区新闻工作会议上的报告》，《邓小平文选》第1卷，人民出版社1994年版，第150页。

③ 《贯彻调整方针，保证安定团结》，《邓小平文选》第2卷，人民出版社1994年版，第366页。

如何推动传统媒体和新型媒体的融合发展

媒体的传播力、公信力、影响力是掌握舆论话语权、主导权和引导力的关键。而提升媒体传播力、公信力和影响力，就要发展好、运用好、管理好互联网等新型媒体，特别要推动传统媒体和新型媒体的融合发展。

互联网是今日中国现代生活中的“最大变量”，是继报纸、广播、电视之后异军突起的“第四媒体”，互联网主权是与领土、领海、领空并列的第四主权，网络展现出色彩斑斓的思想图景和舆论生态，错综复杂。用好网络已成为党员领导干部的自觉行动，但轻网、厌网、怕网等心态也相当普遍，对网上思想舆论工作不想抓、不敢抓、不会抓的问题十分突出。面对思想文化、新闻舆论的新技术、新媒体、新领域，是挺身而出还是裹足不前？是与时俱进还是墨守成规？我们这一代共产党人，正面临着网络时代的挑战和考验。

新闻宣传工作的方式手段要与时俱进、不断创新。辛亥革命前后，媒体尤其是上海媒体对宣传革命起到的重要作用。当时全国各地新生报刊纷纷涌现，上海报业的发展更是惊人。从事新闻史研究的专家丁凤麟在《辛亥革命中的上海报业》一文中说：“近年来，有关专家经过广泛搜集和精心考核，认为‘仅上海一地从1911年辛亥革命爆发到1912年底，就先后出版了60多种报刊’。这一数据，大体上反映了武昌起义后的一年多时间内，上海新创办报刊的状况。”

孙中山曾多次提及报刊政治宣传对辛亥革命成功的贡献，他说：“此次中国推倒满清，固赖军人之力，而人心一致，则由于各报鼓吹之功。”他还把报刊的舆论力量与军队力量相提并论，“此次民国成立，舆论之势力与军队之势力相辅而行，故曾不数月，遂竟成功”。革命党人充分利用报刊进行政治动员，新式传媒报刊在清朝覆灭过程中扮演了重要的角色。

在辛亥革命爆发前后，面对汹涌而来的报刊这种新式传媒，清政府镇压无效，又应对无方。清廷开办了大量官设报刊，试图争夺民间舆论。上海社科院研究员王敏在《新式传媒应对无方与清朝的覆灭》一文中写道："从1902年12月《北洋官报》创办到1911年底，清政府至少办有106种官报，分别由中央以及地方各级军政机关创办。中央一级的有考察政治馆主办的《政治官报》、商部主办的《商务官报》和学部主办的《学务官报》，地方各级军政机关创办的有《北洋官报》、《南洋官报》、《安徽官报》、《湖北官报》、《四川官报》、《成都日报》等。官报代表政府的声音，或者说它是来自体制内的声音，清政府希望通过设立官报确立自身在舆论上的主导地位。"清政府的106种官报力图从民间报刊手中夺回信息的发布权。但这些报刊不具有广泛的社会影响，更未能培养出读者群，清廷没能夺取舆论制高点，导致清末舆论失控。不能驾驭新媒体，这也是清朝覆灭的重要原因。

现在时空转换，报纸成了传统媒体，网络、移动互联网、微信、微博等成了新媒体，在新闻宣传整体格局中的地位和重要性日益凸显。新媒体因其移动化、社交化、视频化等特点，拉近了与网民的距离，具有更广泛的受众面和影响力。而传统媒体习惯于单向传播、受众被动接受的传播方式，在一些热点事件和突发事件中，往往被网络等新型媒体牵着鼻子走，影响力大为下降。但互联网是把"双刃剑"，如何让它成为治国辅政、凝聚共识的助手，而不是搅乱社会的推手，关键在于因势利导，善管善用，善于把网络活力转化为社会进步的动力，而不是任其异化为阻力，甚至是破坏力。

领导干部增强执政能力，就要做运用新媒体的行家里手。只有摸透网络传播规律，对接网民心理与需求，因势而谋、应势而动、顺势而为，才能在众说纷纭中凝聚共识，在众声喧哗中唱响主旋律，赢得深厚的群众基础和社会认同。

新媒体改变了人们旧有的时空观念，改变了原有的传播格局和媒介生态，不断撼动传统媒体的主流地位。现在，宣传舆论工作面临新课题。我们对新型舆论传播规律的认识还不够深入，运用新型媒介载体的能力不强，在新型舆论阵地的话语权和影响力还不够强大、掌控力度较弱，依法依规、实现科学管理还存在许多薄弱环节。我们必须推动传统媒体和新型媒体融合发展，把占领新型媒体舆论阵地作为宣传思想工作的重中之重，增强主动性、掌握主动权、打好主动仗。

媒体处在意识形态工作的前沿，能不能做好意识形态工作，很大程度取决于我们能不能管理好、运用好新媒体。掌握了新媒体，就掌握了主流话语权与影响力。当前要做好以下几方面工作：

一是要加强主流媒体阵地建设。做强网上正面宣传，开展网上舆论斗争，关键要靠主流媒体进入网络主战场，占领网络主阵地，在网上发力发声，发挥定海神针、中流砥柱的作用。相比之下，微信上的东西，听一半算一半，微博上的传闻，看一句丢一句，公信力最高的还是主流媒体，所以，党报党刊、通讯社、电台电视台等要在巩固传统业务的基础上，充分运用现代信息技术，加快数字化、网络化、移动化步伐，积极向新型传播领域延伸，提升新闻信息产品生产与高新科技的融合度，抢占主动权，扩大覆盖面，增强影响力，充分发挥主流媒体引导社会舆论特别是新型媒体舆论的优势。

二是主流媒体要实现跨媒体融合发展。加快建设网络广播电视台，推动广播电视台所有频率、频道的网络化制播；加快建设互联网电视内容集成播控平台；实现广播电视台音视频各业务板块互联互通，资源共享。各级广播电视台加快与三大运营商合作，实现多屏融合，多媒互动。加快楼宇电视、移动电视、手机电视和地铁电视等业务的开发与发展，实现多媒发展。整合报纸刊物网站的新闻资源，建立统一的手机报，为手机用户提供多方面的资讯服务。推动纸质媒体、电视媒体、音频媒体与网络、手机的结合，实现网络媒体与电视广播报纸等的报网互动、台网互动。

三是加强全媒体队伍建设。在报纸、广播电视台的编辑记者中全面推行“一岗双责”：既作为报纸或广播电视的记者，又作为微博、微信等新媒体的记者。各主流媒体要编写员工手册，明确工作职责、职业规范，建立和规范采、编、发的工作流程，在编发报纸、广播电视稿件的同时，编发微博、微信等信息，让主流声音通过全媒体全方位地传播出去。

四是大力推进媒体内容和形式创新，主动设置议题和微博话题，改进话语表达方式，加大理论、言论、评论分量，在报道的文风上、选题上、版面上与人民同声同气，让人“悦读、悦看、悦听”，使我们的新闻作品、新闻栏目更具吸引力和感染力。

五是各类主流媒体要创新传播形态，加快建设全媒体中心，采用新技术将传统媒体的报道、评论、言论等信息进行多媒体形态转化，向智能手机、平板电脑等移动客户端拓展，采用传统媒体和新型媒体同步推送。现在媒体内部传统和新型之间没有打通，依然是各买各的菜、各烧各的灶、各做各的饭。推动媒体融合，就是要拆小灶建大灶，做到统一采购、分类加工、集中分发，全力打造全媒体“中央厨房”，创新传统采编流程、媒体体制机制，有效地整合媒介、新闻、信息、人力等各方面资源，实现“一次采集、多次生成、多元发布”的全媒体生产。

六是以内容建设为根本，进一步增强主流媒体的核心竞争力。内容永远是根本。媒体融合发展，无论怎么融合、怎么发展，都必须始终坚持内容为核心，以内容优势赢得发展优势。要通过融合发展，把传统媒体的原创内容、权威报道、深度解读、言论评论等优势向新型媒体延伸，用丰富的、高品质的传播内容占领新兴舆论阵地。要遵循新兴媒体微传播、快传播的特点和规律，用好微博、微信及其他移动客户端等传播平台，形成即时采集、即时发稿的报道机制，提升传播速度，拓展传播渠道，扩大传播范围，努力抢得先机，在激烈竞争中锻造“数字化生存”本领。同时，要遵循新型媒体的传播规律，转变话语方式，使报道更“接地气”，更容易为广大网民接受。

要鼓励专家、名家和领导干部署名发表文章或发表评论，理直气壮、积极踊跃地发声，让更多的人站出来拥护、维护、宣传党的主张。要推动各网站互相转载优秀的新闻报道、言论评论、理论文章，做到传统媒体与新兴媒体共同发声，着力唱好网络“大合唱”，奏好传播“交响曲”。

要建立“网言网语”的改写机制。各网站不能只是对全文复制照本转载，而要顺应“微时代”的阅读习惯，对文章标题、样式、说话方式进行深加工、再编辑，使文章清新短小，鲜活快捷，能做到分众传播，精准推送。

主流媒体的跨媒体融合发展，其重要目标是提高网络、特别是移动网络的传播力、主导力和影响力，把传统媒体上的权威信息、深度报道、理性言论更多地推送到网民手中。我们要善于使用新媒体的新技术新手段，提高舆论引导力，做到网上网下话语“同频共振”，在互动沟通中影响受众、引导舆论，尽快掌握新舆论战场上的主动权。

学好当代中国马克思主义新闻观

新闻专业的大学生在校期间最要紧的是学习好新闻理论，特别是当代中国马克思主义新闻理论，将来做一名好记者、名编辑，甚至优秀的社长、台长，在实现中国梦的这个大时代进程中，扮演好自己的角色，实现个人价值，为民族、为国家做贡献。

要融入大时代，设立人生目标和学习规划。

求学、做人先立志。学新闻这个专业，无论是本科生，还是研究生，从一年级起，就要围绕大时代，学习和践行中国特色社会主义新闻理论。现在新闻学的学生就是将来的记者、主编、社长。所以，现在学习新闻理论，不单要有个人的兴趣，而且要有责任感和使命感，在思考国家的命运、时代的潮流、社会的发展中确定自己的位置。

个人的人生目标和学术目标，要与时代进程和民族命运结合起来。中国从明末清初有现代新闻以来，很多优秀媒体人在国家历史发展的大时代中，有担当、有筋骨、有温度，写出了好的新闻作品，成了名记者、好记者、名编辑。如果孤芳自赏，关起门来自我设计，不吸纳时代的风云，不关注民族的命运，就很难实现自我价值。

一百多年来，中国的时代主题就是中华民族的伟大复兴，说到底就九个字："站起来、富起来、强起来。"现在，我们还处于社会主义初级阶段，又处在西强我弱的总体态势下，世界风云激荡，交流、交往、交锋同时存在，多样、多元、多变，且迅速变化，一方面，我们国力确实大大增强了，原来挨打、挨饿的日子过去了，我们是社会主义大国、东方大国、世界文明大国、负责任大国，重新走进世界的舞台中心，从来没有像今天这样近，从来没有像这样具有条件，从来没有像这样有信心。但另一方面，我们在意识形态、新闻舆论、价值观念领域，还是经常被人家指点、数落，常常挨骂。在这个时代里，中国的新闻人怎么做？我们怎样做一个好记者、名记者，怎样跟着祖国的脚步一起走向世界？

中国要实现民族复兴，人民就要团结，团结起来就不可阻挡。怎样才能把中国人团结起来？按照列宁的理论，群众是分阶级的，阶级是靠政党来领导和团结的。中国的情况正是如此，中国共产党成立后，靠真理的力量、靠思想的力量、靠宣传舆论把中国人民团结起来了，同意才能同心，同心才能同行、同力，中国人民成为一个有行动能力的历史主体，为争取自己的利益而奋斗。

现在，我们要服务大时代，肩负起新闻人的社会责任。新闻的本质和功能是什么？报道事实。西方老攻击中国的新闻不真实，我们有些人也认为：微信上是真的，新闻联播是假的；网上是真的，报纸上是假的。负面的报道是真的，正面的宣传是假的。对这种议论怎么看？首先，真实性是新闻的生命。中国的新闻理论和新闻实践的第一条就是新闻的真实性，强调让事实说话，强调真实、真相、真话，不能说假话空话，假话空话教育不了人民。我们一直在加大力度，打击假记者、假记者站、假新闻，打击有偿新闻、新闻贿赂、新闻欺诈等。

其次，对于新闻的真实性，还有一个怎么看的问题。“新闻是事实的报道”这个话还要说全：新闻是报道筛选过了的事实。世界这么大，事实这么多，靠媒体有限的版面、电视有限的时段、网上有限的网页，不可能有闻必录，必然要筛选。记者、编辑和媒体会怎么筛选？什么是本质，什么是现象，什么是主流，什么是支流，要提取历史的真实。其实西方记者这方面更厉害，他们以自己的立场、角度、方法、眼光来决定什么报道，什么不报道。2013 年发生了波士顿恐怖爆炸案、巴格达连环爆炸案、伊朗和巴基斯坦地震，挨得很近，在 24 小时内前后发生。巴格达爆炸案和地震还造成几十人死亡，但波士顿爆炸案的每一个细节都没有被媒体漏掉。舆论的注意力一直被很不公平地分配着。西方的报道经过了选择，而这种选择是建立在一定的价值观念、文化背景甚至是利益取向基础上的。中国的新闻理论也强调发现、筛选事实，注重要用正确的观点和科学的方法来发现、筛选事实，要不然，有些“事实”看起来是事实，却不是本质的事实、主流的事实、历史的事实。

再次，在如何报道事实上，西方人特别讲两点：新闻的自由性和新闻的独立性，似乎想报道什么就报道什么，想怎么报道就怎么报道。而我们的新闻还讲究动机与效果的统一，讲新闻的效果和责任，强调新闻要担负社会责任。一篇新闻稿出去，会产生什么社会效果？是不是正能量？新闻系的学生将来做记者、当编辑，每天都会碰到这种情况，所以，现在就要思考：怎样做一个有责任、有担当、有温度、有民族感和社会责任感的记者。

现在，有些人觉得台湾很民主，报纸很独立，很好。其实不然。当年东亚四小龙，台湾是第一，现在排在末位。1988年大陆的GDP约4000亿美元，台湾则有1300亿美元，大陆只是台湾的3倍。可到了2014年，大陆的GDP增加到10万亿美元，台湾只有5100亿美元，大陆是台湾的近20倍。现在台湾在西方民主制度下，蓝绿二元对立，政治零和恶斗、经济自我边缘化的趋势愈加明显。台湾媒体有三大问题：一是报道的都是鸡零狗碎的事。这家掉了一只猫，那家丢了一条狗。有人说台湾很有文化，但都是小感觉，把握不了这个大时代。二是社会撕裂，台湾的媒体上天天都是党派之争，口水战、肢体战，怎么形成共识？三是找不到方向感。不晓得未来怎么办，对未来没有信心。

中国特色社会主义新闻理论值得学、应该学、必须学。为什么？因为在中国革命、建设、改革的历史中，新闻都发挥了巨大作用。实践证明我们的新闻理论是管用、正确的。新闻是党和人民事业的一部分，是党和人民的工具和喉舌，是国家前进的号角和鼓点，是团结人民、教育人民、为人民服务的。

在马克思主义的新闻理论看来，新闻的本质是通过报道事实来团结人、鼓舞人、引导人，让人民为实现自己的根本利益而奋斗。毛泽东说："国家的统一、民族的团结，是我们的根本保证。"邓小平说：新闻一定要正面宣传为主，稳定压倒一切，大家要团结鼓劲，心往一处想。我们要团结人民、鼓舞人民。这就是马克思主义新闻观。

新闻不能撕裂社会，要形成共识团结人。面对同一个事实，社会上会有不同的看法，不同的阶级、不同的角度、不同的阶层、不同的地区、不同的收入、不同的人群、不同的民族有不同的看法，这是正常的，但要在多元、多样、多变的不同看法中形成共识，这很重要。怎么做？就要学好、掌握好马克思主义新闻理论。马克思主义新闻理论，是马克思、列宁、毛泽东的新闻理论，更是中国特色社会主义新闻理论，就是我们这90年、这60年、这30年成功做法的理论总结。掌握这个理论，然后走向未来的新闻工作岗位，再运用于实践，这样就能成为名记者、好编辑、优秀的媒体人。

掌握好中国特色社会主义的新闻观，形成自己的见解。

新闻观是新闻舆论理论和工作的灵魂。学习、研究、教好新闻理论，关键是要掌握好马克思主义新闻观。这样才能在基本的问题上，掌握好基本的新闻理论、新闻观点和新闻理念，从而形成自己的见解。不管哪个学科，包括新闻学科，都有本学科的基本问题。学新闻，就要坚持问题导向，找到基本问题，然后看各种理论怎么讲，资产阶级的新闻理论是怎么说，马克思主义特别是中国特色社会主义的新闻理论又是怎么说的，这就是学理论。找到基本问题，就找到学习的着力点。不要空对空，就概念学概念，而要把问题放到具体环境、具体事件中去分析。

西方拿新闻真实性、新闻自由和媒体独立等问题来攻击我们。2011 年我在澳大利亚访学进修，曾跟他们讲到新闻自由的问题。中国现在有 2.5 亿农民工离开土地和农村，进入城市，试问：人类有史以来的工业化和城市化进程中，哪里有这么大的自由？没有。英国工业化进程也就 2000 多万人，只相当于现在一个上海的人口。在这个历史进程中，中国没有大的波动。因为人民不但自由迁徙，自由择业，而且自由表达意见诉求。当时，拖欠农民工工资的情况比较严重，社会上这种意见表达充分，媒体对这种言论的报道很多，这些年欠薪的问题就好多了。现在，农民工的民主权利，包括社保、医保等，虽然还不完全，但在逐步实现，在这个过程，农民工和群众不断在各种场合表达他们的意见、要求，我们的新闻对人民生活中的事实、对人民心声的表达，还是很充分的。

关于新闻管理的问题。加强和改善管理是新闻媒体健康有序发展的保证。网络也需要管理，网络如不管理，随意侵犯个人隐私，甚至可以造谣，这怎么可以呢？前一段时间网上造谣、低俗、媚俗的东西较多，当然要加强新闻管理和引导，要打击造谣，该删的还得删。当然，文化是多元的，通俗不等于低俗，低俗也可能会存在，但造谣要打击，关键是要搞好正面宣传，增强正能量，在网上做到正大于负。

要在不同的新闻观点、新闻思潮中，确立自己的立场和观点。

立场很重要，特别在全球化的过程中，要站稳中国的立场，站稳人民的立场。对西方的新闻理论要学习借鉴，但要思考，不要盲从。尤其对西方极力标榜并大肆推销的“新闻自由”、“无冕之王”、“第四权力”等资产阶级新闻观，要自觉抵制。当前要从三个方面坚持中国的立场：一要报道好中国的现实、中国的事实，讲好中国的故事。二是对西方对我们的解读、误读、歪曲，要进行争辩、斗争。三是对世界关注的问题，如环保、反恐、能源、海洋等，要有中国的视角，发出中国的声音，表达中国的观点。

有的同学在我讲课时提问：关于香港“占中”事件，国内外的媒体如《纽约时报》和《人民日报》都有广泛的报道或评论。美国的媒体是以声援、鼓励的姿态，但我们国内的媒体更多的是反映这件事情给香港经济、交通、社会带来的伤害，国内报道的是反“占中”活动，而不是“占中”。请问，应该怎么看待、认识国内外媒体不同的新闻报道的差异性、倾向性、真实性？

我当时的回答是：这个问题提得很好。同学们的“学”和老师们的“教”，都应该对现实中、历史上的一些新闻事件，自觉运用马克思主义新闻观即中国特色社会主义新闻理论来分析、研究。那次香港“占中”事件及其新闻报道，有几点值得一说：一是立场的问题。立场不同，报道当然不一样，可能大家说在报道事实，但什么是事实？哪个是最本质的事实？是不是事实被过滤了？事实的报道和立场是有关的。立场的问题就是站在哪一边说话。中国的媒体当然要站在中国的立场上说话，这件事是中国的主权问题。英国人统治香港那么多年，从没有搞过普选，更重要的是，香港是中华人民共和国的一个特别行政区。我们反对“占中”，反对香港脱离中国。邓小平讲主权是不能讨论的。现在中国这么强大，不是晚清政府，这几个人怎么可能把香港闹出去？我们要站在中国的立场上发出中国声音，传播中国观念，阐明中国价值。

二是香港回归以后，中央的承诺全部兑现了，民众有充分的自由表达，有健全的法制，港人治港。这一点西方媒体都承认。就是处理这次“占中”事件，我们做得还是不错的，中央政府、香港特区政府，做得非常平和，得人心。

三是我国媒体真实报道了香港“占中”造成的严重后果。香港是一个商业社会，是购物的天堂，香港人要生活，要发展经济，希望有人来旅游、来购物。

因此，作为新闻记者应该怎么报道这种事件？作为新闻管理者应该怎么积极、稳妥、有效地处理这种问题？同学们，如果你来处理、报道这个事情，你会怎么做？所以，新闻很值得做、很值得学。你们会直接进入主战场，这要靠硬本事，要有真功夫，要联系现在和未来可能出现的各种问题，把理论实践结合好，将来就能迅速进入角色，迅速成长，担当大任。

现在，最需要回答的就是言论自由、新闻自由的问题。现在的社会确实声音更加多元，更加多样，更加多变，人员、信息的流动量特别大，特别是互联网，完全改变了信息流动的格局。以前，所有的信息都由讲台上的老师传播，今天，学生获得的信息可能比老师多。在这种情况下，一要看有没有主流的声音，有没有引导的力量，这是最关键的。二要有法治。信息的传播、课程的讲授，要依法依规。有人会说：言论自由，为什么不能让他讲呢？但违宪违法的言论，还是言语自由吗，还为什么要让他讲呢？

有同学谈到信息的完全性，实际上是问为什么要关闭某些信息？为什么要管控新闻？为什么不让我全部知道呢？我说，新闻要依法管理，因为有些报道除了不真实外，还有立场和角度的问题，西方确有偏见。我们为什么要用我们的电视台为他们提供平台呢？他们的电视广播台会让我们的播音员播新闻吗？再说，世界上有所谓全面的信息吗？BBC、美国之音一天24小时播，能够反映全世界吗？不，他们也要有所筛选。新闻的本质就是报道经过筛选的事实、有限的事实。都是从某一立场、某一角度对事实的报道。人们任何时候都是从不完整的信息中来获得自己对一个事件的完整印象和判断。

二是要联系现在的新形势、新情况来学习和发展新闻理论。中国的故事很精彩，甚至中国的问题也很精彩，中国的问题是大国的问题。只有中国碰到这样的问题，经济问题、政治问题、价值观问题、道德问题，但治理得很好。中国的故事值得说，因为中国的实践很成功。我们最大的底气就来自于此。

但中国的故事要表达好，如果话语很老套，不接地气，不通人心，老百姓就不欢迎，外国人也听不懂。现在的学生是未来的希望，写新闻稿，要能对着世界说中国的故事，对着现在说中国的传统文化，你们中间要出现对着外国人讲故事的高手、报道中国的高手。

讲好中国的故事，关键是对中国道路、理论、制度和文化的独特性、优越性要有自信心。现在老外们也在琢磨中国共产党是怎么取得胜利的。你看，毛泽东进江西领导秋收起义是1927年的9月9日，三湾改编结束时只有700多人，1934年10月长征时是近10万红军出江西。当年，兴国县、宁都县、井冈山，都是人口的五分之一参加红军。为什么江西人那么踊跃地跟着共产党走呢？要钱没钱，要粮没粮，要官没官。世界也搞不懂中国的万里长征，沙盘推演怎么推都推不出来。现在西方也琢磨不透当代中国，发生了“文化大革命”这么全局性的错误，还能起来。有些人老说中国不行啦，要崩溃了，怎么中国国力反而连蹦几个台阶。

1998年的亚洲金融危机，2000年后的“非典”、汶川地震，中国人都挺过来了，然后是世界金融危机，中国人最早走出来，连续赶超，现在是世界第二。世界都在想，这是怎么回事？现在越来越多的人在琢磨中国。越来越多人讲，这肯定跟中国的道路、理论、制度和文化有关，中国的老百姓挺满意，13亿人能团结起来，所以，我们自己要自信。中国经济上的发展，政治上的团结，靠西方的理论说不通，要靠我们自己把自己的故事说好。

要讲好中国故事。中国是有五千年历史的文明大国、东方大国。中国历史上的朝代动不动就两三百年，中国的治国经验多了去啦。中国不但有好故事，还有活灵魂，中国的价值观念跟西方的价值观念有相同之处，也有不同之点。西方喜欢这个，中国喜欢那个。世界是多元的，国际上也要讲民主，我们互相尊重，我不强迫你，你也不要强迫我，为什么那么霸道呢？所以，要把中国的故事说好，说出中国的经验，表达中国的观点，彰显中国的立场，传递中国的价值。

总之，我们要有信心，要有骨血，要有筋骨。要充分认识中国人的价值观念、中国人的文化精神、中国人的立场、中国的特色、中国的优势，希望更多的人写一写中国新闻制度和西方新闻制度对比，从我们这30年、60年、90年的成功实践来看中国的新闻制度有哪些优越性。实践是检验真理的唯一标准。只有在这个基础上，才会自强自信，才会成为一个名记者、好记者。

9

中国道路的国际表达

中国的道路要靠自己走，中国的故事要对世界说。

要特别讲好中国的三个故事：中国已经发生的历史故事，中国正在变化的现实故事，中国未来的发展故事。

要做好中国现实的新闻报道与舆论引导，揭示中国文化的特质，彰显中国的价值观念。要说清故事后面的道理，反映中国的价值、理念，宣示中国人的主张。说清中国人的审美情趣、中国人的历史追求、中国人的生活方式，让世界理解。

要写中国发生的事，写中国的制度，写中国为什么要走这条道路，为什么是中国共产党领导。价值观是一个好故事的魂和神，没有价值观的故事是没有感染力的。

当前我国意识形态在国际关系中面临哪些风险与挑战

现在，我们对中国面临的形势有两个很重要的判断：一个是“我们正站在新的历史起点上，进行具有许多新的历史特点的伟大斗争”；一个是“当代中国同世界的关系，发生了历史性的变化”。后一个判断是从世界范围内对前一个判断的注解。

那么，就国际意识形态的动态来看，有哪些新起点、新特点？有哪些“历史性的变化”呢？我们面临哪些风险与挑战呢？

2005 年，我去斯坦福大学进修，给我们讲课的老师口气都很大。美国人就是这样，自认为自己在政治上是警察，在价值观上是老师，全世界都要向他们学习，三人行，我必为师。但 2010 年我去哈佛大学进修不一样了，哈佛的排名常常比斯坦福高，哈佛大学肯尼迪政府学院和它的法学院、商学院一样，都很厉害。可教授们讲课的口气就谦逊多了。总是说中国有自己的实际情况,他们只是提供参考。那时中国已经扛过了汶川地震，基本走出了世界经济危机。

前几年，习近平在和奥巴马的庄园谈话中，首次提出要建立中美新型大国关系，有三个内容：一是不对抗、不冲突，二是互相尊重，三是合作共赢。就是要摒弃零和思维，在追求自身利益时兼顾对方利益，在寻求自身发展时促进共同发展，不断深化利益交融格局。美国人对第一点意见不大，他也不想和中国发生冲突。第三点是事实。中美贸易额从 20 世纪 70 年代的每年 25 亿美元发展到 2015 年的 5500 多亿美元，这就是互利共赢。美国人对第二点就不舒服了，美国总是按自己的最大利益办事，又自认为拳头最大，牛，能在地球上两个不同的地区同时打赢两场战争。当时他确有这个能力，现在他做不到啦，但还自认为是世界警察，掌握了判断国际是非的执法权和价值观，世界秩序要由他来维护。美国人就这么霸道、霸权、霸蛮。

现在太平洋地区成了全球经济总量、人口总量、发展潜力最大的区域，最重要的是中国现在发展很快。中国没有侵略的野心，中国人想：我不侵犯你的利益，不挑战你的霸主地位，但我们要平等，我尊重你，你也要尊重我，我的底线在这里，所以提出中美两国不对抗、不冲突，互相尊重。在这种情况下，美国人就有些小家子气啦，心里不太舒服：我是老大，我才是出牌的，是制定游戏规则的，现在被你抢先了。“互相尊重”？本该你尊重我呀。你中国怎么能跟我美国互相尊重呢?

所以，中国和世界的关系正在发生历史性的变化，要准确把握当前国际环境背景和中国从大国走向强国的历史方位。

首先，近代以来，资本主义把全世界纳进了一个统一的整体。《共产党宣言》对这一点讲得很清楚。当今世界，各国利益空前交织，越来越成为一个命运相连的地球村，今天的人类比以往任何时候都更有条件朝和平与发展的目标迈进；中国同世界的联系和依存日益加深，未来一个时期是中国和世界关系深度磨合、调整适应的敏感时期，中国越发展壮大，遇到的外部阻力、战略压力就越大，外部风险挑战也就越多。一个和平安宁的外部环境是我国发展的重要条件。

原来我们睁开眼睛看世界，走出国门看世界，“世界这么大，我要去看看”，是看客。现在，我们成主角了。随着我国综合国力的提高，我们比历史上任何时候都更靠近世界舞台的中心，比任何时候都更接近实现中华民族伟大复兴的目标，比任何时候都更具有实现这个目标的能力和信心。中国成为第二大经济体、第一大工业国、第一大外汇储备国，128 个国家的最大贸易伙伴。我们提出新型大国关系，提出和谐发展，共同发展，提出命运共同体、利益共同体、责任共同体等三个共同体，这都体现了我们在世界上的领导力。

其次，在国际发展的大环境中认清意识形态领域的复杂现状和突出问题。现在天下仍很不太平，全球发展不平衡加剧，霸权主义、强权政治和新干涉主义有所上升，维护世界和平、促进共同发展依然任重道远。随着世界多极化和经济全球化的发展，世界政治经济秩序正在大变革大调整，国际力量不断分化组合，世界范围里各种思想文化交流、交融、交锋更加频繁，新的全方位综合国力竞争正在全球展开，不同制度模式和发展道路的博弈拓展到各个方面，国际关系正经历一次影响深远的大变局。

1998 年、2008 年两次金融危机后，资本主义经济制度、政治制度、社会制度失衡、失灵、失效，受到全面质疑。实际上，中东、泰国、乌克兰等地区的颜色革命以后，国际上对资本主义的价值判断也有质疑，西方的民主行不行，要求变革现有国际政治经济秩序的呼声高涨。

但是，美国等西方国家把中国的发展壮大视为对其价值观念和制度模式的挑战，一是西方陷入困境，却把自己的困境压力转嫁到其他国家。他们自己社会运行不灵，还极力把自己的制度模式植入和引到亚非拉去，却没有一个成功。即使这样，他们居然还保持一种价值观的自得与傲慢，极力宣扬所谓的“普世价值”，极力插手和渲染影响我国社会稳定的事件，动辄对我国政治体制、经济形势、社会问题、文化传统等攻击污蔑、造谣抹黑，加紧通过互联网等各种渠道进行渗透分化。“中国威胁论”、“中国崩溃论”等论调不绝于耳。同欧美一些国家受困于金融危机、债务危机相比，同一些发展中国家陷入发展陷阱相比，同西亚北非一些国家政治动荡、社会混乱相比，我国发展可以说是风景这边独好，但是，西方仍然在“唱衰”中国。如何尽量把我们想要说的话说出去，尽量把中国文化传播出去，这是我们的责任。

再次，除了曲解、误解和恶意的炒作、攻击之外，更多的情况是，西方对中国客观的报道还是占大多数。但还不了解、不理解、有误解，西方对中国的政治、现实本来就有隔膜，对中国的文化更是说不清、道不明。路透社中国首席记者 BenjaminLim 说：1994—2004 年，中国的故事非常热，但关注的热点不一样，1994 年整个世界关注中国的就是人权，1997 年是十五大，1999 年是“法轮功”和美国炸南斯拉夫中国大使馆，2002 年是十六大，2004 年到 2014 年这 10 年中国的故事就不是单一的了，而是更复杂、更多元了，中国正面的东西越来越多，世界都在琢磨中国怎么回事。[①] 那一年，我访问罗马尼亚，布加勒斯特大学有个孔子学院，除了写字、唱歌之外，每年要举办十几场讲座，包括中国哲学、中国禅宗、中国佛教、中国道教，听的人是布加勒斯特大学的老师和学生，少则 10 到 20 个人，多则一两百人。他们想来中国旅游、求学、经商，做外交官，他们想要了解中国的政治、历史和文化。当然，大家都在学中文，学汉字。

英国《卫报》驻华记者华衷说，2003 年他母亲第一次来到北京，走出北京机场，问的第一句话是“我们在这里可以说话吗”，他听后哈哈大笑。这反映了西方民众对中国的普遍不了解。中国巨大的变化、显著的成就、差异的程度，都是外国人不太理解的。美国走在哪里都一样，小镇是小镇，城市是城市，一模一样、

① 张志安、叶柳：《中国怎么样——驻华外国记者如何讲述中国故事》，南方日报出版社 2009 年版，第 17 页。

大同小异。中国就大不一样，上海这么发达，西部又这么穷，深圳到青海大不一样，说中国极其落后也可以，说中国极其发达也可以，都是真实的。华衷说：“中国的故事在于变化与运动，我心中的中国形象每几天就变化一次，有的时候一切都很顺利，每一件事都很美好，但有时看到负面的现实，我就会自言自语地说：‘见鬼，怎么会这样呢？’所以我无法对中国做一个确定的回答。”这也反映了西方民众对中国很困惑。怎么认识中国？把中国讲得一点缺点没有，这肯定不对；把中国讲得一塌糊涂，也肯定不对。

另外，世界对中国的关注度越来越高，随着我国经济社会发展和国际地位提高，国际社会对中国发展道路和发展模式的理性认识逐步加深，西方对华认知正在发生重要转变，中国引导西方对华认知面临重要机遇。但机遇也意味着挑战。如何向国际社会全面客观介绍中国，引导西方对中国文化的认知，为实现我国发展目标和发展战略汇聚更多的正能量，成为一个重要任务，也是一个难点课题。

但是，我们与此相适应的意识形态工作还没准备好。意识形态安全不是在封闭的体系中实现的，而要放在国内外发展的大环境中审视。当前，宣传思想工作的环境、对象、范围、方式发生了很大变化，但宣传思想工作的根本任务没有变，也不能变，有两个根本任务：第一，要不断巩固马克思主义在意识形态的指导地位。第二，不断巩固全党全国人民团结奋斗的共同思想基础。我觉得还有一个，要不断巩固和拓展我们在国际上的发展空间。前两个定位基本上是在国内的定位。在世界上基本上是韬光养晦，埋头苦干，做好自己的事。但现在美国等西方国家到处推销所谓的民主制度，宣扬人权高于主权，还似乎占据了意识形态的制高点，我们怎么就不站到高处呢？

另一方面，中国日益走向世界舞台的中心，同外国的交往更加频繁，你中有我，我中有你，我们与外部世界的利益摩擦、价值碰撞、舆论交锋更加突出，国际思想文化领域斗争深刻复杂。再加上国内的事件会在国外产生反映，国外的事件会在国内产生刺激，国内舆论与国际舆论相互作用、相互影响的程度越来越深，国内事件对外溢出效应和国外事件对内刺激效应相互叠加。国内问题和国际问题相互作用，国际热点问题很快传到国内，国内形势中的国际因素越来越引起国际聚焦，国际舆论的国内因素迅速在国内发酵。

在这种形势下，我们如何表达中国道路，有效影响国际舆论、增信释疑、消除误解，我国意识形态工作面临严峻的国际形势和艰巨的任务。能不能在这场大竞争、大博弈中赢得主动，彰显我国发展理念、发展道路的优势，直接关系到中国特色社会主义的前途命运。

还有，尽管如何认识中国、解读中国成为世界性话题，但现在的国际舆论格局仍然是西强我弱，网上 90% 的信息都是英语信息，西方掌握了大部分的渠道、平台、论坛，西方主要媒体左右着世界舆论，西方大国掌握技术优势、传播优势、学术优势和话语优势，把持和操控国际舆论和学术规范。这样的格局将长期存在，短期很难扭转，只能部分化解和暂时缓解，但这个问题要下大气力加以解决。

现在，西方读者更多的是通过美联社等西方媒体，还不是通过《人民日报》、新华社了解中国。本来，对于中国问题，国内媒体、论坛、大学、学者应该是权威，尽管这些年这些机构和学者的整体能力有了很大的提高，但还不是国外民众获取中国信息的主要渠道。现在，西方政府对中国的媒体、高校、学者、政治家、记者的防范性很强，中国媒体进入西方难度很大，西方的读者对中国文化虽有兴趣，但还有隔膜，信任度不高。中国的学者到国外讲中国书法、唐诗，被认同度也不高。

我国的媒体和媒体人、学者、文艺家、理论工作者要尽快成为向世界传播中国信息的权威，让外国读者主要从中国的媒体、中国的论坛、中国的高校获取中国的信息。我们要下大力气，引导西方正确认识中国文明，认识中国古代、近代、现代、当代以及中国的未来，这是我们的担当。

抢夺话语权是当前国际舆论引导的紧迫任务

话语权，通俗地讲，就是影响、引导和控制舆论的能力和权力。意大利共产党前领袖、思想家葛莱西提出“文化领导权”理论，认为文化领导权就是一种被统治者、被统治阶级同意了的非暴力的思想文化意识形态的控制手段。从现在世界范围来讲，“软实力”是指文化、价值观、意识形态、宗教等精神方面的国家影响力，更直观的说法就是对其他国家的吸引力。

美国的文化领导力是比较强的。哈佛大学教授约瑟夫·奈提出“软实力”的概念。软实力和经济实力、国防实力一道构成一个国家的综合国力。软实力有两个内涵：一是制度，包括经济制度、政治制度、社会制度、新闻制度、户籍制度等；一是价值观念，包括核心价值、审美观念、生活方式等。

这个世界本来是多元的，政治上多极、文化上多样、思想上多元、思潮上多变。美国想要保持它的霸主地位，直截了当地说要保持军事领导力，要能在两个不同的地方同时打赢两场战争，当然它现在很难做到这一点。在国际舆论界，美国等西方世界占据上风，具有强大控制力，话语权太强了。美国人以自由、平等、人权等概念为武器，居高临下，盛气凌人，咄咄逼人，且有强大的新闻引导力、舆论强迫力。

有同学问：面对西方的文化霸权，如达沃斯文化、教授俱乐部文化、麦当劳文化，我们中国能打出什么样的牌？可以有些什么样的作为？

我们中国是世界上的文明大国，如何处理好同外部世界的关系，争夺国际舆论话语权，用国际社会听得懂、能接受的语言来阐述中国的发展目标、政策和战略。这是中华民族伟大复兴征程中需要长期面对的重大课题。

现在中国人很憋屈。从总量来讲，中国经济实力确实是不错，尽管从高速转入中高速，发展速度在全球仍然很强劲。但软实力有几个问题：第一，从全球来看西强我弱，在这场“国际阶级斗争”（邓小平语）和世界文化交锋中，我们的文化软实力还不强。第二，我们党内、国内的意识形态工作还要做得更好。第三，我们自己要能说清楚我们的制度，比如，人民代表大会是怎么运作的？上次我在澳大利亚培训时，问：你们的总理向不向议会报告工作？他们说不要。我说我们的总理、省长、市长、县长四级，每年都要向同级人民代表大会报告政府工作，同时提交财政报告和计划报告，另外法检两院也要向人民代表大会报告，由全体人民代表投票表决。哪个民主呢？中国人觉得我们很民主，人民民主更民主。

目前，我们在争夺国际话语权，提高软实力、树立国家形象方面，可以有些什么作为呢？

第一，中国故事、中国立场、中国声音是我国塑造自身特色、形成核心竞争力的最大资源和最大优势。《财富》杂志说："目前全世界最有深远意义、最具有社会影响的新闻都发生在中国。"我们要提高国际话语权和影响力，就要在那些国际关注的问题上主动发声，尽快发声，准确宣传新一届中国领导集体治国理政的新理念新实践，准确阐释中国道路、中国立场、中国现状，充分展示我国文明开放、和平友善的良好形象，展示维护国家核心利益和国际公平正义的中国。

第二，要破解西方设置的议题和话题，增强主动设置议题、提出话题的能力，不能被西方牵着鼻子走。要加强宣传主题的策划，在重大事件、重大活动和重要时间节点、关键场合找准切入点和侧重点，把我们的立场主张转化为具体的话题，在国际舆论场上形成中国定义、中国修辞、中国语意，吸引国际注意力，提升影响度，掌握主动权，牢牢占据报道的主动权和道义的制高点。

第三，对国际舆论界的关注热点，要主动发声，表明中国观点，提高在国际上的舆论引导能力。对国际社会重大议题、境外国外对我质疑或误读的关节点、国内的重大突发事件和重大热点难点问题，要第一时间发声，提供全面翔实信息，主动发声，密集发声，发表评论，正面引导。

要梳理国际社会长期关注的涉华重要议题与问题，抢夺涉华报道的主导权。像政治制度、民主人权、民族宗教、新闻制度、网络制度、司法体制、反腐肃贪等，都是西方攻击我们的一些关键问题，也高度吸引国外受众的眼球。我们要立足我国的实践发展，不输理、不气短、不回避、不躲闪，有针对性地作出新的概括、新的表达，加强正面引导、正面阐论，深入阐释我国的立场主张、文化渊源、国情现状、发展进步，及时澄清认识，促进了解，消除误解，增进理解，引导国际社会历史地、客观地、公正地看待这些问题，帮助外国民众正确认识真实的中国。

要围绕经济合作、扶贫脱贫、食品安全、地区安全、反恐防恐、网络安全、能源问题、环境问题、气候变化等国际社会普遍关注的热点问题，及时发出中国声音，亮出中国观点、表明中国立场，推动国际社会广泛开展对话与合作。要加强对全球热点问题的研究和跟踪，不失语、不缺位，主动讲，及时做出独家报道和专业分析，提供有别于西方媒体的中国视角、中国观点和中国方案。

第四，对我们中国的道路、理论、制度和文化要有自信心。西方对我们的曲解、误解、不了解，都不可怕，关键是我们要坚定自信心，打好主动仗，争夺话语权，增进认同度，提高影响力。对那些外国人不了解、有误解、甚至有曲解的问题，我们要正面发声，敢于斗争。西方老在民主、人权等问题上拿我们说事。其实，我们在民主、人权上做得相当不错，如1952年的西藏废除农奴制，即使用西方价值观，用林肯《解放奴隶宣言》来看，100万农奴翻身得解放，难道不是进步？外国学者写的《喇嘛王国的覆灭》也说到当时西藏生产资料的占有情况不是多少差别，而是有和无的问题，一代为奴，世代为奴，没有人权。前些年我们建了一个百万农奴翻身解放纪念碑，做得好。现在，我们讲人权问题，越来越主动，越来越有底气。这是我们的优点，不是我们的把柄和短板。我们要理直气壮地讲，我们有足够的底气和自信与世界任何国家对话。

第五，要转变话语体系。话语体系不转换，就会造成有理说不出，说了也传不开。事情做得很好，就是讲不清楚，讲得不好。习近平总书记讲，我们能把中国这么复杂的事情做好，难道还不能讲好中国的故事吗，不能说清中国的道理吗？这确实是一个问题。

第六，建立国际传播体系、传播交流的平台和渠道。对外文化机构和文化交流活动是对外宣传的重要载体和有效手段。我们在全球大概有十几个文化中心，有500多个孔子学院。要加强文化新闻出版领域的合作交流，加大对外图书出版、版权贸易及影视外宣品的出口。要开展中华文化“走出去”、“中国文化年”、“中国文化月”、“中国文化周”等双边和多边重大文化交流活动。

阐释国家目标、塑造国家形象是中国文化传播的当务之急

现在，中国越来越强大，国际社会都在关注和议论中国的发展理念、发展走向：中国会发展成什么样子？中国强大了会怎么样？

我们要向世界表明我们的国家目标和国家形象是什么？

中美之间的新型大国关系。

中国是一个大国，不仅是国土面积大、人口多，也不仅是经济总量大，如GDP世界第二、外汇储备世界第一、进出口贸易世界第一，等等，还因为她发展快。英语里，“大国”不是bigcountry，而是bigpower。尽管她现在还不很强大，但因为她快，可预见她会更强。中国的复兴是21世纪最重大的世界性事件。人类历史上，从来没有过像中国这么大的国家快速发展，从来没有如此众多人口的现代化。

首先，中国会如何对待其他国家？会与其他大国、特别是美国发生冲突吗？很多人认为，国强必霸，中国是新兴大国，美国是守成大国，两国必有一战。19世纪英国的威灵顿公爵曾有个观点“大国无小战”，大国崛起会引发冲突。有学者粗略统计，人类近代史四五百年，15次新兴大国的崛起，有11次发生了战争。改变全球重大力量对比的变化，往往伴随着冲突和战争。从罗马帝国到现在的世界历史，老大和老二之间总有一拼，都是用战争的方式，然后一个战败或崩溃，另一个成为世界霸权。但近代以来这种大国崛起、大国争霸的模式不再适应当代的新形势。中国的传统中有很多优良传统和元素，对我们现在的对外政策有很多的启示和帮助。但是，所谓的朝贡体系，即以中国为核心的传统东亚的国际秩序，也不具备当代的合法性和现实的可操作性。所以，无论从世界范围的国际关系来

看，还是从中国的历史来看，我们面临一个前所未有的挑战，需要探索大国之路、大国之道。现在，中国提出构建新型大国关系，主要是指中美关系不要像过去那样总是一个大国以战争的方式取代另一个大国。中国与其他大国处理关系，强调双赢，不要零和博弈。这是一个价值观念完全不一样的构想。现在要看中国和美国有没有这个智慧来打破这个恶性循环。

中国梦的和平发展道路。

要深入阐释国家目标，加强国家形象策划工作，努力展示我国良好形象，着力在扩大认知、增进理解上下功夫，理直气壮地对外介绍传播当代中国价值观和发展观，让国际社会更多的人认同中国，把我们当朋友而不是敌人，把中国的快速发展当机遇而不是威胁，为中国的发展汇聚更多的正能量。

中国梦的提出就是一个成功的范例。首先，中国梦第一次以一种柔性亲和、通俗易懂的理念展示中国的发展目标和价值取向，描绘了民族复兴的愿景，淡化了大国崛起的政治和战略意味，世界更容易接受中国的发展和壮大。其次，中国梦突出了人本色彩，强调中国梦是每一个人的梦，抓住了人人都想过好日子的愿望。第三，中国梦回应了世界发展大势和民心所向，阐明了中国发展的和平性和包容性，阐明了中国梦与包括美国人民在内的世界各国人民的美好梦想是息息相通的，是一个和平发展、合作共赢的梦。中国的发展越来越离不开世界，世界的发展也越来越离不开中国。实现中国梦需要和平稳定的世界环境，世界的和平稳定也需要中国的繁荣稳定。中国梦的实现，既有利于中国赢得尊严与尊重，也意味着世界和平与发展的力量增强，有利于推动实现世界的持久和平、共同繁荣。

中国和平发展的国家目标与形象，内涵丰富，包括四大内容：

一是中国走和平发展道路不是权宜之计，而是根据时代发展潮流和我国根本利益做出的道路选择。中国人民素有珍爱和平、崇尚和谐、开放包容的传统。和平安宁的外部环境是我国发展的重要条件。现在国际社会的人心所向也是怕动荡、盼和平、谋发展。

二是走好和平发展道路的关键是：要与世界建立良性互动和互利共赢，把世界的机遇转化为中国的机遇，把中国的机遇转化为世界的机遇。中国将通过争取和平国际环境发展自己，又以自身的发展来维护和促进世界和平。

三是中国走和平发展道路，其他国家也都要走和平发展道路。只有各国都走和平发展道路，才能共同发展、和平相处。这是对和平发展思想的重要发展和丰富，体现了我们党对和平发展规律的新探索和新思考，体现了我们在外交态势上的主动性和进取心，体现了中国发展的世界担当。

四是阐明了走和平发展道路和维护国家利益的关系。和平发展不意味着没有冲突和矛盾，更不意味着我们回避矛盾或忍气吞声。作为社会主义大国，要在西方主导的社会体系中发展起来，势必会遇到各种风险、挑战和挑衅。我们当然要走和平发展道路，但绝不放弃我们的正当权益，中国决不会屈服外来压力，我们不惹事，但也不怕事，任何国家不要指望我们会拿自己的核心利益做交易，不要指望我们会吞下损害国家主权、安全、发展利益的苦果。

中国价值的软实力。

阐释好中国价值、中国道路、中国制度，当代中国的价值观是我们在国际舆论界提升话语权的核心，如果没有价值观念，那么，在国际舆论界是无力的，是不具有话语权的。

只有站在人类文明的制高点起引领作用，才敢言大国崛起，占领人类文明制高点，不但在经济发展、政治运作、社会治理等方面能提出中国方案，还要确立和宣传中华民族的核心价值观。核心价值观直接影响到制度设计和权力的运行，进而影响着思维方式和话语系统，它是国家认同的载体，也是国际沟通和相互认知的途径。西方资本主义国家一直标榜自由、民主、人权，其实是拿着价值观作大旗，全世界到处打压别人。其实，社会主义更讲自由、民主、人权，这些不是他们的专利。我们要阐发我们的自由观、民主观、人权观，要提出与西方可对话、可对骂、能辩论、能抗衡的价值观，不以政治制度的单一标准来评价世界，而是结合国家利益标准、伦理和法理标准等综合评价和解释世界。

一是和平的价值理念。中国一直在向世界展示自己的文明开放、和平友善，中国历史上就爱好和平的，中国人的梦想就是和平幸福，不是讲霸权。孙中山20世纪初在日本讲的就是“王道”，不是霸道。中国在世界上强调不要战争，谋求和平，强调世界各国都坚持走和平发展道路，不以武力相威胁，既坚定维护国家主权和正当权益，又坚持通过谈判和协商解决国际争端。

二是发展优先的价值理念。中国以经济建设为中心，发展是硬道理，解决人民的温饱问题，再过上小康生活，实现了国家的发展繁荣，也得到了人民的拥护。现在中国把这一价值理念推向全球，与西方国家空谈民主形成强烈对比。

三是平等相待的价值观念。中国坚持国家不分大小、强弱、贫富一律平等，尊重各国人民自主选择发展道路的权利，坚持反对霸权主义，反对干涉别国内政，维护国际公平正义，推动持久和平、共同繁荣，这就牢牢占据了人类道义和时代发展的制高点。

四是共建共享发展的价值观念。十八大报告首次提出“要倡导人类命运共同体意识”，要摒弃冷战思维与零和博弈，找到利益的共同点和交汇点。一些国家越来越发达、另一些国家越来越贫困，这不是好的世界。中国要坚持合作共赢、互利与共赢。我欢迎你搭我的便车，大家共同发财。习近平提了三个共同：各国共同享有尊严，各国共同享受发展成果，各国共同享受安全保障。这个价值观念太厉害了。这与美国人的意识形态不一样。美国人是“世界警察”，我保卫你日本人，保卫你韩国人。我们则是共同发财、共同安全、互相尊重。就要这样占领道德高地，争取国际社会的大多数。

五是坚持正确的义利观。多向发展中国家提供力所能及的帮助，在政治上，坚持正义、秉持公道、道义为先；在经济上，坚持互利共赢、共同发展；对周边国家和发展中国家，要更多地考虑对方利益，见利思义，必要时舍利取义，决不唯利是图、斤斤计较。正确的义利观体现了中国软实力的内涵。

国际关系中，我们经常听到的是利益和实力两个词。要么是利益关系，“没有永恒的朋友，只有永恒的利益”；要么是丛林社会，弱肉强食，靠拳头吃饭。其实，国与国之间不只是利益关系，单靠实力也解决不了问题。为什么美国有那么多的盟国盟友呢？很多原因，首先就是有共同的价值观、共同的意识形态。中国五千年的文化，现在经济社会的发展奇迹，全世界都很认同，很敬仰，但一提到中国的发展道路、社会制度、价值观念、意识形态，到目前为止世界上多数国家还不太了解、认同。我们要在这方面努力工作。

讲道义、敢担当、有责任感的大国形象。

中国是一个负责任大国。一是中国以世界 7% 的土地解决了世界 21% 的人口的吃饭问题，把 13 亿人肚子喂饱。过去 30 年中，6 亿人摆脱了贫困，现在新一轮的脱贫攻坚又在深入开展。这是对世界最大的负责和最大的贡献。二是中国保持了社会的长期稳定进步，这与世界的动荡不安、颓废疲乏形成鲜明对照。三是中国对全球经济的贡献巨大。四是中国创新创造，充满活力，中国的经济成就、技术成就以及各方面的成就不是靠殖民掠夺，不是靠山寨剽窃，而是靠劳动和创新得来,她的科技进步也推动了世界的进步。五是在应对全球变暖,维持地区稳定，参与国际组织和国际体系、全球治理等方面，中国承担了许多国际责任，中国是五大常任理事国里派维和士兵最多的，是维护世界和平的重要力量。欧洲的科索沃、波黑、乌克兰打得一塌糊涂，而从 1972 年到现在，亚洲地区没有大的战争，亚洲地区占世界一半人口，中国的生活水平好了 40 多年，亚洲地区也维持了 40 年的和平。对此，中国是有贡献的。所以，我们要展示维护国家核心利益和国际公正正义的大国形象。

中国故事要对着世界说什么：独特性、必然性、优越性

在全球化和互联网时代，国际意识形态工作的一项重要任务是要主动讲、自觉讲、有信心地讲述中国的故事，引导人们更加全面客观地认识当代中国、看待外部世界。特别要抓住争夺国际话语权这个中心。

中国的故事很精彩，值得写，值得说，值得讲。

中国的故事要靠我们中国人自己讲。要运用文艺作品、影视作品、电影、电视剧、纪录片、谈话节目包括旅游风光片等讲好中国故事。西方人把自己的历史写得美轮美奂，我们也要把我们五千年的历史说好。世界是个大讲坛，大家都在讲，我们不讲，难道指望别人帮我们讲？他们不会帮我们讲，何况他们也不懂，就是想帮，也帮不了。西方人讲不了《诗经》唐诗，也讲不了巴金莫言，只能靠我们自己讲。要以中国梦为主题，以人民为中心，以创新为根本，不断推出一批批作品和产品。

要特别讲好中国的三个故事：中国已经发生的故事，中国正在变化的现实故事，中国未来的发展故事。要做好中国现实的新闻报道与舆论引导，揭示中国文化的特质，彰显中国的价值观念。要说清楚故事后面的道理，反映中国的价值、理念，宣示中国人的主张，说清楚中国人的审美情趣、中国人的历史追求、中国人的生活方式，让世界理解。要写中国发生的事，写中国的制度，写中国为什么要走这条道路，为什么是中国共产党领导。价值观是一个好故事的魂和神，没有价值观的故事是没有感染力的。

中国的故事包含中国的实践和中国的立场，中国的故事里面有着中国人的性格和中国人的命运，中国的故事里面有着中国的苦难和中国的曲折，中国的故事里面有着中国的成功和中国的奇迹，所以，我们要有责任、也要有信心反映中国人波澜壮阔的历史进程和震撼全球的现实实践、历史文化和价值观念，用笔、用

镜头、用歌喉去反映、讲好、唱响中国的故事，传播中国的观念，彰显中国的价值，增强中国的软实力。

要特别讲好中国的独特性。中国有独特的资源、独特的历史、独特的文化、独特的文字、独特的传统、独特的国情、独特的道路。这些独特性是中国之所以成为中国的特征，是我们中国的根，是我们中国的魂，是我们中国的底气，是我们宝贵的财富。我们要学习西方的莎士比亚，更要学好自己的诗词歌赋；我们要吸收西方的油画，更要看重自己的国画。外国人不了解中国，我们要把这些中国的独特性讲清楚，说明白。

要讲清楚中国文化，挖掘中国文化独特的内涵、底蕴和精神。中华民族在5000多年的文明发展进程中创造了博大精深的中华文化，包括古代文化，中国共产党领导的现代文化、改革开放以来的中国当代文化。中国文化积淀着中华民族最深沉的精神特质和追求，包含着中华民族最根本的精神基因，代表着中华民族独特的精神标识。中华民族生生不息、薪火相传，根本点在于中华民族有一脉相承的精神命脉和精神支撑，是涵养社会主义核心价值观的丰厚土壤，是我们在世界文化激荡中站稳脚跟的坚实根基和突出优势，是我们最深厚的文化软实力。

要注重近代以来我国发展的跌宕起伏，人民斗争的波澜壮阔。从鸦片战争到新中国成立的100多年时间，是中华民族最动荡、最屈辱的历史时期，是中国人民最悲惨、最痛苦的历史时期。中国人在苦难中觉醒和奋起，积极探索中国应该朝什么样的方向发展，应该走什么样的道路这个根本问题。人们进行了很多尝试，只有中国共产党领导人民，把马克思主义基本原理同中国实际结合起来，找到了实现民族独立和人民解放、国家富强和人民幸福的中国特色社会主义道路。

深入研究、积极推介中华文化，增进各国人民对中国的了解，消除偏见和误解，把中国文化的精髓传播出去，说清中国是从哪里来，要往哪里去，展示当代中华文化创新成果，让外国人更好地触摸中华文化脉搏、感知当代中国发展活力。

讲好中国故事关键是讲好独特性、必然性和优越性。中国故事的精彩之处就在于中国特色，每个国家和民族的历史传统、文化积淀、基本国情不同，其发展道路必然有着自己的特色。要从各方面阐释好中国“独特的文化传统、独特的历史命运、独特的基本国情”。这三个“独特”注定了我们必然要走一条独特的发展道路。中国的发展、民族的复兴，最关键的是我们走出了一条适合自己特点的中国特色社会主义道路。这是中国发展进步的最根本原因。我们只要坚定不移地沿着这条道路走下去，就一定能够实现中华民族的伟大复兴。

阐释好中国特色和中国国情，就是要阐释好中国特色社会主义道路。不要一讲，就是渐进式地向西方发展。从人类大同的角度来看，可以殊途同归，但不是道路一样。中国特色社会主义道路是中国人民近代以来经探索找到的正确道路，是引领中华民族的必由之路。中国特色社会主义植根于中华文化沃土，反映中国人民意愿，适应中国和时代发展进步要求，有着深厚历史渊源和广泛现实基础，是科学社会主义理论逻辑和中国社会发展历史逻辑的辩证统一。

中国特色社会主义特就特在四个方面：特就特在其道路、理论、制度和文化上，特就特在其实现途径、行动指南、根本保障的内在联系上，特就特在这三者统一于中国特色社会主义伟大实践上，特就特在始终坚持中国共产党的领导上。中国特色社会主义是党和人民长期实践取得的根本成就，是当代中国发展进步的根本方向，只有社会主义才能救中国，只有中国特色社会主义才能发展中国。中国共产党是认识现当代中国的一把钥匙。离开了中国共产党，一切都谈不清楚。

任何科学的理论和制度，必须本土化才能真正起作用。正是我们党不断推进马克思主义的中国化，我们才在社会主义道路上越走越宽广。我们的道路、理论、制度、文化有着自己的鲜明特色和显著优势。死守传统，只会泥古不化；全盘西化，只会水土不服，注定要失败。这个结论，是已经被历史证明了的事实，是已经被事实证明了的历史。

有同学问：现在我们中国发展得特别快，经济实力位居前列，但国外对我们就是不认可，怎么看都不顺眼。因为中国的意识形态、中国的价值观、中国的政党与国外不一样，对此我们怎么办？

我回答说：这里的关键不在于西方人怎么看，而在于我们自己怎么看。一、东西方的不一样是正常的，永远都会存在。五四时在讨论东西方文化的不同时，就有种观点：一种是相同方向的不同，就是说处于不同发展阶段的不同，就像昨天、今天、明天的不同一样。但另一种观点是，东西方文化的不同，不是相同的不同，而是不同的不同。西方文化的今天并不是东方文化的明天，这两种文化的不同，是两个不同方向的不同。二、我们跟西方不一样，是不是我们就做错啦？他们指责我们跟西方不一样，是不是他就对的？中国特点、中国特色是我们的底气，而不是我们的弱点，更不是我们的软肋和错误。三、我们要更加强调、珍惜我们的独特性。

对着世界讲好中国的故事，重要的是怎么讲。

一是要注重中国特色。有同学问：文字和文化都有相通的地方，也有个性的方面。讲共同的地方，便于理解，容易接受；讲个性，有利于了解事物的本质，但难度会更大，会出现一些冲突或不理解。如何做到两者结合？

一要在全球的视野中考虑东西方共同的东西：共同的处境、共同的问题。中西之间、中美之间在包括人权、民主的许多问题上，都有共性，我们要在解决全球共同问题的过程中提出中国方案。第二，当下要更加注重个性。现在对个性、对中国特色、中国特点，注重得还不够，研究还要加强。现代汉语语法在讲个性和共性时，原来在《马氏文通》中，是西方的语法理论加中国的语言材料，现在在经济学领域有些人又试图用新经济自由主义理论加中国的实践，但碰到的困境是，没讲透中国个性、中国特色，就解释不了中国的实践。

二是说话看对象，对着世界讲好中国的故事，就要有全球视野。举例来说，景德镇的陶瓷是一个很精彩的中国故事，但你不能关起门来说景德镇，要在世界说景德镇。怎么能够把景德镇在“瓷都、瓷业、瓷器和瓷工”这四方面的故事，都说得让外国人懂，外国人明白，外国人喜欢，比如，能不能搞四个专题：“中国陶瓷在中亚”、“中国陶瓷在亚洲”、“中国陶瓷在中东—伊斯坦布尔”、“中国陶瓷在欧洲”。陶瓷是中国的资源，但要在国际视野中来观察中国的问题。

有一年我先去以色列，然后去了伊斯坦布尔。两个女导游都是中国人，分别嫁了以色列人和土耳其人。以色列的导游就说以色列如何如何好；到了伊斯坦布尔，那个女导游是北大毕业的，她说的就不一样：“我们在北大读的西方通史都是西方的观点，简单的几个断语：拜占庭帝国、黑暗的中世纪，几千年就这样忽略过去了。其实你不想想奥斯曼帝国，那么大的帝国，那么大的疆土，没有一点智慧和理政的经验，他能够统治那么长时间吗？”这话听着也有道理。世界就这么复杂，在欧洲人的角度看是一种情况，在另外一个角度看又是另一种情况。

三是要有中国的国家站位和民族立场。现在全世界最具有影响力、最具有深远意义的新闻和故事往往发生在中国，只要我们讲好这个故事，就能吸引国外受众。所以，我们要善于把我们的主张、立场和价值观念转化为具体的话语和各种各样论文的切入点，在国际舆论、论坛、讲坛上来做出中国的定义，做出中国的修辞，表达中国的语义，吸引国际注意力，影响国际舆论。

四要掌握新技术。当今世界，谁掌握了新技术新应用，谁就能掌握话语权。所以要重视网络媒体、社交媒体，要适应他们，要驾驭他们，要运用他们，尽快把资源、产品、作品向数字、网络、移动终端应用以及电子媒体转移或投放。要把视频平台、包括网络视频平台、手机视频平台作为数字化报道、数字化播出、数字化出版、数字化发表的核心。

中国故事要讲得精彩，关键在自信

我们要有自信。

2010年，我到哈佛大学政府学院进修了5个星期，它与哈佛大学商学院、法学院都是哈佛大学著名的学院。班上20多名学员大部分是副省部以上的领导干部。有一堂课是讲美国的总统制度（实际就是政治制度）。那位教授一上来就问：你们对美国总统怎么看呀？这怎么回答呢？美国的总统制度确实好不到哪里去，但在这个场合，我们也不好讲得那么直吧，于是大家就不说话，看着他。教授就点名，最后点到我。我说我对美国的总统制度有三点感觉：

第一，美国总统竞选太费钱，如果中国也这样搞，一是搞不来，二会出腐败。第二，美国总统太有权。美国的干部系统是两套：一个政务官，一个事务官，政务官就是由总统组阁，直接任命，一朝天子一朝臣。奥巴马总统一个人可以任命三千多名官员，中国没有一个官员有这么大的权利。我们是公开考聘的公务员，凡进必考，领导干部要通过层层选拔，层层考察，民主集中，集体研究决定。第三，美国总统说话不算数，不靠谱。因为三权分立，白宫和参、众两院可互相否定，美国总统说的话，国会可以否定；国会的决议，总统可以否定。我们听美国总统说话，不知道哪句话算数，哪句话不算。而我们中国的领导要么不说，说了肯定算数、管用、负责任。

然后，教授讲课，两个小时下来，无非就是讲多党轮替、三权分立、美国宪法、选举制度那一套，就讲这个。讲完了就进入课堂讨论与提问环节。这下是我主动发言，我说：

美国是一个伟大的国家，美国人民是伟大的人民，短短几百年，美国成为世界第一强国，了不起。美国的政治制度伴随了美国几百年的发展，也了不起。我们对美国的开国元勋们充满敬意。但是，听了教授的讲课，我有一个疑问：当年，从五月花号那艘船上下来的那些人，他们对英国的制度那么熟悉，英国的制度在当时也是很先进、很成熟的，但是，为什么这些人没有把英国的制度照搬过来，复制克隆一个君主立宪制，而是独创了一个具有美国特点的制度呢？

这就使我想起我的祖国，孙中山、毛泽东、邓小平等人，他们在创建我们国家的政治制度和宪法的时候，遍览了世界各国的宪法，美国的、英国的、法国的……他们都仔细研读过。为什么他们没有照搬，而是独创了自己的呢？孙中山甚至还搞了五权分立。我们的毛主席还亲自带一个班子住在杭州潜心多日，制定了《中华人民共和国宪法》。新中国的政治制度和这部《宪法》伴随着中国一路走来，尽管可能还有不足，需要不断完善，但它相当不错，保证了中国稳定，没出大乱子，更保证了人民民主和人民的权益，推动了中国的发展。这个发展令人瞩目，中国走到今天，成为第二大经济体。所以，我就想：是不是各个国家的政治制度都是从自己的历史和现实出发的，都是从自己的土壤里面长出来的呢。

我讲的这个意思是什么？就是面对世界，我们中国人应该有自信。

在历史上中国人一直是自信的。从近代以来，中国的自信有了几个转折点。1840 年开始，中国屡战屡败，越打越怕，确实有些中国人失去了自信。从什么时候开始自信呢？觉醒是在“五四”，转折是 1921 年中国共产党的成立，标志是全民抗战的胜利。最重要的就是 1949 年站起来以后，中华民族才从被动转向主动。现在还要进一步自信起来。

当然，现在的国际形势还是西强我弱，我们在互联网、新闻、言论、人权、价值观等软实力方面还在挨骂，怎么做都挨骂。所以，我们不要在乎西方骂不骂，更不能看他们的眼色。鸡叫天要亮，鸡不叫天也要亮。关键是我们要做好自己的事，要有自信，要改变那种事事不如人的心态。毛主席在天安门城楼上那句“中国人民站起来了”，真正道出了全国人民的心声，现在听起来都很自豪。现在虽然还是资本主义占上风，但我们要有定力，要有自信，一个人、一个民族、一个国家都一样，要“光而不耀”、“泰而不骄”。《论语》，有这种中国气派。毛泽东的词，有这种中国气概，“敌军围困万千重，我自岿然不动”，充满了不可战胜的英雄气概和不可撼动的坚定信心。

现在我们的领导干部到国外，谈经济建设、社会管理没问题，谈抗震救灾、灾后重建更能谈，搞得多好呀。美国新奥尔良飓风肆虐时，美国总统在哪里？汶川地震，我们的总理两小时就到现场了。谈科技创新，谈医保社保，也是头头是道，一套一套，理直气壮，有优越性。但一谈到政治制度、价值观念、核心价值，就不那么自信了，顾左右而言他。所以，要特别强调自信。自信心是中国发展的一个基本问题。我们要特别坚定道路自信、理论自信、制度自信和文化自信。

自信，首先表现在开放的心态与举措。要开放，就要问：跟美国人比、跟西方人比，我们对自己的文化、理论、价值观、政治制度、软实力等，有没有自信？开放本身就是一个自信的心态。一个人、一个国家，往往是自卑的时候才把自己封闭起来。文化有三个基本要求：对历史，纵向要有继承，没有继承的文化是没有根的文化；对周边，横向要有交流，没有交流的文化是没有活力的文化；对今后，现在要有创新，没有创新的文化就是没有未来的文化。只有继承、交流和创新，文化才有生机和活力，才有中国特色、中国气派、中国风格。

一是对我们中国的道路要自信。独特的文化传统，独特的历史命运，独特的基本国情，就造成了我们独特的发展之路。我们90多年最大的成功，最关键的关键，就是我们走出了一条独特的路，这就是中国特色社会主义道路。这是中国发展进步的最根本原因。只要我们沿着这条道路坚定不移地走下去，就一定能够实现中华民族的伟大复兴。

每当社会主义运动出现挫折或危机时，总有人把它看作是马克思主义理论和共产主义理想的危机。列宁曾经对两者作了严格区分，认为社会主义运动的危机不等于马克思主义理论的危机。当年，出现了伯恩施坦修正主义，列宁指出这是社会主义革命运动的一次危机，而不是"马克思主义的危机"。事实上，社会主义运动出现危机，往往是由于对马克思主义理论的背离或僵化，因而要克服这种危机，决不是要抛弃马克思主义，而是要坚持马克思主义，并在新的历史条件下发展马克思主义。

"苏东剧变"发生不久，邓小平就批驳了所谓共产主义失败论，指出："我坚信，世界上赞成马克思主义的人会多起来的，因为马克思主义是科学。它运用历史唯物主义揭示了人类社会发展的规律。封建社会代替奴隶社会，资本主义代替封建主义，社会主义经历一个长过程发展后必然代替资本主义。这是社会历史发展不可逆转的总趋势，但道路是曲折的。资本主义代替封建主义的几百年间，发生过多少次王朝复辟？所以，一些国家出现严重曲折，社会主义好像被削弱了，但人民经受锻炼，从中吸取教训，将促使社会主义向着更加健康的方向发展。因此，不要惊慌失措，不要以为马克思主义就消失了，没有了，失败了。哪有这回事。"

二是对我们中国的理论要有自信。没有理论的自信和理论的自觉，中国人恐怕就难在理想信念上坚定强大起来。马克思主义是一门科学，直到今天，众多理论中，还是马克思主义对资本主义剖析得最深刻。20世纪以来，来自西方的理论学说可谓不少，但大多昙花一现。没有哪一种理论像马克思主义那样，无论世界经历怎样的变化，始终是思想界回避不了的强大“磁场”。马克思主义是指导我们正确认识和改造世界的根本方法，是最先进的社会历史理论，并不断修订和创新自己的具体结论，具有与时俱进的开放性理论品格，为观察和解决当代人类社会发展问题提供了强大的思想武器。

高度的理论自觉和理论自信，是中国共产党区别于其他一切政党的鲜明特征和根本优势。90 多年来，中国共产党把马克思主义和当代中国实践相结合，不断推进中国的革命、建设和发展。1937 年七七卢沟桥事变，全面抗战爆发，但日寇十分嚣张，至 1938 年 5 月，从山海关到杭州湾，上海、南京、太原、武汉等主要大城市都相继沦陷，国民政府不得不迁都重庆，悲观论调也一时弥漫全国，就在此时，毛泽东发表《论持久战》。中国共产党人站在时代思想的高处，科学地回答地中国军民的思想困惑，用理论的光芒照亮了中国抗战的胜利道路。20 世纪 80 年末，苏东剧变，世界社会主义运动跌入低潮，马克思主义受到空前挑战。而中国共产党人向全世界宣告加强理论武装的决心。全部出齐《列宁全集》中文第二版共 60 卷、《毛泽东选集》第二版共 4 卷。在这以前，中国先后翻译出版了《马克思恩格斯全集》中文第一版 50 卷、《马克思恩格斯选集》第一、二、三版各 4 卷、《列宁全集》中文第一版 39 卷、《列宁选集》第一、二、三版及第三版修订版各 4 卷、《斯大林全集》13 卷，在这以后翻译出版了《马克思恩格斯文集》10 卷、《列宁专题文集》5 卷等，中国已经成为世界上翻译出版马克思主义经典著作最多最全的国家。这一切都体现了中国共产党高举马克思主义理论旗帜的坚定决心。历史实践证明，只有中国化的马克思主义才能解决中国的问题，只有中国特色社会主义理论才能团结大家、凝聚大家，才是我们不断前进的旗帜。邓小平指出：“中国只要这样搞下去，旗帜不倒，就会有很大影响……谁也压不垮我们。”习近平多次强调：“领导干部特别是高级干部要把系统掌握马克思主义基本理论作为看家本领。”“新干部、年轻干部尤其要抓好理论学习，通过坚持不懈学习，学会运用马克思主义立场、观点、方法观察和解决问题，坚定理想信念。”

理论上的成熟是政治坚定和自信自觉的基础。现在，越来越多的人认识到，西方的理论并不完美，用西方各种各样的理论来解释中国，都解释不了中国为什么能崛起。金融危机发生以后，西方开始反思，越来越多的人在研究中国为什么越来越强，是什么道理呢？这 13 亿人为什么跑这么快、这么稳？《历史的终结》的作者福山最近也说，西方可能并不是历史的终结。问题是我们在国际上没有形成自己的话语体系，没有把中国特色社会主义变成国际理解的话语体系。这有两方面的原因：从客观上看，当今世界社会主义处于低潮；从主观上看，面对“西强我弱”的国际话语体系，我们理论界学术界似乎总是有点躲躲闪闪，缺乏信心，不愿、不敢深入研究社会制度和意识形态在推动经济社会发展中的重要作用。

一个大党、一个大国、一个民族必须有自己的意识形态，有自己的理论旗帜，有自己的主流价值观。当然，我们可以学习西方的理论，可以参照西方国家的实践，从他们的历程中提炼出理论成果、人类文明的成果、人类进步的成果。但归根结底，中国的事情还是要中国人来解决，中国人还是要靠中国的理论来指导。中国共产党人在中国特色社会主义的伟大实践中，逐步形成和不断发展了中国特色社会主义的理论体系。1982 年邓小平在党的十二大开幕词中提出“建设有中国特色社会主义”的重大命题，1987 年党的十三大第一次比较系统地论述了社会主义初级阶段理论，1992 年党的十四大提出了“邓小平同志建设有中国特色社会主义的理论”的概念，1997 年，党的十五大进步概括为“邓小平理论”，2007 年党的十七大提出了“中国特色社会主义理论体系”、“中国特色社会主义伟大旗帜”，2012 年，党的十八大进一步指出，中国特色社会主义道路是实现途径，中国特色社会主义理论体系是行动指南，中国特色社会主义制度是根本保证。所以，中国的理论工作者要扎根中国的实践，建设具有中国特色、中国风格、中国气派的哲学社会科学，用中国的话语体系和中国的理论来指导、解释、研究中国的实践。

我们要从中国的实践出发，在国际上形成自己的话语体系，确立中国的话语权，要敢于和善于同西方进行平等的对话，以高度的理论自觉和自信，大力推动理论创新，及时总结党领导人民进行的伟大实践，不仅要在经济上从“贴牌大国”转化为“品牌大国”，在思想理论上也要自主创新，从“贴牌大国”转成“创造大国”。

三是对我们中国的现有制度要有自信。对中国的民主政治要理直气壮。比如，中国人大不同于西方议会，有鲜明的特点和巨大的优势。西方议会是多党制的基础，多个政党以议会为舞台展开政治斗争和竞选，相互之间以夺取政权为根本目标和基本价值，在竞选中不择手段、相互攻讦、争权夺利，其结果不是缩小和弥合社会分歧，反而扩大了矛盾，不利于整合社会利益，甚至撕裂社会。特别是在那些处于现代化进程中社会矛盾多发期的发展中国家，西方议会制度和政党制度的这种缺陷表现得尤为突出，这也是这些国家长期动荡不定的重要原因之一。而中国人大是中国共产党对国家和社会事务实施领导的国家权力机关。人大是代表全国各选区人民利益的，也就是代表最广大人民利益的，不是代表党派利益的。各党派的意见主要通过政治协商制度加以表达、讨论和协商。中国人大，无论是代表大会，还是常委会或专门委员会，都不是按照党派分配席位，人民代表大会中没有议会党团，也不以界别开展活动。人大代表也不同于西方议员，无论是共产党员，还是民主党派成员或者无党派人士，肩负的都是人民的重托，都在中国共产党的领导下依法履行职责，为人民服务，根本利益是一致的。

四是对我们中国的文化要有自信。党的十七届六中全会提出要建设社会主义文化强国。建设社会主义文化强国，首先要在全体中国人的心中确立高度的文化自信和文化自觉。世界每一种文化都有自己的优势和特色。只有相互交流、相互借鉴，文化才会迸发出新的生机与活力。要真正形成中国特色、中国气派、中国风格，就要不断吸收借鉴外来文化的有益养分。同时要“走出去”，中国的故事要对着世界讲，中国的故事要用中国的话语讲，在相互交流中发出“中国声音”。西方习惯当警察、当法官、当教师，但我们要敢于和他们交流、交锋、交往，表达我们的政治价值、政治理念、政治制度。

我们最有理由自信。

我们的自信来自三个方面：

一、自信来自五千年独特的中华文化传统。中华民族是最有原创性的民族，中国人不信神，宗教信仰不盛行。孔子讲“未知生，焉知死”，对鬼神敬而远之，只是靠儒家的理念，把全国人民团结在一起。中国人的治国理念、经验和制度很厉害，这么大的疆域，古代社会通信条件、交通条件不发达，但中国的朝代，汉代、唐代、宋代，动不动就 300 年、400 年。

自信来自于弄清中国特色，更加全面客观地认识当代中国、看待外部世界。认识当代中国，最大的问题莫过于弄清中国特色。要从四个方面讲清楚中国特色的丰富内涵：基于历史传统、文化积淀、基本国情的有自己特点的发展道路；积淀着中华民族最深沉的精神追求，成为中华民族生生不息、发展壮大的丰厚滋养的中华文化；作为中华民族的突出优势、最深厚的文化软实力的中华优秀传统文化；有着深厚历史渊源和广泛现实基础的中国特色社会主义。

二、自信来自我们的实践。实践是检验真理的唯一标准。就现在来讲，中国人更是创造了世界奇迹。英国、法国等老牌资本主义国家的兴起，只不过是四五千万人口的国家，后来美国、日本等国家后来居上，成为发达资本主义国家，不过是1亿到3亿人口的国家。现在印度、中国等国家的兴起，是十几亿人口的国家。我们的民族复兴历经艰难，历经沧桑，但在中国共产党领导下，战胜了无数艰难险阻，这个民族是了不起的，这个党是了不起的，社会主义制度是了不起的。

习近平讲："中国人有能力做好中国的事情，难道没有信心讲好中国的故事？"我们实践这么成功，中国的事都做得这么漂亮，中国的经济发展得这么好，中国的政治和社会这么稳定，尽管还需要改善和完善，但总体来说是很健康的。这说明我们的文化、我们的制度、我们的道路是对的。可是我们讲故事的能力不强。就像中国人和美国人拍电影有区别，美国好莱坞拍电影可以把假的拍得和真的一样，而中国人拍电影会把真的拍得和假的一样。所以，我们要着力打造融通中外的新概念新范畴新表述，讲好中国故事，传播好中国声音。

三、自信来自人民群众的满意和拥护。现在，中国人民、全球华人对祖国的进步、发展和繁荣，看在眼里，喜在心上，有了越来越多的获得感和幸福感。人民的这种满意就是我们自信的最大底气。比如，西方国家老在人权问题上指责、攻击我们。面对西方的指责，中国人不服，总是在问：不对呀，事实不是这样的呀，我们对自身人权的切实感受不是这样的呀？他们这是在关心中国人权呢，还就是要抹黑中国、打压中国？外国人老说新中国成立后西藏无人权。我们回击过多次，2009年我们设立"百万农奴解放纪念日"，从人权角度向世界宣示一个最核心的问题——西藏百万农奴的人权才最值得关注，这就是对中国人权进步的一个有力宣示，对西方质疑的一个有力回应。所以，要明白，普世价值只是西方世界在当下国际竞争和斗争中的一种武器。现在，中国挨骂，虽然有些憋气，但要自信和淡定，不要在乎别人怎么说，只管自己认真做。

鲁迅先生曾经问过中国人失掉了自信力吗？现在，这种情况有了很大的好转，但中国的学者、官员、文人、民众在自信心方面还要进一步加强。有位学者讲伟大的文学需要伟大的心灵。[①]苦难孕育着伟大的文学，但我们却是一个不记日记的民族。心灵麻木，对中国经历的种种苦难就丧失了感知力，许多人不是在感受自己的生活，而是老盯着别人对自己的看法，并随时做出相应的反应。就像鞋子和脚不合适了，怎么办？解决的方式不是修改脚，而应该修改鞋子。

① 薛涌：《中国文化的边界》，云南人民出版社2006年版，第30页。

对着世界讲好中国的故事，要有自信心，不要老在乎西方人怎么看。

所以，中国对西方的不满、对西方的批评不必惊慌，也不要去在乎。中国的名声注定在西方好不了。西方对中国的成见来源两个：一是意识形态的偏见，二是自身的国家利益。中国抹掉自己的个性特色，采用西方的制度文化，那也讨不了西方的好。何况，中国最不能做的，就是刻意讨好迎合西方。我们必须走自己的路。

所以，对着世界讲中国故事，就要树立起中国人的文化自信，树立起自觉和担当，打好主动仗，争夺话语权，提高影响力。

写中国的事情，反映中国文化，首先是自信的问题。要以我为主，盯着我们的事情，不要盯着别人对我们的看法。要向国际社会全面客观介绍中国，介绍中国的发展目标、价值观念、历史文化、生活方式、审美情趣。其实，中国的故事、中国的立场、中国的声音，就是我们最大的优势，就是我们最大的资源，也是中国软实力里最大的竞争力。将来中国的学生去哈佛、牛津等国外大学读书，做博士论文，可能最中国化的题目是最值得做的。如果带论文去参加国际研讨会，就应该带着八大山人、陈寅恪、陶渊明去，发出中国的声音。

如何用中国的理论和话语解读中国的实践、中国的道路

理论的价值就在于实践，学习的目的全在于运用。我们要在基础理论研究和重大现实问题研究的结合上下功夫，要以基础理论研究来深化重大现实问题的研究，以重大现实问题研究来促进基础理论的研究。当前，资本主义危机此起彼伏，四处蔓延。法国为了一个退休的问题就导致全国大罢工，希腊和美国的罢工问题也一直没有解决，日本经济仍然处于低迷时期。我们的理论要能解释金融危机、欧债危机和现实问题。以历史的眼光看，虽然资本主义的局部调整和改良延缓了资本主义的衰落，但马克思揭示的资本主义社会固有的基本矛盾没有改变，社会主义代替资本主义的客观趋势没有改变。我们要对当代资本主义的新变化作出辩证的、有说服力的剖析，要进一步深化对资本主义实质的认识，特别是要结合对当前国际金融危机以及这次危机所暴露出的问题来认识和把握资本主义。

中国的实践是伟大的，我们应该有自信。

当前，理论界要把中国特色社会主义的伟大实践和世界变革的重大现实问题作为理论研究的主攻方向，包括对中国特色社会主义的基本制度、民主政治建设、社会主义市场经济体制改革、加快转变经济发展方式、共同富裕与分配制度改革、国际金融危机、文化建设、重大社会思潮的引领、新时期党的建设等。理论是要解释世界、揭示规律的，进而提高人们指导实践、驾驭自然、改造社会的能力。

中国的实践是了不起的。鸦片战争以来，中国历史脉落的基本走势就是要站起来、富起来、强起来，我们要研究中国发展、中华民族伟大复兴的历史进程和伟大成就。在“康乾盛世”时，中国的 GDP 占了全球 GDP 的 1/3，相当于 20 世

纪 90 年代的美国；可不到 100 年，1840 年爆发了鸦片战争，中国开始挨打，因为中国当时是农业社会，难以抵抗工业化强国，且政治上已腐败无能。再从 1848 年到 1948 年 100 年期间，中国在经济上一穷二白，政治上一盘散沙。

1949 年，新中国接过一个烂摊子，千疮百孔，一穷二白，十分落后。当时毛泽东就说过："现在我们能造什么？能造桌子椅子，能造茶碗茶壶，能种粮食，还能磨成面粉，还能造纸，但是，一辆汽车、一架飞机、一辆坦克、一辆拖拉机都不能造。"1956 年，苏联老大哥援建新中国 156 个工业项目，然后又全部撤走。1958 年到 1960 年，中国还出现了"大跃进"运动，摔了一个跟头。1966 年到 1976 年，我们党错误地发动了"文化大革命"，国民经济濒临崩溃的边缘。

改革开放 30 多年，中国 GDP 增长了 18 倍，2008 年超过德国，2010 年超过日本，跃升为世界第二大经济体。2011 年，美国的 GDP 为 15.09 万亿美元，中国为 8.04 万亿，日本为 5.87 万亿，德国 3.58 万亿，法国 2.78 万亿。从 2002 年到 2011 年，我国的 GDP 从 10.03 万亿元增加到 47.3 万亿元，连续 10 年保持了 10.7% 的年均实际增长速度，而同期世界的平均增速仅为 3.9%，在世界经济剧烈动荡中创造了持续较快增长的中国奇迹。在过去 30 多年中，我们已吸收了 8000 多亿美元外资，2009 年中国对世界经济和贸易增长的贡献率达 50% 左右。我国成为世界第一大贸易出口国、第二大贸易进口国和外商直接投资流入国、第五大对外投资国和最大新兴市场，外汇储备稳居世界第一。中国成了世界经济增长的重要动力。

中国改革开放初期，出现了一批"三来一补"企业，主要是香港老板到东莞、顺德等"珠三角"地区办厂，原料在外，市场在外，使用当地劳动力，产品返销到香港。后来，"长三角"地区吸引了大量外资，昆山一个县级市吸引台商投资总额约占内地引进台资总额的 1/10。这时，西方公司在中国设厂的目的，就是占领中国的市场，而不是"三来一补"，生产的产品不是返销世界，而是适应中国人的消费，比如家用电器，中国人要中文显示，就提供中文显示；电压要 220 伏，就不搞 110 伏。后来，中国提出"以市场换资本"，吸引资金、技术和管理。21 世纪初，美国媒体还在指责中国银行系统是国有资本垄断，呆账坏账太多，一片唱衰中国的声音。而到 2010 年，世界银行资产前 5 强中就有 3 家是中国的银行。2008 年，国际金融危机席卷而来，我国成功应对国际金融危机，率先实现经济回升向好，成为全球瞩目的世界经济引擎。

改革发展成果更多更公平地惠及全体人民。中国对世界最大的贡献就是脱贫、减贫。世界上的绝对贫困人口数从 1990 年代达到最高峰后开始下降。最大的贡献者是谁呢？ 1980 年到 2005 年期间，世界绝对贫困人口下降数的 99.6% 是中国和印度完成的，中国占了 95% 以上，印度是 4.5%。在扶贫、减贫方面，中国做得比印度好得多。1986 年，我国提出了人均年纯收入 207 元的贫困线标准，到 1992 年贫困人口降到了 8000 余万人；2007 年，我国开始了新一轮扶贫攻坚，贫困线标准提高到日均收入 1 美元左右。现在，中国的扶贫工作变成了脱贫攻坚，全面建成小康社会，中国的扶贫工作更得人心。

再比如，中国的农民交粮交税延续了 2600 年，在 10 多年前开始不缴纳规费和税收，更没有了乱收费的情况，政府还提供种子补贴、农机补贴等扶持农业生产。中国还建成了世界上覆盖人口最多的社会保障网络，发展成果更多更公平地惠及全体人民。这一点美国都没有做到。奥巴马当选上一任美国总统时有两个承诺：一是就业，承诺新增 300 万个就业岗位。而那一年，我国完成 1080 万个新增就业岗位。二是社保。美国为老年人、伤残军人提供了很好的社会保障和医疗保障，但还有相当多的人口没有纳入保障体系。中国 2010 年前后提出改革社保医保制度。这几年，我国农村建立了新型农村合作医疗保障体系，就是政府组织、引导和支持，农民自愿参加，个人、集体和政府多方筹资，以大病统筹为主的农民医疗互助共济制度体系。通过新型农村合作医疗保险、农村基本养老保险、农村低保三条线，为农民提供低水平、广覆盖、社会化的保障体系；在此基础上，十八大又提出“全覆盖”。现在农村已经实行了最低养老保险，农民到了 60 岁，每个月可以领到 55 元。对于一个农村老人，这 55 元不仅是钱的问题，还是尊严的问题，是一个中华人民共和国公民的归属感。虽然只能拿出 5 元钱给孙子买糖吃，但是跟向儿子儿媳要钱给孙子买东西的感觉不一样，这是自己的钱。世界上哪个国家可以做到？何况在中国这样一个欠发达国家？

中国人民大学有一位学者说，我们 GDP 的肌肉比美国好，就是质量高。一个国家的综合国力主要看五大指标：

一是粮食。美国年产粮 3 亿吨，中国 5.3 亿吨（其中江西省水稻年产量 400 亿 ~450 亿斤，约占全国水稻产量的 1/10）。当然，美国只有 3 亿人口，中国却有 13 亿人口，美国的人均产粮高多了。所以，我们既要看到伟大成绩，又要看到巨大挑战。

二是煤。中国年原煤产量 38 亿吨，美国是 8 亿吨，两国都是产煤大国，按照《京都协议》节能减排都比较难。

三是钢。中国年产钢 9 亿吨，美国 9000 万吨，中国是美国的十倍。在人类 200 多年的工业化历史进程中，除了中国，没有任何国家的年钢产量达到过两亿吨。当年，毛主席有一个梦想：1958 年的钢产量比 1957 年翻一番，达到年产钢 1070 万吨。毛主席为什么要提高钢产量呢？钢是工业的粮食。没有钢，就没有工业，就没有卡车，没有坦克，没有枪炮，没有飞机。我国现在的年钢产量已经是毛主席当时梦想的 90 倍，质量也有了很大的提高。

四是发电量和工业制造业总值。2010 年，中国的这两项指标都超过美国。

五是交通与物流。2010 年，中国高速公路里程与美国持平，都是 8 万公里。2016 年，中国的铁路运营里程已达 12 万公里，其中高铁超过 2 万公里，占世界高铁总里程一半以上。

张维为比较了世界不同国家的崛起。中国崛起是世界上规模最大的。18、19 世纪资产阶级工业革命，世界上崛起的第一批国家是英国、法国，其人口就几千万，差不多就今天北京、上海一个城市的人口；20 世纪崛起的第二批国家，如美国、日本，人口也就几亿；而今天 21 世纪中国、印度崛起，那是十几亿人口，超过前两批国家的人口总和。量级大不一样，道路更不相同。中国的崛起，这不只是人口数量的问题，更是一个不同质的国家的崛起。试想，按照美国的道路，中国 13 亿人能不能崛起呢？台湾地区曾是亚洲四小龙之首，如今的发展现状又如何呢？亚洲金融危机之后，世界各国到处都在晃荡，泰国晃荡、俄罗斯晃荡、美洲晃荡，但中国没晃荡。即使 SARS 病毒来袭，中国也没有晃荡。特别是 2008 年前后的金融危机，美国这个资本主义的大本营都晃荡了，中国虽然受到一定程度的影响，但还是中国最先从这场危机的泥潭中站立起来。

中国崛起最大的特点是和平，没有海外殖民地，对外不侵略，不靠任何剥夺，不发战争财，对内保持了安定团结。回顾世界历史，西方崛起的过程就是一部动荡与战争史，是一部殖民扩张、侵略掠夺史。相比之下，中国的发展是人类历史上一个同资本主义惯用的血腥残暴掠夺的崛起道路完全不一样的非同寻常的奇迹。

要用中国的话语来解读中国的实践。

中国实践的巨大成功，对西方的理论与实践构成了全方位的挑战，但我们却还没有构建起足以和当代中国伟大实践相称、与西方理论对话较量的话语体系。中国实践，用西方的话语，包括资本主义市场经济理论，撒切尔首相、里根总统在 20 世纪 80 年代实行的新经济主义、西方政治理论都解释不通，只有用中国的理论、中国的话语来解读中国实践，这才是唯一的出路。

现在有一种不太好的理论研究倾向，就是面对中国崛起的实践，一些人仍然习惯于套用西方的范畴、理念和结论来解释，当西方的理论解释不了时，不是去修改理论,而是来指责实践。我们要纠正这种“削中国实践之足,适西方理论之履”的错误态度，把中国特色社会主义的伟大实践和世界变革的重大现实问题作为理论研究的主攻方向。我们党是善于理论创新的。党的十三大提出社会主义初级阶段理论，这在马克思主义经典著作里是找不到的。党的十四大提出社会主义市场经济理论，这也是一个伟大的创造。哲学社会科学领域当前的重要任务，就是要用中国人自己的理论来研究中国人的事，讲好、讲深、讲透“中国故事”，要用中国的理论、中国的学术解读中国的奇迹，而不是拿西方的经济理论来套中国的经济，拿西方的法律来套中国的法律，拿西方的政治民主来讲中国的政治，拿西方的意识形态理论来说中国的新闻媒体。我们要以改革开放和现代化建设的实际问题，以现在做的事情为中心，着眼于理论应用，着眼于实际问题的理论思考，着眼于新的实践和新的发展来深化理论研究。这是时代赋予我们的使命，我们要有这种理论自觉和理论自信。

关键在于转换对外表达方式，创造出具有中国风格、中国气派的融通中外的话语体系。

话语体系就是中国理念怎么表达的问题，不能自说自话，这不仅是一个表达方式，还是一个思维方式，包括国际视野。

改革开放 30 多年来，我们成功地推进中国特色社会主义，创造了中国奇迹，可西方的理论解释不了中国实践，西方人听不懂我们的话语表达，西方许多人弄不清楚、搞不明白，经常误解、误读。这里有西方人的意识形态偏见、装聋作哑的原因，也有我们的表达问题。我们要争取国际大多数，被国际社会认同，信息准确和观点鲜明是基础，把话说清楚、让人听明白是关键。所以，我们要着力打造一批融通中外的新概念、新范畴、新表述，构建具有中国特色、中国风格、中国气派的话语体系，把话说到人的心里去，让国际社会听得懂、可接受。

要以中国特色社会主义理论、党和国家重大方针政策等国家词汇和中国历史文化为重点，既体现中国立场、中国国情、中国文化，又打通中西方文化的差异和障碍，逐步构建具有中国特色、为国际社会理解和接受的中国话语和学术概念。

对世界形势发展变化，对世界上出现的新事物新情况，对各国出现的新思想新观点新知识，我们不能闭上眼睛不看世界，要积极借鉴人类文明创造的有益成果，但是，了解和参与世界的目的，是要更好发展我们自己。如果在国际比较中丢失了自己，甚至否定了自己，那这样的比较就没有意义了。经济全球化不等于西方化，更不等于文化一元化。

话语体系就是中国故事、中国理念、中国价值怎么表达的问题。要努力创新表达方式：向国际转换，向现代转换，向网络转换。做到有理说得出，说了听得懂，懂了传得开。

哲学社会科学研究和集体攻关工作。

一要坚持集体攻关、兵团作战。马克思主义理论研究和建设工程，实际上是全国理论队伍的大集结，只有这样的大集结，才能在短短8年时间内取得这样巨大的成功。这次《马克思恩格斯文集》(10卷本)、《列宁专题文集》(5卷本)的重新编译，不进行集体攻关是不可能完成的。所以，我们开展教学科研要转变观念，进行大联合、大团结、大协作、大兵团作战。当今时代是一个团队合作的时代，我们国家“两弹一星”的成功，靠的也是集体攻关，老中青，传帮带。当年我在中国人民大学读博士时，有一门学位课叫“马克思主义与当代”，是全校各学科最顶尖的老师授课，每个老师只讲3节课，真正用集体的力量来培养学生。中央党校的“星期五讲座”也是如此，每次来一位部长甚至中央领导同志来讲课。研究也一样，大家要经常集体学习、集体讨论、集体攻关。要搭建好学习平台，以项目为纽带，开展“集群式研究”，把方方面面的人才凝聚起来、力量调动起来，突破学科分割，形成协同优势。

二要把好政治关、学术关。现代社会越来越开放。其实，多元、多样、多变，并不可怕，关键是要在多元、多样、多变中唱响主旋律。文化有高雅与低俗之分、优秀与落后之别，优秀文化要弘扬，反动文化要禁止，不能书生意气，不能给它“送话筒”、“开频道”。对待低俗文化，则要用高雅文化来引导。我们不反对大家看看搞笑的演出，但也要听听交响乐，看看芭蕾舞。不论是“两课”教学，还是人文社科的工作，都要把好关、把好度。

把好政治关，不是说一切要以政治划界，而是强调在事关政治的观点、论断、材料、史实的问题上要有正确的政治观点和政治判断，要用马克思主义的立场、观点、方法去分析研究，不让错误的思想观点影响读者、误导学生。

把好学术关，就是要把好教学、科研成果的可行性和权威性。不管是理论著作、学术文章，还是课程教材、课堂教学，都应该体现较高的学术水平。每个科研成果的思想观点、立意论断、布局结构，所使用的材料、介绍的知识、运用的方法，都应该是科学的、权威的、正确的，不仅要符合一般学术著作的研究、写作规律，更要体现出较高的学术规范、学术水平。

三是把好政治关、学术关的几个条件。把好政治关、学术关，首先要有强烈的责任意识。其次要有民主讨论的良好氛围。把好政治关、学术关，并不是简单地肯定或否定，更不是压制不同意见，而是采取讨论、商量的方法，充分发表和听取意见，取长补短，相互学习。再次，要有较高的政治素养和理论水准。在探索真理的过程中，应该允许不同观点的争鸣、讨论和交流。在交流讨论中，应该通过用事实说话的方式，心平气和地交流思想、交换意见，最终形成共识。一方面，政府和学术权威不能用简单的行政命令和政治批判的手段来对待学术争鸣问题，不能随意上纲上线、乱扣帽子；另一方面，社科工作者也要尊重真理、追求真理，不能贬损谩骂、恶意攻击。

总之，增强理论自觉和理论自信，建设中国特色、中国风格、中国气派的哲学社会科学，是推进中国特色社会主义实践创新、理论创新和制度创新的必然要求，是巩固和发展马克思主义在意识形态领域的指导地位、增强话语权，提高软实力的必然要求，是不断巩固全党全国各族人民团结奋斗共同思想道德基础的必然要求，是推进党的建设伟大工程、保持党的先进性和纯洁性的必然要求，我们一定要把这项工作做实做好。

景德镇，一个值得说给世界听的故事

中国梦是近代以来中国全部历史走向的主题，是中国人民的共同愿望、集体的潜意识、民族的共同追求。文学艺术的使命就在于为人民放歌，为祖国呐喊，为民族助威,为时代存照。文艺工作者应该感受时代步伐和人民愿望,围绕中国梦，讲好中国故事。

中国故事很精彩，值得写，值得说，值得讲。

一是景德镇的故事里有中国实践与中国历程。景德镇以瓷都、瓷业、瓷器、瓷工闻名天下，从东汉末年开始烧瓷，至今已有两千多年了。而且，景德镇的瓷窑不是一般的窑，而是官窑，还不是一般的官窑，而是皇帝专用的御窑，即不是一般的国有企业,而是皇家瓷厂。1004 年,皇帝用自己的年号把这个地方叫作“景德镇”，至今也有 1000 多年啦。也就是说，景德镇有两千年的冶陶史，一千年的御窑史，这条路走得坎坷而辉煌，浓缩了中国的实践、中国的历程，是具有独特面貌的城市变迁故事，是一个值得说给全世界听的中国故事。写好景德镇，是讲好中国故事的重要文化建构。

景德镇的瓷，与湖南醴陵瓷、广东佛山瓷、河北唐山瓷、山东淄博瓷不同，她是高温瓷，烧制温度达到 1380℃，它是用浮梁县山里的木柴烧的，但木材不是焦炭，怎么可能烧到 1380℃呢？但它偏偏就烧到了 1380℃。因为景德镇瓷窑的窑膛很大，烟囱很高，这就在窑膛里拉出了一条长长的火道，在火道上是1380℃,其他地方则是 1200℃、1100℃……这种窑不像现在科技发达,不是等温窑、可控窑,这样,哪种瓷器放在窑里哪个位置就很有讲究,要凭“满窑师傅”的经验，而火候的掌握则是靠“把桩师傅”的判断。一个技术问题中包含着深厚而精彩的文化内涵。

经验再丰富的烧窑师傅，用柴火烧瓷的成品率也只有 20% 到 50%。而为皇帝烧瓷器，又不能烧砸了，否则，那是要命的。因此，皇帝要一件，不敢烧一件，就烧十件甚至更多。开窑后，从中精选出一件送进皇宫。那剩下的其他烧成的产品、包括烧坏的次品怎么办呢？能拿到市场上去卖吗？或干脆卖到国外去，那可是能卖个好价钱。但这是皇家的专用瓷器，怎能流到民间甚至到国外去呢？只能就地打碎。打碎还有规矩：先在底部用锐器戳个洞，再用钝器打碎。

就这样，打呀打，打了几百年，打到现在，把这些碎瓷片挖出来，再粘起来，又成了当年那个瓶子盘子。这就出现一种奇特的现象，比如明朝洪武年间的某种瓶子，现在全世界仅有 4 个，北京故宫、或台北故宫、或伊斯坦布尔有一个，而景德镇有几个，只不过北京等地的是完整的瓶子，而景德镇的瓶子是重新粘合起来有许多裂痕的。但它们都具有同样的历史价值，而且景德镇的破瓷瓶还特别传达了中国历史上特有的器皿使用制度的信息。

就这样，打呀打，打了几百年，打成了一个文化堆积。这个文化堆积有多大呢？据说有 6 平方公里，16 米高。从明初、明中、明末到清代，层层叠叠堆起来，圈圈堆堆铺开去，非常壮观，且这些文化堆积是和生产场地连在一起的，这在全世界独一无二，是极其宝贵的世界文化遗产。

景德镇这笔文化遗产的文化价值可以概括为两个世界的"独一无二"：首先，景德镇地面和地下至今保存着的大量瓷器，其数量之大与质量之精在全世界是独一无二的；其次，这里保留着完整的瓷器生产工艺体系，原料、燃料供应体系和瓷器销售体系，以及与此相应的大量古窑址、古作坊、古街巷、古建筑、古店铺、古民居、古衙门、古码头等遗存，在全世界也是独一无二的。

中华文明独树一帜、极其辉煌；中国文化博大精深、源远流长。中国在历史上和现实中都具有强大的影响力和亲和力。景德镇故事是历经千年历史积累的文化资源。千年瓷都故事里有中国的实践与中国的历程，千年瓷都景德镇的故事折射出中国命运、中国特色、中国道路、中国价值、中国奇迹。是可以亮给世界的中国文化名片。

二是景德镇的故事里有中国性格与中国命运。官窑是景德镇瓷业的主体，历史上主要依靠中央政权的支持。晚清时财政拨款锐减，接着受到西方工业产品冲击，江南丝绸工业被冲得稀里哗啦，而景德镇陶瓷产业依靠精细的产业分工摊薄成本扛过了这一劫。但到建国以前景德镇又一次濒临死亡。

新中国成立后，在各种小作坊的基础上，建起了十大国有瓷厂，这撑起了景德镇当代发展的一个高峰。但到 20 世纪 90 年代，十大瓷厂日渐困难，最后停产解散，数万人下岗。到 21 世纪初还有 19 个烟囱在冒烟，污染十分严重。但这些窑又不能拆，一座窑炉有几百个工人靠它吃饭，当年国企有十万窑工，这是就业问题、生存问题。近些年，民营企业迅速发展，随着科技的进步，梭式窑、气窑、电窑的出现，景德镇的瓷业又出现生机和活力，特别是文化创意产业蓬勃发展，民间制瓷高手不断出现，景德镇的瓷器、瓷业、瓷都到瓷工，都呈现出繁荣景象。

景德镇是中国文化的一个重要标志。我们对景德镇的了解，大多定格在官窑，定格在宋代景德年间（1004—1007）被命名到清末民初“珠山八友”这段历史，而忽略了当代鲜活的景德镇。现在的景德镇，陶瓷从业者已经从十万上升到二十万，有大师、名人工作室，还有很多拉土坯、拉大缸、拉五米见方瓷板的人；有樊家井、三宝蓬、奇博街、老鸦滩、版画基地、仿古基地等艺术家聚集地。现在北京有“北漂”,景德镇有“景漂”。这个城市还聚集了一大批来自新加坡、英国、上海、北京等地的艺术家，有的村庄居住着千多名艺术家，他们成了“景漂”一族。景德镇的古窑遗址都得到了开发利用，一些老厂房被改造成类似北京 798 那样的艺术空间。这些人和事成为景德镇的新景观，我们要去深入了解、深入挖掘，要高度关注正在发生质变的“景德镇现象”，抓住景德镇正在发生的时代变化——不是外在的而是内在的、深刻的变化。这种变化真正反映了时代前进的步伐。我们只有深入了解我们所处时代内在的、深刻的变化，才能真正写出无愧于时代的伟大作品，为实现中华民族伟大复兴中国梦而放歌、而呐喊。

景德镇瓷业在困难中转型，在矛盾中前进，希望与困难交集，问题与成就同在。在这一历史进程中蕴含着许许多多景德镇人的命运，也展现了人们追梦圆梦的奋斗精神。景德镇的故事中有独特的中国面貌、独特的中国气质，我们说，景德镇的故事很精彩,中国的故事很精彩。中国这么大一个国家,正处在高速发展中，讲光明，可以讲很多正面的东西；讲不足，也可以讲出很多负面的问题。正如景德镇的命运里面有纠结、有矛盾，但也有希望、有骄傲，还有那份自得。

三是景德镇的故事里有中国成功与中国奇迹。记得多年前《战略与管理》杂志上有一篇文章，讲景德镇、温州、中关村三者有一个共同点，就是在几十或上百平方公里的土地上，从设计到生产能把所有的产业全部配齐。很多人对景德镇爱恨交错。有个上海教授住在老鸦滩做瓷器，那是过去老鸦也去抢食的地方，可见环境的脏乱。他跟我讲:我家在上海，却每年有大半年时间住在这里，为什么？因为在这里画陶瓷，原料、柴火一下子就齐了。这是寻梦的地方、圆梦的地方，是能成功的地方。这就是景德镇“草鞋码头”的魅力，它的活力来自民间、来自底层，来自五花八门、四面八方。景德镇民间的力量远大于政府的力量，现在公共平台太少；如果政府能真正把这个做起来，景德镇的陶瓷经济、陶瓷文化创意产业就会万马奔腾、活力迸发。

当代景德镇也体现着中国的成功、中国的奇迹，体现着独特的中国经验。景德镇虽然不做马桶、不做瓷砖，但这些年景德镇有那么多的名人工作室，出了那么多产品，各方面的变化令人惊讶惊叹，这就是景德镇的成功。

有人说景德镇怎么可能养得活十万瓷工呢？可现在瓷业从业人员超过了十万人；有人说景德镇的瓷业很困难、没得救，会死，但景德镇偏偏不死。景德镇的成功、奇迹和经验就体现在这里。

当然，这里也有中国的问题、中国的矛盾、中国的纠结，而且是非常复杂、非常纠结的问题。我们写景德镇的故事，就要写出景德镇独特的面貌、独特的气质、独特的命运、独特的道路、独特的历程、独特的奇迹、独特的成功，也包括独特的问题和独特的纠结。

讲景德镇故事，不能就瓷器讲瓷器，而要从瓷器讲到材料、器型、工艺、科技以及整个瓷业，景德镇是瓷都，城市跟这个产业是连在一起的。靠一个产业支撑一个城市一千年的，全世界仅此一个。一个城市跟一个产业的命运纠结了一千年，现在还在纠结下去。所以，要写好这个城市的故事，这是一个很有个性的中国故事。

中国的故事关键在于怎么写、怎么说、怎么讲。

我们要以文化自觉和文化自信来讲好中国的故事，要改变"有理说不出，说了传不开"的状况。各种文艺创作和文化活动都要在这上面下功夫，要在世界上用说得出、听得懂、传得开、信得过的方式来讲好中国故事，面向当代、面向年轻人、面向世界进行创造性转化与呈现，传播中国观念，彰显中国价值，展示中国软实力。讲好景德镇的故事也必须如此。

一要转换话语体系，对着世界说响中国故事。中国的故事很精彩。讲好中国故事，我们要努力构建具有中国特色、中国风格、中国气派的对外话语体系。

讲中国故事不是在歌厅唱歌，自唱自听，自我欣赏；也不是在书房里吟诗，不对听众，自我陶醉。我们要对着世界讲好中国的故事。因此，这个故事要容易被世界接受，要有思辨的色彩、思想的力量、时代的气息；要打造融通中外的新概念、新范畴、新表述，增强对外话语的感召力和公信力，达到感染人、感化人的目的。

瓷器是最容易被世界接受的中国文化符号，中国人的美学观念、审美情趣、价值观念、追求以及科技创新，可以随着瓷器的故事走向世界。

当代与景德镇相关的书籍和影视作品很多，关键是这个故事怎么讲。好故事如果讲得很生硬，很老套也不行。在关于景德镇的文艺作品中，要能看到中国人在陶瓷上的追求，在陶瓷上的坎坷命运，在陶瓷中的精神追求，在陶瓷上的文化观念，等等。同时，要注重文化的当代表达，注重传统性和当代性的结合，从而形成一种全新的话语体系，并以这种话语体系对着世界说好景德镇的故事。

二要选取独特视角，以人为本地讲好中国故事。中国故事是宏大叙事，但具体到作品首先要注意视角的独特。表现宏大的历史进程时，切入口要小；描写小人物的命运时，要有宏大的视野与情怀。

要讲好景德镇的故事，不能只讲瓷器，而要将瓷器、瓷业、瓷都和瓷工绑在一起讲。景德镇的故事是瓷都的故事，是瓷业的故事，更是瓷工的故事，所以要讲人的命运、人的性格、人的面貌，包括人的问题。景德镇的大师、陶瓷大学的学生是了不起的，“景漂”也是了不起的，那些三代专做匣钵、专做釉果的窑工也是了不起的。这些人的命运故事都非常精彩。

写好景德镇，重要的一点就是从人去看瓷器、看瓷业、看这个城市。以老百姓的眼光去看景德镇，以平民化的表述写出百姓的命运，以平视的眼光看当下景德镇人的情感，看景德镇人的追求，看“景漂”们的梦想，这样就有好作品出来。

因此，讲述中国故事，心中要有人，眼里要有人，笔下要有人，镜头里要有人。要向日常生活靠拢，与平常人贴近，做到见人、见物、见精神。故事的选题要以人为本，要充满人文关怀，以客观视角记录人的真实情感，反映人与人的关系，人与自然的关系。国家之情、时代之情都是以每个个体为依托的，要在视线指向宏伟历史进程和社会现实时，关注局部、关注平凡，关注个人命运和情感。

三要借助名家、名社力量促进中国故事走出去。著名文艺家、学者是中国风景、中国城市、中国农村、中国历史、中国道路最好的书记员和解说员，他们的作品具有很强的感染力和穿透力，要借助他们的“名嘴”来“发声”。同时，名出版社是具有很强传播力、影响力的文化传播机构，传播范围广、速度快、强度大。要通过出版物告诉世界“现在的中国”，展示中华民族厚重的文化，讲述中国“好故事”，传播中国“好声音”。莫言获得诺贝尔文学奖，很大程度上得益于瑞典汉学家马悦然的高水平翻译和持续不断的推荐。景德镇的故事、中国的故事是具有世界意义的，但还是要名家来讲，他们有国际视野、有时代感觉、有人文关怀、有自己讲故事的方式，能促进中国与世界之间的沟通，成为世界文化交流的一个桥梁。

四要善用各种媒介提升中国故事的传播力。好故事、好作品要有传播力，就要借助多样的文艺形式，善用传播媒介。首先是文学出版物。讲好中国故事要重视文学创作。没有文学创作就没有电影、电视剧、歌曲，文学是文艺作品的基础，是讲好中国故事的重要依托，多样的艺术表现形式则是文学创作的深化。第二是影视屏幕媒介，影视作品受众面广，已经成为人们生活中不可或缺的艺术样式。所以要高度注重纪录片、动漫、微电影的创作，《大国崛起》、《舌尖上的中国》、《大国重器》、《百年潮·中国梦》等纪录片，就很值得学习借鉴。第三是网络媒介，互联网特别是移动网络的受众面越来越广，优秀文艺作品等都要占领网络，将网络建设成优秀精神文化产品的主要传播基地。

讲中国的故事，最重要的就是要传播出中国价值观，传播中国正能量。

习近平说：“一个国家的文化软实力，从根本上说，取决于其核心价值观的生命力、凝聚力、感召力。”鲜明的价值取向是文艺作品的内核和魅力基础。文艺创作应该有社会主义核心价值观的自觉、自信，应该成为民族精神的火炬，时代进步的号角、人民心灵的呼唤。要将当代中国的价值观念注入文艺作品中，在对外交往中展示中华文化的独特魅力，在世界上树立当代中国的良好形象。

一要以现代人的眼光去发现能够打动人心的故事。选择那些意义重大、与时俱进的题材，坚持用正确的观点看待历史，以现代人的眼光、问题意识、价值观念去发现故事，发现那些能够打动人心的选题。

讲述中国的故事，不是要猎奇，重要的是重新观照。讲故事不是机械的复述，而是发现的艺术，发现的过程，它使那些无生命的器物与遗址呈现出鲜活的景象，更使那些陈年往事具有了生动的现实意义。要通过成功的讲述，引导人们探讨景德镇的奥秘、景德镇的魅力、景德镇的问题，景德镇的前生、今世、未来，景德镇的方方面面。

二要在与世界文明的对话里，以自豪的姿态、自信的态度、自觉的意识，主动地讲好中国的故事。习近平强调：“民族文化是一个民族区别于其他民族的独特标识。要加强对中华优秀传统文化的挖掘和阐发，努力实现中华传统美德的创造性转化、创新性发展，把跨越时空、超越国度、富有永恒魅力、具有当代价值的文化精神弘扬起来，把继承优秀传统文化又弘扬时代精神、立足本国又面向世界的当代中国文化创新成果传播出去。”